权威读本

中华人民共和国
动物防疫法
解读

主编
施春风

中国法制出版社
CHINA LEGAL PUBLISHING HOUSE

本书编委会

主　编：施春风

撰稿人：施春风　杨永明　尤小龙
　　　　喻晓川　李克锋　戴　蕾
　　　　宋生辉

代序

贯彻实施动物防疫法 推动提升公共卫生安全与人体健康保障水平

新冠肺炎疫情发生以来，对动物及动物产品交易、食用、冷链运输和疫病防控等问题，社会各界广泛关注。党中央高度重视，多次作出重要指示。按照党中央关于完善疫情防控相关立法，构建系统完备、科学规范、运行有效的疫情防控法律体系，全面加强公共卫生安全的部署和要求，第十三届全国人大常委会第二十五次会议于2021年1月22日审议通过动物防疫法修订草案。这次修订，以保障公共卫生安全和人体健康为重点，对我国动物防疫理念与防疫制度作了重要完善和创新，意义重大。

一、修改动物防疫法的必要性和重要性

动物防疫在国民经济发展中占有十分重要的地位，是我国养殖业发展、公共卫生安全和人体健康的重要保障。动物防疫法自1998年1月1日施行以来，历经2007年一次修订和2013年、2015年两次修正，对加强动物防疫活动管理，预防、控制和消灭动物疫病，促进养殖业发展，保障公共卫生安全和人体健康，发挥了重要作用。但是，我国的动物防疫形势仍然比较严峻，主要是我国动物养殖方式还比较落后，动物疫病病种多、病原复杂、存在人畜共患风险，而且随着对外贸易和人员交流的增多，境外动物疫病传入风险增大。另外，从法律制度看，我国动物防

疫还存在制度性缺失。

2018 年 8 月以来，非洲猪瘟传入我国，给我国生猪养殖业带来重大影响。党中央、国务院对此高度重视。习近平总书记指出，要有效防控处置非洲猪瘟疫情，坚决防止扩散，减少对群众生活的影响。2020 年，又遇到新冠肺炎疫情大流行，关于动物及动物产品的疫病防控成为社会关注的焦点。党中央坚持把人民生命安全和身体健康放在第一位，采取最全面、最严格、最彻底的防控措施，取得重大战略成果。疫情防控斗争表明，我国的重大疫情防控体系和应急管理体系总体上是有效的，但也存在一些薄弱环节。只有构建起强大的公共卫生体系，健全预警响应机制，全面提升防控和救治能力，织密防护网、筑牢筑实隔离墙，才能切实为维护人民健康提供有力保障。

为了贯彻落实习近平总书记重要指示精神和党中央决策部署，健全完善相关法律体系，强化公共卫生法治保障必须一体谋划、统筹考虑、协调推进，2020 年 4 月全国人大常委会专门通过了强化公共卫生法治保障立法修法工作计划，修改动物防疫法就是这个计划确定的一项重要的立法项目。2018 年，修改动物防疫法被列入了第十三届全国人大常委会立法规划，由农业与农村委员会牵头，用 2 年时间完成了修订草案的起草。全国人大常委会加快动物防疫法修法进程，用 7 个月的时间进行了 3 次审议，两次向社会公布修订草案全文，广泛吸收各方面意见建议，于 2021 年 1 月修订通过动物防疫法，这是贯彻落实党中央决策部署，积极回应人民群众重大关切，健全疫情防控法律体系，强化公共卫生法治保障体系的一项重要立法成果。

二、此次动物防疫法修改的基本原则

我国是一个动物养殖大国，随着人民生活水平不断提高，动物产品的需求量日益增加，动物的用途也逐步多样化，养殖业成为我国经济发展、人民增收的重要因素。这次修改动物防疫法，一方面，为了促进养殖业发展，为广大人民群众提供充分的、高质量的、丰富多样的农产品；另一方面，更需要完善相关制度，保障人体健康和公共卫生安全。在修订过程中，主要坚持以下原则：

一是坚持人民至上。在动物饲养、屠宰、加工、经营、运输等各个环节，动物疫病病原微生物对生产经营者的从业人员、最终消费者的人体健康可能会造成危害，也可能传播到周边的环境中给公共卫生安全造成危害。在非洲猪瘟、新冠肺炎疫情防控中，习近平总书记一开始就明确要求把人民生命安全和身体健康放在第一位。栗战书委员长指出，要强调和体现维护人民群众生命健康安全这个立足点和着眼点，这是这次修订动物防疫法在理念和指导思想上的重要变化。

二是坚持问题导向。在非洲猪瘟等疫情防控中，积累了一些成功经验，也暴露了我国动物防疫体系和公共卫生服务体系存在的短板和弱项。此次修法按照习近平总书记重要指示精神和党中央决策部署，强化问题意识，对动物防疫方针、防疫责任体系、制度体系和监管体系等进行了改革完善，对人畜共患传染病防治、野生动物检疫、犬只防疫管理等提出了要求，着力破解动物防疫面临的突出问题，提升公共卫生安全保障能力。

三是坚持稳妥推进。全面体现近年来党中央、国务院有关完善动物防疫体制机制和加强动物防疫工作的改革成果，深入总结动物疫病预防、控制、净化、消灭的成功经验，综合考虑畜牧业转型升级的发展要求和不同地区的不同情况，将各方面认识比较一致、经验比较成熟的制度及时上升为法律制度，对具体办法、机制和标准的制定实施进行了充分授权，确保各项制度稳步推进、符合实际。

三、此次动物防疫法修改的主要内容

修订后的动物防疫法共12章113条，与2015年动物防疫法相比，条文数量上增加了2章28条，主要对动物疫病防控理念，防疫管理制度、人畜共患传染病的防治、野生动物及犬只的检疫管理、机构队伍的稳定等方面的内容作了修改完善。

（一）有效落实动物疫病预防为主的方针。预防是动物防疫工作的前提和基础。党的十九届四中全会提出“强化提高人民健康水平的制度保障”的要求，强调要以预防为主。2020年6月2日专家学者座谈会强调预防是最经济、最有效的健康策略。2007年修订动物防疫法时，完善了强制免疫制度、强化了动物疫情监测、预警及评估制度、建立了无规定动物疫病区制度等制度机制，在加强疫病源头控制，及早发现动物疫病，降低损失和危害方面发挥了重要作用。为有效落实预防方针，修订后的动物防疫法主要作了以下修改：一是规定由农业农村主管部门对饲养动物的单位和个人履行强制免疫义务的情况进行监督检查，定期对强制免疫计划的实施情况和效果进行评估，并要求村民委员会、居民委员会协助基层政府做好强制免疫相关工作。二是明确由农业农村主管部门制定动物疫病净化、消灭规划并组织实施，鼓励和支持饲养动物的单位和个人开展动物疫病净化。三是加强对集贸市场和畜禽活体交易的管理，规定县级以上地方人民政府应当根据本地情况，决定在城市特定区域禁止家畜家禽活体交易，并增加了经营动物、动物产品的集贸市场不符合动物防疫条件的法律责任。四是规定国务院农业农村主管部门和海关总署等部门应当建立防止境外动物疫病输入的合作机制，与进出境动植物检疫法相衔接，织密防护网。五是要求陆路边境省级人民政府合理设置动物疫病监测站点，健全监测工作机制，明确了科技、海关、野生动物等部门的职责。

（二）补齐公共卫生安全保障短板和弱项。动物与人的传染病密切相关，60%的动物疫病可以传染给人类，75%的人类新发传染病来源于动物。并且，目前世界上已知的人畜共患传染病包括病毒病、细菌病、寄生虫病，还有衣原体病、真菌病等达200多种，给相关从业人员和消费者带来严重威胁和危害。动物防疫法的修订，抓住公共卫生安全方面存在的短板和弱项，补充完善相关制度，切实保障人民群众生命健康安全。

现行动物防疫法和传染病防治法对制定公布人畜共患传染病名录和人畜共患传染病的防控措施等作了规定。此次修订，重点从健全防治协作机制和加大法律责任方面予以强化，要求卫生健康、农业农村、野生动物保护等主管部门建立人畜共患传染病防治协作机制，在发生人畜共患传染病时，应当及时通报，提升人畜共患传染病防控的协调性、有效性。同时，明确规定违反本法规定，造成人畜共患传染病传播、流行的，依法从重给予处分、处罚。

在野生动物检疫方面，虽然现行法对人工捕获和参加展示、演出和比赛的动物检疫作了规定，但是，实践中相应的检疫标准和规程还有待建立与完善，一直是动物防疫工作的短板和弱项。

修订后的动物防疫法，明确要求由农业农村主管部门会同野生动物保护主管部门制定野生动物检疫办法。

另外，随着经济社会的发展、人民生活的富裕，饲养宠物的人越来越多，犬只伤人、传播狂犬病，甚至致人死亡的事情时有发生，广大人民群众对这个问题十分关注，而养犬管理的法律规范较为欠缺。同时，考虑到养犬管理问题事关每一个人民群众的切身利益，而管理职责主要在基层政府，还需要基层群众、自治组织、社区、社会组织等共同参与，由地方根据本地实际，出台具体的管理措施更为合适。因此，修订后的动物防疫法从防止传播狂犬病等疫病的角度，就接种狂犬病疫苗、办理登记等重点环节提出要求，同时，明确由省、自治区、直辖市制定饲养犬只防疫管理的具体办法。

（三）健全动物疫病控制与无害化处理制度。动物疫病的控制与无害化处理是防止动物疫病传播、提高公共卫生安全水平的重要环节。修订后的动物防疫法总结疫情防控经验，对动物疫病的控制、无害化处理等制度进行了完善：一是规定对从事动物运输的单位、个人以及车辆实行备案管理。二是建立健全动物及其产品调运监管制度，跨省通过道路运输的动物应当经指定通道入省境或者过省境；并且，国家根据防控需要，可以采取禁止或者限制特定动物、动物产品跨区域调运等措施。三是增加无害化处理一章，明确建立政府主导、市场运作的无害化处理机制和财政补贴制度，要求任何单位和个人不得买卖、加工、随意弃置病死动物和病害动物产品。

（四）采取措施稳定基层机构队伍。为有效落实党中央有关机构改革精神，强化执法力量，稳定动物防疫机构队伍，修订后的动物防疫法增加了以下内容：一是要求县级以上人民政府采取有效措施稳定基层机构队伍。二是将原法中的官方兽医、执业兽医和乡村兽医管理规定整合为“兽医管理”一章，完善了兽医的管理、培训与考核制度，适当放宽参加执业兽医资格考试的人员范围，允许符合条件的乡村兽医参加执业兽医资格考试。三是规定对因参与动物防疫工作致病、致残、死亡的人员，按照国家有关规定给予补助或者抚恤。

四、切实做好动物防疫法的贯彻实施工作

这次动物防疫法的修订，深入贯彻落实习近平总书记重要指示精神和党中央决策部署，在动物疫病防控理念和重要制度上有重大发展，有关方面要组织动员社会各方面，广泛宣传、正确理解动物防疫法防控理念和重要制度的变化，大力普及人体健康和公共卫生法律法规和科学知识，提高风险意识，为法律的贯彻实施创造良好环境。要抓紧研究制定、修改完善动物检疫办法、规程和相关标准，尽快完善配套规定，确保法律有效落地实施。要结合实际，及时总结经验，不断完善动物疫情防控体制机制，全面提升公共卫生安全保障能力。

目　　录

第一章　总　则

“总则”一章的内容，是对这部法律若干原则问题的规定，对其他各章的规定具有概括和指导作用。本章共有十四条，对本法的立法目的，适用范围，动物疫病分类，动物防疫方针，鼓励社会力量参与动物防疫工作，经营主体承担防疫相关责任，政府动物防疫职责，动物防疫管理体制，协作机制，动物卫生监督机构和动物疫病预防控制机构的职责，鼓励科研，加强宣传，表彰奖励，防疫人员的工伤保险、补助和抚恤等作了规定。

第一条　**为了加强对动物防疫活动的管理，预防、控制、净化、消灭动物疫病，促进养殖业发展，防控人畜共患传染病，保障公共卫生安全和人体健康，制定本法。**

释义

本条是对本法立法目的的规定。

本条与原动物防疫法①第一条相比，主要有两处修改：一是将“扑灭动物疫病”改为“净化、消灭动物疫病”；二是增加“防控人畜共患传染病”作为立法目的之一。

一、此次修订的背景和过程

动物防疫法是1997年7月3日第八届全国人大常委会第二十六次会议通过的，2007年8月30日第十届全国人大常委会第二十九次会议第一次修订。自2008年1月1日实施以来，我国动物防疫工作不断加强，在保障养殖业生产安全、公共卫生安全和生态环境安全方面发挥了重要作用。但是，由于我国大多数生产经营主体养殖方式相对落后，基层动物防疫体系薄弱，加上动物及动物产品国际贸易活动频繁，我国动物防疫面临着复杂、严峻的形势。主要表现在：一是动物疫病净化、消灭工作缺乏全方位法律保障，疫病种类多、疫情风险大、防控压力大。二是动物防疫制度体系尚待完善。病死动物和病害动物产品无害化处理、犬只防疫管理制度缺失；动物及动物产品调运监管、动物疫病区域化管理、动物防疫条件审查、疫病监测疫情预警、兽医管理等制度尚待完善；基层动物防疫体系薄弱，现有保障措施无法完全满足防疫工作需要。三是动物防疫责任体系尚待完善。生产经营者防疫主体责任在一些地方难以落实到位，履行防疫义务自觉性不强。四是野生动物检疫缺乏标准，成为国家动物防疫工作全局中的一块短板。

① 本书所称原动物防疫法指2015年动物防疫法。

2018 年，修改动物防疫法被列入第十三届全国人大常委会立法规划，由全国人大农业与农村委员会牵头，农业农村部等部门参与。全国人大农业与农村委员会认真听取各级动物防疫机构、生产经营主体、兽医领域专家、部分全国人大代表意见，与国务院有关部门反复沟通，形成了动物防疫法修订草案，于 2020 年 4 月提请第十三届全国人大常委会第十七次会议进行了初次审议。

全国人大常委会初次审议后，法制工作委员会将草案印发各省（区、市）人大、基层立法联系点、中央有关部门、人大代表、高等院校和研究机构征求意见，并两次在中国人大网全文公布草案征求社会公众意见。宪法和法律委员会、农业与农村委员会、法制工作委员会联合召开座谈会，听取中央有关部门、专家学者、基层动物防疫工作人员以及畜禽养殖企业对草案的意见。宪法和法律委员会多次召开会议，根据全国人大常委会组成人员的审议意见和各方面意见，对草案进行了逐条审议。2020 年 8 月，第十三届全国人大常委会第二十一次会议对修订草案进行了二次审议；2021 年 1 月，第十三届全国人大常委会第二十五次会议三次审议并表决通过了动物防疫法修订草案。

二、根据本条的规定，制定动物防疫法的目的包括以下四个方面

1. 加强对动物防疫活动的管理，完善动物防疫法律制度。动物防疫工作涉及社会生产生活的许多方面，在运用行政、经济、技术等手段加强动物防疫工作的同时，更需要运用法律手段来规范动物防疫工作，以国家强制力来保障动物疫病的预防、控制、净化、消灭等措施的顺利实施，并明确各级政府及有关部门在动物防疫工作中的职责。需要指出的是，动物防疫仅有各级政府及其部门的参与是远远不够的，还需要动物饲养、经营、运输、屠宰和动物产品生产、加工、经营、运输、贮藏等有关单位和人员积极参与，各负其责，这都是很重要的“动物防疫活动”。因此，本条规定将“加强对动物防疫活动的管理”列为本法的立法目的。

2. 预防、控制、净化、消灭动物疫病，促进养殖业发展。随着社会发展的进步，动物的用途逐步多样化，除主要供食用外，还用于役使、观赏、守卫、伴侣、演艺等各个方面，涉及生产、生活、科研、国防等各个领域。动物与人类的关系越来越密切，已成为人类生活和社会发展不可或缺的重要方面。畜牧业已经成为我国农业和农村经济发展的重要支柱产业。截至 2020 年，我国拥有约 8000 万畜禽养殖场（户），2019 年综合规模化率为 64.5%，规模养殖场成为肉蛋奶生产供应的主体，全国年出栏 500 头以上生猪、存栏 100 头以上奶牛、出栏 50 头以上肉牛、出栏 100 只以上肉羊、存栏 2000 只以上蛋鸡和出栏 10000 只以上肉鸡的规模养殖比重分别达到 53.0%、64.0%、27.4%、40.7%、78.1% 和 82.5%。养殖业的发展和动物产品贸易、流通的增加，加大了动物疫病的发生和传播风险，加之我国养殖业总体水平较低，动物疫病仍然是严重影响养殖业发展的重大障碍。因此，预防、控制、净化、消灭动物疫病，促进养殖业发展，仍然是动物防疫法的主要立法目的之一。这次修订，将“扑灭动物疫病”改为“净化、消灭动物疫病”，主要是考虑到从动物疫病流行规律看，单纯预防难以有效遏制动物病原体变异及侵害，有计划地净化、消灭对畜牧业和公共卫生安全危害大的重点病种，推进重点病种从免疫临床发病向免疫临床无病例过渡，逐步清除动物机体和环境中存在的病原，降低疫病流行率，缩小病原污染面，是消灭重点动物疫病的科学路径，也是国际上的通行做法。

3. 防控人畜共患传染病。做好动物防疫工作不仅仅是为了保护动物健康，促进养殖业发展，更重要的是保护人体健康。这是因为很多动物疫病是可以传染给人的。根据《中华人民共和国传染病防治法》的相关规定，人畜共患传染病指人与脊椎动物共同罹患的传染病。目前世界上已知的人畜共患传染病主要包括细菌病、病毒病、寄生虫病等，多达几百种，其中如布鲁氏菌病、狂犬病、结核病、炭疽、血吸虫病，都曾给人类带来灾难性的危害。2009 年，原农业部会同卫生部组织制定了《人畜共患传染病名录》，共列举了 26 种人畜共患传染病。现在还有一些新的人畜共患传染病在持续被发现和证实。这次修法体现以人为本的精神，将“防控人畜共患传染病”增加为立法目的，并在具体条文中予以落实，例如，要求有关部门建立人畜共患传染病防治协作机制、互相通报人畜共患传染病疫情、发布人畜共患传染病名录、加强人畜共患传染病监测、及时公布人畜共患传染病疫情并采取相应的预防、控制措施等。

4. 保障公共卫生安全和人体健康。动物防疫工作是公共卫生系统的重要组成部分，是保持经济社会全面、协调、可持续发展的一项基础工作。动物疫病不仅影响人体健康、造成经济损失，甚至影响社会稳定，如口蹄疫、疯牛病和在多个国家和地区发生的高致病性禽流感等。随着我国经济社会的发展、对外开放及全球经济一体化进程的加快，动物防疫工作的公共卫生属性更加明确。因此，完善动物防疫工作，从根本上控制动物疫病，有利于保障公共卫生安全。同时，一些国家发生的动物传染病由于对人体健康有影响，不仅给其经济造成重大损失，也产生了强烈的社会影响，如疯牛病疫情。因此，制定动物防疫法，预防、控制、净化、消灭动物疫病，对保护人体健康具有十分重要的意义。这次修法，将保障公共卫生安全和人体健康作为根本出发点和着力点，健全完善动物防疫各方面制度，为加强动物防疫工作提供了更加有力的法律保障。

第二条　本法适用于在中华人民共和国领域内的动物防疫及其监督管理活动。

进出境动物、动物产品的检疫，适用《中华人民共和国进出境动植物检疫法》。

释义

本条是关于本法适用范围的规定。

法律的适用范围，也称法律的效力范围，包括法律的时间效力，即法律生效和失效的时间；法律的空间效力，又称法律适用的地域范围；法律对人、事的效力，即法律对什么主体和什么行为适用。关于本法的时间效力，在第一百一十三条作了规定。本条第一款对本法适用的地域和对主体行为的适用范围作了规定；本条第二款是对进出境动物、动物产品的检疫适用《中华人民共和国进出境动植物检疫法》的规定。

1. 本法适用的地域范围。动物防疫法适用于中华人民共和国领域，即中华人民共和国主权所涉及的全部领域内，包括我国的领陆、领水和领空。需要说明的是，本法没有列入《中华人民共和国香港特别行政区基本法》和《中华人民共和国澳门特别行政区基本法》这两部法律的附件中，因此不适用于我国香港和澳门两个特别行政区。

2. 本法的适用主体、行为范围。本法适用的主体是我国领域内的单位和个人。单位包括取得法人资格的机关法人、事业单位法人、企业法人等，还包括未取得法人资格的其他组织；个人包括我国公民，即具有中华人民共和国国籍的人，还包括进入我国国境的外国人、无国籍人。本法所调整的动物防疫及其监督管理活动涉及面较宽，既包括动物疫病的预防、控制、诊疗、净化、消灭，动物、动物产品的检疫和病死动物、病害动物产品的无害化处理等动物防疫活动，也包括对动物防疫活动的监督管理。动物防疫涉及社会生产、生活的各个方面，决定了本法所调整的动物防疫活动的广泛性和综合性。第一，受本法调整的动物的范围十分广泛，包括了家畜家禽和人工饲养、捕获的其他动物。第二，受本法调整的动物产品的范围十分广泛，包括了动物的肉、生皮、原毛、绒、脏器、脂、血液、精液、卵、胚胎、骨、蹄、头、角、筋以及可能传播动物疫病的奶、蛋等。第三，受本法调整的动物疫病的范围也很广泛，各类动物传染病，包括寄生虫病的防疫都适用本法。

3. 进出境动植物检疫的法律适用。1991 年 10 月 30 日，第七届全国人民代表大会常务委员会第二十二次会议通过了《中华人民共和国进出境动植物检疫法》，并于 1992 年 4 月 1 日起正式施行（2009 年进行了修正）。制定进出境动植物检疫法是为了通过对进出境动植物、动植物产品及其他检疫物实施检疫，防止动物传染病、寄生虫病和植物危险性病、虫、杂草以及其他有害生物传入、传出国境，保护农、林、牧、渔业生产和人体健康，促进对外经济贸易的发展。进出境动植物检疫法第二条明确规定：

"进出境的动植物、动植物产品和其他检疫物，装载动植物、动植物产品和其他检疫物的装载容器、包装物，以及来自动植物疫区的运输工具，依照本法规定实施检疫。"为了加强法律衔接，本法规定进出境动物、动物产品的检疫适用进出境动植物检疫法。

第三条 本法所称动物，是指家畜家禽和人工饲养、捕获的其他动物。

本法所称动物产品，是指动物的肉、生皮、原毛、绒、脏器、脂、血液、精液、卵、胚胎、骨、蹄、头、角、筋以及可能传播动物疫病的奶、蛋等。

本法所称动物疫病，是指动物传染病，包括寄生虫病。

本法所称动物防疫，是指动物疫病的预防、控制、诊疗、净化、消灭和动物、动物产品的检疫，以及病死动物、病害动物产品的无害化处理。

释义

本条是关于动物、动物产品、动物疫病和动物防疫含义的规定。

本条是在原动物防疫法第三条基础上修改而来，主要修改：一是将"合法捕获的其他动物"改为"捕获的其他动物"；二是将动物疫病的"诊疗、净化、消灭"和"病死动物、病害动物产品的无害化处理”纳入动物防疫的定义。

1. 本法所称动物，是指家畜家禽和人工饲养、捕获的其他动物。家畜家禽是指列入畜禽遗传资源目录的动物，根据2020年5月27日农业农村部公布的《国家畜禽遗传资源目录》，共有28种家养动物并包括其杂交后代属于畜禽，分为传统畜禽和特种畜禽两大类。传统畜禽有12种，包括猪（含家猪与野猪杂交后代），普通牛、瘤牛、水牛、牦牛、大额牛，绵羊、山羊，马，驴，骆驼，兔，鸡，鸭，鹅，鸽，鹌鹑。特种畜禽有16种，包括梅花鹿，马鹿，驯鹿，羊驼，火鸡，珍珠鸡，雉鸡，鹧鸪，番鸭，绿头鸭，鸵鸟，鸸鹋，水貂（非食用），银狐（非食用），北极狐（非食用），貉（非食用）。人工饲养、捕获的其他动物，包括各种实验动物、观赏动物、演艺动物、伴侣动物、水生动物和人工繁育、捕获的野生动物。

2. 本法所称动物产品，是指动物的肉、生皮、原毛、绒、脏器、脂、血液、精液、卵、胚胎、骨、蹄、头、角、筋以及可能传播动物疫病的奶、蛋等。包括两类：第一类是供人类食用和使用的动物产品，例如，动物的肉、生皮、原毛、绒、脏器、脂、血液、骨、蹄、头、角、筋以及可能传播动物疫病的奶、蛋等。这里所称的生皮，是指家畜屠宰后剥下的、尚未经过鞣制的鲜皮。将这类动物产品纳入本法的调整范围，是因为动物防疫工作有其特定的科学规律，不仅患病的动物可以传播动物疫病，染疫的动物产品也是动物疫病的重要传染源。由染疫动物产品扩散疫情的事例很多，有的后果十分严重。需要说明的是，为了减少动物通过奶和蛋传播人畜共患传染病的风险，本法将可能传播动物疫病的奶和蛋也纳入调整范围。在未发生动物疫情的情况下，正常生产不需要对奶和蛋进行检疫，只有在生产奶和蛋的动物发生疫病时，才对其生产的奶和蛋采取必要的防疫措施。当然，作为商品的奶和蛋必须要经过检验合格才能上市。第二类是动物繁殖材料，例如，动物的精液、卵和胚胎如果带有病原微生物，将直接影响动物繁殖的后代，必须加以严格管理。这里的“卵”包括但不限于种蛋，因为许多哺乳类动物的卵子目前也作为繁殖材料。

3. 本法所称动物疫病，是指动物传染病，包括寄生虫病。动物传染病，是指感染病原体，使动物产生具有一定潜伏期和临床症状并具有传播性的动物疫病。例如，非洲猪瘟、口蹄疫、高致病性禽流感、新城疫、牛肺疫、炭疽、布鲁氏菌病、狂犬病、猪链球菌病、高致病性猪蓝耳病等。动物寄生虫病，即由动物性寄生物（统称寄生虫）引起的动物疾病，例如，猪囊虫病、旋毛虫病、钩端螺旋体病和血吸虫病等。虽然动物寄生虫病只是动物传染病中的一类，但是考虑到动物寄生虫病在动物疫病中比例较高，本条专门列出动物寄生虫病以引起重视。

4. 本法所称动物防疫，是指动物疫病的预防、控制、诊疗、净化、消灭和动物、动物产品的检疫以及病死动物、病害动物产品的无害化处理。动物防疫要综合运用多种手段预防、控制、净化、消灭动物疫病，以保障动物健康及其产品的安全。

（1）动物疫病的预防主要是指采取免疫接种、驱虫、药浴、消毒和饲养场所的生物安全控制，以及实施动物疫病的区域化管理等一系列综合性措施，防止动物疫病的发生。同时，加强动物防疫管理和动物防疫监督也是预防动物疫病的重要措施。

（2）动物疫病的控制主要是指对发生的一、二、三类动物疫病采取针对性措施，防止其扩散蔓延，做到“有疫不流行”，特别是在发生重大动物疫情时，迅速采取综合性措施予以有效控制。

（3）动物疫病的诊疗是指对动物传染病等疾病进行有效的预防和诊断治疗工作。在诊疗过程中，主要是应用先进的仪器设备明确具体病因，然后进行有效的预防和治疗。诊疗服务水平的提升有利于及时发现、控制动物疫病，提升养殖业生产的效益。近年来，我国动物诊疗行业快速发展，服务水平日益提高，但在城乡分布、业务范围、兽医资源配置等方面与现代养殖业建设还有不适应之处。本次修订修改完善了“动物诊疗”和“兽医管理”两章，为动物诊疗行业的更好发展提供了有力保障。

（4）动物疫病的净化、消灭是指通过监测、检验检疫、隔离、扑杀等综合措施，在特定区域或场所对特定动物疫病实施有计划的消灭过程，达到并维持该范围内个体不发病和无感染状态。净化是以消灭特定动物疫病为目的，消灭是动物防疫工作的终极目标。理论上，这里的“特定区域”是人为确定的一个固定范围，可以是一个养殖场、一个自然区域、一个行政区域，也可以是整个国家。

（5）动物、动物产品的检疫是指为了防止动物疫病传播，保护养殖业生产和人体健康，采用法定的检疫程序和方法，依照法定的检疫对象和检疫标准，对动物、动物产品进行疫病检查、定性。检疫是预防、控制动物疫病的重要手段，属于政府行为，以国家强制力为后盾。依法加强动物、动物产品检疫是为了达到预防为主、以检促防和保证公共卫生安全的目的。

（6）病死动物、病害动物产品的无害化处理是指用物理、化学等方法处理病死动物尸体及相关动物产品，消灭其所携带的病原体，消除动物尸体危害的过程。《国务院办公厅关于建立病死畜禽无害化处理机制的意见》（国办发〔2014〕47 号）提出，各地区、各有关部门要向广大群众普及科学养殖和防疫知识，增强消费者的识别能力，宣传病死畜禽无害化处理的重要性和病死畜禽产品的危害性，严肃查处随意抛弃病死畜禽、加工制售病死畜禽产品等违法犯罪行为。这次修订，将“病死动物和病害动物产品的无害化处理”单列一章，强调了病死动物、病害动物产品的无害化处理在动物防疫工作中的重要性。

第四条 根据动物疫病对养殖业生产和人体健康的危害程度，本法规定的动物疫病分为下列三类：

（一）一类疫病，是指口蹄疫、非洲猪瘟、高致病性禽流感等对人、动物构成特别严重危害，可能造成重大经济损失和社会影响，需要采取紧急、严厉的强制预防、控制等措施的；

（二）二类疫病，是指狂犬病、布鲁氏菌病、草鱼出血病等对人、动物构成严重危害，可能造成较大经济损失和社会影响，需要采取严格预防、控制等措施的；

（三）三类疫病，是指大肠杆菌病、禽结核病、鳖腮腺炎病等常见多发，对人、动物构成危害，可能造成一定程度的经济损失和社会影响，需要及时预防、控制的。

前款一、二、三类动物疫病具体病种名录由国务院农业农村主管部门制定并公布。国务院农业农村主管部门应当根据动物疫病发生、流行情况和危害程度，及时增加、减少或者调整一、二、三类动物疫病具体病种并予以公布。

人畜共患传染病名录由国务院农业农村主管部

门会同国务院卫生健康、野生动物保护等主管部门制定并公布。

释义

本条是关于动物疫病分类的规定。

本条是在原动物防疫法第四条基础上修改而来。主要修改：一是明确将疫病对人、动物构成危害的程度和可能造成的经济损失、社会影响作为分类的标准；二是每类动物疫病列举了三个有代表性的病种，便于理解和掌握；三是授权国务院农业农村主管部门及时增加、减少或者调整一、二、三类动物疫病具体病种并予以公布。

一、对动物疫病实行分类管理

动物疫病不仅危害养殖业的发展，而且严重威胁人体健康。动物疫病种类多，每种疫病侵害的对象、发病特点、传播途径、危害程度等各不相同，如果采取一个模式预防、控制，既不科学也不现实，很难达到预期效果。因此，对动物疫病需要根据危害程度以及不同特点，科学制定预防、控制措施。动物疫病分类是对动物疫情（动物疫病发生、发展以及所引起的一系列后果的情形）应急处置进行分级响应的基础和依据。本条规定对动物疫病实行分类管理，既有利于采取不同措施，预防、控制危害程度不同的动物疫病，也便于动员各级各方力量，集中目标，统一行动，抓住重点，兼顾一般，按计划有步骤地开展动物防疫工作。

二、一、二、三类动物疫病

在总结国内动物防疫工作经验基础上，参考国际标准，根据动物疫病对养殖业生产和人体健康的危害程度，本条将动物疫病分为下列三类：

1. 一类疫病，是指对人、动物构成特别严重危害，可能造成重大经济损失和社会影响，需要采取紧急、严厉的强制预防、控制等措施的动物疫病，如口蹄疫、非洲猪瘟、高致病性禽流感等。这里面有两层含义：一是这类疫病将会对养殖业造成重大经济损失，严重影响国民经济发展和动物产品的对外贸易。有的疫病还会对人体健康构成特别严重危害，如高致病性禽流感。二是对这类疫病必须采取紧急、严厉的防制措施。首先要加强监测排查和信息收集，科学实施强制免疫等预防措施，防患于未然；其次是对于已经发生动物疫病的，要采取封锁、隔离、扑杀、销毁、消毒、无害化处理、紧急免疫接种等强制性措施，进行妥善处置。

2. 二类疫病，是指狂犬病、布鲁氏菌病、草鱼出血病等对人、动物构成严重危害，可能造成较大经济损失和社会影响，需要采取严格预防、控制等措施的动物疫病。除平时要按照国家和各级人民政府规定做好监测等预防工作外，一旦发生疫情，要立即采取隔离、扑杀、销毁、消毒、无害化处理、紧急免疫接种、限制易感动物和动物产品及有关物品出入等严格的控制措施，防止扩散。

3. 三类疫病，是指大肠杆菌病、禽结核病、鳖腮腺炎病等常见多发，对人、动物构成危害，可能造成一定程度的经济损失和社会影响，需要及时预防、控制的动物疫病。当地县级、乡级人民政府应当按照国务院农业农村主管部门的规定组织防治。

三、动物疫病病种名录

国务院农业农村主管部门制定并公布一、二、三类动物疫病病种名录，并应当根据动物疫病发生、流行情况和危害程度，及时增加、减少或者调整一、二、三类动物疫病具体病种并予以公布。除国务院农业农村主管部门外，其他任何单位和个人无权制定和公布动物疫病具体病种名录。

四、人畜共患传染病名录

人畜共患传染病的认定是一个技术问题，需要兽医专业技术人员和医疗卫生、野生动物等方面的专业技术人员在实验室和临床试验等的基础上共同论证后确定。其他国家和有关国际组织也制定了人畜共患传染病名录，但人畜共患传染病在各国发生和流行的种类不完全相同。为此，本法规定，我国的人畜共患传染病名录由国务院农业农村主管部门会同国务院卫生健康、野生动物保护等主管部门结合我国实际情况共同制定并对外公布，其他单位和个人无权发布人畜共患传染病名录。2009 年，原农业部发布第 1149 号公告，发布了会同原卫生部制定的《人畜共患传染病名录》，包括牛海绵状脑病、高致病性禽流感、狂犬病等26种人畜共患传染病。今后再修订该名录时，还需要野生动物保护主管部门的参与。

第五条　动物防疫实行预防为主，预防与控制、净化、消灭相结合的方针。

释义

本条是关于动物防疫工作方针的规定。

本条是在原动物防疫法第五条基础上修改而来，主要是增加了“预防与控制、净化、消灭相结合”的方针。

一、预防为主的方针

虽然这一方针可以适用于许多工作领域，但就动物防疫工作而言更具有特殊意义。首先，动物疫病具有传染扩散的特点，一旦蔓延很难迅速控制，有的会给人类健康及国民经济发展带来灾难性后果，需要耗费大量的时间和人力、物力、财力。因此，对于动物疫病，首要的是防止其发生与流行。预防工作做好就能事半功倍；动物疫病暴发流行后再去控制，事倍功半。其次，动物疫病与人类传染病在防控方面具有共同规律，都要从控制传染源、切断传播途径和保护易感动物三个方面进行综合预防。最后，预防为主的方针是根据我国动物饲养的实际情况和动物疫病流行的特点而提出的。我国的动物饲养，特别是畜禽饲养主要以农户为主，生产分散，防疫基础薄弱，疫病种类多，蔓延范围广，旧的疫病尚未得到有效控制，新的疫病又不断出现，不仅严重影响养殖业健康发展，造成巨大经济损失，而且直接危及人体健康，妨碍我国动物产品进入国际市场。实践证明，只有各级政府及有关部门大力加强动物疫病的预防工作，提高广大动物养殖者的防疫意识，采取和落实各种预防措施，才能保证动物疫病得到有效预防和控制，保障我国养殖业的健康发展和公共卫生安全。

二、预防与控制、净化、消灭相结合的方针

长期以来，我国的动物防疫工作坚持“预防为主”方针，有效控制了高致病性禽流感、口蹄疫等重大动物疫病的发生。但是，从动物疫病流行规律看，单纯预防难以有效遏制动物病原体变异及侵害。有计划地控制、净化、消灭对养殖业和公共卫生安全危害大的重点病种，推进重点病种从免疫临床发病向免疫临床无病例过渡，逐步清除动物机体和环境中存在的病原，降低疫病流行率，缩小病原污染面，是消灭重点动物疫病的科学路径，也是国际上的通行做法。我国于1956年、1996年分别净化、消灭了牛瘟和牛肺疫，国外一些国家亦成功净化、消灭了十多种重点动物疫病，积累了不少成功经验。《中共中央办公厅、国务院办公厅关于创新体制机制推进农业绿色发展的意见》（中办发〔2017〕56号）提出：“推动动物疫病防控从有效控制到逐步净化消灭转变。”为了推动畜牧业转型升级，全面提高动物卫生水平并助力公共卫生安全，此次修订结合我国实际，进一步调整完善动物防疫方针，即在“预防为主”的基础上，增加了“预防与控制、净化、消灭相结合”的方针。

第六条　国家鼓励社会力量参与动物防疫工作。各级人民政府采取措施，支持单位和个人参与动物防疫的宣传教育、疫情报告、志愿服务和捐赠等活动。

释义

本条是关于鼓励社会力量参与动物防疫工作的规定。

本条是此次修订新增的规定。动物疫情一旦发生，影响范围广、破坏性强，应对工作系统复杂，政府及相关部门的力量有限，需要鼓励社会力量广泛参与动物防疫相关工作。因此，本条规定，鼓励社会力量参与动物防疫工作，各级人民政府采取措施支持单位和个人参与动物防疫的宣传教育、疫情报告、志愿服务和捐赠等活动。各级人民政府应当结合实际情况，尽量为各类主体开展相关活动提供必要的支持和帮助。根据本条的规定，社会主体参与动物防疫相关工作，主要有以下几种形式：

1. 宣传教育。宣传教育的主体有多种类型，既可以是个人，也可以是单位，如居民委员会、村民委员会等基层群众性自治组织，以及学校、社区、企业等。应当充分发挥相关单位和个人与社会公众联系密切的优势，在日常工作中通过举办讲座、发放宣传材料等通俗易懂的方式开展动物防疫法律法规和相关防疫知识的宣传教育工作。

2. 疫情报告。疫情报告是指相关单位或个人发现动物疫情或疑似疫情时，及时向相关部门报告。本法对动物疫情的报告作了专门规定，对从事动物疫病监测、检测、检验检疫、研究与诊疗以及动物饲养、屠宰、经营、隔离、运输等活动的单位和个人的报告义务作了规定。但是再细密的监管网络也可能会出现漏洞，动物疫病的出现往往具有突发性，除负有报告义务的单位和个人外，还应当广泛发动群众报告动物疫情，扩展疫情信息来源，争取在疫情出现的早期及时采取应对措施，减少疫情造成的危害。

3. 志愿服务。志愿服务是指单位或者个人基于公益目的，向动物防疫工作提供志愿无偿服务以及其他非营利性服务。志愿服务的主体包括志愿者、志愿服务组织和其他组织。志愿者是指以自己的时间、知识、技能、体力等从事志愿服务的自然人。志愿者可以参与志愿服务组织开展的志愿服务活动，也可以自行依法开展志愿服务活动。志愿服务组织是指依法成立，以开展志愿服务为宗旨的非营利性组织，可以采取社会团体、社会服务机构、基金会等组织形式。开展志愿服务应当遵循自愿、无偿、平等、诚信、合法的原则，不得违背社会公德、损害社会公共利益和他人合法权益，不得危害国家安全。

4. 捐赠。捐赠是指单位或者个人基于公益目的，自愿、无偿赠与财产支持动物防疫相关工作。捐赠的内容和形式多种多样，既可以捐赠资金，也可以捐赠物资等；既可以直接捐赠给动物防疫相关机构，也可以捐赠给相关基金，支持动物防疫事业。

相关单位和个人依法参与动物防疫相关活动，有权依照相关法律法规的规定，享受国家对公益事业的有关优惠措施。主要有以下几个方面：一是税收优惠。例如，慈善法规定，自然人、法人和其他组织通过捐赠财产或者提供服务等方式，自愿开展的防治污染和其他公害，保护和改善生态环境等公益活动，属于慈善活动，可以享受税收优惠、金融服务等激励措施。企业所得税法规定，企业发生的公益性捐赠支出，在年度利润总额 12% 以内的部分，准予在计算应纳税所得额时扣除；超过年度利润总额 12% 的部分，准予结转以后 3 年内在计算应纳税所得额时扣除。个人所得税法规定，个人将其所得对教育、扶贫、济困等公益慈善事业进行捐赠，捐赠额未超过纳税人申报的应纳税所得额 30% 的部分，可以从其应纳税所得额中扣除。二是奖励或表彰。例如，本法第十四条第一款规定，对在动物防疫工作、相关科学研究、动物疫情扑灭中做出贡献的单位和个人，各级人民政府及有关部门按照国家有关规定给予表彰或者奖励。三是其他优惠。例如，《志愿服务条例》规定，高等学校、中等职业学校可以将学生参与志愿服务活动纳入实践学分管理；国家鼓励企业和其他组织在同等条件下优先招用有良好志愿服务记录的志愿者；公务员考录、事业单位招聘可以将志愿服务情况纳入考察内容；县级以上地方人民政府可以根据实际情况采取措施，鼓励公共服务机构等对有良好志愿服务记录的志愿者给予优待。

第七条　从事动物饲养、屠宰、经营、隔离、运输以及动物产品生产、经营、加工、贮藏等活动的单位和个人，依照本法和国务院农业农村主管部门的规定，做好免疫、消毒、检测、隔离、净化、消灭、无害化处理等动物防疫工作，承担动物防疫相关责任。

释义

本条是关于相关单位和个人防疫责任的规定。

根据经济社会的发展和动物防疫工作的需要，本次修订进一步强化了相关动物经营者在动物防疫方面的责任。本条对相关动物经营者的防疫责任作了原则规定。

近年来，我国畜牧业发展面临新的情况，规模化养殖趋势进一步明显。根据有关部门的统计，2019 年我国畜牧业综合规模化率为 64.5%，规模养殖场成为我国肉奶蛋生产供应的主力。从理论上讲，相关经营者由于与动物接触更为密切，能够第一时间掌握信息，并且一旦出现动物疫情，可能会造成严重损失，经营者对动物疫情也更为敏感。因此，压实相关生产经营者在动物防疫中的责任，有利于动物防疫工作向更高水平发展迈进。但是，实践中个别生产经营者防疫意识比较淡薄，部分中小规模养殖场为了降低成本，对防疫设施设备的投入不足，违法违规处置染疫动物及其产品等行为时有发生。2020 年《国务院办公厅关于促进畜牧业高质量发展的意见》，对落实动物防疫责任提出要求：依法督促落实畜禽养殖、贩运、屠宰加工等各环节从业者动物防疫主体责任；引导养殖户改善动物防疫条件，严格按规定做好强制免疫、清洗消毒、疫情报告等工作；建立健全畜禽贩运和运输车辆监管制度，对运输车辆实施备案管理，落实清洗消毒措施；督促指导规模养殖户和屠宰厂配备相应的畜牧兽医技术人员，依法落实疫病检测、报告等制度。

根据本法的规定，相关单位和个人主要承担以下动物防疫相关责任：（1）饲养动物的单位和个人应当履行动物疫病强制免疫义务，按照强制免疫计划和技术规范，对动物实施免疫接种，并按照国家有关规定建立免疫档案、加施畜禽标识，保证可追溯；实施强制免疫接种的动物未达到免疫质量要求，实施补充免疫接种后仍不符合免疫质量要求的，有关单位和个人应当按照国家有关规定处理。（2）从事动物运输的单位、个人以及车辆，应当向所在地县级人民政府农业农村主管部门备案，妥善保存行程路线和托运人提供的动物名称、检疫证明编号、数量等信息。(3) 饲养种用、乳用动物的单位和个人，应当按照国务院农业农村主管部门的要求定期开展动物疫病检测；检测不合格的，应当按照国家有关规定处理。(4) 动物、动物产品的运载工具、垫料、包装物、容器等应当符合国务院农业农村主管部门规定的动物防疫要求；染疫动物及其排泄物、染疫动物产品，运载工具中的动物排泄物以及垫料、包装物、容器等被污染的物品，应当按照国家有关规定处理，不得随意处置。(5) 单位和个人饲养犬只，应当按照规定定期免疫接种狂犬病疫苗，凭动物诊疗机构出具的免疫证明向所在地养犬登记机关申请登记。(6) 从事动物疫病监测、检测、检验检疫、研究、诊疗以及动物饲养、屠宰、经营、隔离、运输等活动的单位和个人，发现动物染疫或者疑似染疫的，应当立即向所在地农业农村主管部门或者动物疫病预防控制机构报告，并迅速采取隔离等控制措施，防止动物疫情扩散。(7) 从事动物饲养、屠宰、经营、隔离以及动物产品生产、经营、加工、贮藏等活动的单位和个人，应当按照国家有关规定做好病死动物、病害动物产品的无害化处理，或者委托动物和动物产品无害化处理场所处理。(8) 从事动物、动物产品运输的单位和个人，应当配合做好病死动物和病害动物产品的无害化处理，不得在途中擅自弃置和处理有关动物和动物产品。(9) 任何单位和个人不得买卖、加工、随意弃置病死动物和病害动物产品。(10) 动物诊疗机构应当按照国务院农业农村主管部门的规定，做好诊疗活动中的卫生安全防护、消毒、隔离和诊疗废弃物处置等工作。(11) 本法和国务院农业农村主管部门规定的其他动物防疫责任。

第八条 县级以上人民政府对动物防疫工作实行统一领导，采取有效措施稳定基层机构队伍，加强动物防疫队伍建设，建立健全动物防疫体系，制定并组织实施动物疫病防治规划。

乡级人民政府、街道办事处组织群众做好本辖区的动物疫病预防与控制工作，村民委员会、居民委员会予以协助。

释义

本条是关于各级政府动物防疫职责的规定。

一、县级以上人民政府的职责

1. 对动物防疫工作实行统一领导。动物防疫工作涉及多领域、多环节、多对象，除保障养殖业生产外，也关乎公共卫生安全和生态安全，是各级人民政府的重要职责和工作内容。由县级以上人民政府对动物防疫工作实行统一领导，可以充分发挥政府在统筹资源调动方面的优势，调集各方面力量、人员和物资予以保障。

2. 稳定基层机构队伍。随着地方政府机构改革的不断推进，一些地方的基层动物防疫机构逐渐弱化和边缘化。据2018年的数据统计，在省级层面，仅有4个省保留相对完备的省级兽医主管部门，23个省在农业农村部门保留1个内设处室负责兽医工作，近三成的省份已明确撤销省级动物卫生监督机构。在地市级层面，65%的地市设置了1个与动物防疫相关的行政管理处室，个别市没有设置相关处室，动物疫病预防控制机构和动物卫生监督机构设置率分别为86%和73%。在县级层面，45%的县设置了1个与动物防疫相关的行政管理科室，8%的县没有设置相关科室，县级动物疫病预防控制机构和动物卫生监督机构的设置率分别为67%和71%。2020年《国务院办公厅关于促进畜牧业高质量发展的意见》提出，采取有效措施稳定基层机构队伍，依托现有机构编制资源，建立健全动物卫生监督机构和动物疫病预防控制机构。各地应当依照法律法规和国家有关规定，结合本地实际，采取相关措施稳定基层机构队伍。

3. 加强基层动物防疫队伍建设。基层动物防疫队伍是应对动物疫情的一线力量，需要不断提高基层动物防疫队伍的能力。截至2018年，我国各类动物防疫人员数量短缺，专业技术力量薄弱，全国30%的省级动物防疫部门中专业人员不足5人，30%的市县不足2人，乡镇畜牧兽医站平均不足1.5人。有的基层动物防疫人员年龄偏大，由于待遇较低，对拥有专业学历和知识的年轻人缺乏吸引力，基层动物防疫队伍后继人才不足。《国务院办公厅关于促进畜牧业高质量发展的意见》提出，加强动物防疫队伍建设，加强动物疫病防控实验室、边境监测站、省际公路检查站和区域洗消中心等建设。各地应当依照法律法规和国家有关规定，结合本地实际，加强本地动物防疫队伍建设。一是提高工作能力。应对动物疫情是一项专业性较强的活动，需要不断提高基层动物防疫人员的专业能力。目前基层动物防疫队伍的专业知识水平仍然较低，人员配备跟不上，要进一步强化基层动物防疫队伍的专业化建设，提高其专业知识水平。要不断加强对基层防疫人员的业务培训，对防治技术、法律知识、装备使用、操作技术等进行定期或不定期培训，提高基层防疫人员的知识储备和应对能力。二是提高技术水平。应对动物疫情是一项较高科学性的活动，需要相应的科技手段予以保障。目前基层在科学技术装备方面还比较薄弱，应对动物疫情的能力还有待进一步提高，有的基层动物防疫机构只能做一些最基础的动物疫病检测工作，对较复杂的动物疫病缺乏有效的检测、防控等技术，应对能力不足。要不断提高基层动物防疫机构的科技水平，补充相关实验设备、检测设备、防控设备等，提高应对能力。三是强化物质保障。实践中，一些中西部地区的财政比较困难，基层动物防疫机构的运行经费难以有效保障，影响动物疫病防控。要依照相关法律法规的规定，结合本地实际情况，尽可能保障基层动物防疫所需经费；要加强对财政经费使用的审计，提高动物防疫领域财政经费使用的效益。四是促进机构建设。各地应当依照法律和国家有关规定，结合本地实际情况，促进基层动物防疫机构建设。

4. 建立健全动物防疫体系。动物防疫体系是公共卫生体系的重要组成部分，是应对动物疫病的根本，关系到养殖业的健康发展，应当根据实际需要不断健全动物防疫体系。据世界卫生组织统计，人类传染病中有60%来源于动物，自1940年以来，全球平均每8个月出现1种人类新发传染病，其中78%与动物有关。近年来，我国不断完善动物疫情防控体系建设。2004年我国暴发高致病性禽流感疫情以后，国家逐步加大了对动物防疫工作的投入，建立起比较完善的动物防疫体系，动物因病死亡率大幅下降，畜禽产品质量安全水平大幅上升，人畜共患病防治也取得了新成效。近年来，随着非洲猪瘟等动物疫病传入我国，给我国畜牧业发展造成严重损失，也对我国经济社会发展产生重要负面影响，暴露出我国的动物防疫体系仍存在不少短板和漏洞，需要进一步完善。2020年，党的十九届五中全会通过的《中共中央关于制定国民经济和社会发展第十四个五年规划和二〇三五年远景目标的建议》提出，要健全动物防疫体系。2020年，国办印发的《关于促进畜牧业高质量发展的意见》，对建立健全动物防疫体系作出部署：

一是落实动物防疫主体责任；二是提升动物疫病防控能力；三是建立健全分区防控制度；四是提高动物防疫监管服务能力。县级以上人民政府应当结合本地实际情况，健全动物防疫体系，加强动物防疫相关基础设施建设，提高对动物疫情的预防和应对能力。

5. 制定并组织实施动物疫病防治规划。动物疫病防治规划是指在一定时间内对动物防疫提出的总体目标及相关措施。2012 年国办印发了《国家中长期动物疫病防治规划（2012—2020 年）》，要求省级人民政府根据当地动物卫生状况和经济社会发展水平，制定和实施本行政区域的动物疫病防治规划。一方面，县级以上人民政府要结合本地实际情况，根据上级动物疫病防治规划，制定本地区的动物疫病防治规划；另一方面，要组织实施动物疫病防治规划，确保规划得到有效落实。

二、乡级人民政府、街道办事处的职责

乡级人民政府、街道办事处应当组织群众协助做好本辖区的动物疫病预防和控制工作。根据宪法和《地方各级人民代表大会和地方各级人民政府组织法》的规定，乡是我国的一级行政区划，乡级人民政府包括乡、民族乡、镇的人民政府，街道办事处是市辖区和不设区的市的人民政府设立的派出机关。乡级人民政府、街道办事处都是基层政府机关，与群众接触面广，在社会治理和公共服务方面发挥着重要作用。长期以来，乡级人民政府和街道办事处在动物疫病防控方面发挥了巨大作用。

根据本法的规定，乡级人民政府、街道办事处主要承担以下职责：（1）组织本辖区内饲养动物的单位和个人做好强制免疫，协助县级以上地方人民政府农业农村主管部门做好监督检查工作。（2）组织协调居民委员会、村民委员会做好本辖区内流浪犬、猫的控制和处置，防止疫病传播；结合本地实际，做好农村地区饲养犬只的防疫管理工作。（3）发生三类动物疫病时，所在地县级、乡级人民政府应当按照国务院农业农村主管部门的规定组织防治。（4）对在城市公共场所和乡村发现的死亡畜禽，负责组织收集、处理并溯源。（5）本法和相关法律法规规定的其他职责。

三、村民委员会、居民委员会的职责

此次修改，增加了村民委员会、居民委员会协助做好动物防疫相关工作的规定。村民委员会、居民委员会是村民和居民自我管理、自我教育、自我服务的基层群众性自治组织。根据村民委员会组织法和城市居民委员会组织法的规定，村民委员会、居民委员会协助乡级人民政府、街道办事处开展工作。村民委员会、居民委员会的主要职责是：宣传宪法、法律、法规和国家政策，维护居民（村民）的合法权益，教育居民（村民）履行依法应尽的义务，爱护公共财产，开展多种形式的社会主义精神文明建设活动；办理公共事务和公益事业；调解民间纠纷；协助维护社会治安；协助政府做好公共卫生、计划生育、优抚救济、青少年教育等各项工作；向政府反映居民的意见、要求和提出建议。

根据本条的规定，村民委员会、居民委员会要协助乡级人民政府、街道办事处组织群众做好本辖区内的动物疫病预防与控制工作。例如，本法第十八条规定，村民委员会、居民委员会协助县级以上地方人民政府农业农村主管部门和乡级人民政府、街道办事处做好强制免疫相关工作。第三十条规定，居民委员会、村民委员会应当在街道办事处、乡级人民政府组织协调下，做好本辖区内流浪犬、猫的控制和处置，防止疫病传播。

第九条 国务院农业农村主管部门主管全国的动物防疫工作。

县级以上地方人民政府农业农村主管部门主管本行政区域的动物防疫工作。

县级以上人民政府其他有关部门在各自职责范围内做好动物防疫工作。

军队动物卫生监督职能部门负责军队现役动物和饲养自用动物的防疫工作。

释义

本条是关于动物防疫管理体制的规定。

此次修改，将“兽医主管部门”改为“农业农村主管部门”。

一、国务院农业农村主管部门的职责

根据本法的规定，国务院农业农村主管部门主管全国的动物防疫工作，其主要职责包括：（1）制定并公布一、二、三类动物疫病具体病种名录，根据动物疫病发生、流行情况和危害程度，及时增加、减少或者调整一、二、三类动物疫病具体病种并予以公布。（2）会同国务院卫生健康、野生动物保护等主管部门制定并公布人畜共患传染病名录。（3）与海关总署等部门建立防止境外动物疫病输入的协作机制。（4）根据国内外动物疫情以及保护养殖业生产和人体健康的需要，及时会同国务院卫生健康等有关部门对动物疫病进行风险评估，并制定、公布动物疫病预防、控制、净化、消灭措施和技术规范。（5）确定强制免疫的动物疫病病种和区域。（6）会同国务院有关部门制订国家动物疫病监测计划。（7）规定动物疫病预防控制机构的监测职责。（8）根据对动物疫病发生、流行趋势的预测，及时发出动物疫情预警。（9）规定无规定动物疫病区和无规定动物疫病生物安全隔离区的标准，并做好监督检查，指导跨省、自治区、直辖市无规定动物疫病区建设。（10）制定动物疫病净化、消灭规划并组织实施。（11）制定动物疫病净化标准。（12）制定种用、乳用动物的健康标准，以及饲养种用、乳用动物的单位和个人的动物疫病检测要求。

（13）规定动物饲养场和隔离场所、动物屠宰加工场所以及动物和动物产品无害化处理场所的防疫条件。（14）规定经营动物、动物产品的集贸市场的动物防疫条件和具体办法。（15）规定动物、动物产品的运载工具、垫料、包装物、容器等的动物防疫要求。（16）规定屠宰、经营、运输的动物和生产、经营、加工、贮藏、运输的动物产品的防疫要求。（17）依法认定重大动物疫情，及时向国务院卫生健康等有关部门和军队有关部门以及省、自治区、直辖市人民政府农业农村主管部门通报重大动物疫情的发生和处置情况，依照我国缔结或者参加的条约、协定，及时向有关国际组织或者贸易方通报重大动物疫情的发生和处置情况。（18）向社会及时公布全国动物疫情，或者授权省、自治区、直辖市人民政府农业农村主管部门公布本行政区域内的动物疫情。（19）规定疫点、疫区、受威胁区撤销和疫区封锁解除的标准和程序。（20）规定三类动物疫病的防治措施。（21）根据动物疫病的性质、特点和可能造成的社会危害，制定国家重大动物疫情应急预案报国务院批准，并按照不同动物疫病病种、流行特点及危害程度分别制订实施方案。（22）发生重大动物疫情时负责划定动物疫病风险区，禁止或者限制特定动物、动物产品由高风险区向低风险区调运。（23）规定屠宰、出售或者运输的动物以及出售或者运输的动物产品的检疫要求，规定动物卫生监督机构的检疫职责。（24）会同野生动物保护主管部门制定野生动物检疫办法。（25）制定动物运输备案等的具体办法。（26）规定输入无规定动物疫病区的动物、动物产品的检疫要求；规定跨省、自治区、直辖市引进的种用、乳用动物到达输入地后的隔离要求。（27）与野生动物保护主管部门按照职责分工制定动物和动物产品无害化处理管理办法。（28）规定动物诊疗机构的诊疗要求；制定官方兽医的具体办法；商国务院人力资源主管部门制定执业兽医资格考试办法。（29）制定乡村兽医在乡村从事动物诊疗服务活动的具体管理办法。（30）制定检疫证明、检疫标志的管理办法。（31）本法和相关法律、行政法规规定的其他职责。

二、县级以上地方人民政府农业农村主管部门的职责

根据本法的规定，县级以上地方人民政府农业农村主管部门主管本行政区域的动物防疫工作，其主要职责包括：（1）省、自治区、直辖市人民政府农业农村主管部门制订本行政区域的强制免疫计划；根据本行政区域内动物疫病流行情况增加实施强制免疫的动物疫病病种和区域，报本级人民政府批准后执行，并报国务院农业农村主管部门备案。（2）负责组织实施动物疫病强制免疫计划，并对饲养动物的单位和个人履行强制免疫义务的情况进行监督检查。（3）定期对本行政区域的强制免疫计划实施情况和效果进行评估，并向社会公布评估结果。（4）省、自治区、直辖市人民政府农业农村主管部门根据对动物疫病发生、流行趋势的预测，及时发出动物疫情预警。（5）与野生动物保护主管部门按照职责分工对野生动物疫源疫病进行监测、预测、预报，并定期互通情况，紧急情况及时通报。（6）对动物饲养场和隔离场所、动物屠宰加工场所以及动物和动物产品无害化处理场所进行审查，依法发放动物防疫条件合格证。（7）对经营动物、动物产品的集贸市场进行监督检查。（8）依法认定动物疫情，重大动物疫情由省、自治区、直辖市人民政府农业农村主管部门认定。（9）与同级卫生健康、野生动物保护主管部门应当及时相互通报人畜共患传染病疫情。（10）发生一类动物疫病时，应当立即派人到现场，划定疫点、疫区、受威胁区，调查疫源，及时报请本级人民政府对疫区实行封锁；发生二类动物疫病时应当划定疫点、疫区、受威胁区。（11）根据本行政区域的重大动物疫情应急预案，按照不同动物疫病病种、流行特点及危害程度分别制订实施方案。（12）对检疫不合格的动物、动物产品，监督货主按照国家有关规定处理。（13）依法审查和发放动物诊疗许可证。（14）省、自治区、直辖市人民政府农业农村主管部门按照程序确认官方兽医，由所在地县级以上人民政府农业农村主管部门进行任命。（15）制订官方兽医培训计划，提供培训条件，定期对官方兽医进行培训和考核。（16）省、自治区、直辖市人民政府农业农村主管部门颁发执业兽医资格证书。（17）对动物饲养、屠宰、经营、隔离、运输以及动物产品生产、经营、加工、贮藏、运输等活动中的动物防疫实施监督管理。（18）为控制、扑灭动物疫病，应当派人在所在地依法设立的现有检查站执行监督检查任务。（19）本法和相关法律法规规定的其他职责。

三、县级以上人民政府其他有关部门的职责

动物防疫工作纷繁复杂、千头万绪，单靠农业农村主管部门难以取得应有的效果，需要其他部门有效配合，形成合力。本条规定，县级以上人民政府其他有关部门应当依据法律法规的规定，按照职责分工做好动物防疫相关工作，主要包括：（1）国务院卫生健康等有关部门与国务院农业农村主管部门共同对动物疫病进行风险评估，并制定、公布动物疫病预防、控制、净化、消灭措施和技术规范；省、自治区、直辖市人民政府卫生健康等有关部门与农业农村主管部门共同开展本行政区域的动物疫病风险评估，并落实动物疫病预防、控制、净化、消灭措施。（2）科技、海关等部门按照本法及有关法律法规的规定做好动物疫病监测预警工作，并定期与农业农村主管部门互通情况，紧急情况及时通报；野生动物保护主管部门与农业农村主管部门按照职责分工对野生动物疫源疫病进行监测、预测、预报，并定期互通情况，紧急情况及时通报。（3）海关发现进出境动物和动物产品染疫或者疑似染疫的，应当及时处置并向农业农村主管部门通报。（4）野生动物保护主管部门发现野生动物染疫或者疑似染疫的，应当及时处置并向农业农村主管部门通报。（5）县级以上人民政府卫生健康主管部门和农业农村、野生动物保护等主管部门应当建立人畜共患传染病防治合作机制；发生人畜共患传染病疫情的，县级以上人民政府农业农村主管部门与同级卫生健康、野生动物保护主管部门应当及时相互通报；卫生健康主管部门应当对疫区易感染的人群进行监测，并采取相应的预防、控制措施。(6) 海关的官方兽医应当具备规定的条件，由海关总署任命，具体办法由海关总署会同国务院农业农村主管部门制定。(7) 本法和相关法律法规规定的其他职责。

四、军队动物卫生监督职能部门的职责

军队中的动物，包括现役动物和饲养的动物，具有一定的封闭性，军队内部也建立了相应的动物防疫体系。因此，本条规定，军队动物卫生监督职能部门根据本法和相关法律的规定，负责军队现役动物和饲养自用动物的防疫工作。

第十条 县级以上人民政府卫生健康主管部门和本级人民政府农业农村、野生动物保护等主管部门应当建立人畜共患传染病防治的协作机制。

国务院农业农村主管部门和海关总署等部门应当建立防止境外动物疫病输入的协作机制。

释义

本条是关于动物疫病防治协作机制的规定。

本条是此次修改新增加的规定，旨在加强有关部门应对人畜共患传染病和境外动物疫病输入的协作机制。

一、人畜共患传染病防治协作机制

人畜共患传染病是指人与脊椎动物共同罹患的传染病，如鼠疫、狂犬病、血吸虫病等。人畜共患传染病对人体和动物都会造成危害，在防控上应当给予更多重视。此次修改进一步加强了对人畜共患传染病的防控力度，本条从建立人畜共患传染病防治协作机制的角度加强了对人畜共患传染病的防控力度。

人畜共患传染病防控涉及多个政府职能部门，需要这些部门做好本职工作、密切配合。有关法律已对建立人畜共患传染病协作机制提出了要求。例如，传染病防治法规定，县级以上人民政府农业、林业行政部门以及其他有关部门，依据各自的职责负责与人畜共患传染病有关的动物传染病的防治管理工作；动物防疫机构和疾病预防控制机构，应当及时互相通报动物之间和人之间发生的人畜共患传染病疫情以及相关信息。野生动物保护法规定，县级以上人民政府野生动物保护主管部门、兽医主管部门、卫生主管部门，应当按照职责分工负责与人畜共患传染病有关的动物传染病的防治管理工作。2005 年，原卫生部、农业部建立了人畜共患传染病防治合作机制，并共同印发了《关于人畜共患传染病防治合作机制的通知》，主要有以下内容：（1）在工作机制方面，建立人畜共患传染病防治工作协调小组，每季度召开一次例会；（2）在疫情通报方面，双方按月通报全国人畜共患传染病的人和动物疫情，发生人畜共患传染病暴发疫情，在接到疑似或确诊报告后24小时之内互相通报；（3）在督导检查方面，原则上每年开展一次人畜共患传染病防治工作督导检查；（4）在监测检测方面，卫生部主要开展人类疾病监测和检测，农业部主要负责动物疫情监测，卫生部、农业部相互通报检测结果；（5）在专家资源方面，建立专家定期会议制度，研究讨论防治工作中所涉及的专业技术问题，双方互派专家进入对方领域的专家组或专家委员会；（6）在共同研究方面，共同研发新发传染病的检测和诊断手段。下一步，县级以上人民政府卫生健康主管部门和本级人民政府农业农村、野生动物保护等主管部门，要在现行做法的基础上，进一步健全和完善人畜共患传染病防治的协作机制，提高防治的整体性和协同性。

二、防止境外动物疫病输入协作机制

我国边境线长且口岸通道多，随着动物及动物产品贸易的增加，境外动物疫病传入风险不断加大。2013年小反刍兽疫传入我国，2018年非洲猪瘟传入我国。防止境外动物疫病输入涉及农业农村主管部门和海关等多个部门，需要各部门之间密切配合，建立有效的协作机制。因此，本条第二款规定，国务院农业农村主管部门和海关总署等部门应当建立防止境外动物疫病输入的协作机制。

本法其他条文也对防止境外动物疫病输入、传入作了规定。例如，第二十条第一款规定，陆路边境省、自治区人民政府根据动物疫病防控需要，合理设置动物疫病监测站点，健全监测工作机制，防范境外动物疫病传入。第二款规定，科技、海关等部门按照本法和有关法律法规的规定做好动物疫病监测预警工作，并定期与农业农村主管部门互通情况，紧急情况及时通报。第三十三条第三款规定，海关发现进出境动物和动物产品染疫或者疑似染疫的，应当及时处置并向农业农村主管部门通报。

目前，国务院有关部门已经在境外动物疫病防控方面开展了有关合作，如原国家质检总局、农业部对防止有关国家的禽流感、口蹄疫等动物疫病传入我国联合发布公告，要求各出入境检验检疫机构、各级动物疫病预防控制机构、动物卫生监督机构密切配合，做好检疫、防疫和监督工作。要进一步总结这些协作的经验，形成稳定的长效机制，并不断健全完善。

第十一条　县级以上地方人民政府的动物卫生监督机构依照本法规定，负责动物、动物产品的检疫工作。

释义

本条是关于动物卫生监督机构职责的规定。

本条是对原动物防疫法第八条的修订，主要修改之处是删除了动物卫生监督机构负责有关动物防疫监督管理执法工作职责的规定。

一、动物卫生监督机构的设立

从2005年起，按照《国务院关于推进兽医管理体制改革的若干意见》（国发〔2005〕15号）的要求，省、市、县级人民政府结合本地的实际情况，对动物防疫、检疫、监督等各类机构及其行政执法职能进行整合，组建动物卫生监督机构，作为行政执法机构，负责动物检疫、防疫监督行政执法工作，兽医行政主管部门负责对其进行归口管理，并加强其履行职责所必需的技术手段的能力建设。各地的动物卫生监督机构名称一般为“动物卫生监督所”，主要职责包括两个方面：一是动物、动物产品的检疫工作；二是其他有关动物防疫的监督管理执法工作。

二、动物卫生监督机构的改革及其职责变化

2018年2月，党的十九届三中全会作出了深化党和国家机构改革的决定，要求深化行政执法体制改革，统筹配置行政处罚职能和执法资源，相对集中行政处罚权，整合精简执法队伍，解决多头多层重复执法问题，一个部门设有多支执法队伍的，原则上整合为一支执法队伍。3月，中共中央印发的《党和国家机构改革方案》提出，整合组建农业综合执法队伍，将农业系统内兽医兽药、生猪屠宰、种子、化肥、农药、农机、农产品质量等执法队伍整合，实行统一执法。11 月，中共中央办公厅、国务院办公厅印发《关于深化农业综合行政执法改革的指导意见》（以下简称《指导意见》）（中办发〔2018〕61 号），要求将分散在同级农业农村部门内设机构及所属单位的行政处罚以及与行政处罚相关的行政检查、行政强制职能剥离，整合组建农业综合行政执法机构。据此，各地在推进改革的过程中，将原先由动物卫生监督机构承担的动物防疫执法职能剥离，统一交由农业综合执法机构实施。上述指导意见同时提出，农业综合行政执法队伍组建后，农业农村部门原内设机构及所属单位依法继续做好行政许可、行业管理、技术推广、例行监测、检验检测等工作。据此，改革后的动物卫生监督机构应当继续履行好动物、动物产品的检疫工作职责。

三、动物卫生监督机构在动物和动物产品检疫方面的主要职责

主要包括：（1）对屠宰、出售或者运输的动物以及出售或者运输的动物产品进行检疫。动物卫生监督机构接到检疫申报后，应当及时指派官方兽医对动物、动物产品实施检疫；检疫合格的，出具检疫证明、加施检疫标志；实施检疫的官方兽医应当在检疫证明、检疫标志上签字或者盖章，并对检疫结论负责。（2）对科研、药用、展示等特殊情形非食用性利用的野生动物、人工捕获的野生动物进行检疫。（3）对输入无规定动物疫病区的动物、动物产品进行检疫。（4）对依法应当检疫而未经检疫的动物，具备补检条件的实施补检。（5）本法和相关法律法规规定的其他职责。

第十二条 县级以上人民政府按照国务院的规定，根据统筹规划、合理布局、综合设置的原则建立动物疫病预防控制机构。

动物疫病预防控制机构承担动物疫病的监测、检测、诊断、流行病学调查、疫情报告以及其他预防、控制等技术工作；承担动物疫病净化、消灭的技术工作。

释义

本条是关于动物疫病预防控制机构的设立及其职责的规定。

本条是对原动物防疫法第九条的修订，主要修改之处是增加了动物疫病预防控制机构“承担动物疫病净化、消灭的技术工作”的职责。

一、动物疫病预防控制机构的设立

根据本条第一款的规定，设立动物疫病预防控制机构主要有两个方面的要求。一是必须按照国务院的规定。这里主要指的是2005年出台的《国务院关于推进兽医管理体制改革的若干意见》（国发〔2005〕15号）。该意见明确要求建立健全各级兽医技术支持体系，发挥承担动物疫病监测、诊断、流行病学调查研究等技术支持机构的作用。二是要根据统筹规划、合理布局、综合设置的原则设立。这三个原则也是该意见中提出的明确要求。国务院农业农村主管部门以及地方人民政府应当按照本法规定和有关文件要求，做好统筹规划，根据实际需要来综合设置动物疫病预防控制机构，而不是简单地按照行政区划来设置机构。目前，农业农村部设立了中国动物疫病预防控制中心、中国动物卫生与流行病学中心，有的地方人民政府设立了动物疫病预防控制中心、畜牧业服务中心等，一般农业农村主管部门负责对其进行归口管理。凡是由人民政府依照本法设立的，承担本条第二款规定的动物疫病有关工作的机构，都属于动物疫病预防控制机构的范围。

二、动物疫病预防控制机构的主要职责

动物疫病预防控制机构是兽医行政管理和监督执法的重要技术保障和依托。根据本条第二款的规定，动物疫病预防控制机构主要承担以下工作职责：（1）负责实施本法规定的动物疫病的监测、预警、预报、实验室诊断、流行病学调查、疫情报告工作。（2）承担动物产品安全相关技术检测工作。（3）承担其他预防、控制等技术工作，包括协助提出重大动物疫病防控技术文件，做好动物疫病预防的技术指导、技术培训、科普宣传工作等。（4）承担动物疫病净化、消灭的技术工作。最后一项是此次修法新增加的职责，这是因为，动物疫病的净化、消灭是此次修法的一个重要内容，不仅在定义上将动物疫病的净化、消灭纳入动物防疫的范畴，而且将我国动物防疫工作的方针由“预防为主”改为“预防为主，预防与控制、净化、消灭相结合”。因此，有关动物疫病预防控制机构应当顺应动物防疫工作的发展趋势，进一步加强动物疫病净化、消灭方面的技术研究，提升技术水平，做好相关的技术支撑工作。

第十三条　国家鼓励和支持开展动物疫病的科学研究以及国际合作与交流，推广先进适用的科学研究成果，提高动物疫病防治的科学技术水平。

各级人民政府和有关部门、新闻媒体，应当加强对动物防疫法律法规和动物防疫知识的宣传。

释义

本条是关于动物疫病科学研究与国际合作交流的规定。

本条是对原动物防疫法第十条的修订，主要修改之处是扩充了动物防疫知识宣传普及的主体和内容。

一、国家鼓励支持动物疫病科学研究和国际交流合作

动物疫病的科学研究，是我国农业科学研究的重要组成部分。我国历来重视动物疫病的科学研究，取得了丰硕的高水平科研成果，一些曾经在我国广泛流行，造成大量损失的动物疫病特别是人畜共患传染病得以消灭，为保障

我国畜牧业的平稳健康发展和人民群众的身体健康发挥了重大作用。尽管我国在动物疫病科学研究领域取得了长足进步，但人类对动物疫病的了解还远远不够，动物防疫工作本身具有长期性和复杂性，近年来高致病性禽流感、非洲猪瘟等动物疫病的暴发就是很好的例证。随着党和政府对保障人民群众生命健康安全要求的进一步提高，以及广大人民群众公共卫生安全意识的不断提升，同时为保障畜牧业持续健康发展，必须鼓励和支持有关方面进一步加强动物疫病的科学研究，特别是基础性、前沿性的科学研究，不断创造出一批标志性、引领性的重大科研成果，牢牢把握动物防疫事业发展的主动权，支撑和引领畜牧兽医的现代化发展乃至整个农业的现代化发展。

二、加强动物防疫领域的对外合作与交流

这是我国农业对外合作的重要组成部分，是统筹利用国际国内两个市场、两种资源、两类规则的必然要求，是提升我国农业国际竞争力的重要途径。一方面，动物疫病不分国界，发源于国外的动物疫病传入国内，给我国畜牧业生产和人民群众的利益带来重大损失的事件时有发生。必须加强与其他国家在动物防疫领域的合作与交流，提前做好预防和准备工作。另一方面，每个国家在科研领域都有自己的专长，加强与国外科研机构、国际组织等的合作与交流，加快在动物疫病科研领域与国际接轨，引进国外先进的科学研究成果和高端人才，取他国之长，补我国之短，可以节约大量时间成本、资金成本，实现弯道超车、跨越式发展，尽快提升我国动物疫病科学研究的整体水平。

三、国家鼓励和支持推广先进的科学研究成果

先进的科学研究成果只有应用到动物防疫工作中去，才能发挥其应有作用。因此，国家不但要鼓励、支持动物疫病的科学研究，还要注意鼓励和支持推广先进的科学研究成果，通过试验、示范、培训、指导以及咨询服务等方式，把动物疫病的科学研究成果运用到具体工作中去。国家鼓励、支持推广先进的科学研究成果，一方面，通过政府及农业农村主管部门进行科学研究成果的推广；另一方面，也要制定一些措施鼓励有关企业、事业单位转化应用。

经过多年的建设和发展，我国在依靠科技，提高防疫效果方面取得了很大的成绩，主要表现在以下几个方面：一是应用于动物防疫工作中的防治各种动物疫病的生物制剂的品种与数量不断增加。二是诊断疫病的新技术不断用于生产，如酶联免疫吸附技术、荧光偏振技术、基因芯片检测技术、实时聚合酶链式反应技术、基因测序技术等方法已在科研和生产中应用，提高了我国动物疫病诊断水平。三是推广应用新药械。我国的兽药厂可生产高效、低毒、广谱驱虫药、抗菌类药物、普通疾病医疗用药和主要医疗器械。四是科研与生产密切结合，各类兽医科研成果转化及推广应用在养殖业发展中发挥重要作用。五是动物卫生法律和兽医体制改革方面的研究成果，对我国动物防疫法修订、配套法规规章制定和兽医管理体制改革，以及动物防疫行政管理、监督执法和技术支持均起到了积极的推动作用。

四、加强动物防疫法律法规和动物防疫知识的宣传

此次修法，将原法第十条“普及动物防疫科学知识”的规定扩充成单独一款，进一步明确了宣传的主体，即各级人民政府和有关部门，以及新闻媒体；进一步明确了宣传的重点，即动物防疫法律法规和动物防疫知识。各级人民政府及其有关部门，特别是农业农村主管部门，要按照本条的规定，进一步加强与新闻媒体的对接和联系，采取新闻发布会、专题采访、专题培训、编制释义、发放普法和知识普及材料、举办知识竞赛、以案说法等多种方式，加大宣传力度，以进一步提高广大干部群众的动物防疫知识、观念和法治意识，增强其对动物防疫工作和公共卫生安全重要性的认识，引导和推动其主动履行自身承担的法律义务，积极参与动物防疫有关活动，形成政府部门主导、全社会广泛参与的动物防疫工作新格局，从而提高我国动物防疫工作的整体水平。

第十四条 对在动物防疫工作、相关科学研究、动物疫情扑灭中做出贡献的单位和个人，各级人民政府和有关部门按照国家有关规定给予表彰、奖励。

有关单位应当依法为动物防疫人员缴纳工伤保

险费。对因参与动物防疫工作致病、致残、死亡的人员，按照国家有关规定给予补助或者抚恤。

释义

本条是关于动物防疫表彰、奖励，以及防疫人员工伤保险、补助和抚恤的规定。

本条是对原动物防疫法第十一条的修订，主要修改之处：一是增加了有关表彰的规定；二是扩大了表彰、奖励对象的范围；三是明确要按照国家规定给予表彰、奖励；四是增加了动物防疫人员工伤保险的内容；五是增加了对有关动物防疫人员给予补助或者抚恤的内容。

一、关于表彰和奖励

对在动物防疫相关工作中做出贡献的单位和个人给予表彰、奖励，是对工作努力、贡献突出、成果显著的有关单位和个人的一种肯定，有利于引导社会各方面更加积极、主动地投入动物防疫相关工作中去，为动物防疫事业的发展进步做出更大的贡献，也有利于提升全社会对动物防疫事业、对从事动物防疫相关工作的单位和个人的认同。

1. 表彰、奖励的对象和范围。根据本条第一款的规定，表彰、奖励的对象为在动物防疫相关工作中做出贡献的单位和个人，主要包括：（1）直接从事动物防疫工作的单位和个人，如各级人民政府农业农村主管部门及其工作人员，动物卫生监督机构、动物疫病预防控制机构等动物防疫相关机构及其工作人员。（2）开展动物防疫科学研究和提供技术支撑的单位和个人，如有关院校及其教师和学生、有关科研机构及其工作人员等。（3）在动物疫情扑灭工作中做出贡献的单位和个人。“做出贡献”的情形可以包括但不限于：（1）在动物疫病的预防、控制和动物、动物产品的检疫工作等方面积极同违反动物防疫工作规定的行为进行斗争的。（2）在生物制剂、检测诊断新技术和新药械等动物疫病科学研究中有发明创造的。（3）在推广动物疫病的科学研究成果方面作出突出成绩和贡献的。（4）在动物防疫监督管理工作中做出突出成绩或贡献的。（5）在动物卫生法律规范研究、宣传、教育、培训等方面做出突出成绩和贡献的。（6）其他贡献。

2. 表彰和奖励的有关要求。按照本法规定，各级人民政府和有关部门按照国家有关规定给予表彰、奖励。即表彰、奖励应当按照有关法律、法规、自治条例和单行条例、规章、规范性文件的要求进行，不得随意给予，以体现表彰、奖励的官方性、严肃性。除政府及其有关部门外的其他单位和个人给予的奖励，不受本条规定条件的限制。目前，《国家科学技术奖励条例》《农业部表彰工作管理办法》《全国农业先进集体和先进个人评选表彰管理办法》等有关法规、规章对有关表彰、奖励的内容作出了规定，还需要各级政府及其有关部门在更多的法规、规章、文件中针对动物防疫有关工作的表彰、奖励作出更加细致、明确的规定。

3. 表彰和奖励的主要方式。主要包括：（1）通报表彰、奖励。（2）颁发奖状、奖牌、奖杯或奖章等。（3）颁发证书。（4）给予荣誉称号。（5）给予奖金或者实物奖励。（6）给予优惠政策。（7）其他表彰、奖励方式。

二、关于动物防疫人员的工伤保险

工伤保险是为了保障劳动者因工作遭受事故伤害或者患职业病后获得医疗救治和经济补偿的社会保险制度。我国《工伤保险条例》第二条明确规定，中华人民共和国境内的企业、事业单位、社会团体、民办非企业单位、基金会、律师事务所、会计师事务所等组织和有雇工的个体工商户应当依照本条例规定参加工伤保险，为本单位全部职工或者雇工缴纳工伤保险费。上述用人单位的职工和个体工商户的雇工，均有依照本条例的规定享受工伤保险待遇的权利。根据动物防疫工作的特点，动物防疫人员在开展动物疫病监测、检疫、诊断，动物和动物产品的扑杀和无害化处理，以及行业管理等有关工作时，经常会接触各种动物、动物产品及其所处的环境，特别是染疫动物和动物产品、死亡动物、死因不明的动物，以及被污染的养殖场所、运输工具、容器等，存在被人畜共患传染病感染的风险、被动物攻击伤害的风险等。此次修法，也是本着关心爱护动物防疫人员，增强对其保障力度，解决后顾之忧，维护合法权益的目的而作出的上述规定。动物防疫人员因工作原因受到事故伤害或者患职业病，且经工伤认定的，享受工伤保险待遇。其中，经劳动能力鉴定丧失劳动能力的，享受伤残待遇。此外，因工死亡的，其遗属可以按照国家规定从工伤保险基金中领取丧葬补助金、供养亲属抚恤金和因工死亡补助金。

三、关于因参与动物防疫工作致病、致残、死亡的人员的补助或者抚恤

抚恤一般是指政府及其有关部门，或者其他有关单位对因公或者参与某种特定工作而伤残的人员或者牺牲人员的家属给予精神上的安慰和物质上的帮助。正如前文所提到的，参与动物防疫工作的人员承受了可能致病、致残甚至致人死亡的风险性，政府及其有关部门、用人单位等应当本着人道主义的原则对因参与动物防疫工作致病、致残、死亡的人员按照国家有关规定给予补助或者抚恤。这里的补助或者抚恤，既包括工伤保险中的有关抚恤金、补助金，也包括国家其他有关规定中明确的补助或者抚恤，是可以重叠的。

第二章　动物疫病的预防

本章共十六条，对动物疫病风险评估、动物疫病强制免疫、动物疫病监测和疫情预警、无规定动物疫病区和生物安全隔离区建设、动物疫病净化、动物防疫条件审查和管理、病原微生物管理、禁止从事特定动物、动物产品生产经营以及犬只防疫管理等作出了规定。

第十五条　国家建立动物疫病风险评估制度。

国务院农业农村主管部门根据国内外动物疫情以及保护养殖业生产和人体健康的需要，及时会同国务院卫生健康等有关部门对动物疫病进行风险评估，并制定、公布动物疫病预防、控制、净化、消灭措施和技术规范。

省、自治区、直辖市人民政府农业农村主管部门会同本级人民政府卫生健康等有关部门开展本行政区域的动物疫病风险评估，并落实动物疫病预防、控制、净化、消灭措施。

释义

本条是关于开展动物疫病风险评估和制定动物疫病预防、控制、净化及消灭措施和技术规范的规定。

本条将动物疫病风险评估制度确立为国家动物防疫基本制度。通过组织开展动物疫病风险评估，科学制定动物疫病预防、控制、净化和消灭的措施和技术规范。动物疫病风险评估使动物防疫管理决策更具科学性、透明性和客观性，为动物防疫工作从应急管理向风险管理转变提供支撑。

一、动物疫病风险评估

按照世界动物卫生组织（OIE）的有关规定，动物疫病状况风险包含两层意思：一是动物疫病“发生”的风险；二是动物疫病“发展”的风险。前者是指人们在进行动物及动物产品生产或经营活动过程中，由于一些不确定因素使动物或动物产品受到致病微生物感染的可能性；后者是指受到感染的动物或动物产品中致病性微生物“扩散和增加”的可能性。所谓“风险评估”是指人们在进行动物及动物产品生产和其他相关经营活动过程中，动物或动物产品感染致病微生物及其扩散增加的可能性进行评价和估计（分析、估计、界定）。所以，风险评估是对未来形势可能发展方向和程度的判断。目前，世界范围内已发现的动物疫病种类很多，不同动物疫病的发生发展状况、传播流行趋势及其对养殖业生产和人类健康的影响差异很大，即使是同一疫病在不同的时期和地域范围内其影响也会有很大不同，各个国家或者地区面临动物疫病风险皆不相同且处于不断变化的过程中。因此，国家需要从动物疫病客观实际情况出发，综合考虑经济社会各项因素，对动物疫病风险进行评价和估计。

二、国家建立动物疫病风险评估制度

当前，我国动物疫病防控形势依然严峻，病种多、病原复杂、流行范围广。非洲猪瘟已在国内定殖，口蹄疫、高致病性禽流感、高致病性猪蓝耳病等重大动物疫病仍在部分区域呈流行态势，布鲁氏菌病、狂犬病、包虫病等人畜共患传染病在局部地区甚至出现暴发流行。牛海绵状脑病（疯牛病）、非洲马瘟等外来动物疫病传入风险持续存在。不同动物疫病的发生发展状况、传播流行趋势及其对养殖业生产和人类健康的影响差异很大，同一动物疫病在不同的时期和地域范围内其影响也会有很大不同。因此，国家需要从动物疫病防控实际出发，综合考虑各项风险因素，对动物疫病风险进行评价和估计。

近年来，国家加快推进动物疫病风险评估制度建设，成立全国动物卫生风险评估专家委员会，根据需要及时组织开展风险评估工作，依据评估结果确定与我国适当保护水平相一致的预防控制（风险管理）措施，为国家动物防疫决策管理提供决策咨询和技术支撑。目前，风险评估已经广泛应用于制定和调整进口动物及动物产品相关贸易政策，强制免疫、监测预警、区域化管理、动物防疫条件审查等多项防疫制度，以及疫点、疫区、受威胁区的划定撤销、封锁解除等疫情处置措施。随着动物疫病风险评估制度的不断完善，各级人民政府农业农村主管部门要进一步做好动物防疫领域风险评估数据信息收集、处理和分析等工作，主动研究动物疫病的流行病学规律和流行趋势，有针对性、前瞻性地实施和调整动物疫病防控措施，提升动物疫情预警预报能力，变事后处置为事前预防，增强防控主动性，提高防控工作质量和效率。

三、根据需要及时会同有关部门进行风险评估

动物疫病风险评估工作通常涉及多个部门、多个领域。为防止人畜共患传染病发生、野生动物疫病跨种传播以及动物疫病跨境传播，国务院农业农村主管部门应根据国内外动物疫情和保护养殖业生产及人体健康的需要，及时会同有关部门进行风险评估。涉及人畜共患传染病防控时，应会同国务院卫生健康等部门；涉及野生动物疫病防控时，应会同国务院林业草原等部门；涉及境外动物疫病防控时，应会同海关等部门。各省、自治区、直辖市人民政府农业农村主管部门也要及时会同本级人民政府卫生健康等有关部门开展本行政区域内的动物疫病风险评估。

四、制定、公布、落实动物疫病预防、控制、净化、消灭措施和技术规范

动物疫病预防、控制、净化、消灭措施是一系列行政技术措施的统称，主要包括：动物疫病防治规划和计划、预防控制技术规范、应急预案及其实施方案等。依据风险评估结果，国务院农业农村主管部门制定、公布动物疫病预防、控制、净化、消灭措施和技术规范，省、自治区、直辖市人民政府农业农村主管部门组织落实动物疫病预防、控制、净化、消灭措施。以口蹄疫防治工作为例，根据对我国口蹄疫防控状况风险评估结果，首先，要制定国家口蹄疫防治规划，确定我国控制和消灭口蹄疫的长期目标、防治方针、技术路线、计划任务、控制状况评价、无疫区认证以及技术、法律、组织、财政等保障措施。其次，省级农业农村主管部门要根据国家防治规划制订本行政区域的防治计划并组织实施。此外，国务院农业农村主管部门要制定和公布口蹄疫防治技术规范，主要包括动物疫病的描述、诊断、监测、疫情报告、疫情处理、预防与控制等内容。

第十六条 国家对严重危害养殖业生产和人体健康的动物疫病实施强制免疫。

国务院农业农村主管部门确定强制免疫的动物疫病病种和区域。

省、自治区、直辖市人民政府农业农村主管部门制定本行政区域的强制免疫计划；根据本行政区域动物疫病流行情况增加实施强制免疫的动物疫病

病种和区域，报本级人民政府批准后执行，并报国务院农业农村主管部门备案。

释义

本条是关于动物疫病强制免疫的规定。

强制免疫是指国家对严重危害养殖业和人类健康的动物疫病，采取制订强制免疫计划，确定免疫病种、免疫要求、免疫动物种类与区域范围、免疫实施主体、组织分工、补助经费安排、免疫效果监测以及监督管理等一系列强制性措施，有计划分步骤地预防、控制、净化和消灭动物疫病。

一、国家实施强制免疫

在疫情危害非常严重或疫情扩散风险较大的情况下，为保护养殖业生产和人体健康，疫苗免疫接种是有效预防疫病发生和防止其进一步传播蔓延的重要防疫措施。国务院农业农村主管部门在风险评估基础上，有权做出实施强制免疫的决策，以最大限度控制疫情危害，这是动物防疫法制化管理的重要标志。一旦确认对某一动物疫病实施强制免疫，免疫计划就成为该疫病防治计划的重要组成部分，成为一项国家防疫政策，必须坚决予以贯彻落实，违反这一政策将使国家整体利益受到损害，危及养殖业和人民群众身体健康安全，应受到法律制裁。

目前，我国不是对所有的动物疫病都实施强制免疫，而是根据动物疫病对养殖业生产和人体健康的危害程度、流行区域、发展趋势以及有无安全有效的疫苗、免疫对净化和消灭的影响等，综合分析评估确定是否采取这种预防措施。并非所有的强制免疫病种都要在全国范围内统一实施，应根据动物疫病的流行状况和特点，确定实施强制免疫措施的区域。对于已在国内大范围发生和流行、传播速度快且危害严重的动物疫病，就需要将强制免疫的区域规定为全国范围，如目前正在实施的高致病性禽流感、口蹄疫、小反刍兽疫等。对于国内局部区域散发或地方性流行、扩散蔓延速度较慢的动物疫病，以及国内局部地区发生新发疫病或与我国接壤的邻国地区发生严重动物疫情需建立免疫防护带时，则可采取在局部区域实施强制免疫的措施，如包虫病、布鲁氏菌病。在省级人民政府决定在本行政区域内实施动物疫病净化和消灭过程中，开展非免疫无疫区建设的区域，如不再实施某种动物疫病的免疫接种，需按程序请示农业农村部，由农业农村部在确定强制免疫病种和区域时予以明确。

对严重危害养殖业生产和人体健康的动物疫病病种的确认，是实施强制免疫的关键。国务院农业农村主管部门应当根据动物疫病对养殖业生产和人体健康的危害程度和疫苗研制情况，抓住重点，研究确定应实施强制免疫的具体动物疫病病种和区域，这是国家实施动物疫病强制免疫的重要内容。

二、省级制订区域计划

国家动物疫病强制免疫工作由各地具体组织实施，省、自治区、直辖市人民政府农业农村主管部门要在国家强制免疫总体框架内，根据本行政区域内的疫情情况制订并组织实施本行政区域内强制免疫计划。同时，由于各地动物疫病状况不同，根据保护养殖业和人体健康的需要，对本地区流行和危害较严重的动物疫病应纳入地方强制免疫计划。当然，在确定本地区强制免疫对象时，要符合国家有关防疫规划、防治计划和预防控制措施要求，及时开展免疫风险评估，科学合理确定。在这一方面，我国已有不少实践经验，如狂犬病、布鲁氏菌病等人畜共患传染病在某些地区呈暴发流行态势，严重影响人畜健康安全，我国部分省市已通过颁布法规或规章的形式将这些疫病纳入了强制免疫范围。

第十七条　饲养动物的单位和个人应当履行动物疫病强制免疫义务，按照强制免疫计划和技术规范，对动物实施免疫接种，并按照国家有关规定建立免疫档案、加施畜禽标识，保证可追溯。

实施强制免疫接种的动物未达到免疫质量要求，实施补充免疫接种后仍不符合免疫质量要求的，有关单位和个人应当按照国家有关规定处理。

用于预防接种的疫苗应当符合国家质量标准。

释义

本条是关于养殖者动物疫病强制免疫主体责任的规定。

一、饲养动物的单位和个人应当履行相关义务

根据本法规定，贯彻预防为主的方针，做好动物疫病预防工作，是饲养、经营动物的单位和个人的法定义务。动物疫病是动物饲养和经营活动面临的风险之一，所有从事相关活动的单位和个人，不仅需要保护自身利益，而且有责任保护同行业的其他生产者利益以及人民群众的健康。因此，有关单位和个人必须严格遵守动物防疫法律法规规定，执行有关防疫政策和措施，做好动物的强制免疫工作。

二、建立免疫档案与加施畜禽标识

建立免疫档案与加施畜禽标识是落实强制免疫制度、确保动物防疫可追溯管理的重要措施，对于准确掌握动物群体和个体的免疫、监测和移动状况有着十分重要的流行病学意义。

本条规定了饲养动物的单位和个人建立免疫档案、加施畜禽标识的义务。免疫档案应当载明畜禽养殖场（户）名称、地址、畜禽种类、数量、免疫日期、疫苗名称、畜禽养殖场代码、畜禽标识编号、免疫人员以及用药记录等内容。畜禽标识应当符合农业农村部相关规定，由饲养动物的单位和个人自行加施，实行一畜一标，即每个家畜个体使用一个唯一编码的标识。所有家畜均应按照规定加施标识，并凭此进入流通运输等环节。

三、应保证强制免疫质量

饲养动物的单位和个人应当按要求开展动物疫病强制免疫工作，确保达到规定的免疫密度和免疫抗体合格率标准。农业农村部在部署2021年强制免疫工作时要求，高致病性禽流感、口蹄疫、小反刍兽疫、布鲁氏菌病、包虫病的群体免疫密度应常年保持在90%以上，其中应免畜禽免疫密度应达到100%；高致病性禽流感、口蹄疫和小反刍兽疫免疫抗体合格率应常年保持在70%以上，并规定了有关免疫抗体检测方法以及免疫合格个体、免疫合格群体的判定标准。对实施强制免疫接种的动物未达到免疫质量要求的，应进行补充免疫接种，对因动物个体差异等原因造成补充免疫接种后仍不符合免疫质量要求的，应当按照国家有关规定处理。

四、强制免疫用生物制品的质量要求

目前，国家强制免疫用生物制品名单由农业农村部确定并公告。在国家兽药基础数据库中可以及时查询到国家批准使用的有关疫苗。农业农村部要求各级农业农村主管部门加强对本行政区域内强制免疫疫苗生产企业的监督检查，严格执行兽药生产质量管理规范（GMP）的有关规定，进一步规范疫苗生产行为。全面实施兽药“二维码”管理制度，加强疫苗生产经营使用全程质量监管，严厉打击制售假劣疫苗行为。本法规定了用于免疫的疫苗必须符合国家质量标准，饲养动物的单位和个人应当按照国家有关规定取得并使用国家批准的强制免疫用疫苗，一旦使用非法疫苗，除自身可能面临严重经济损失外，还将被依法追究责任。

第十八条　**县级以上地方人民政府农业农村主管部门负责组织实施动物疫病强制免疫计划，并对饲养动物的单位和个人履行强制免疫义务的情况进行监督检查。**

乡级人民政府、街道办事处组织本辖区饲养动物的单位和个人做好强制免疫，协助做好监督检查；村民委员会、居民委员会协助做好相关工作。

县级以上地方人民政府农业农村主管部门应当定期对本行政区域的强制免疫计划实施情况和效果进行评估，并向社会公布评估结果。

释义

本条是关于动物疫病强制免疫实施与监督的规定。

一、组织实施强制免疫计划

县级以上地方人民政府农业农村主管部门要严格按照国家关于强制免疫的有关规定，组织实施强制免疫计划。要制订工作方案，广泛宣传动员，监督饲养动物的单位和个人履行强制免疫义务，确保强制免疫责任落实到养殖场户。要采取查阅免疫档案、监测免疫抗体水平等多种形式开展监督检查。

二、组织实施强制免疫

乡镇人民政府和城市街道办事处应当发挥其在动物疫病强制免疫工作中的组织作用，督促饲养动物的单位和个人按照强制免疫政策、计划和工作方案及时开展动物免疫接种工作，协助农业农村主管部门做好监督检查。村民委员会、居民委员会应协助做好相关工作，包括动物饲养情况调查、报告以及动物疫病强制免疫宣传教育和组织动员等。

三、强制免疫评估

对强制免疫计划实施情况和效果进行评估，是确保强制免疫效果和质量的重要手段。县级以上地方人民政府农业农村部门要依法开展强制免疫评估工作，采取常规监测、随机抽检等方式，了解掌握本行政区域内强制免疫实施情况和抗体水平，对免疫副反应、抗体水平不达标、免疫失败等情况及时进行调查处理。本法规定公布强制免疫评估结果，既可以提示饲养动物的单位和个人及时采取必要的防疫措施，防范动物疫病发生，又有利于督促政府及有关部门优化本行政区域强制免疫工作，提高强制免疫效果。

第十九条 国家实行动物疫病监测和疫情预警制度。

县级以上人民政府建立健全动物疫病监测网络，

加强动物疫病监测。

国务院农业农村主管部门会同国务院有关部门制定国家动物疫病监测计划。省、自治区、直辖市人民政府农业农村主管部门根据国家动物疫病监测计划，制定本行政区域的动物疫病监测计划。

动物疫病预防控制机构按照国务院农业农村主管部门的规定和动物疫病监测计划，对动物疫病的发生、流行等情况进行监测；从事动物饲养、屠宰、经营、隔离、运输以及动物产品生产、经营、加工、贮藏、无害化处理等活动的单位和个人不得拒绝或者阻碍。

国务院农业农村主管部门和省、自治区、直辖市人民政府农业农村主管部门根据对动物疫病发生、流行趋势的预测，及时发出动物疫情预警。地方各级人民政府接到动物疫情预警后，应当及时采取预防、控制措施。

释义

本条是关于动物疫病监测和疫情预警的规定。

动物疫病监测是动物疫病防治工作中最重要的技术手段，是预防、控制、净化、消灭动物疫病的基础性工作。只有通过长期、连续、可靠的监测，才能及时掌握动物疫病发生状况和流行趋势，准确把握疫情动态，及时消除隐患，为实现动物疫情预警、预报，制定完善动物疫病防控政策和措施，有效控制、净化、消灭动物疫病提供科学依据。

部分发达国家在主要动物疫病的防控过程中，除严格控制输入性动物疫病风险外，更加注重本国动物疫病监测工作，投入大量经费、技术、人力资源，通过执行国家动物疫病监测计划，监视、了解疫病发生、发展和流行情况。在尚未消灭某种疫病阶段开展监测，不仅可以了解病原特点和污染范围，而且可以评价现有防疫措施的成效、问题，及时作出调整；在宣布消灭某种疫病后开展监测，可以监视和验证疫病消灭状况，评价维持无疫状况。

一、县级以上人民政府的相关职责

动物防疫工作是各级政府的重要职责，县级以上人民政府应当不断加强动物防疫体系建设，完善动物疫病监测网络，加大各级兽医实验室建设、设施设备、监测经费、人员配备等方面的投入。动物疫病监测网络由中央、省、地（市)、县四级动物疫病预防控制机构组成。当前，在国家层面主要包括中国动物疫病预防控制中心、中国动物卫生与流行病学中心及其4个分中心，以及牛瘟、牛传染性胸膜肺炎、禽流感、口蹄疫、牛海绵状脑病、猪瘟、猪繁殖与呼吸综合征、新城疫、布鲁氏菌病、包虫病、狂犬病、血吸虫病、结核病、马鼻疽、马传染性贫血、非洲猪瘟等主要动物疫病国家参考实验室和部分疫病专业、区域实验室；地方层面主要包括省、市、县三级动物疫病预防控制机构。此外，要注重发挥动物诊疗机构、科研院所在监测预警工作中的作用。

二、国家和省级农业农村主管部门的相关职责

一是制订动物疫病监测计划。实施动物疫病监测的硬件基础是疫病监测网络体系，其软件基础是动物疫病监测计划。国务院农业农村主管部门应当及时会同国务院有关部门制订年度国家动物疫病监测计划，全面掌握家畜家禽、野生动物、实验动物以及进出境动物的疫病状况。省、自治区、直辖市人民政府农业农村主管部门应按照国家动物疫病监测计划，结合本地区地理环境特征、动物养殖情况、流通模式、动物疫病流行特点等，科学布局、合理设置有代表性的固定监测点，制订本行政区域动物疫病监测计划并组织实施，并对实施情况进行检查和考核。

二是做好动物疫情预警预报。国务院农业农村主管部门和省、自治区、直辖市人民政府农业农村主管部门要根据动物疫情动态和动物疫病监测信息，按照动物疫情发生、发展规律和特点，对其传染来源、传播风险因素、传播途径、扩散范围等进行认真研究、系统分析，预测其可能的危害程度、发展趋势，及时作出相应的预警，并采取相应防控措施。依据《国家突发重大动物疫情应急预案》的规定，根据突发重大动物疫情的性质、危害程度、涉及范围，将突发重大动物疫情划分为特别重大（Ⅰ级）、重大（Ⅱ

级）、较大（Ⅲ级）和一般（Ⅳ级）四级，并依次用红色、橙色、黄色和蓝色表示特别严重、严重、较重和一般四个预警级别。发生突发重大动物疫情时，事发地的县级、市（地）级、省级人民政府及其有关部门按照分级响应的原则作出应急响应。同时，要遵循疫情发生发展客观规律，结合实际情况和工作需要，及时调整预警和响应级别。要根据不同动物疫病的性质和特点，注重分析疫情的发展趋势，对势态和影响不断扩大的疫情，应及时提升预警和响应的级别；对范围局限、扩散风险小的疫情，应相应降低响应级别。突发重大动物疫情应急处理要采取边调查、边处置、边核实的方式，有效控制疫情发展。

三、动物疫病预防控制机构的相关职责

动物疫病监测是各级动物疫病预防控制机构的法定职责，动物疫病预防控制机构负责协助农业农村主管部门组织实施动物疫病监测计划。要强化监测组织和保障工作，确保人员到位、职责到位、责任到位、保障到位，加强技术培训和指导，提高检测技术能力，确保监测工作质量。及时完成监测结果汇总、分析和上报，定期开展监测信息的分析评估和形势会商等工作。发生突发动物疫情时，及时报告并开展紧急监测，指导疫情处置工作。

四、行政相对人义务

动物疫病监测服务于国家利益和公共卫生安全，是一项强制性的技术工作。因此，从事动物饲养、屠宰、经营、隔离、运输以及动物产品生产、经营、加工、贮藏、无害化处理等活动的单位和个人，必须配合做好监测工作，不得拒绝或者阻碍，否则将承担相关法律责任。

第二十条 陆路边境省、自治区人民政府根据动物疫病防控需要，合理设置动物疫病监测站点，健全监测工作机制，防范境外动物疫病传入。

科技、海关等部门按照本法和有关法律法规的规定做好动物疫病监测预警工作，并定期与农业农村主管部门互通情况，紧急情况及时通报。

县级以上人民政府应当完善野生动物疫源疫病监测体系和工作机制，根据需要合理布局监测站点；野生动物保护、农业农村主管部门按照职责分工做好野生动物疫源疫病监测等工作，并定期互通情况，紧急情况及时通报。

释义

本条是关于境外动物疫病和实验动物、进出境动物、野生动物疫病监测预警的规定。

长期以来，动物疫病在全世界范围内传播、流行，从境外进口的动物及动物产品有可能携带病原，禽流感、新城疫、鹦鹉热、猪瘟、牛结核病、牛传染性鼻气管炎等都曾在进口畜禽中检出，给畜牧生产和公共卫生安全带来重大威胁。我国边境线长，口岸、非口岸通道多，跨境放牧、边民互市贸易活跃，境外动物疫病传入风险很大。同时，我国野生动物种类繁多，生物学特性各异，生活习性不同，生存环境复杂，是自然界病原体的巨大天然储存库，是很多人畜共患传染病的潜在源头和传播节点。如果野生动物携带的相关病原体出现跨种传播，就可能导致野生动物、家畜家禽、人类出现重大疫情。应通过加强疫病监测，及时发现进境动物和野生动物疫病，对疫情发生、发展趋势做出预测预报，及时采取有力措施，有效阻断境外疫情向国内传入、自然疫源疫病向人类和家畜家禽传播扩散。同时，我国对实验动物的需求广泛，饲养量大，做好疫病监测十分重要，因此本法将实验动物疫病监测纳入调整范围。

一、陆路边境省、自治区人民政府的相关职责

我国陆路边境线长且与多国接壤，外来动物疫病传入，特别是从陆路边境省份向内陆地区传播的可能性很大。因此，要强化国家边境动物防疫安全理念，进一步压实陆路边境省、自治区人民政府在动物疫病监测方面的责任，规定其根据周边国家动物疫病发生情况、边境贸易流通和畜牧业发展情况、疫病流行和控制措施落实情况等，科学合理设置边境动物疫病监测站点，健全跨境动物疫病监测机制，加强跨境疫病监测和疫情预警，密切跟踪境外疫情传入风险，依法采取有效措施防范境外动物疫病传入。

二、科技、海关等部门的相关职责

由于实验动物需要满足实验条件等相关要求，有时难以对其实施强制免疫等预防措施；同时，由于部分动物防疫科研需要，需人为对其接种动物疫病病原体或遗传物质，一旦发生病原扩散极易造成动物疫情，故对其监测就显得格外重要。本法规定科技部门要按照本法和《实验动物管理条例》等有关规定，做好各种等级实验动物疫病的监测工作，定期与农业农村主管部门相互通报疫病监测结果。如果监测到新的病原体或病原致病性发生变化、实验动物突然出现大量死亡或其他异常情况等，应视作紧急情况，要及时向农业农村主管部门通报。

由于国际动物疫情形势复杂，进境动物、动物产品来源复杂，运输路径较长，极易将外来动物疫病病原体带入国内，而出境动物、动物产品也可能将我国动物疫病传入其他国家。因此，各级海关应严格依照本法和《中华人民共和国进出境动植物检疫法》等有关规定，对进出境动物疫病进行监测，定期与农业农村主管部门相互通报疫病监测结果。如海关监测到新的病原体或病原致病性发生变化等情况，则应视为紧急情况，要及时向农业农村主管部门通报。

三、野生动物保护主管部门的相关职责

由于野生动物种类繁多、病原分布复杂，且随着自然生态环境的逐步恢复，野生动物总量逐年增加，越来越多的野生动物进入人类活动区域，极易将自身携带的病原体

传给家畜家禽等饲养动物。因此，各级人民政府应积极协调有关部门，结合本地区野生动物种类、数量、栖息地，野生动物疫病流行特点和地理环境等特征，科学布局、合理设置监测站点。野生动物保护和农业农村部门要按照职责分工对野生动物疫源疫病进行监测、预测和预报，并建立定期通报机制，如监测到新的病原体或病原致病性发生变化等情况，则应视为紧急情况，及时互相通报。

第二十一条 国家支持地方建立无规定动物疫病区，鼓励动物饲养场建设无规定动物疫病生物安全隔离区。对符合国务院农业农村主管部门规定标准的无规定动物疫病区和无规定动物疫病生物安全隔离区，国务院农业农村主管部门验收合格予以公布，并对其维持情况进行监督检查。

省、自治区、直辖市人民政府制定并组织实施本行政区域的无规定动物疫病区建设方案。国务院农业农村主管部门指导跨省、自治区、直辖市无规定动物疫病区建设。

国务院农业农村主管部门根据行政区划、养殖屠宰产业布局、风险评估情况等对动物疫病实施分区防控，可以采取禁止或者限制特定动物、动物产品跨区域调运等措施。

释义

本条是关于无规定动物疫病区（以下简称无疫区）、无规定动物疫病生物安全隔离区（也称无规定动物疫病小区，以下简称生物安全隔离区）和分区防控的规定。

实行动物疫病区域化管理，通过采取区域区划、生物安全隔离区划的模式，在充分考虑我国行政区划、动物疫病状况、动物产品国际贸易以及公共卫生安全需要的基础上，综合实施监测、流通控制等动物卫生措施，建立无疫区和生物安全隔离区。分区防控是综合考虑行政区划、动物疫病防控、产业布局等因素，在全国实施非洲猪瘟等重大动物疫病分区防控工作。

一、无疫区、生物安全隔离区建设和评估

无疫区是指具有天然屏障或者采取人工措施，在一定期限内没有发生规定的一种或者几种动物疫病，并经验收合格的区域。无疫区分为免疫无疫区和非免疫无疫区。生物安全隔离区是指处于同一生物安全管理体系下，在一定期限内没有发生规定的一种或者几种动物疫病的若干动物饲养场及其辅助生产场所构成，并经验收合格的特定小型区域。近年来，农业农村部制定了一系列管理办法和技术规范，为无疫区和生物安全隔离区建设、管理、评估提供了重要依据。

（一）建设工作

无疫区的建设主体是省、自治区和直辖市人民政府，由其负责制订无疫区建设方案，确定建设范围和建设病种，组织实施无疫区建设、管理和评估工作。无疫区建设是一项系统工程，除省级人民政府农业农村主管部门这一实施主体外，还涉及发展改革、财政、交通运输、林草等多个部门，需要政府统筹推进无疫区建设相关工作。对于跨省、自治区和直辖市建设的无疫区，由国务院农业农村主管部门进行顶层设计和指导建设。关于无疫区的建设区域，根据《无规定动物疫病区管理技术规范》的相关规定，由区域所在省份农业农村主管部门依据地理、法律或人工屏障划定区域范围和界限，并向社会公布。区域应当集中连片，具有一定规模和范围，可以是省、自治区、直辖市的部分或全部区域，也可以是毗邻省的连片区域。

生物安全隔离区的建设主体是养殖企业。养殖企业按照《无规定动物疫病区评估管理办法》《无规定动物疫病区管理技术规范》等相关规定，开展生物安全隔离区建设，将动物饲养场所及相关辅助生产场所纳入统一的生物安全管理体系。

（二）验收工作

开展无疫区和生物安全隔离区建设工作，达到无疫标准的，可以申请验收。国务院农业农村主管部门负责无疫区和生物安全隔离区验收工作，制定发布《无规定动物疫病区管理技术规范》和无规定动物疫病区评审细则，组织实施验收工作，向社会公布验收合格的无疫区、生物安全隔离区信息。全国动物卫生风险评估专家委员会具体承担无疫区、生物安全隔离区验收中的技术工作。

（三）监督检查

国务院农业农村主管部门对无疫区和生物安全隔离区的维持情况开展监督检查，发现问题的，可以通知建设主体整改，问题严重的，可以暂停或撤销其资格。需要说明的是，按照动物防疫属地管理原则，县级以上地方人民政府农业农村部门负责本辖区内生物安全隔离区的日常监管。

二、分区防控

分区防控是动物疫病区域化管理的重要形式，对降低疫情跨区域传播风险具有关键作用。有关国家通过实施分区管理，有效防控非洲猪瘟等动物疫病，积累了丰富经验。2019 年，国务院办公厅印发的《关于加强非洲猪瘟防控工作的意见》（国办发〔2019〕31 号）明确提出，对非洲猪瘟实施分区防控。我国在福建、江西、湖南、广东、广西、海南中南区六省开展非洲猪瘟分区防控试点，取得了较好成效，将在全国范围内全面推行。本法确立了分区防控制度，为更好地实施区域化管理提供了法律保障。我国正在构建大区防控、无疫区、生物安全隔离区、动物疫病净化场引领的多层次的动物疫病区域化管理新格局。

目前，我国非洲猪瘟分区防控的主要做法是坚持防疫优先、保供为要，综合考虑行政区划、养殖屠宰产业布局、风险评估等情况，以生猪调运和屠宰监管为主要抓手，统筹做好动物疫病防控、生猪调运监管和市场产销衔接等工作，强化联防联控，确保重大动物疫情稳定，推动养殖、运输和屠宰产业转型升级，保障生猪及生猪产品安全供给。鉴于调运监管在防范动物疫病跨区域传播方面的关键作用，本法授权国务院农业农村主管部门在动物疫病分区防控中，可以采取禁止或者限制特定动物、动物产品跨区域调运等措施。

第二十二条　国务院农业农村主管部门制定并组织实施动物疫病净化、消灭规划。

县级以上地方人民政府根据动物疫病净化、消灭规划，制定并组织实施本行政区域的动物疫病净化、消灭计划。

动物疫病预防控制机构按照动物疫病净化、消灭规划、计划，开展动物疫病净化技术指导、培训，对动物疫病净化效果进行监测、评估。

国家推进动物疫病净化，鼓励和支持饲养动物的单位和个人开展动物疫病净化。饲养动物的单位和个人达到国务院农业农村主管部门规定的净化标准的，由省级以上人民政府农业农村主管部门予以公布。

释义

本条是关于动物疫病净化、消灭的规定。

开展动物疫病净化、消灭是发达国家动物疫病防控策略的重要内容和关键措施。在我国动物疫病得到有效控制的大背景下，推进动物疫病净化、消灭工作是转变传统的动物防疫策略，实现畜牧业高质量发展的必由之路。国家高度重视动物疫病净化、消灭，《中共中央办公厅、国务院办公厅关于创新体制机制推进农业绿色发展的意见》《国务院办公厅关于促进畜牧业高质量发展的意见》等文件明确提出，在全国范围内启动并实施动物疫病净化工作，推动动物疫病从有效控制到逐步净化、消灭转变，为推进动物疫病净化的有效开展提供了政策保障。近年来，农业农村部和各省、自治区、直辖市开展了主要动物疫病净化示范场创建活动，取得了良好效果。本法将动物疫病净化、消灭上升为法律制度，明确了国务院农业农村主管部门、县级以上地方人民政府、动物疫病预防控制机构在动物疫病净化消灭中的职责，鼓励支持饲养动物的单位和个人开展动物疫病净化，为开展相关工作提供了充分的法律保障。

一、国务院农业农村主管部门的相关职责

国务院农业农村主管部门负责全国动物疫病净化、消灭工作，制定国家动物疫病净化、消灭规划，有计划地控制、净化、消灭严重危害畜牧业生产和人民群众健康安全

的动物疫病。国家动物疫病净化规划应当包括净化的疫病病种、净化策略和方针、目标和任务、职责和分工、时间表和路线图、措施和保障。分区域、分层次，分阶段、分步骤，分病种、分策略，因地制宜、突出重点、场区结合、循序推进，开展动物疫病净化工作。根据全国畜牧业发展状况、动物疫病控制和净化情况、动物及其产品调运监管情况等，适时制定并启动全国单病种消灭规划。

国务院农业农村主管部门统一制定动物疫病净化评估标准、评估程序，公布全国净化场（区）信息，组织国家核心育种场（站）评估，定期向社会公布动物疫病净化结果。中国动物疫病预防控制中心协助国务院农业农村主管部门制定国家动物疫病净化和消灭规划，以及动物疫病净化评估标准和程序，负责动物疫病净化工作技术指导，组织开展净化技术集成示范、国家核心育种场评估等工作。

二、县级以上地方人民政府的相关职责

县级以上地方人民政府根据国家动物疫病净化、消灭规划，结合本地区地域特征、畜禽养殖及其管理水平、疫病发生和流行现状、畜禽流通管控措施和能力等情况，制订本行政区域的动物疫病净化计划，确定净化的病种和范围，选择切实可行的疫病净化技术和管理措施，合理制定净化路线，兼顾检疫监管、无害化处理、应急处置等综合措施，分阶段从“种、场、区”推进，实施分层、分类净化。根据动物疫病净化状况，适时制订并启动本地区单病种消灭计划。县级以上地方人民政府要成立净化工作领导小组，组建技术专家队伍，确定协调联络人员，明确责任机构和分工安排，协调解决基础设施、经费保障、机构队伍等关键问题。

县级以上地方人民政府农业农村主管部门根据本地区动物疫病净化、消灭计划，具体负责组织实施，结合工作实际，制订实施净化工作方案和技术指导方案，建立跨部门协调机制，细化分解目标任务，结合年度兽医工作绩效考核，强化净化工作措施落实和监督检查，促进疫病净化与日常动物疫病防控工作紧密衔接，确保各项工作落实到位，科学推进净化工作。县级以上地方人民政府农业农村主管部门负责组织开展本地区种畜禽场和规模化养殖场动物疫病净化评估，及时对外公布评估结果，并做好后续动态监管。

三、动物疫病预防控制机构的相关职责

各级动物疫病预防控制机构承担着动物疫病的监测、检测、诊断、流行病学调查、疫情报告以及其他预防、控制等技术工作，在动物疫病净化、消灭方面主要承担如下工作：一是协助本地区农业农村主管部门制订动物疫病净化、消灭计划，提出具体的净化、消灭路线和实施方案；定期对动物疫病净化效果进行监测和评估。二是开展动物疫病净化技术的研究、集成和试点，研究提出净化相关技术标准和规范。三是为参与净化的动物饲养场及相关机构人员提供技术咨询、培训和服务。

四、鼓励支持饲养动物的单位和个人开展动物疫病净化

本法规定，国家鼓励饲养动物的单位和个人开展动物疫病净化，根据饲养动物种类、养殖模式、饲养用途和疫病状况，制订适合本饲养场的动物疫病净化方案，实行“一场一方案”“一病一策略”，分病种、分阶段开展动物疫病净化工作。饲养动物的单位和个人开展净化的，可以申请动物疫病净化效果监测和评估，达到国务院农业农村主管部门规定标准的，由省级以上人民政府农业农村主管部门予以公布。

第二十三条　**种用、乳用动物应当符合国务院农业农村主管部门规定的健康标准。**

饲养种用、乳用动物的单位和个人，应当按照国务院农业农村主管部门的要求，定期开展动物疫病检测；检测不合格的，应当按照国家有关规定处理。

释义

本条是关于种用、乳用动物健康标准和检测要求的规定。

一、种用、乳用动物应当符合健康标准

种畜、种禽和乳用动物饲养用途特殊，存栏时间长，对养殖业生产和人体健康影响大。种用、乳用动物一旦染疫，可长期散播病原，不仅可以水平传播疫病，还能垂直传播疫病，严重影响动物生长和生产性能，也容易导致动物疫病进一步传播，或者人畜共患传染病病原由动物向人传播，具有较高的公共卫生安全风险。实践证明，加强对种用、乳用动物的健康管理，是从源头控制动物疫病的有力措施，是有效净化当地动物疫病的重要手段，做好这项工作可对整个动物防疫工作起到事半功倍的作用。因此，做好种用、乳用动物疫病防治和健康管理尤为重要，有必要制定其健康标准，应当包括但不限于未感染国家规定的动物疫病，以及按照免疫程序进行强制免疫且免疫抗体水平符合规定等内容。

二、种用、乳用动物的检测

饲养种用、乳用动物的单位和个人应当按照国家有关规定开展动物疫病检测，对于经检测未达到健康标准的动物，应采取补充免疫、无害化处理等方式进行处理，符合规定的可转变饲养用途。这是确保种用、乳用动物符合国家健康标准的有效手段，也是饲养者承担动物防疫主体责任的重要体现。县级以上地方人民政府农业农村部门要对检测和处理情况进行监督检查；组织动物疫病预防控制机构对种用和乳用动物检测结果予以核查，发现未依法履行检测、处理义务的，要及时予以纠正。

第二十四条 动物饲养场和隔离场所、动物屠宰加工场所以及动物和动物产品无害化处理场所，应当符合下列动物防疫条件：

（一）场所的位置与居民生活区、生活饮用水水源地、学校、医院等公共场所的距离符合国务院农业农村主管部门的规定；

（二）生产经营区域封闭隔离，工程设计和有关流程符合动物防疫要求；

（三）有与其规模相适应的污水、污物处理设施，病死动物、病害动物产品无害化处理设施设备或者冷藏冷冻设施设备，以及清洗消毒设施设备；

（四）有与其规模相适应的执业兽医或者动物防疫技术人员；

（五）有完善的隔离消毒、购销台账、日常巡查等动物防疫制度；

（六）具备国务院农业农村主管部门规定的其他动物防疫条件。

动物和动物产品无害化处理场所除应当符合前款规定的条件外，还应当具有病原检测设备、检测能力和符合动物防疫要求的专用运输车辆。

释义

本条是关于动物防疫条件的规定。

一、动物饲养场等场所必须符合规定的动物防疫条件

动物饲养场等场所是防疫管理的重点，为确保其动物防疫能力、水平和工作质量，有必要对其地理位置、设施设备条件、管理制度、人员配备等动物防疫条件作出规定。这些场所包括动物饲养场、动物隔离场所、动物屠宰加工场所以及动物和动物产品无害化处理场所。

二、动物防疫条件的主要内容

动物防疫条件包括选址、工程设计、工艺流程、防疫制度和人员，以及国务院农业农村主管部门规定的其他条件。

1. 选址。动物饲养场、动物隔离场所、动物屠宰加工场所，以及动物和动物产品无害化处理场所的位置与居民生活区、生活饮用水水源地、学校、医院等公共场所的距离符合国务院农业农村主管部门的规定，保持必要的距离和空间，避免或减少相互之间的环境和生物安全风险影响。

2. 布局。对生产经营区域封闭隔离、工程设计、有关流程作出规定，有利于各类场所涉及生物风险的区域形成相对独立的生物安全控制单元。各类场所应建立区域性物理隔离条件，通过围墙、房舍、门禁设施使生产经营区域与其他区域相隔离；建立人流、物流控制条件，对人员、物品进出实施严格的准入、消毒、通道等流程控制。

3. 设施设备。污水、污物处理，病死动物、病害动物产品无害化处理或冷藏冷冻，以及清洗消毒等设施设备是防范动物疫病发生、蔓延的重要物质条件，各类场所应配备与其规模相适应的上述设施设备，确保有效实施无害化处理和安全排放，防止对其他区域以及公共环境造成危害。

4. 防疫人员。动物防疫具有较强的专业性和特殊性，需要专业人员具体实施才能确保工作质量和水平。各类场所应“有”与其规模相适应的执业兽医或者动物防疫技术人员等专业人员，有利于提高防疫水平，这里的“有”是指按照规定具有专职或兼职的执业兽医或动物防疫技术人员。

5. 防疫制度。防疫制度是生产经营场所开展动物防疫活动，维持防疫水平，防止动物疫病发生、传播的重要保障。本条明确规定了四类场所应当建立隔离消毒、购销台账、日常巡查等方面的制度。隔离消毒，就是对染疫或疑似染疫以及需要依法进行隔离的动物进行隔离，以及对生产经营区域及相关配套设施及时消毒。购销台账，就是要严格记录动物、动物产品的购入渠道、销售去向，以备查验。日常巡查，就是对动物、生产经营区域、制度执行情况等进行巡回检查，及时检查动物状态，发现动物疫病传播风险等，并采取相应措施。此外，生产经营者还要根据有关法律法规的规定制定其他相关制度。

6. 其他条件。考虑到动物防疫工作的复杂性、畜牧业生产模式的变革，一些新的因素可能直接影响动物防疫工作成效。因此，本项授权国务院农业农村主管部门规定其他相关的动物防疫条件。

三、动物和动物产品无害化处理场所的附加条件

动物和动物产品无害化处理场所是病死动物、病害动物产品的流向地。无害化处理场所及其产物可能存在疫病传播风险，在该场所开展动物疫病检测，有利于无害化处理场所了解掌握自身生物安全情况，也有利于兽医机构了解掌握动物疫病流行状况，及时采取必要措施，消除隐患，因此需要加强其病原检测能力。同时，病死动物、病害动物产品具有较强的动物疫病传播能力，必须使用符合防疫要求的车辆运输，防范动物疫病扩散。

第二十五条 国家实行动物防疫条件审查制度。

开办动物饲养场和隔离场所、动物屠宰加工场所以及动物和动物产品无害化处理场所，应当向县级以上地方人民政府农业农村主管部门提出申请，并附具相关材料。受理申请的农业农村主管部门应当依照本法和《中华人民共和国行政许可法》的规定进行审查。经审查合格的，发给动物防疫条件合格证；不合格的，应当通知申请人并说明理由。

动物防疫条件合格证应当载明申请人的名称（姓名）、场（厂）址、动物（动物产品）种类等事项。

释义

本条是关于动物防疫条件审查制度的规定。

1. 动物防疫条件审查是针对开办动物饲养场、隔离场所、动物屠宰加工场所，以及动物和动物产品无害化处理场所的行政许可行为。设置此项行政许可，目的在于规范上述四类场所的动物防疫条件，使其开始生产经营前达到国家规定的防疫条件。

2. 实施动物防疫条件审查，应当遵守行政许可法有关程序的规定。开办者应向所在地县级以上地方人民政府农业农村主管部门提出申请。受理机关应当按照规定程序和时限进行审查和办理，审查内容包括材料审查和现场审验。根据审查结果提出行政许可意见，对合格的发放动物防疫条件合格证，对不合格的，应当告知申请人，并说明理由。

3. 国务院农业农村主管部门可就动物防疫条件审查制定相应的配套规章。《中华人民共和国行政许可法》第十六条第三款规定："规章可以在上位法设定的行政许可事项范围内，对实施该行政许可作出具体规定。"同时，根据本法第九条之规定，农业农村部是我国动物防疫的主管部门，而动物防疫条件审查属于动物防疫的一项工作制度，农业农村部可以依职权对动物防疫条件审查作出相关规定。

第二十六条　经营动物、动物产品的集贸市场应当具备国务院农业农村主管部门规定的动物防疫条件，并接受农业农村主管部门的监督检查。具体

办法由国务院农业农村主管部门制定。

县级以上地方人民政府应当根据本地情况，决定在城市特定区域禁止家畜家禽活体交易。

释义

本条是关于集贸市场防疫管理的规定。

一、集贸市场的防疫条件和监督管理

经营动物、动物产品的集贸市场是一个重要的动物疫病防控环节，应当符合规定的动物防疫条件，包括动物交易暂存场所与其他区域的相对隔离封闭条件、进场检疫证明的查验存档、场地和相关设施清洗消毒条件和措施制度、污水和动物排泄物无害化处理条件、动物产品冷藏冷冻设施等方面。考虑到经营动物、动物产品的集贸市场种类繁多，部分场所经营动物、动物产品总量不高，统一要求其办理动物防疫条件合格证可能加重行政相对人负担，与中央“放管服”改革精神不一致，故本法仅提出其应符合动物防疫条件的要求，无须办理动物防疫条件合格证。农业农村主管部门要建立对集贸市场的日常监督检查制度，对不符合动物防疫条件、不履行动物防疫义务等行为予以纠正。同时，为进一步规范集贸市场防疫条件，加强监督管理措施，本法授权国务院农业农村主管部门制定具体办法。

二、在城市特定区域禁止家畜家禽活体交易

由于经营活畜禽的交易市场人流物流较大，卫生条件

差，且畜禽来源复杂，极易造成动物疫病的传播扩散。研究表明，家禽在批发市场停留 8 小时以内，禽流感病毒分离率为 2.46%；停留 8～16 小时，病毒分离率上升到 5.33%；停留时间超过 16 小时，病毒分离率上升到 15.06%，可见经营活畜禽的交易市场极易成为传播禽流感等人畜共患传染病的场所。2013 年 H7N9 禽流感发生后，上海、浙江等地迅速关闭活禽市场，使疫情得到有效控制，充分说明阶段性关闭活禽市场的重要作用。为了防范人畜共患传染病传播，本条授权县级以上地方人民政府，“根据本地情况，决定在城市特定区域禁止家畜家禽活体交易”。但是，这种禁止应当审慎进行。县级以上地方人民政府应当统筹考虑城市规划建设情况和居民住宅区、公共场所、旅游景区等人口密集区情况，结合动物疫病风险评估结果，合理确定禁止区域，不得随意划定。

第二十七条　**动物、动物产品的运载工具、垫料、包装物、容器等应当符合国务院农业农村主管部门规定的动物防疫要求。**

染疫动物及其排泄物、染疫动物产品，运载工具中的动物排泄物以及垫料、包装物、容器等被污染的物品，应当按照国家有关规定处理，不得随意处置。

释义

本条是关于相关物品动物防疫要求和处理的规定。

一、动物、动物产品的运载工具、垫料、包装物、容器的动物防疫要求

动物、动物产品的运载工具、垫料、包装物、容器极易造成动物疫病交叉感染和病原在环境中扩散。我国非洲猪瘟疫情防控中，由运输工具及相关物品污染引发的疫情占40%以上。因此，有必要制定动物、动物产品的运载工具、垫料、包装物、容器的防疫要求和标准，落实行政相对人的动物防疫责任。目前，农业农村部已对生猪运输车辆的动物防疫要求作出规定，未来可根据动物防疫需要逐步完善相关要求。

二、染疫动物、染疫动物产品及有关物品的处理

染疫动物、染疫动物产品及有关物品是动物疫病传播最直接、最重要的因素，必须严格按照国家有关规定对其进行无害化处理。本条第二款对于染疫动物及其排泄物、染疫动物产品、运载工具中的动物排泄物以及垫料、包装物、容器等被污染的物品，作出禁止性规定，即不得随意处置，必须按照国务院农业农村主管部门的有关规定处理。这是控制和消灭疫源的有效措施，对于防止动物疫病的发生和传播十分重要，有关单位和个人必须遵照执行。对染疫动物及其产品的处理，要按照《中华人民共和国环境保护法》《中华人民共和国畜牧法》《畜禽规模养殖污染防治条例》以及地方制定的动物防疫条例等法律法规，以及国务院农业农村主管部门关于病死及病害动物无害化处理的有关规定执行。

第二十八条　采集、保存、运输动物病料或者病原微生物以及从事病原微生物研究、教学、检测、诊断等活动，应当遵守国家有关病原微生物实验室管理的规定。

释义

本条是关于病原微生物实验活动管理的相关规定。

本条中涉及的病料是指采集病死动物体或是从病死动物体上采集的组织、器官等样本，用来进行疫病的诊断或研究等工作；病原微生物，是指能够使人或者动物致病的微生物；实验活动是指实验室从事与病原微生物菌（毒）种、病料样本有关的研究、教学、检测、诊断等活动。

国内外实验室发生病原微生物泄漏、扩散，导致动物疫病发生，甚至引发公共卫生事件的案例屡见不鲜，从事病原微生物研究、教学、诊断等试验操作，以及病料、菌毒种运输等活动的生物安全控制已成为重要的动物疫病风险控制对象。动物源性病原微生物本身就是引起动物发生疫病的病原体，国务院农业农村主管部门应当对采集、运输、保存、使用动物源性病原微生物制定严格的管理规定和操作规程。否则，一旦造成泄漏扩散必将引起动物疫病的发生与流行。因此，为了防止采集、运输、保存、使用动物源性病原微生物引发动物疫病，本法规定，各有关单位必须严格遵守国家及国务院农业农村主管部门制定的条例规范、管理制度和操作规程等，依法规范采集、保存、使用、运输动物源性病原微生物。

为加强我国病原微生物实验室生物安全管理，保护工作人员和公众健康，国务院于 2004 年 11 月颁布的《病原微生物实验室生物安全管理条例》明确了国家对病原微生物实行分类管理和对实验室实行分级管理的原则；2020 年 10 月颁布的《中华人民共和国生物安全法》也将“病原微生物实验室生物安全管理”纳入该法的调整范围，明确提出：国家根据病原微生物的传染性、感染后对人和动物的个体或群体的危害程度，对病原微生物实行分类管理；国家根据病原微生物的生物安全防护水平，对病原微生物实验室实行分级管理。这为病原微生物样本采集、保存、运输和实验室检测等活动的管理提出了更为全面、完善的法律制度框架。

第二十九条 禁止屠宰、经营、运输下列动物和生产、经营、加工、贮藏、运输下列动物产品：

（一）封锁疫区内与所发生动物疫病有关的；

（二）疫区内易感染的；

（三）依法应当检疫而未经检疫或者检疫不合格的；

（四）染疫或者疑似染疫的；

（五）病死或者死因不明的；

（六）其他不符合国务院农业农村主管部门有关动物防疫规定的。

因实施集中无害化处理需要暂存、运输动物和动物产品并按照规定采取防疫措施的，不适用前款规定。

释义

本条是关于经营动物、动物产品的禁止性规定。

本条规定旨在严格控制感染或可能感染动物疫病的动物及其产品的移动和加工、销售等行为，有效防止动物疫病传播扩散。

一、禁止的对象

1. 封锁疫区内与所发生动物疫病有关的动物和动物产品，是指封锁疫区内患病动物的同群、同类动物，以及与患病动物能够发生相互感染的其他种类的动物和这些动物的产品等。上述动物及有关物品都可能是主要的病原携带者，因此，必须按照有关技术规范要求进行处理。

2. 疫区内易感染的动物和动物产品，是指能被疫区内所发生疫病的病原微生物感染的动物及其动物产品。由于动物疫病存在一定潜伏期，这类动物、动物产品携带或可能携带病原微生物，且受检验检测手段制约，无法全面排除其传播疫病风险，如果进入流通环节极易造成疫病流行，给养殖业生产及人体健康带来危害。这类动物、动物产品存在动物疫病的传播风险，同样具有危害性，也是疫源控制的主要对象。因此，本法规定禁止其经营。

3. 依法应当检疫而未检疫或者检疫不合格的动物、动物产品。未经检疫的动物健康状况不明，存在传播疫病的风险；未经检疫的头、蹄、毛、皮、肉、内脏、血液、脂等动物产品同样可能传播病原。如果这些动物和动物产品进入流通环节，可能造成疫病流行并危害人体健康。检疫不合格的动物、动物产品，存在较大危害，必须按照有关技术规范要求进行无害化处理，不得经营和加工利用。

4. 染疫的动物及其产品是造成动物疫病传播的主要载体，需按照《病死及病害动物无害化处理技术规范》处理，严禁用于生产经营。该技术规范适用于国家规定的染疫动物及其产品、病死或者死因不明的动物尸体，屠宰前确认的病害动物、屠宰过程中经检疫或肉品品质检验确认为不可食用的动物产品，以及其他应当进行无害化处理的动物及动物产品。要严格执行病死及病害动物和相关动物产品无害化处理的技术工艺和操作注意事项，认真落实处理过程中病死及病害动物和相关动物产品的包装、暂存、转运、人员防护和记录等要求。本条所称疑似染疫的动物、动物产品，是指经检查初步怀疑其感染动物疫病尚未最终确认的，不能擅自移动和经营。需要注意的是，由于微生物广泛存在于动物体内，如大肠杆菌等在一般状况下属于动物肠道常在菌群，仅在特殊条件下导致动物发病，自然环境中不存在绝对不携带病原微生物的动物。故本条所称的“染疫”并不是指不得带有任何病原体，而是指感染一类、二类动物疫病病原体，以及三类动物疫病呈现临床症状的，尤其是纳入检疫对象的疫病病原体。

5. 病死或死因不明的动物，是指染疫死亡、因病死亡的动物，以及非正常屠宰死亡，难以确定其死亡原因的动物。此类动物须按照《病死及病害动物无害化处理技术规范》的要求进行处理，严禁用于生产经营。

6. 其他不符合动物防疫规定的动物、动物产品均属禁止经营之列。这里的“动物防疫规定”是指与本法相配套的管理办法、检疫规程、技术标准等法规文件。

二、集中实施无害化处理的动物、动物产品除外

因实施集中无害化处理需要暂存、运输的动物和动物产品，不在第一款规定的范围内，有必要作出例外规定。但是，在暂存、运输此类动物、动物产品的过程中，必须按照国家规定采取必要的防疫措施，防止动物疫病传播、扩散。

第三十条 单位和个人饲养犬只，应当按照规定定期免疫接种狂犬病疫苗，凭动物诊疗机构出具的免疫证明向所在地养犬登记机关申请登记。

携带犬只出户的，应当按照规定佩戴犬牌并采取系犬绳等措施，防止犬只伤人、疫病传播。

街道办事处、乡级人民政府组织协调居民委员会、村民委员会，做好本辖区流浪犬、猫的控制和处置，防止疫病传播。

县级人民政府和乡级人民政府、街道办事处应当结合本地实际，做好农村地区饲养犬只的防疫管理工作。

饲养犬只防疫管理的具体办法，由省、自治区、直辖市制定。

释义

本条是关于狂犬病免疫接种和犬、猫防疫管理的规定。

一、狂犬病严重威胁人民群众的生命安全

狂犬病（Rabies）是由狂犬病病毒侵害中枢神经系统而引起的一种急性致死性人畜共患传染病，病死率高达100%。我国将其列为二类动物疫病，世界动物卫生组织将其列入必须报告病种。人和温血动物对狂犬病病毒都有易感性，犬科、猫科动物最易感。野生动物是该病主要储存

宿主和传播载体，家犬在传播病毒中起重要作用。发病动物和带毒动物是狂犬病的主要传染源，这些动物的唾液中含有大量病毒。该病主要通过患病动物咬伤感染，亦可通过皮肤或黏膜损伤处接触发病或带毒动物的唾液感染。

全球每年死于狂犬病的人数超过 5 万人。狂犬病造成的人类死亡有 95% 以上发生在非洲和亚洲。20 世纪 70 年代末和 80 年代是中国狂犬病病例高发时期。1981 年发病数达 7028 例。20 世纪 80 年代中期以后，在多方努力下，中国狂犬病疫情逐步得到有效控制，1996 年下降到最低水平，当年全国仅报告狂犬病 159 例。1998 年以后，全国狂犬病发病数又开始持续上升，有关资料显示，2003 年全国共有 1980 人死于狂犬病，是全国死于非典型性肺炎 348 人的 5.6。2004 ~ 2006 年，全国报告狂犬病病例分别为 2651 例、2537 例和 3279 例，共报告死亡人数 8403 人，占同期各种传染病病死数 30.1%，高居法定传染病报告病死数之首。近十年来，随着犬只免疫率和人紧急救治力度的提高，我国狂犬病防控取得了较好成效。但据国家卫生健康委通报，2019 年狂犬病仍居全国法定报告传染病死亡数前 5 位，死亡 276 例，对人民群众生命安全构成严重威胁。

二、犬只免疫是预防、控制和消灭狂犬病的关键措施

我国狂犬病的流行病学循环方式主要是城市动物循环（Urban cycle），犬是主要宿主。国际上普遍按照源头治理

的原则，通过犬只免疫有效防控狂犬病。因此，犬只免疫接种狂犬病疫苗对于控制和消灭狂犬病有着至关重要的作用。当一个地区的家犬狂犬病免疫率达到70%时，就能基本切断狂犬病在犬间的传播，使该地区出现狂犬病暴发流行的风险降到最低。有关国家都制定了以狂犬病免疫预防为主的养犬管理法律法规，将狂犬病免疫作为强制实施的措施，美国、日本等国家积累了成功经验。

近年来，农业农村部先后发布《国家动物狂犬病防治计划》《狂犬病防治技术规范》，要求加大犬只免疫力度，免疫犬只要按规定佩戴免疫标识，并发放统一的免疫证明，当地农业农村部门要建立免疫档案。我国部分地区通过地方立法将犬只狂犬病纳入地方强制免疫范围。通过全面开展犬只狂犬病疫苗接种，及时构筑防疫屏障，有效遏制了狂犬病疫情上升势头。

对犬只进行狂犬病免疫是饲养者作为动物防疫主体的法定义务和社会责任。所有饲养犬只的单位和个人，都应当按要求对犬只进行免疫。为犬只实施狂犬病疫苗免疫接种的动物诊疗机构等单位，应当出具动物狂犬病免疫证明，载明犬主、犬只、疫苗批号、免疫接种时间、加强免疫时间、犬免疫标识编号、免疫操作人员等信息，并发放当地统一规定的免疫标识。养犬登记机关在养犬登记时，应当对狂犬病免疫证明进行查验，未经免疫或无有效免疫证明的犬只，不予登记。

三、强化对犬只户外活动的管理

遛狗不牵绳等不文明养犬行为多次引发社会热点事件，甚至给人民群众造成了人身财产损害。为了倡导文明养犬，本法规定携带犬只出户时，犬主应当为犬佩戴犬牌、系犬绳并牵领，在户外活动期间保持对犬只的有效控制，这样既可以避免与染疫犬、流浪犬以及携带狂犬病病毒的野生动物接触，防止犬只伤人，又可以帮助走失犬及时找到主人，减少流浪犬的产生。

四、对流浪犬、猫实施必要的控制

全世界90%以上的狂犬病疫情是由犬传播导致的，流浪犬是传播链中的重要一环。在城乡地区发现的流浪犬只均应及时予以收容。城市街道办事处、乡级人民政府应当组织协调居民委员会、村民委员会，定期开展巡查，发现流浪犬及时进行收容处置。

猫也是狂犬病易感动物。流浪猫在一些城乡地区广泛存在，由于其繁殖能力较强，数量不断增加，应予适当控制。有的城市采取TNR模式（捕捉、绝育、放归）管控流浪猫的无序繁殖和数量增长，取得了很好的效果。有关城市街道办事处、乡级人民政府应当组织协调居民委员会、村民委员会，对流浪猫进行收容处置。

五、对农村地区饲养犬只加强防疫管理

农村地区养犬较为普遍，犬只自行出户活动频率高，流浪犬数量较多，是狂犬病多发区域。因此，需要县级人民政府和乡级人民政府、街道办事处积极组织居民、村民落实犬只免疫接种措施。各地应当研究制定科学可行的防疫政策和措施，结合乡村建设、人居环境治理等工作，对文明养犬、狂犬病免疫等作出合理安排，提高农村地区居民防疫意识，依法强化农村地区狂犬病防治工作。

六、省、自治区、直辖市制定犬只防疫管理办法

犬只管理职责主要在地方人民政府，由地方根据本地实际制定具体的管理办法和措施更为合适。目前，我国已有 11 个省份，105 个设区的市制定了养犬管理的地方性法规或规章，各地的养犬管理措施也不尽相同。未来各省、自治区、直辖市应当根据本地区狂犬病防控需要和本法规定，结合本地区养犬管理情况，研究制定饲养犬只防疫管理规定，为犬只防疫管理提供更加完善的法治保障。

第三章　动物疫情的报告、通报和公布

本章共七条，对动物疫情报告、动物疫情认定、动物疫情通报、动物疫情公布等作出明确规定。

第三十一条　从事动物疫病监测、检测、检验检疫、研究、诊疗以及动物饲养、屠宰、经营、隔离、运输等活动的单位和个人，发现动物染疫或者疑似染疫的，应当立即向所在地农业农村主管部门或者动物疫病预防控制机构报告，并迅速采取隔离等控制措施，防止动物疫情扩散。其他单位和个人发现动物染疫或者疑似染疫的，应当及时报告。

接到动物疫情报告的单位，应当及时采取临时隔离控制等必要措施，防止延误防控时机，并及时按照国家规定的程序上报。

释义

本条是关于动物疫情报告的规定。

一、动物疫情责任报告人

按本条规定，负有动物疫情报告义务和责任的单位和个人，主要包括以下几类：

一是从事动物疫病监测、检测的单位和个人。是指从事动物疫病监测的各级动物疫病预防控制机构及其工作人员，以及其他从事动物疫病检测和诊断的单位及其工作人员等。

二是从事动物检验检疫的单位和个人。是指动物卫生监督机构及其工作人员，以及从事进出境动物检疫的单位及其工作人员。

三是从事动物疫病研究的单位和个人。是指从事动物疫病研究的科研机构、大专院校及其工作人员。

四是从事动物诊疗的单位和个人。是指动物医院、动物诊所和其他提供动物诊疗服务的机构，以及从事动物诊疗服务的执业兽医和乡村兽医等人员。

五是从事动物饲养的单位和个人。包括动物饲养场、畜禽散养户，以及饲养实验动物、观赏动物、宠物等动物的单位和个人。

六是从事动物屠宰的单位和个人。是指各种动物的屠宰厂（场）及其工作人员，以及在农村地区为农民自用动物提供屠宰服务的人员。

七是从事动物经营的单位和个人。是指在集贸市场等场所从事动物经营的单位和个人及代理人。

八是从事动物隔离的单位和个人。是指用于隔离进出境动物，跨省、自治区、直辖市引进种用动物、乳用动物，输入无规定动物疫病区动物的隔离场所，以及其他隔离场所的开办者及其工作人员。

九是从事动物运输的单位和个人。是指经道路、水路、铁路、航空承运动物的单位和个人。

从责任报告人的身份看，既包括从事动物饲养、屠宰、经营、隔离、运输、诊疗的社会从业者，又包括从事动物疫病研究的科研院校，也包括从事动物疫病监测、检测、检疫的动物疫病预防控制机构、动物卫生监督机构、海关、野生动物保护管理机构。

责任报告人以外的其他单位和个人，发现动物染疫或者疑似染疫的，按照本法规定，也有报告动物疫情的义务，但他们与责任报告人在承担不报告动物疫情的法律责任方面是不同的。主要是考虑到责任报告人与其他单位和个人相比，具备更好的发现动物疫病的能力、条件和知识等，在疫情报告上应承担更多的法律责任。

二、动物疫情责任报告人的报告时机

发现动物染疫或者疑似染疫时，应及时按程序和要求报告。动物染疫是指动物患传染病；动物疑似染疫是指尚未确诊，但有症状表明动物可能染疫。动物疫病通常具有传染性强、易感动物发病率高、死亡率高，以及可能对公众身体健康与生命安全造成危害等特点。动物疫病不仅事关发病动物个体，而且具有公共卫生意义。以法律形式确定动物疫情的报告时机是十分必要的，是疫情防控“早发现早报告”原则的重要体现。

“发现动物染疫或者疑似染疫”，是指动物疫情责任报告人发现动物出现法定报告疫病的典型临床症状或疑似临床症状；或者经实验室检测初步诊断为该动物疫病；或者具有动物疫病相关流行病学特点，或者存在发病急、连续发病、传播快、死亡率高或连续死亡、生产性能下降明显、常规治疗和防控措施无效等异常情况。

三、动物疫情报告的接受主体和方式

与原动物防疫法规定的“向当地兽医主管部门、动物卫生监督机构或者动物疫病预防控制机构报告”不同，本条规定，动物疫情责任报告人“向所在地农业农村主管部门或者动物疫病预防控制机构报告”，将疫情报告接受主体明确为疫情报告人所在地的农业农村主管部门或者动物疫病预防控制机构。具体来说就是县（市、区）级农业农村主管部门及其派出机构（如区域畜牧兽医站、乡镇畜牧兽医站）或县（市、区）动物疫病预防控制中心。本法未明确规定报告的具体方式，可以采取电话、网络、现场等多种方式。为便于报告疫情，省、市、县三级农业农村主管部门和动物疫病预防控制机构可以向社会公布动物疫情报告电话和报告方式。

四、动物疫情报告阶段应采取的控制措施

鉴于动物疫情具有易传播、易扩散的特点，必须按

“早、快、严、小”要求迅速采取防控措施，本法规定在疫情报告阶段有关人员根据职责分工应当采取下列控制措施：

一是责任报告人应当采取的措施。在报告的同时，应当采取将染疫、疑似染疫动物与其他动物隔离，对有关场所和设施设备消毒，不得出售、转移该场所动物等措施，防止动物疫情扩散。同时，应妥善保存病死动物，以便动物疫病预防控制机构进行检测诊断。

二是接受疫情报告的农业农村主管部门、动物疫病预防控制机构等应当采取的措施。在接到动物疫情报告后，应当立即组织动物防疫技术人员赶赴现场，对疫情发生发展情况进行调查和评估，迅速按照有关规定及时采取必要的行政和技术控制处理措施，监督指导相关从业者落实染疫和疑似染疫动物隔离、暂停动物及动物产品移动、做好场所环境消毒、对病死动物和垫料等进行无害化处理等应急控制措施，防止疫病进一步扩散。如果属于疑似重大动物疫情，为防止延误防控时机，应当立即报请县级以上人民政府迅速采取更加严格的应急处置措施，把疫情控制在最小范围内，尽可能降低疫情传播的风险。

五、按国家规定程序上报

动物疫情的上报，有利于上级机关及时掌握疫情动态，从宏观层面确定需采取的紧急预防控制措施。涉及重大动物疫情、新发病以及外来病等，及时按规定上报疫情更为重要。所以，各级农业农村主管部门、动物疫病预防控制机构以及各级人民政府，都必须严格执行疫情上报规定，不得贻误时机，以免造成疫情扩散、损失扩大、控制成本增大等不利后果。当地农业农村主管部门或动物疫病预防控制机构接到报告后，应当按照国家规定的内容和程序上报。此处“国家规定的程序”，是指国务院颁布的《重大动物疫情应急条例》和农业农村部关于做好动物疫情报告工作的规定等。

第三十二条 动物疫情由县级以上人民政府农业农村主管部门认定；其中重大动物疫情由省、自治区、直辖市人民政府农业农村主管部门认定，必要时报国务院农业农村主管部门认定。

本法所称重大动物疫情，是指一、二、三类动物疫病突然发生，迅速传播，给养殖业生产安全造成严重威胁、危害，以及可能对公众身体健康与生命安全造成危害的情形。

在重大动物疫情报告期间，必要时，所在地县级以上地方人民政府可以作出封锁决定并采取扑杀、销毁等措施。

释义

本条是关于动物疫情认定权限和认定过程中应采取措施的规定。

动物疫情是指动物疫病的发生、发展情况。动物疫情认定，是指县级以上人民政府的农业农村主管部门在科学诊断和流行病学调查基础上，对动物疫情进行确认的行政行为。根据疫情认定情况，当地政府及农业农村主管部门可以采取封锁、隔离、扑杀、销毁、消毒、无害化处理、紧急免疫等措施。

动物疫情由政府兽医主管部门认定是国际通行做法。动物疫情认定的准确性关乎社会稳定甚至国际影响，尤其是对非洲猪瘟、高致病性禽流感等重大动物疫情的认定必须坚持科学审慎的态度。动物疫情由县级以上人民政府农业农村主管部门认定，其中重大动物疫情由省、自治区、直辖市人民政府农业农村主管部门认定，必要时报国务院农业农村主管部门认定。至于“必要时”的情形，由国务院农业农村主管部门规定或决定。目前，根据动物疫病的危害程度，参照国际惯例，高致病性禽流感、非洲猪瘟以及新发病和外来病引发的重大动物疫情由农业农村部认定。

在对原法部分内容和《重大动物疫情应急条例》有关内容整合的基础上，本法首次从国家法律层面提出了重大动物疫情定义，凡是一、二、三类动物疫病突然发生，迅速传播，给养殖业生产安全造成严重威胁、危害，以及可能对公众身体健康与生命安全造成危害的情形，均应纳入重大动物疫情范畴。

重大动物疫情需要由省、自治区、直辖市人民政府农业农村主管部门认定，必要时报国务院农业农村主管部门认定。重大动物疫情认定的技术要求和行政确认程序相对复杂，从发现可疑疫情到最终确认重大动物疫情往往时间较长。鉴于重大动物疫情传播性强、传播速度快、疫情蔓延扩散风险高、应急处置难度大，为避免延误时机，本着“早、快、严、小”的原则，本法在疫情处置方面赋予地方政府更大的自主权，授权地方政府及时采取应急处置措施。在疫情报告期间，所在地县级以上地方人民政府根据动物疫情情况，经评估认为有必要果断处置的，就可以采取严格处置措施，迅速作出封锁决定，对染疫动物及同群动物进行扑杀和无害化处理，力争将损失降到最小。

第三十三条 国家实行动物疫情通报制度。

国务院农业农村主管部门应当及时向国务院卫生健康等有关部门和军队有关部门以及省、自治区、直辖市人民政府农业农村主管部门通报重大动物疫情的发生和处置情况。

海关发现进出境动物和动物产品染疫或者疑似染疫的，应当及时处置并向农业农村主管部门通报。

县级以上地方人民政府野生动物保护主管部门发现野生动物染疫或者疑似染疫的，应当及时处置并向本级人民政府农业农村主管部门通报。

国务院农业农村主管部门应当依照我国缔结或

者参加的条约、协定，及时向有关国际组织或者贸易方通报重大动物疫情的发生和处置情况。

释义

本条是关于动物疫情通报的规定。

一、国家实行动物疫情通报制度的意义

建立动物疫情通报制度，有利于相关部门和相关区域政府、部门在第一时间掌握疫情信息。按照《国家突发重大动物疫情应急预案》等规定，动物疫情发生地的县级以上地方人民政府和农业农村等相关部门，迅速做好应急准备，及时采取防控措施，强化部门和区域间联防联控，确保重大动物疫情应急防控取得成效。

二、国务院农业农村主管部门及时向有关部门通报重大动物疫情

重大动物疫情应急处置是一项综合性的工作，需要多部门密切配合，在政府统一领导下，力争在最短时间内扑灭疫情。具体来讲，一是与相关部门有直接关系。例如，卫生健康部门涉及防控人畜共患传染病，林业和草原部门负责陆生野生动物的疫病防控，各级海关负责进出境动物检疫，外交部门涉及处理涉外事宜，军队有军犬、警犬等役用动物和饲养自用的畜禽等动物。二是需要多部门参与防控。例如，发展改革部门应将动物疫病防控列入长期规划及年度计划，财政部门应及时拨付所需资金，交通运输

部门应配合农业农村部门设立消毒检查站、对活畜禽调运进行监管，公安部门负责实施疫区封锁、监督检查运输车辆、维护疫点疫区秩序，市场监管部门负责集贸市场管理。因此，国家和县级以上地方人民政府都成立了由多个部门参加的重大动物疫情防控指挥部，统一组织协调重大动物疫情防控和应急处置工作。农业农村部作为国家动物防疫工作的主管部门，应当及时向国务院有关部门、军队有关部门通报，做到信息通畅，便于各部门共同做好重大动物疫情应急处置工作。

三、国务院农业农村部门及时向地方通报重大动物疫情

发生重大动物疫情后，农业农村部及时向各省、自治区、直辖市农业农村主管部门通报情况，有利于统筹开展防控工作。一是疫情相关地区应配合做好疫情追踪溯源工作；二是各地可根据受威胁程度，确定是否需采取紧急免疫等预防措施；三是各地可及时确定本行政区域近期防控政策；四是根据国务院农业农村主管部门的规定，相关省份可以对高风险区动物及动物产品调运采取管控措施。

四、其他部门向农业农村部门通报重大动物疫情

海关发现进出境动物和动物产品有染疫或者疑似染疫的情况，应当及时按照规定处置，采取隔离、扑杀、无害化处理、消毒等措施，并及时向农业农村主管部门通报情况，便于农业农村主管部门及时掌握相关情况，采取有效措施，统筹做好国内动物疫病防控工作。

县级以上地方人民政府野生动物保护主管部门，发现野生动物染疫或者疑似染疫的，应当及时对死亡野生动物尸体进行无害化处理，对已染疫和疑似染疫的野生动物采取隔离或设置围栏等限制移动措施，对可能被污染的场地、环境、水源等进行消毒，并及时向同级人民政府的农业农村主管部门通报相关情况，便于农业农村主管部门及时掌握相关情况，采取有效措施，做好畜禽疫病防控工作。

五、国务院农业农村主管部门及时向有关国际组织或者贸易方通报重大动物疫情的发生和处理情况

动物疫病防控无国界。重大动物疫病传播快、危害大、影响面广，更需要各国通力合作、共同防控。各国动物疫情透明公开，既有利于分析动物疫病的全球流行规律，促进全球共同有效应对，也有利于有关国家及时采取禁止从相关国家进口动物及有关产品，加强入境检疫等防控措施，防止重大动物疫病跨境传播。

自2007年中国恢复在世界动物卫生组织合法权利以来，农业农村部作为代表中国开展动物疫情国际通报的唯一机构，始终秉持“及时、公开、透明”的原则，及时发布国内动物疫情和防控工作进展，与国际社会积极分享防控经验，不断深化与有关国际组织和国家的合作交流。按照本法规定，农业农村部应当依照我国缔结的或者参加的条约、协定的要求，继续履行重大动物疫情通报义务，继续及时向世界动物卫生等有关国际组织或者贸易方通报重大动物疫情的发生和处理情况。

第三十四条 发生人畜共患传染病疫情时，县级以上人民政府农业农村主管部门与本级人民政府卫生健康、野生动物保护等主管部门应当及时相互通报。

发生人畜共患传染病时，卫生健康主管部门应当对疫区易感染的人群进行监测，并应当依照《中华人民共和国传染病防治法》的规定及时公布疫情，采取相应的预防、控制措施。

释义

本条是关于人畜共患传染病疫情通报的规定。

狂犬病、结核病、布鲁氏菌病、炭疽等人畜共患传染病，对人和动物均造成较大危害，需要农业农村、卫生健康、野生动物保护等主管部门按照职责分工相互通报人畜共患传染病疫情，共同采取防控措施。具体来讲，县级以上农业农村主管部门发现家畜家禽发生人畜共患传染病时，应当将疫情情况及时通报卫生健康、野生动物保护主管部门。同样，如果卫生健康主管部门发现人畜共患传染病人间病例时，应当及时通报农业农村、野生动物保护主管部门。农业农村主管部门应当对与患者密切接触的动物进行监测排查，如果发现动物染疫或发生疫情时，及时按相关规定对发病畜禽（必要时对同群畜禽）采取扑杀、无害化处理等防控措施，做好消毒灭源。野生动物保护主管部门应当对陆生野生动物疫源疫病开展监测。

发生人畜共患传染病时，卫生健康主管部门应当对疫区易感染的相关人群开展监测，并按照传染病防治法的规定，及时公布疫情，依法采取相应的预防和控制措施，防止传染病扩散。

总之，只有农业农村、卫生健康和野生动物保护主管部门加强联防联控，密切配合，人间疫情与动物疫情同步防控，才能保证动物和相关人员的健康安全，及时控制人畜共患传染病。

第三十五条　患有人畜共患传染病的人员不得直接从事动物疫病监测、检测、检验检疫、诊疗以及易感染动物的饲养、屠宰、经营、隔离、运输等活动。

释义

本条是关于患有人畜共患传染病的人员从业限制的规定。

人畜共患传染病种类较多，有的人畜共患传染病可以由动物传给动物和人，有的人畜共患传染病可以由人传给动物。在传播途径上，部分人畜共患传染病病原可以由患病人员传染到动物产品后进一步传播给人。患人畜共患传染病的人员如果从事相关职业，容易将疫病传染给动物、动物产品，造成人与动物交叉感染。因此，对患有人畜共患传染病的人员做出从业限制（包括生产经营者和国家公职人员）十分必要。本法规定，患有人畜共患传染病的人员，不得直接从事动物疫病监测、检测、检验检疫工作，不得直接从事动物诊疗、易感染动物的饲养、屠宰、经营、隔离、运输等可能将疫病传染给动物或污染动物产品的工作，否则将对养殖业发展和公共卫生安全造成严重威胁和影响。

第三十六条　国务院农业农村主管部门向社会及时公布全国动物疫情，也可以根据需要授权省、自治区、直辖市人民政府农业农村主管部门公布本行政区域的动物疫情。其他单位和个人不得发布动物疫情。

释义

本条是关于动物疫情公布的规定。

动物疫情信息是重要的公共信息，不仅事关养殖业健康发展和公共卫生安全，更事关经济社会稳定和国际影响，必须由政府公布，这也是国际社会的通行做法。

公众享有对动物疫情的知情权，保障公民对动物疫情的知情权有利于形成全社会群防群控的防控格局。本条规定，动物疫情的公布主体是国务院农业农村主管部门，同时规定国务院农业农村主管部门可以根据需要，视动物疫病的种类及其危害等情况，授权省、自治区、直辖市人民政府农业农村主管部门公布本行政区域的动物疫情。本法规定，公布动物疫情时应做到：一是及时，动物疫情认定后即通过一定形式予以公布；二是全面，要面向全社会公布疫情信息，让公众广泛知晓，而不是在内部或小范围公开。

未经主管部门公布，其他任何单位和个人都不得发布动物疫情信息。其他政府部门、新闻媒体、科研机构、大专院校等单位，获取有关动物疫情信息后，应当立即向当地农业农村主管部门或者动物疫病预防控制机构报告，不得擅自发布。擅自发布动物疫情的将承担相应的法律责任。

第三十七条　任何单位和个人不得瞒报、谎报、迟报、漏报动物疫情，不得授意他人瞒报、谎报、迟报动物疫情，不得阻碍他人报告动物疫情。

释义

本条是关于动物疫情报告中禁止性行为的规定。

我国动物疫情处置的基本原则是“早、快、严、小”，

“早”就是尽早发现、尽早报告，尽早作出诊断和认定；“快”就是快速及时采取措施，不能贻误防控时机；“严”就是严格按规定处置疫情；“小”就是把疫情控制在最小范围内，将损失和影响降到最低。“早、快、严、小”关键在于“早”，有关责任人的及时报告是尽早发现动物疫情的重要渠道，也是基本渠道，只有这条渠道顺畅了，其他工作才能有条不紊地进行；如果这项义务没有得到完全履行，后果将十分严重。本法第三十一条已就责任报告人疫情报告义务作出了规定，本条要求包括从事动物疫病监测、检测、检验检疫、研究、诊疗以及动物饲养、屠宰、经营、隔离、运输等活动的单位和个人等，不得瞒报、谎报、迟报、漏报动物疫情，不得授意他人瞒报、谎报、迟报动物疫情，不得阻碍他人报告动物疫情。本条进一步规定相应的禁止性行为，强调了地方各级人民政府、农业农村主管部门和其他各有关部门，以及从事动物疫病监测、检测的动物疫病预防控制机构及其工作人员的禁止性义务。

本条所称的“瞒报”是指有疫情却隐瞒不报告。发生动物疫情时，动物疫情责任报告人发现但未报告，事后认定为动物疫情，则构成瞒报。“谎报”是指虽然按规定的时限和内容上报，但报告的内容不真实。例如，将大的疫情范围报小，少报或多报发病、死亡、扑杀数量等。责任报告人报告发生某种动物疫病，后经农业农村主管部门认定不是该疫病，不构成谎报，这是由于专业知识所限，饲养者等责任报告人可能没有准确报告发生何种动物疫病，这是正常的，动物疫情最终由县级以上人民政府农业农村主管部门认定。“迟报”是指虽然按规定要求上报，内容也真实，但未按规定时限上报，违反了动物疫情早报告的基本原则。迟报会贻误防控时机，不利于及时采取紧急防控措施，造成疫情扩散、损失增大、处理难度和费用增加等严重后果。所以，必须坚持在规定时限内报告动物疫情信息。“漏报”是指虽然按规定的时限和程序上报，但遗漏了有关项目和内容，导致动物疫情报告不准确、不全面，给动物疫情认定工作带来困难甚至误导。

授意他人瞒报、谎报、迟报，是指授意人出于某种目的，利用自身的权力、地位、影响，明示或暗示他人瞒报、谎报、迟报动物疫情信息。阻碍他人报告，是指阻碍者利用某种手段故意阻止他人报告动物疫情信息。例如，上级政府、部门、机构拒不接受或扣压下级报告的动物疫情信息，以及单位负责人阻止具体工作人员报告动物疫情信息。

第四章　动物疫病的控制

本章共十条，对发生一类、二类、三类动物疫病，以及二类、三类动物疫病呈暴发性流行和发生重大动物疫情时应当采取的控制措施等作出规定。

第三十八条　发生一类动物疫病时，应当采取下列控制措施：

（一）所在地县级以上地方人民政府农业农村主管部门应当立即派人到现场，划定疫点、疫区、受威胁区，调查疫源，及时报请本级人民政府对疫区实行封锁。疫区范围涉及两个以上行政区域的，由有关行政区域共同的上一级人民政府对疫区实行封锁，或者由各有关行政区域的上一级人民政府共同对疫区实行封锁。必要时，上级人民政府可以责成下级人民政府对疫区实行封锁；

（二）县级以上地方人民政府应当立即组织有关部门和单位采取封锁、隔离、扑杀、销毁、消毒、

无害化处理、紧急免疫接种等强制性措施；

（三）在封锁期间，禁止染疫、疑似染疫和易感染的动物、动物产品流出疫区，禁止非疫区的易感染动物进入疫区，并根据需要对出入疫区的人员、运输工具及有关物品采取消毒和其他限制性措施。

释义

本条是对发生一类动物疫病应当采取的控制措施的规定。

“发生一类动物疫病时”是指已经确诊为一类动物疫病。一类动物疫病的确诊权限由农业农村部规定。目前，新发病和外来病由农业农村部认定的国家参考实验室确诊；高致病性禽流感、口蹄疫、非洲猪瘟、小反刍兽疫由省级动物疫病预防控制机构确诊，省级动物疫病预防控制机构无法确诊的，由相关病种国家参考实验室进行确诊。以高致病性禽流感疫情确诊为例，根据2020年农业农村部印发的《高致病性禽流感疫情应急实施方案》规定，接到疫情报告后，县级以上动物疫病预防控制机构到现场进行临床诊断，符合可疑病例标准的判定为可疑疫情，符合疑似病例标准的判定为疑似疫情，由省级动物疫病预防控制机构对疫情进行确诊，省级动物疫病预防控制机构无法确诊的，由国家禽流感参考实验室进行确诊。

一类动物疫病确诊后，县级以上地方人民政府农业农村主管部门应当立即启动相应级别的应急预案，派人到现场，并采取以下措施：

一、划定疫点、疫区、受威胁区

划定疫点、疫区和受威胁区的范围，应当按照国务院及其农业农村主管部门印发的应急预案和实施方案，综合考虑不同动物疫病病种及其流行特点、危害程度等因素划定。

疫点：患病动物所在的地点。在通常情况下，规模化养殖的，以病畜禽所在的养殖场为疫点；散养的，以病畜禽所在的相对独立的饲养场所或以自然村为疫点；放牧畜，以病畜所在的牧场及其活动场地为疫点；在运输过程中发生疫病的，以运载病畜禽的车、船、飞机等为疫点；在市场发生疫病的，以病畜禽所在市场为疫点；在屠宰加工过程中发生疫病的，以病畜禽所在的待宰场所为疫点。

疫区：由疫点边缘向外延伸一定范围的区域。疫区划分时，应注意考虑所在地的人工屏障、天然屏障、周边养殖情况等因素。以高致病性禽流感为例，目前将疫点边缘向外延伸 3000 米的区域划为疫区。

受威胁区：由疫区边缘向外延伸一定范围的区域，也即需要建立紧急免疫带或免疫屏障以防止动物疫病传播的区域。目前，高致病性禽流感受威胁区为从疫区边缘向外延伸 5000 米的区域；非洲猪瘟受威胁区为从疫区边缘向外延伸 1 万米的区域，在有野猪活动的地区，非洲猪瘟受威胁区则为从疫区边缘向外延伸 5 万米的区域。

二、调查疫源

调查疫源是指所在地县级以上地方人民政府农业农村主管部门派人到疫点实地开展流行病学调查，调查所发生疫病的传染来源、传播方式以及传播途径。发生一类动物疫病时，所在地县级以上地方人民政府农业农村主管部门应当立即派人到现场，调查疫源和发病原因。

三、发布封锁令

封锁是严厉的行政强制性措施，是切断传播途径的重要手段，在封锁期间，禁止染疫、疑似染疫和易感染的动物、动物产品流出疫区，禁止非疫区的易感染动物进入疫区。封锁令由人民政府发布。

发布封锁令的程序：

1. 由县级以上地方人民政府农业农村主管部门拟出封锁报告，报告内容为发生动物疫病的名称，封锁范围，封锁期间出入疫区的要求，扑杀、销毁的范围以及封锁期间采取的其他措施及范围等。

2. 报请本级人民政府决定对疫区实行封锁。

3. 本级人民政府在接到封锁报告后，应及时发布封锁令。

疫区范围涉及两个以上行政区域的，由有关行政区域共同的上一级人民政府对疫区实行封锁，或者由各有关行政区域的上一级人民政府共同对疫区实行封锁。必要时，上级人民政府可以责成下级人民政府对疫区实行封锁。

四、控制一类动物疫病的具体强制性措施

控制的具体措施有：封锁、隔离、扑杀、销毁、消毒、无害化处理、紧急免疫接种及其他强制性措施。

（一）封锁

在有关场所张贴封锁令，在疫区周围设置警示标志；组织农业农村部门、公安部门、卫生健康部门及有关单位和人员实施管制；在出入疫区的所有路口设置临时检查消毒站，根据控制动物疫病的需要对出入疫区的人员、运输工具及有关物品采取消毒和其他限制性措施。

由于一类动物疫病严重危害养殖业发展和人体健康，为防止疫病的传播，在疫区封锁期间，任何单位和个人不得将染疫、疑似染疫和易感染的动物、动物产品运出疫区，也不得将易感染动物运入疫区。

（二）隔离

发生一类动物疫病时的隔离是指在疫区解除封锁前，禁止疫区内未被扑杀的易感染动物移动，不得与疫区外的动物接触。隔离期间严禁无关人员、动物出入隔离场所，隔离场所的废弃物应当进行无害化处理，做好观察监测，加强保护措施。

（三）扑杀

扑杀是指采取注射、窒息、电击等方法人为致死动物。扑杀的范围，依动物疫病种类的不同而异。在通常情况下，对疫点内染疫动物、疑似染疫动物及易感染动物都要扑杀；对疫区内易感染动物根据风险评估和流行病学调查情况确定是否扑杀；受威胁区的易感染动物一般不扑杀，具备条件的应对所有易感染动物进行紧急强制免疫，建立完善的免疫档案，加强疫病监测和免疫效果监测。

（四）销毁

销毁是指对与染疫动物相关的排泄物、垫料、包装物、容器、污水等污染物品和饲料等投入品进行焚烧、深埋等措施，消灭或杀灭其中的病原体。销毁是消灭传染源、切断传播途径、防止动物疫病传播和蔓延的一项重要措施。销毁要严格按照技术操作规范进行，农业农村部门要加强对销毁实施过程的监督指导。

（五）消毒

消毒是指用物理、化学、生物的方法杀灭或消除染疫动物及环境中的病原体。消毒是使用最广泛、最简便、最经济的控制动物疫病传播、消灭动物疫病的方法。

对疫点、疫区的消毒可分为封锁期间消毒和终末消毒。封锁期间消毒是指发生一类动物疫病后到解除封锁期间，为了及时杀灭由传染源排出的病原体而进行的反复多次的消毒。消毒对象是所有与染疫动物、易感染动物接触过的动物圈舍、饲喂用具、场地和物品以及动物的排泄物、分泌物、运输工具等。终末消毒是指在疫区解除封锁前对消毒对象进行的一次全面、彻底消毒。对受威胁区的消毒是预防性的，旨在杀灭可能存在的病原体。消毒中应做到消毒到位、不留死角、保证消毒次数。同时要注意选用有效的消毒药、适当的消毒药浓度，先后使用的消毒药不能拮抗、中和，生物学消毒还要注意密封等。

（六）无害化处理

无害化处理是指用物理、化学或生物学等方法处理携带或疑似携带病原体的动物尸体、动物产品或其他物品，达到消灭传染源，切断传播途径，阻止病原扩散的目的。目前，无害化处理主要使用深埋、焚烧、高温高压化制等方法。

（七）紧急免疫接种

紧急免疫接种是相对常规免疫接种而言的，是指发生动物疫病时进行的免疫接种。紧急免疫接种的对象是疫区内未被扑杀的易感染动物和受威胁区内的易感染动物。紧急免疫接种的目的在于提高易感染动物的免疫力，建立免疫屏障，防止动物疫病的传播和蔓延。实践证明，紧急免疫接种是行之有效的动物疫病控制措施。

（八）其他强制性措施

在必要情况下，还可采取关闭集贸市场等其他措施。

动物疫病的控制、净化、消灭，需要政府加强组织领导、各部门通力合作。县级以上地方人民政府，应当按本法要求，立即组织有关部门和单位采取相应强制性措施，迅速控制疫情，把损失降到最低。

第三十九条 发生二类动物疫病时，应当采取下列控制措施：

（一）所在地县级以上地方人民政府农业农村主管部门应当划定疫点、疫区、受威胁区；

（二）县级以上地方人民政府根据需要组织有关部门和单位采取隔离、扑杀、销毁、消毒、无害化处理、紧急免疫接种、限制易感染的动物和动物产品及有关物品出入等措施。

释义

本条是关于发生二类动物疫病采取控制措施的规定。

“发生二类动物疫病时”，是指已经确诊为二类动物疫病。二类动物疫病的确诊权限由农业农村部规定。

发生二类动物疫病时，所在地县级以上地方人民政府农业农村主管部门应当划定疫点、疫区、受威胁区，并及时报告同级人民政府。对二类动物疫病，一般不采取封锁疫区措施，但二类动物疫病呈暴发性流行时除外。接到报告的地方人民政府，应当根据发病和死亡情况、流行趋势、危害程度等情况，决定是否组织农业农村部门、公安部门、卫生健康部门及有关单位和人员，对疫点、疫区和受威胁区的染疫动物及同群动物、疑似染疫动物、易感染动物采取隔离、扑杀、销毁、无害化处理、紧急免疫接种、限制易感染动物和动物产品及有关物品出入等控制措施。

发生二类动物疫病时，一般不采取扑杀措施，但是对农业农村部规定扑杀的，当地县级以上人民政府应当予以扑杀。对发生二类动物疫病时的隔离，与发生一类动物疫病时的隔离不同，是将未被扑杀的染疫动物、疑似染疫动物及其同群动物与其他动物分隔开，在相对独立的封闭场所进行饲养，并按照农业农村部发布的防治技术规范进行观察，必要时实施免疫接种，防止疫病扩散。

第四十条　疫点、疫区、受威胁区的撤销和疫区封锁的解除，按照国务院农业农村主管部门规定的标准和程序评估后，由原决定机关决定并宣布。

释义

本条是关于疫点、疫区、受威胁区撤销和疫区封锁解除的规定。

疫点、疫区、受威胁区的划定和疫区的封锁是控制动物疫情的关键措施，但对养殖业生产、所在地动物及动物产品流通贸易、经济社会稳定、人民生活等带来一定影响。因此，当封锁期结束或一个以上潜伏期结束，未再发现该动物疫病新病例时，划定疫点、疫区和受威胁区的农业农村主管部门应当按照农业农村部规定的标准和程序对疫情控制情况进行评估，评估后认为已达到规定的控制标准的，应宣布撤销疫点、疫区和受威胁区。如果疫区封锁的，应同时报请本级人民政府解除疫区封锁，由发布疫区封锁令的人民政府决定解除疫区封锁并向社会公布。

第四十一条　发生三类动物疫病时，所在地县级、乡级人民政府应当按照国务院农业农村主管部门的规定组织防治。

释义

本条是关于发生三类动物疫病采取防治措施的规定。

三类动物疫病多呈慢性发展趋势，通常仅在一定程度上造成经济损失和社会影响，县级、乡级人民政府应当按照农业农村部的规定，组织动物养殖者等人员进行防治。发生三类动物疫病时的防控措施，首先是隔离，将患病动物与健康动物分隔开；其次是禁止患病动物及其产品出售；最后是采取消毒、药物治疗、免疫等措施。由于三类动物疫病常见多发，一般采取预防与治疗相结合的措施控制疫病，但对于不能治疗或治疗费用较高而失去经济价值的染疫动物及相关物品，可采取扑杀、销毁等措施。

第四十二条　二、三类动物疫病呈暴发性流行时，按照一类动物疫病处理。

释义

本条是关于二、三类动物疫病呈暴发性流行时的处理规定。

动物疫病呈暴发性流行，是指该动物疫病在较短时间内、在一定区域流行或者导致较多动物患病或死亡。动物疫病呈暴发性流行时，如不采取严厉措施加以控制，很可能迅速扩散蔓延，对养殖业生产和人体健康造成重大损失和危害。二、三类动物疫病如果呈暴发性流行，要高度重视，必须采取严厉措施。因此，本法规定二、三类动物疫病呈暴发性流行时，按照一类动物疫病处理。例如，按照现行规定，1 个县 10 天内发现 5 头以上炭疽患病动物，就可以认定为暴发性流行。

第四十三条 **疫区内有关单位和个人，应当遵守县级以上人民政府及其农业农村主管部门依法作出的有关控制动物疫病的规定。**

任何单位和个人不得藏匿、转移、盗掘已被依法隔离、封存、处理的动物和动物产品。

释义

本条是关于疫区内有关单位和个人履行控制动物疫病义务的规定。

动物疫病一旦发生，对养殖业发展和人体健康均会造成危害，并造成重大经济损失。为确保将动物疫病迅速控制在最小范围内，严防动物疫病传播扩散，县级以上人民政府农业农村主管部门必须实施严格的防控措施。对县级以上人民政府及其农业农村主管部门依法制定的隔离、消毒、销毁、强制免疫等疫病控制措施，疫区内有关单位和个人应当认真遵守。如作出扑杀病畜的决定，当事人不得拒绝，必须立即执行，否则将承担法律责任。

藏匿是指将有关动物、动物产品在原场所隐藏起来，以逃避依法采取的处理措施；转移是指将有关动物、动物产品移至他处，以逃避依法采取的处理措施；盗掘是指将部分或全部已被扑杀、深埋的动物、动物产品挖掘盗走。在动物疫病控制过程中，一些单位和个人藏匿、转移已被依法隔离、封存的动物和动物产品，甚至盗掘已深埋的病死和扑杀的畜禽，严重影响动物疫病防控效果，甚至危害公共卫生安全，应受到法律严厉制裁。

第四十四条　发生动物疫情时，航空、铁路、道路、水路运输企业应当优先组织运送防疫人员和物资。

释义

本条是关于发生动物疫情时对运输企业的有关规定。

动物疫情发生时，为使动物防疫人员和物资及时到达疫区，需要航空、铁路、道路、水路等运输企业的有力保障。疫情发生时，运输企业应优先安排、优先调度、优先运送动物防疫人员和物资；处理动物疫情的工作人员，凭所在地人民政府农业农村主管部门出具的处理动物疫情证明及工作证，优先在运输企业购票，运输企业应当保证售给最近一次前往目的地的车、船、机票；交付运输的防疫物资应有明显标志，运输企业应当保证用最快通往目的地的交通工具将物资运出；确保运输安全畅通，确保防疫人员和物资及时、安全送达。

第四十五条 国务院农业农村主管部门根据动物疫病的性质、特点和可能造成的社会危害，制定国家重大动物疫情应急预案报国务院批准，并按照不同动物疫病病种、流行特点和危害程度，分别制定实施方案。

县级以上地方人民政府根据上级重大动物疫情应急预案和本地区的实际情况，制定本行政区域的重大动物疫情应急预案，报上一级人民政府农业农村主管部门备案，并抄送上一级人民政府应急管理部门。县级以上地方人民政府农业农村主管部门按照不同动物疫病病种、流行特点和危害程度，分别制定实施方案。

重大动物疫情应急预案和实施方案根据疫情状况及时调整。

释义

本条是关于健全和完善国家重大动物疫情应急预案体系的规定。

本法从国家法律层面明确规定，国务院农业农村主管部门根据动物疫病的性质、特点和可能造成的社会危害，制订国家重大动物疫情应急预案并报国务院批准，并按照不同动物疫病病种、流行特点及危害程度，分别制订实施方案。重大动物疫情应急预案和实施方案具有三个方面的作用：一是法律法规的细化补充，为各级人民政府、农业农村主管部门依法有序应对突发疫情提供依据；二是体制机制的重要载体，对应急指挥体系、人员技术物资保障、疫情处置工作等预先作出具体安排；三是资源调控的有力手段，确保在应对重大动物疫情时，应急资源找得到、调得动、用得好。

各级地方人民政府根据上级重大动物疫情应急预案和本地区实际，制订本行政区域的重大动物疫情应急预案。各级农业农村主管部门按照不同动物疫病病种、流行特点及危害程度，分别制订实施方案。本条充分考虑了各行政区域特点、各疫病病种差异、各技术方案落实等因素，着眼于建立健全覆盖全国的重大动物疫情应急预案体系，明确中央政府、地方政府和各级农业农村主管部门职责任务，既相对独立，又相互协调，也有效避免上下一般粗、体系性重复等问题。最大限度地减轻突发重大动物疫情造成的社会危害。

重大动物疫情应急预案和实施方案应当根据疫情防控实际及时调整和优化。例如，原农业部2017年印发了《非洲猪瘟疫情应急预案》，我国发生非洲猪瘟疫情后，根据防控工作实际，农业农村部先后印发了《非洲猪瘟疫情应急实施方案（2019年版）》《非洲猪瘟疫情应急实施方案（2020年版）》《非洲猪瘟疫情应急实施方案（2020年第二版）》。经过调整，非洲猪瘟疫情应急实施方案更加合理完善，指导各地应急处置工作更加科学规范。

第四十六条　发生重大动物疫情时，国务院农业农村主管部门负责划定动物疫病风险区，禁止或者限制特定动物、动物产品由高风险区向低风险区调运。

释义

本条是关于发生重大动物疫情时采取限制调运措施的规定。

发生重大动物疫情时，对染疫动物、动物产品必须实施严格的扑杀、销毁、无害化处理等处理措施，彻底消灭传染源；对易感染动物及其产品实施限制调运措施、切断病原传播途径是防止重大动物疫情扩散蔓延的关键措施和必要手段。本条授权国务院农业农村主管部门，在发生重大动物疫情时，根据动物疫病状况评估结果划定动物疫病风险区，进行风险分级，禁止或限制对重大动物疫情防控影响较大的特定动物、动物产品从高风险区向低风险区调运。

第四十七条 **发生重大动物疫情时，依照法律和国务院的规定以及应急预案采取应急处置措施。**

释义

本条是关于采取重大动物疫情应急处置措施的规定。

一、二、三类动物疫病突然发生、迅速传播，构成重大动物疫情时，除可以采取本法规定的控制措施外，还可以按照《中华人民共和国突发事件应对法》等法律，《重大动物疫情应急条例》和国务院的有关规定，以及应急预案采取应急处置措施。

第五章　动物和动物产品的检疫

本章共九条，对检疫实施主体、检疫程序、野生动物检疫、检疫秩序、动物和动物产品运输、指定通道运输动物、输入无规定动物疫病区动物和动物产品检疫、跨省引进乳用、种用动物隔离以及经检疫不合格的动物和动物产品的处理等作出了明确规定。

第四十八条　动物卫生监督机构依照本法和国务院农业农村主管部门的规定对动物、动物产品实施检疫。

动物卫生监督机构的官方兽医具体实施动物、动物产品检疫。

释义

本条是关于动物检疫主体的规定。

一、动物检疫主体

1. 检疫（quarantine）一词起源于14世纪的欧洲。是指为了防止人类疾病的流行与传播所采取的检查防范措施。

当时在威尼斯，每当有外来船舶抵达口岸时，为了防止船上人员或装载物染上病原微生物，管理当局便将船员滞留船上，不许上岸。经过40天的观察和检查，如没发现传染病，才允许船员离船登陆。这种措施当时对防止人类传染病的传播起到了巨大作用。这种起源于对人类疫病传播的防范手段，后来被扩展到动物及其产品上，就产生了动物检疫。

本法所称动物、动物产品检疫，是指动物卫生监督机构根据行政相对人的申请，依照本法和国务院农业农村主管部门的规定，对动物、动物产品的动物传染病状况进行确认，并根据确认结果作出行政许可决定的行为。动物卫生监督机构对动物、动物产品依法实施检疫，是代表国家的行政行为，有国家强制力为后盾，行政相对人未经检疫许可从事相关活动将承担相应的法律责任。

2. 动物卫生监督机构是实施动物、动物产品检疫的主体。本条第一款明确规定了动物卫生监督机构对动物和动物产品实施检疫的主体地位。此规定具有排他性，明确动物卫生监督机构是唯一的检疫主体。其他任何公民、法人和社会组织都无权对动物和动物产品实施检疫出证。当前，由省、市、县三级动物卫生监督所组成的动物检疫工作体系正在发生变化，各地承担动物检疫职能的机构类型和名称多样，依据本法规定，只要是地方机构编制部门批准设立的承担动物检疫职能的机构，无论其机构如何设置、名称如何表述，都应当是本法规定的动物卫生监督机构。

需要注意的是，此处所述动物、动物产品不包括进出境动物、动物产品，按照本法第二条第二款的规定，对进出境动物、动物产品的检疫适用《中华人民共和国进出境动植物检疫法》。

二、官方兽医

本条第二款规定，动物卫生监督机构的官方兽医具体实施动物和动物产品检疫。官方兽医应当属于动物卫生监督机构，不承担动物、动物产品检疫职责的人员不能被任命为官方兽医。官方兽医任命制度、任命程序在第八章兽医管理中的第六十六条作了规定。

本条明确官方兽医具体实施动物和动物产品检疫，但具体实施并不等于官方兽医承担检疫的全部技术操作。例如，在检测、检查等检疫技术环节，可以由协检人员辅助实施。2010 年发布的《动物检疫管理办法》规定，动物卫生监督机构可以根据检疫工作的需要，指定兽医专业人员协助官方兽医实施动物检疫。2017 年原农业部印发的《关于推进兽医社会化服务发展的指导意见》（农医发〔2017〕35 号），提出鼓励社会力量参与检疫技术性辅助工作。

第四十九条　屠宰、出售或者运输动物以及出售或者运输动物产品前，货主应当按照国务院农业农村主管部门的规定向所在地动物卫生监督机构申报检疫。

动物卫生监督机构接到检疫申报后，应当及时指派官方兽医对动物、动物产品实施检疫；检疫合格的，出具检疫证明、加施检疫标志。实施检疫的官方兽医应当在检疫证明、检疫标志上签字或者盖章，并对检疫结论负责。

动物饲养场、屠宰企业的执业兽医或者动物防疫技术人员，应当协助官方兽医实施检疫。

释义

本条是关于检疫程序的规定。

一、检疫申报与受理

1. 申报检疫。根据行政许可法的规定，公民、法人或者其他组织从事特定活动，依法需要取得行政许可的，应当向行政机关提出申请。出具检疫证明属于行政许可行为，因此，货主在屠宰、出售或者运输动物，以及出售或者运输动物产品之前，应当按照国务院农业农村主管部门的规定向所在地动物卫生监督机构申报检疫。国务院农业农村主管部门应当对申报时间、申报方式和应当提交的资料等作出规定。2010 年原农业部发布的《动物检疫管理办法》（已于 2019 年修正）对动物产品、不同用途动物的检疫申报时限有不同规定，并对申报检疫应提交的资料和申报方式进行了具体规定。申报检疫可以通过申报点填报、传真、电话等传统方式申报，也可以通过网络申报。

需要说明的是，为了防止疫病传播，保证检疫质量，申报必须是“之前”，即动物在出栏或者屠宰之前，动物产品在离开产地之前等。如果未经检疫许可，屠宰、出售或者运输动物以及出售或者运输动物产品的，则构成违法行为，要承担相应的法律责任。

2. 申报受理。行政许可法第三十二条规定，行政机关对申请人提出的行政许可申请，应当根据下列情况分别作出处理：（1）申请事项依法不需要取得行政许可的，应当即时告知申请人不受理；（2）申请事项依法不属于本行政机关职权范围的，应当即时作出不予受理的决定，并告知申请人向有关行政机关申请；（3）申请材料存在可以当场更正的错误的，应当允许申请人当场更正；（4）申请材料不齐全或者不符合法定形式的，应当当场或者在五日内一次告知申请人需要补正的全部内容，逾期不告知的，自收到申请材料之日起即为受理；（5）申请事项属于本行政机关职权范围，申请材料齐全、符合法定形式，或者申请人按照本行政机关的要求提交全部补正申请材料的，应当受理行政许可申请。因此，动物卫生监督机构接到检疫申报后，应当核实申报材料是否齐全、动物种类是否属于检疫范围等情况，及时判断是否受理，不予受理的，应当说明理由。

二、实施检疫

本条第二款规定，动物卫生监督机构接到检疫申报后，应当及时指派官方兽医对动物、动物产品实施检疫；检疫合格的，出具检疫证明、加施检疫标志。受理申报后实施检疫，属于动物卫生监督机构和官方兽医的职责。如果受理检疫申报后出现没有及时指派官方兽医实施检疫、官方兽医没有实施检疫、对检疫不合格的动物或动物产品出具检疫证明、对检疫合格的动物或动物产品拒不出具检疫证明等情形，均属于违法行为，要承担相应的法律责任。

三、出具检疫证明

检疫行为是要式行政行为，官方兽医必须为检疫合格的动物、动物产品出具检疫证明，并按规定在检疫证明、检疫标志上签字或者盖章，对检疫结论负责。这是法律对官方兽医设定的职责，如果官方兽医未履行或不正当履行出具检疫证明、签字、盖章等职责要求，其行为违法，则要承担相应的法律责任。

四、执业兽医或者动物防疫技术人员协助检疫

本条第三款规定，动物饲养场、屠宰企业的执业兽医或者动物防疫技术人员，应当协助官方兽医实施检疫。同时，本法第二十四条第一款第四项规定，动物饲养场、动物屠宰加工场所应当“有与其规模相适应的执业兽医或者动物防疫技术人员”，为本款的实施提供了基础。本条明确动物饲养场、屠宰企业的执业兽医或者动物防疫技术人员协助实施检疫的义务，充分发挥企业中兽医专业人员的作用，进一步落实生产经营者在动物疫病防控中的责任。

第五十条 因科研、药用、展示等特殊情形需要非食用性利用的野生动物，应当按照国家有关规定报动物卫生监督机构检疫，检疫合格的，方可利用。

人工捕获的野生动物，应当按照国家有关规定报捕获地动物卫生监督机构检疫，检疫合格的，方可饲养、经营和运输。

国务院农业农村主管部门会同国务院野生动物保护主管部门制定野生动物检疫办法。

释义

本条是关于野生动物检疫的规定。

一、对野生动物实施检疫的意义

动物疫病可以在野生动物和家畜家禽间相互传播。有的野生动物虽然不表现临床症状，但携带病原，可能成为动物疫病传播的自然疫源，一旦与家畜家禽接触，就可能引发动物疫病的感染和传播，甚至传染给人类。加强对野生动物的检疫管理，是阻断野生动物向家畜家禽和人类传播疫病的重要手段。

二、野生动物检疫管理

2020年2月，第十三届全国人民代表大会常务委员会第十六次会议审议通过的《关于全面禁止非法野生动物交易、革除滥食野生动物陋习、切实保障人民群众生命健康安全的决定》中规定，全面禁止食用国家保护的“三有”陆生野生动物以及其他陆生野生动物，包括人工繁育、人工饲养的陆生野生动物；全面禁止以食用为目的猎捕、交易、运输在野外环境自然生长繁殖的陆生野生动物；因科研、药用、展示等特殊情况，需要对野生动物进行非食用性利用的，应当按照国家有关规定实行严格审批和检疫检验。本条与上述决定相衔接，规定了非食用性利用野生动物的检疫要求。

本条第一款和第二款分别对因科研、药用、展示等特殊情形需要非食用性利用野生动物和人工捕获野生动物的检疫进行了规定。这意味着，应当按照国家规定对这两类野生动物实施检疫。需要说明的是，对野生动物实施检疫不改变保护利用制度，在实施检疫的过程中要注意与野生动物管理有关规定衔接。

三、制定野生动物检疫办法的授权规定

野生动物检疫应在明确检疫范围、对象和合法性前提基础上，基于疫源疫病监测数据、日常监管情况等实施。根据《中华人民共和国野生动物保护法》和国务院有关部门“三定方案”，国家林业和草原局、农业农村部分别负责陆生、水生野生动物保护利用工作。因此，本条第三款规定，国务院农业农村主管部门应会同国务院野生动物保护主管部门制定野生动物检疫的具体办法，便于两部门共同研究确定野生动物检疫范围、对象，做好日常监管与检疫的衔接。

第五十一条 屠宰、经营、运输的动物，以及用于科研、展示、演出和比赛等非食用性利用的动物，应当附有检疫证明；经营和运输的动物产品，应当附有检疫证明、检疫标志。

释义

本条是关于流通过程中检疫证明、检疫标志管理的规定。

一、动物附有检疫证明的规定

本条规定，屠宰、经营、运输以及用于科研、展示、演出和比赛的动物，应当附有检疫证明，即检疫证明是屠宰、经营、运输以及用于科研、展示、演出和比赛的动物经检疫合格的法律凭证，凡是没有按规定附具检疫证明的动物，不得屠宰、经营、运输以及用于科研、展示、演出和比赛，否则将承担相应的法律责任。

二、动物产品附有检疫证明、检疫标志的规定

本条规定，经营和运输的动物产品，应当附有检疫证明、检疫标志，即检疫证明、检疫标志是经营和运输的动物产品经检疫合格的法律凭证，如果经营、运输的动物产品没有按规定附具检疫证明、检疫标志，均不得经营和运输。否则，将承担相应的法律责任。

第五十二条 经航空、铁路、道路、水路运输动物和动物产品的，托运人托运时应当提供检疫证明；没有检疫证明的，承运人不得承运。

进出口动物和动物产品，承运人凭进口报关单证或者海关签发的检疫单证运递。

从事动物运输的单位、个人以及车辆，应当向所在地县级人民政府农业农村主管部门备案，妥善保存行程路线和托运人提供的动物名称、检疫证明编号、数量等信息。具体办法由国务院农业农村主管部门制定。

运载工具在装载前和卸载后应当及时清洗、消毒。

释义

本条是关于动物、动物产品运输管理的规定。

动物疫病传播的途径较多，运输即其中比较常见的一种途径。动物和动物产品的运输途径包括航空运输、铁路运输、道路运输和水路运输。为有效降低运输途径传播动物疫病的风险，本条从四个方面作出规定。

一、动物、动物产品凭检疫证明运输

检疫证明是动物和动物产品检疫合格的法律凭证，因此本条第一款规定，经航空、铁路、道路、水路运输动物和动物产品的，托运人托运时应当提供检疫证明；没有检疫证明的，承运人不得承运。

1. 托运人必须提供检疫证明方可托运。这一规定是本法为托运人设定的一项法定义务。这项法定义务包括以下含义：一是这项义务是强制性的，即托运人在运输动物、动物产品时必须提供检疫证明，不提供者不能托运。二是托运人必须无条件执行这项义务，托运人不能通过和承运人约定等方式改变这项义务。三是如果不执行这项法定义务，则应承担相应的法律责任。

2. 承运人必须凭检疫证明方可承运。这一规定是本法为承运人设定的一项法定义务，包括下列含义：一是这项义务是强制性的，即指承运人在承运动物、动物产品时必须要求托运人提供检疫证明，不提供的不能为其承运。二是承运人必须无条件执行这项义务，不能通过和托运人约定等方式改变这项义务。三是如果不执行这项法定义务，则应承担相应的法律责任。

二、对进出口动物和动物产品的规定

按照我国当前动物检疫体制，境内动物、动物产品检疫由动物卫生监督机构负责，进出境动物、动物产品检疫由海关负责，为了明确管理责任和权限，避免重复检疫加重行政相对人负担，本条第二款规定进出口动物和动物产品，承运人凭进口报关单证或者海关签发的检疫单证运递，不再需要向动物卫生监督机构申报检疫。在境内可以凭进口报关单证或者海关签发的检疫单证运输。

三、对从事动物运输的单位、个人以及车辆的备案和信息保存规定

1. 从事动物运输的单位和个人以及车辆的备案要求。为加强对动物运输者及运输车辆管理，落实动物经营、运输各个环节的动物防疫责任，强化疫源追溯，本法对从事动物运输的单位和个人以及动物运输车辆提出了备案要求。《国务院办公厅关于加强非洲猪瘟防控工作的意见》（国办发〔2019〕31 号）、《国务院办公厅关于促进畜牧业高质量发展的意见》（国办发〔2020〕31 号）均要求建立健全畜禽运输监管制度，对运输车辆实施备案管理，落实清洗消毒措施；农业农村部第 79 号公告、《农业农村部办公厅关于强化生猪收购贩运管理的通知》（农办牧〔2020〕30 号）据此作出了细化规定。这些规定的有效实施已在降低非洲猪瘟等重大动物疫病传播风险方面发挥了重要作用。

2. 从事动物运输的单位、个人以及车辆动物防疫信息保存要求。动物运输是动物疫病传播的重要途径之一，运输相关信息在疫源追溯中具有重要作用。非洲猪瘟疫情应急防控工作中，农业农村部第 79 号公告对车辆配备定位系统、相关信息内容和保存时限等提出了要求。本次立法总结这一成功经验，将公告有关要求上升为法律条款，在本条第三款要求从事动物运输的单位、个人以及车辆，应妥善保存行程路线和托运人提供的动物名称、动物检疫证明编号、数量等信息，督促承运人更好地履行动物防疫义务。

3. 授权国务院农业农村主管部门制定具体办法。因为运输单位和个人备案、车辆备案的要求不尽相同，运输信息保存的要求也应该有更为详细、具体的规定，所以本条第三款规定，具体办法由国务院农业农村主管部门制定。

四、运载工具在装载前和卸载后应当及时进行清洗、消毒

运载工具流动性大、接触面广，机械有可能携带一些对动物和人体有害的致病微生物，如果这些有害的致病微生物不及时清洗、消毒，有可能造成疫病的传播，危害动物和人体健康，甚至生命安全。因此，本条第四款规定对运载工具在装载前和卸载后应当及时清洗、消毒。属于货主自行运输的，货主为清洗消毒的义务主体；托运的，承运人和托运人应就义务主体作出约定，未作约定的承运人为义务主体。如果义务主体不履行上述义务，将要承担相应的法律责任。

第五十三条 **省、自治区、直辖市人民政府确定并公布道路运输的动物进入本行政区域的指定通道，设置引导标志。跨省、自治区、直辖市通过道路运输动物的，应当经省、自治区、直辖市人民政府设立的指定通道入省境或者过省境。**

释义

本条是关于道路指定通道运输动物的规定。

一、确定并公布指定通道的规定

当前，活体动物跨省调运频繁，长距离、跨区域运输存在较大风险隐患。明确经指定通道跨省份运输动物，有利于规范动物运输活动管理，降低动物疫病跨区域传播风险。《国务院办公厅关于加强非洲猪瘟防控工作的意见》(国办发〔2019〕31 号)、《国务院办公厅关于促进畜牧业高质量发展的意见》（国办发〔2020〕31 号）要求建立指定通道运输制度，统一规划实施动物指定通道运输。我国北京、上海等 20 余个省（直辖市、自治区）已在地方立法实践中有所探索。本次立法充分借鉴了非洲猪瘟等重大动物疫病防控的有效做法和地方实践探索，对道路运输动物指定通道作出明确规定。同时规定，省、自治区、直辖市人民政府是确定并公布道路运输动物进入本行政区域指定通道的主体。

二、跨省运输动物经过指定通道的规定

1. 强化动物运输事中事后监管。《国务院关于加强和规范事中事后监管的指导意见》（国发〔2019〕18 号）要求，事中事后监管要坚持权责法定、依法行政，法定职责必须为，法无授权不可为，严格按照法律法规规定履行监管责任，规范监管行为，推进事中事后监管法治化、制度化、规范化。因此，本条规定跨省、自治区、直辖市通过道路运输动物的，应当经省、自治区、直辖市人民政府设立的指定通道入省境或者过省境，也是加强和规范动物运

输事中事后监管法制化、制度化、规范化的具体体现。

2. 跨省运输动物经过指定通道的法律义务。本条规定，跨省、自治区、直辖市通过道路运输动物的，应当经省、自治区、直辖市人民政府设立的指定通道入省境或者过省境。这一规定衔接产地“出口关”和落地“监管关”，有利于落实运输主体责任，推动形成涉及养殖、运输、屠宰等环节全链条的监管模式。此次规定是本法为承运人设定的一项强制性的法定义务，如果不执行这项法定义务，则应承担相应的法律责任。

第五十四条　输入到无规定动物疫病区的动物、动物产品，货主应当按照国务院农业农村主管部门的规定向无规定动物疫病区所在地动物卫生监督机构申报检疫，经检疫合格的，方可进入。

释义

本条是关于动物、动物产品输入无规定动物疫病区管理的规定。

一、国家对动物疫病实行区域化管理和风险管理制度

我国的无疫区，除没有特定的动物疫病发生外，还具有以下特点：一是地区界限应由有效的天然屏障或法律边界清楚划定；二是区域内要具有完善的动物疫病控制体系、动物卫生监督体系、动物疫情监测报告体系、动物防疫屏

障体系以及保证这些体系正常运转的制度、技术和资金支持；三是无疫病必须要有令人信服、严密有效的疫病监测证据支持，并通过国务院农业农村主管部门组织的评估，由国务院农业农村主管部门公布；四是除非实施严格的检疫，无规定动物疫病区不能从非无规定动物疫病区引入动物及其产品。

二、对输入无规定动物疫病区的动物、动物产品，采取更为严格的检疫措施

截至目前，我国已建成海南省免疫无口蹄疫区、山东省胶东半岛免疫无口蹄疫区和免疫无高致病性禽流感区、吉林省免疫无口蹄疫区等一批无疫区。无疫区具有完善的动物防疫体系及较为健全的工作机制，实现了在一定区域内净化消灭特定动物疫病。限制易感动物和动物产品从高风险区向低风险区移动是动物防疫的一项基本措施，为了有效维持无疫区的无疫状态，需要对调入的动物、动物产品实行更为严格的检疫措施。因此，本条规定，输入到无规定动物疫病区的动物、动物产品，货主除按规定对输入的动物、动物产品向输出地动物卫生监督机构申报检疫并取得检疫证明外，还应当按照国务院农业农村主管部门的规定向输入地动物卫生监督机构申报检疫，经检疫合格的方可进入。《动物检疫管理办法》第三十三条规定，输入到无规定动物疫病区的相关易感动物，应当在输入地省、自治区、直辖市动物卫生监督机构指定的隔离场所，按照农业部规定的无规定动物疫病区有关检疫要求隔离检疫。因此，依照本法规定，输入到无规定动物疫病区的动物、动物产品应当进行两次检疫，货主应当按规定申报检疫并取得检疫证明，如果货主将未经输入地动物卫生监督机构检疫合格的动物和动物产品运入无规定动物疫病区，就属违法行为，要承担相应的法律责任。

第五十五条　跨省、自治区、直辖市引进的种用、乳用动物到达输入地后，货主应当按照国务院农业农村主管部门的规定对引进的种用、乳用动物进行隔离观察。

释义

本条是关于跨省引进种用、乳用动物隔离观察的规定。

种用、乳用动物在动物疫病防治中占有重要地位。乳用动物产生的乳品将成为人的食品，乳用动物的健康状况直接影响着人体的健康。种用动物一旦患病或者保菌带毒，会成为长期的传染源，同时会通过精液、胚胎、种蛋垂直传播给后代，在传播疫病特别是种源性疫病方面影响面很大。同时，这两类动物的饲养周期长，传播动物疫病的风险高于一般畜禽。因此，国家对跨省、自治区、直辖市引进种用、乳用动物采取较为严格的防疫措施。本条规定，跨省、自治区、直辖市引进的种用、乳用动物到达输入地后，货主要按照国务院农业农村主管部门的规定进行隔离观察，严格防范在潜伏期内不表现临床症状的乳用、种用动物长距离传播动物疫病。货主对跨省、自治区、直辖市引进的乳用、种用动物到达输入地后，应当按照国务院农业农村主管部门的规定，对引进的动物进行隔离观察，这是法定义务，具有强制性，必须执行，否则要承担相应的法律责任。原农业部发布的《动物检疫管理办法》第二十条规定，跨省、自治区、直辖市引进的乳用、种用动物到达输入地后，应当在隔离场或饲养场内的隔离舍进行隔离观察，大中型动物隔离期为45天，小型动物隔离期为30天。经隔离观察合格的方可混群饲养；不合格的，按照有关规定处理。

第五十六条　经检疫不合格的动物、动物产品，货主应当在农业农村主管部门的监督下按照国家有关规定处理，处理费用由货主承担。

释义

本条是关于经检疫不合格动物、动物产品处理的规定。

经检疫不合格的动物、动物产品必须按照规定处理，消除其传播动物疫病的可能性，以达到保护养殖业发展和人体健康，维护公共卫生安全的目的。本条对经检疫不合格的动物、动物产品的处理作出规定，主要包括三个方面。

一是明确了对检疫不合格的动物、动物产品进行处理的实施主体为货主，为其设定了相应义务。二是明确了监督主体为农业农村主管部门。为有效防范货主因自身经济利益，不按规定处理经检疫不合格的动物、动物产品，规定农业农村主管部门监督货主处理，以防止染疫或疑似染疫的动物、动物产品进入流通领域。三是明确了处理费用由货主承担。对经检疫不合格的动物、动物产品处理费用，不属于检疫相关费用，应当由处理检疫不合格的动物、动物产品的主体予以承担，这既是公平合理的，也是符合国际惯例的。

第六章　病死动物和病害动物产品的无害化处理

本章共四条，对病死动物和病害动物产品无害化处理的责任主体、处理机制及财政补助作出了规定。

第五十七条　从事动物饲养、屠宰、经营、隔离以及动物产品生产、经营、加工、贮藏等活动的单位和个人，应当按照国家有关规定做好病死动物、病害动物产品的无害化处理，或者委托动物和动物产品无害化处理场所处理。

从事动物、动物产品运输的单位和个人，应当配合做好病死动物和病害动物产品的无害化处理，不得在途中擅自弃置和处理有关动物和动物产品。

任何单位和个人不得买卖、加工、随意弃置病死动物和病害动物产品。

动物和动物产品无害化处理管理办法由国务院农业农村、野生动物保护主管部门按照职责制定。

释义

本条是关于病死动物和病害动物产品无害化处理责任的规定。

一、病死动物、病害动物产品无害化处理的责任主体

1. 定义。病死动物、病害动物产品无害化处理事关畜牧业健康发展，事关生态环境安全和公共卫生安全。根据《农业部关于印发〈病死及病害动物无害化处理技术规范〉的通知》（农医发〔2017〕25号）的规定，病死及病害动物无害化处理是指用物理、化学等方法处理病死动物尸体及相关动物产品，消灭其所携带的病原体，消除动物尸体危害的过程。当前，各地普遍采用焚烧、化制、高温等方法对病死动物、病害动物产品实施无害化处理。

2. 责任主体。2014年，国务院明确规定，从事畜禽饲养、屠宰、经营的单位和个人是病死畜禽无害化处理的第一责任人，负有对病死畜禽及时进行无害化处理并向当地畜牧兽医部门报告畜禽死亡及处理情况的义务。同样地，从事动物产品生产、经营、加工、贮藏等活动的单位和个人也应承担病害动物产品无害化处理的责任。本法对上述规定进行了确认，明确从事动物饲养、屠宰、经营、隔离以及动物产品生产、经营、加工、贮藏等活动的单位和个人承担病死动物、病害动物产品无害化处理的责任。

3. 集中处理与自行处理相结合。对病死动物、病害动物产品可以自行处理，也可委托有资质的动物和动物产品集中无害化处理场所处理。当前，国家鼓励对病死动物、病害动物产品实施集中处理，对山区、牧区、边远地区等暂时不具备集中处理条件的地区，可以按照规定自行处理。近年来，我国各地加快推动病死动物专业无害化处理场建设，部分地区已经建成覆盖饲养、屠宰、经营、运输等各环节的病死动物无害化处理体系，为病死动物、病害动物产品集中处理提供了物质基础和设施条件。2020 年，农业农村部、财政部联合印发通知，进一步要求以适宜区域范围内统一收集、集中处理为重点，推动建立集中处理为主，自行分散处理为补充的处理体系，逐步提高专业无害化处理的覆盖率。

二、从事动物、动物产品运输的单位和个人，应当配合做好病死动物和病害动物产品的无害化处理

从事动物、动物产品运输的单位和个人，可能不是动物、动物产品的所有人，不具有处置相应动物、动物产品的权利。但是，由于病死动物、病害动物产品进入运输环节后存在疫病传播风险，需要及时依法处理，因此，本条专门规范了从事动物、动物产品运输的单位和个人协助实施无害化处理的义务。承运动物、动物产品的单位和个人在发现病死动物、病害动物产品后，不得在途中擅自弃置和处理，应当立即通知货主和农业农村主管部门，并配合对病死动物、病害动物产品进行无害化处理，费用由货主承担。

三、任何单位和个人不得买卖、加工、随意弃置病死动物和病害动物产品

病死动物、病害动物产品可能携带病原微生物，买卖、加工、随意弃置病死动物和病害动物产品，将增加动物疫病流行传播的风险、危害人体健康、破坏生态环境。国务院在多个文件中明确，对病死畜禽坚决做到不准宰杀、不准食用、不准出售、不准转运，各地区、各有关部门要依法严肃查处随意抛弃病死动物和病害动物产品违法犯罪行为。此次立法再次明确任何单位和个人不得买卖、加工、随意弃置病死动物和病害动物产品，否则将承担相应的法律责任。

四、动物和动物产品无害化处理管理办法制定

按照我国动物防疫分工安排，农业农村主管部门主要负责家畜家禽、水生动物（含水生野生动物）的管理工作，林业草原主管部门负责陆生野生动物的管理。考虑到家畜家禽和野生动物在病死动物收集、处理等方面存在较大差异，本法授权国务院农业农村、野生动物保护主管部门按照职责制定动物、动物产品无害化处理管理办法。

第五十八条 在江河、湖泊、水库等水域发现的死亡畜禽，由所在地县级人民政府组织收集、处理并溯源。

在城市公共场所和乡村发现的死亡畜禽，由所在地街道办事处、乡级人民政府组织收集、处理并溯源。

在野外环境发现的死亡野生动物，由所在地野生动物保护主管部门收集、处理。

释义

本条是关于水域、城市公共场所、乡村以及野外环境死亡动物的收集、处理和溯源责任的规定。

《国务院办公厅关于建立病死畜禽无害化处理机制的意见》（国办发〔2014〕47号）明确要求，在江河、湖泊、水库等水域发现的病死畜禽，由所在地县级政府组织收集处理；在城市公共场所以及乡村发现的病死畜禽，由所在地街道办事处或乡镇政府组织收集处理；同时要及时组织力量调查死亡畜禽来源。本法进一步将文件制度上升为法律条款，强化县级人民政府和街道办事处收集、处理和溯源责任。

同时，还明确了在野外环境发现的死亡野生动物，由所在地野生动物保护主管部门收集、处理。

第五十九条　省、自治区、直辖市人民政府制定动物和动物产品集中无害化处理场所建设规划，建立政府主导、市场运作的无害化处理机制。

释义

本条是关于制定动物、动物产品集中无害化处理场所建设规划和运行机制的规定。

专业无害化处理场的处理能力应当与区域内畜禽养殖量、养殖水平、品种结构相适应。区域内专业无害化处理场过多，单场处理死亡畜禽数量少，不仅造成重复建设和资源浪费，也影响社会资本运行效率；区域内没有专业无害化处理场或处理能力不足，则会造成死亡畜禽不能及时进行无害化处理，增加动物疫病流行传播风险。无害化处理具有较强的公益属性，但单纯依靠政府投入，难以实现资源有效配置。《农业农村部财政部关于进一步加强病死畜禽无害化处理工作的通知》（农牧发〔2020〕6号）要求，各省级农业农村部门、财政部门要结合养殖量、养殖布局和死亡数量等因素，会同相关部门制定本省（区、市）无害化处理场布局规划，实行总量控制。《国务院办公厅关于建立病死畜禽无害化处理机制的意见》（国办发〔2014〕47号），要求地方各级人民政府建立“政府主导、市场运作”的无害化处理机制。因此，本法明确由省、自治区、直辖市人民政府制定动物和动物产品集中无害化处理场所建设规划，建立政府主导、市场运作的无害化处理机制。

第六十条 各级财政对病死动物无害化处理提供补助。具体补助标准和办法由县级以上人民政府

财政部门会同本级人民政府农业农村、野生动物保护等有关部门制定。

释义

本条是对病死动物无害化处理进行财政补助的规定。

对病死动物实施无害化处理是相应责任主体的法定义务，应由其按照法律规定实施并承担所需支出。考虑到病死动物无害化处理是动物防疫链条中的关键一环，且为提高责任主体的积极性，需要政府予以适当的引导、鼓励和支持。目前，各级政府财政对病死猪的无害化处理予以补贴，并在养殖和屠宰环节分别确定补助标准，有力地推动了无害化处理工作的顺利开展，取得了积极成效。2014 年，国务院进一步明确，按照“谁处理，补给谁”的原则，建立与养殖量、无害化处理率相挂钩的财政补助机制。2020 年，农业农村部、财政部根据国务院有关部署，要求有条件的地区加强地方财政支持，将牛羊禽等其他畜种纳入无害化处理补助覆盖范围。上述政策的有效实施，为本条规定奠定了实践基础。同时，为充分发挥病死动物无害化处理补助政策的作用，切实保障各地能够根据自身实际灵活制定病死动物无害化处理补助政策，本条将病死动物无害化处理补助标准和办法的制定明确由县级以上人民政府财政部门会同本级人民政府农业农村、野生动物保护等有关部门制定。

第七章　动物诊疗

本章共五条，对动物诊疗许可、动物诊疗机构类别、动物诊疗相关防疫要求和兽医执业规范等作出了明确规定。

第六十一条　从事动物诊疗活动的机构，应当具备下列条件：

（一）有与动物诊疗活动相适应并符合动物防疫条件的场所；

（二）有与动物诊疗活动相适应的执业兽医；

（三）有与动物诊疗活动相适应的兽医器械和设备；

（四）有完善的管理制度。

动物诊疗机构包括动物医院、动物诊所以及其他提供动物诊疗服务的机构。

释义

本条是关于动物诊疗机构应当具备的条件以及动物诊疗机构类别的规定。

一、从事动物诊疗活动的条件

（一）从事动物诊疗活动的场所条件

对从事动物诊疗活动的场所条件，主要有两点要求：

1. 与动物诊疗活动相适应。例如，从事畜禽诊疗活动，应设有布局合理的诊断室、手术室、药房等；从事宠物诊疗活动，应设有布局合理的诊疗室、手术室、病房、药房、化验室、隔离室等。

2. 符合动物防疫条件。即动物诊疗场所应适当远离动物养殖、屠宰场所及动物活体交易场所或与以上区域建立有效隔离屏障；动物诊疗场所应当设置独立对外的出入口，出入口不得设在居民住宅楼内或院内，不得与同一建筑物的其他用户共用通道；动物诊疗场所的地面应当平整并适合清洗消毒。动物诊疗机构不需要申领动物防疫条件合格证，但应当接受农业农村主管部门的监督检查。

（二）从事动物诊疗活动的人员条件

对从事动物诊疗活动的人员条件，主要有两点要求：

1. 对动物诊疗活动从业人员的资格要求。从事诊疗活动的人员必须是在所在地农业农村主管部门备案的执业兽医。由于动物诊疗工作的专业技术性非常强，我国对从事动物诊疗活动的人员实行资格考试和执业备案管理，未取得省、自治区、直辖市人民政府农业农村主管部门颁发的执业兽医资格证书或者未在执业所在地县级农业农村主管部门备案的不得从事动物诊疗活动。此外，本法第七十一条对乡村兽医在乡村从事动物诊疗活动另行作出规定。

2. 对动物诊疗活动从业人员的数量要求。从事畜禽诊疗活动和从事犬、猫等宠物诊疗活动的，根据诊疗活动范围和能力，都应当按照国务院农业农村主管部门规定要求配备相应数量的执业兽医。

（三）从事动物诊疗活动的设施设备条件

设施设备是从事动物诊疗活动的基本条件。只有具备相应的诊断、检验检测、治疗、隔离、消毒、冷藏、污水污物和诊疗废弃物处理等设施设备，才能开展相应的动物诊疗活动。

（四）完善的管理制度

完善的管理制度是动物诊疗活动良好运行的基础保障。从动物防疫和公共卫生安全方面考虑，动物诊疗机构应当建立完善动物疫情报告、生物安全管理和防护、环境及器械卫生消毒、兽医处方管理、生物制品使用管理、毒麻和精神药品使用管理、检验检测管理、资质和价格公示、无害化处理等制度。

二、动物诊疗机构的类别

动物诊疗机构的诊疗范围和能力不同，应当实施分类管理。根据动物诊疗行业发展实际和管理实践，本法将动物诊疗机构分为三类：动物医院、动物诊所以及其他提供动物诊疗服务的机构。

1. 动物医院。动物医院是动物诊疗机构中经营规模较大、诊疗能力较高的一类市场主体，应当具备从事动物颅腔、胸腔和腹腔手术的能力，并配备与此相适应的执业兽医和手术台、X光机、B超等仪器设备。随着动物诊疗技术的快速发展，一些大型动物医院逐渐配备了先进的诊断和检测设备，如心电仪、CT、尿液分析仪、血糖仪、频谱仪、电刀等。

2. 动物诊所。动物诊所应当符合动物诊疗机构的基本条件，至少有1名执业兽医。动物诊所通常不具备从事颅腔、胸腔和腹腔手术的能力，大多不设置急诊室、手术室和留观区，只提供门诊和用药服务，具备常规的诊断、检测和治疗设备。

3. 其他提供动物诊疗服务的机构。随着动物诊疗行业的快速发展，很多地方出现了为动物诊疗活动提供技术支撑服务的经营性机构，如从事动物疫病、疾病检验检测的兽医实验室、转诊中心等市场主体。这类机构专门开展诊断、会诊等部分诊疗业务，在诊疗活动中发挥了重要作用，也提升了整个行业的诊疗服务水平。因此，本法基于行业发展实际，将其纳入动物诊疗机构范畴。

第六十二条　从事动物诊疗活动的机构，应当向县级以上地方人民政府农业农村主管部门申请动物诊疗许可证。受理申请的农业农村主管部门应当依照本法和《中华人民共和国行政许可法》的规定进行审查。经审查合格的，发给动物诊疗许可证；不合格的，应当通知申请人并说明理由。

释义

本条是关于动物诊疗许可的规定。

动物诊疗活动，是指动物疾病（包括疫病）的诊断、治疗和动物外科、绝育手术等经营性活动。按照本法规定，从事动物诊疗活动的机构，均应符合规定条件并取得动物诊疗许可证，许可对象主要包括以下几类：

1. 从事畜禽诊疗的兽医院、门诊部等；

2. 从事宠物诊疗的动物医院、动物诊所等；

3. 动物饲养场、动物园等单位内设的诊疗部门对外提供诊疗服务的；

4. 科研、教学、检验等单位对外提供动物诊疗服务的。

设立从事动物诊疗活动的机构，应当向县级以上地方人民政府农业农村主管部门申请办理动物诊疗许可证。申请人应当提交动物诊疗许可申请、营业执照、法定代表人（负责人）身份证、拟聘执业兽医资格证明等相关材料，申请材料不全或者不符合法定形式的，应当在5日内一次告知申请人需要补正的全部内容和材料。农业农村主管部门作出受理决定后，应当按规定对动物诊疗场所进行实地审核，并自受理之日起20个工作日内作出同意或者不予批准的审核决定，自作出同意的审核决定起10日内，应当向申请人发放动物诊疗许可证，不合格的，应当通知申请人并说明理由。

第六十三条 动物诊疗许可证应当载明诊疗机构名称、诊疗活动范围、从业地点和法定代表人（负责人）等事项。

动物诊疗许可证载明事项变更的，应当申请变更或者换发动物诊疗许可证。

释义

本条是关于动物诊疗许可证载明事项及其变更的规定。

一、动物诊疗许可证应当载明的事项

（一）动物诊疗机构的名称

从事动物（包括畜禽、宠物等）诊疗活动机构的名称命名为“×××动物医院或动物诊所”。开设分支机构的，可在原名称后加“×××分院”，但分支机构也要取得动物诊疗许可证。

（二）动物诊疗活动范围

动物诊疗活动范围是指接受诊疗的动物种类和诊疗项目。

（1）动物种类：如家畜、家禽、宠物、水生动物等。

（2）根据动物诊疗机构不同的场所、人员和设施设备条件，动物诊疗机构可以取得不同执业项目。主要包括：诊断、治疗、检验检测、免疫、健康检查等。

（三）从业地点和法定代表人（负责人）

动物诊疗机构的从业地点即诊疗机构所在的地址，应当与营业执照所载地址相一致。对于动物医院等有独立法人的动物诊疗机构，动物诊疗许可证应注明其法定代表人姓名；对于动物饲养场、动物园等单位内设的对外提供动物诊疗服务的机构，动物诊疗许可证应注明其负责人姓名。

二、动物诊疗许可证的变更和换发

动物诊疗单位的名称、诊疗活动范围、从业地点和法定代表人（负责人）等事项发生变化的，应当申请变更或者换发动物诊疗许可证。

1. 变更。动物诊疗单位的名称、法定代表人（负责人）发生变化的，适用变更，变更可以不进行实地审核。

2. 换发。动物诊疗单位的诊疗活动范围、从业地点发生变化的，适用换发。由于其场所、设备、人员等条件可能发生变化，需重新进行实地审核。

第六十四条　动物诊疗机构应当按照国务院农业农村主管部门的规定，做好诊疗活动中的卫生安全防护、消毒、隔离和诊疗废弃物处置等工作。

释义

本条是关于动物诊疗活动有关防疫要求的规定。

从事动物诊疗活动的机构是患病动物较为集中的场所，若防疫管理不善，很容易造成疫病在动物间传播，或者由动物传向人，危害公共卫生安全。本条旨在规范动物诊疗机构按规定做好卫生安全防护、消毒、隔离和诊疗废弃物处置等项工作，有效预防控制动物疫病的扩散，避免动物诊疗过程中的医源性感染。

本条的责任主体是动物诊疗机构，即取得动物诊疗许可证的机构，同时也包括动物诊疗机构的执业兽医以及管理和工勤人员等。

一、卫生安全防护

卫生安全防护的对象应当包括动物诊疗机构工作人员、畜主、就诊动物、住院动物等，动物诊疗机构应当采取措施，减少就诊动物间、住院动物间、住院动物和就诊动物间、畜主和患病动物间的接触，防止动物咬伤人员和其他动物，同时做好诊疗机构工作人员的防护，避免医院感染和医源性感染。

二、消毒

消毒是杀灭病原微生物的有效手段，动物诊疗机构应当按照有关规定制定科学的消毒制度，及时对诊疗场所、设施设备、器械及环境进行消毒，有效切断疫病传播途径，确保畜主、就诊动物和诊疗机构工作人员健康安全。

三、隔离

这里的隔离主要包括两个方面：一是区域划分，如诊疗区、病房、手术区、化验区等均应做到相对隔离，这样既可降低疫病横向传播风险，还能确保手术的安全和检验结果的准确性；二是对染疫动物的隔离，动物诊疗单位应当设置染疫和疑似染疫动物的隔离设施，一旦发现动物染疫或疑似染疫，应当立即采取隔离措施，并向农业农村主管部门或动物疫病预防控制机构报告，防止动物疫病扩散传播。

四、诊疗废弃物处置

诊疗废弃物是指动物诊疗机构在诊断、治疗以及其他相关活动中产生的具有直接或者间接感染性、毒性以及其他危害性的废物，包括动物尸体、动物组织及其分泌物、使用过的针头、纱布等，这些物品如果处理不当，则极有可能成为传染源，导致人或动物被感染。因此，动物诊疗单位应当建立诊疗废弃物管理制度，及时收集本单位产生的诊疗废弃物，并按照类别分置于防渗漏、防锐器穿透的专用包装物或者密闭的容器内，送专门的诊疗废弃物处置单位统一进行处理。对于诊疗过程中产生的污水，也应消毒后再行排放。

第六十五条 **从事动物诊疗活动，应当遵守有关动物诊疗的操作技术规范，使用符合规定的兽药和兽医器械。**

兽药和兽医器械的管理办法由国务院规定。

释义

本条是关于诊疗活动规范的规定。

不按照有关技术操作规范或者使用不符合国家规定的兽药和兽药器械从事动物诊疗活动，容易引起动物诊疗事故，造成人民群众财产损失，甚至引发动物疫情。为此，本条旨在对从事动物诊疗活动的执业兽医技术操作方面进行规范，提高动物诊疗质量，减少动物诊疗事故，并对国务院制定兽药和兽医器械管理办法作出法律授权。

一、诊疗活动规范

本条第一款对动物诊疗活动提出了两个方面的要求：一是技术操作方面；二是使用兽药和兽医器械方面。

（一）技术操作方面

本条所称的技术操作规范，是指安全防护、消毒、检验操作、处方填写、处方与病历保存、手术、隔离、无害化处理等动物诊疗各个环节的操作规范。

（二）兽药和兽医器械方面

兽药和兽医器械质量安全直接关系动物诊疗效果。按照本条规定，动物诊疗活动中不得使用不符合国家规定的兽药和兽医器械，如假劣兽药、违禁兽药和假劣兽医器械等。

二、兽药和兽医器械、管理办法由国务院规定

国务院于2004年制定颁布了《兽药管理条例》，并分别于2014年、2016年和2020年进行了三次修订，为我国兽药生产、经营、使用等监督管理提供了法规依据和保障。但是，我国兽医器械管理长期缺乏法律法规依据，也无法实施有效的监管措施。基于行业发展需求，本条第二款明确规定国务院在制定兽药和兽医器械管理行政法规方面的职责任务，有利于建立健全相关管理制度，进一步规范和促进了行业发展。

第八章　兽医管理

本章共八条，对官方兽医任命与职责、执业兽医资格考试与备案、兽医人员培训、兽医行业协会等作出了明确规定。

第六十六条　国家实行官方兽医任命制度。

官方兽医应当具备国务院农业农村主管部门规定的条件，由省、自治区、直辖市人民政府农业农村主管部门按照程序确认，由所在地县级以上人民政府农业农村主管部门任命。具体办法由国务院农业农村主管部门制定。

海关的官方兽医应当具备规定的条件，由海关总署任命。具体办法由海关总署会同国务院农业农村主管部门制定。

释义

本条是关于官方兽医任命的规定。

一、关于官方兽医任命制度

《国务院关于推进兽医管理体制改革的若干意见》（国

发〔2005〕15号）要求逐步推行官方兽医制度。基于国家政策导向与管理实践，本法规定了官方兽医的法律地位和法定职责，确立了官方兽医任命制度。只有具备国务院农业农村主管部门规定的条件，由省、自治区、直辖市人民政府农业农村主管部门按照规定的程序确认，由所在地县级以上人民政府农业农村主管部门任命的人员才是官方兽医。

二、关于官方兽医任命程序

本法规定了官方兽医任命的基本程序，并授权国务院农业农村主管部门制定具体办法。官方兽医任命的基本程序是：首先，上报的候任人员应当具备国务院农业农村主管部门规定的条件；其次，由省、自治区、直辖市人民政府农业农村主管部门进行确认；最后，由所在地县级以上人民政府农业农村主管部门对符合条件的人员进行任命。履行上述程序后经过任命的人员即为官方兽医，依法履行动物、动物产品检疫职能，出具检疫证明，并对检疫结论负责。

三、关于海关官方兽医的任命

为强化进出境动物检疫人员管理，防范境外动物疫病传入，本法统一了官方兽医称谓与任命制度，将从事进出境动物、动物产品检疫出证的人员纳入官方兽医范畴，强化了国家对官方兽医资质、能力的规范管理。在此基础上，为提高工作便利性和管理效率，本法规定海关的官方兽医由海关总署任命，体现了任命权与使用权的统一，具体办法由海关总署会同国务院农业农村主管部门制定。

第六十七条　官方兽医依法履行动物、动物产品检疫职责，任何单位和个人不得拒绝或者阻碍。

释义

本条是关于保障官方兽医依法履职的规定。

官方兽医应当依照法律法规对动物、动物产品实施检疫。自2008年以来，国务院农业农村主管部门先后制定了《动物检疫管理办法》和生猪、家禽、反刍动物等多个检疫规程，明确了动物、动物产品检疫的范围、对象、方法、程序等，为官方兽医依法规范实施检疫提供了依据和保障。实施动物、动物产品检疫是法定行为。一方面，官方兽医应当依法履行检疫职责，既不能失职渎职、不作为，也不能滥用职权、乱作为；另一方面，申报检疫的单位和个人应当依法配合，为检疫工作提供必要条件和便利，如果拒绝或者阻碍官方兽医实施检疫，则需要承担相应的法律责任。

第六十八条　县级以上人民政府农业农村主管部门制定官方兽医培训计划，提供培训条件，定期对官方兽医进行培训和考核。

释义

本条是关于官方兽医培训与考核的规定。

官方兽医是动物、动物产品检疫的具体实施主体，其综合素质和业务能力直接影响检疫工作的质量和效率，关乎动物疫病防控工作的成效。因此，本法专门对官方兽医的培训与考核作出规定，以督促强化官方兽医培训考核工作，持续提升官方兽医队伍的整体素质与能力。县级以上人民政府农业农村主管部门作为官方兽医培训考核的责任主体，要制订培训计划，包括国家和各省制订的中长期培训规划，以及县级以上人民政府农业农村主管部门制订的年度培训计划、专项培训计划等。此外，还要提供培训条件，包括：一是提供财政支持条件，保障培训经费投入，加强软硬件建设，创新培训方式，采取线上线下相结合和以赛代训、以考代训等方式；二是提供师资条件，建立健全国家、省级师资队伍，不断提高师资水平和培训效果；三是建立考核制度，创新考核方式，量化考核标准，确保官方兽医培训工作的质量。

第六十九条　国家实行执业兽医资格考试制度。具有兽医相关专业大学专科以上学历的人员或者符合条件的乡村兽医，通过执业兽医资格考试的，由省、自治区、直辖市人民政府农业农村主管部门颁

发执业兽医资格证书；从事动物诊疗等经营活动的，还应当向所在地县级人民政府农业农村主管部门备案。

执业兽医资格考试办法由国务院农业农村主管部门商国务院人力资源主管部门制定。

释义

本条是关于执业兽医资格考试和执业备案的规定。

本条规定旨在通过建立执业兽医资格考试制度和兽医执业备案制度，严格规范执业兽医的准入资格与执业条件，激励兽医人员持续提升自身的业务技术水平，不断推动执业兽医队伍健康发展。执业兽医管理制度的建立完善，既吸收借鉴了国外经验，又立足于我国国情实际，探索实现了具有中国特色的兽医管理路径。

一、关于执业兽医资格考试制度

执业兽医资格考试制度是国际通行的执业兽医资格准入管理模式，也是我国职业资格制度中的一项重要管理制度。执业兽医资格考试制度主要有两个特点：一是坚持专业标准，取得执业兽医资格证书必须是具备兽医相关专业（兽医、畜牧兽医、水生动物医学等）专科以上学历的人员或者是符合条件的乡村兽医。本条规定“符合条件的乡村兽医”可以参加执业兽医资格考试，主要目的是鼓励乡村兽医不断提高自身专业知识水平和诊疗技术能力，通过向其提供参加考试的便利，推动乡村兽医向执业兽医过渡、转变。二是坚持国家标准，必须通过国家统一组织的资格考试，方能取得执业兽医资格。

二、关于兽医执业备案制度

按照本法规定，从事动物诊疗等经营活动的，在取得省、自治区、直辖市人民政府农业农村主管部门颁发的执业兽医资格证书后，还应在执业所在地县级人民政府农业农村主管部门备案。实施兽医执业备案制度，是农业农村主管部门对本行政区域内执业兽医及其执业活动有效管理的重要措施，也有利于执业兽医继续教育及其他监督管理工作的顺利开展。

第七十条　执业兽医开具兽医处方应当亲自诊断，并对诊断结论负责。

国家鼓励执业兽医接受继续教育。执业兽医所在机构应当支持执业兽医参加继续教育。

释义

本条是关于执业兽医开具处方和继续教育的规定。

一、关于执业兽医开具处方

兽医处方是兽医临床工作和药剂配制的重要书面文件，它既是兽医对预防和治疗畜禽疫病、宠物疾病的书面指示，又是动物诊所、动物医院所属药房或兽药生产企业制剂室制备药剂的文字依据，在动物诊疗和兽药生产中具有十分重要的作用。本条第一款规定执业兽医开具兽医处方应当亲自诊断，是对兽医执业活动的进一步规范和要求。处方权是执业兽医享有的排他性权利，执业兽医必须对自己开具的处方负责。如果不是本人亲自诊断，开具的处方可能不准确、不对症，无法落实执业兽医的法定责任，进而影响预防、治疗的效果，也不利于兽药的规范使用，具有较大的风险和危害性。

二、关于执业兽医继续教育

执业兽医应当参加兽医专业知识和相关政策法规教育培训，不断提高业务素质。政府兽医管理部门或机构、各兽医行业协会、执业兽医所在单位均可作为执业兽医培训的主体，但培训的侧重点不同，如政府兽医管理部门或机构主要从法律法规、动物疫情的报告等方面进行培训，行业协会和执业兽医所在单位培训的内容主要以诊断和检测等业务能力的提升为主。需要强调的是，执业兽医所在机构应当支持执业兽医参加继续教育，以此保证培训的质量和效果。

第七十一条　乡村兽医可以在乡村从事动物诊疗活动。具体管理办法由国务院农业农村主管部门制定。

释义

本条是关于乡村兽医管理的规定。

乡村兽医与执业兽医的服务对象、工作范围等方面有很大差别。近年来，养殖业产值占农业总产值的比重逐年增加，已经成为我国农业和农村经济的支柱产业，农民增收的重要途径。乡村兽医在一定时期内仍是农村动物疫病预防控制工作的重要力量，加强乡村兽医的管理，在稳定乡村兽医队伍的同时，不断提高乡村兽医的整体业务水平和素质水平，保障养殖业健康发展和人民群众身体健康。

乡村兽医可以在乡村从事动物疫病诊断、治疗和动物免疫、去势、接产、人工授精和动物保健等动物诊疗服务活动。本法授权国务院农业农村主管部门制定乡村兽医从业的相关管理规定。

第七十二条　执业兽医、乡村兽医应当按照所在地人民政府和农业农村主管部门的要求，参加动物疫病预防、控制和动物疫情扑灭等活动。

释义

本条是关于执业兽医、乡村兽医在发挥政府动物疫病防控方面应尽义务和责任的规定。

执业兽医、乡村兽医是我国动物疫病防控工作特别是基层防疫工作开展能够依靠的重要力量，在预防、控制和扑灭动物疫病，促进养殖业发展，保护人体健康，维护社会公共卫生安全等方面发挥着重要作用。当动物疫病暴发或发生其他紧急情况时，按照当地人民政府和农业农村主管部门要求，参加预防、控制和扑灭动物疫病的活动是执业兽医和乡村兽医的基本义务，其目的是确保更快、更有效地控制扑灭动物疫病或应对紧急情况，确保国家动物卫生安全，这也是国际上对执业兽医的通行义务要求。地方人民政府或者农业农村主管部门要积极作为，敢于调动其积极性，发挥执业兽医、乡村兽医和其他兽医专业人员作用，以便更好地开展免疫接种、应急处置等动物防疫工作。

第七十三条　兽医行业协会提供兽医信息、技术、培训等服务，维护成员合法权益，按照章程建立健全行业规范和奖惩机制，加强行业自律，推动行业诚信建设，宣传动物防疫和兽医知识。

释义

本条是关于兽医行业协会职责的规定。

成立兽医行业协会是国际通行做法，对于规范行业秩序、维护会员合法权益、促进行业健康发展至关重要。例如，美国兽医协会（简称 AVMA）已拥有超过 89000 名会员，来自兽医行业的不同领域，包括私人动物诊所、大型动物医院、政府、业界、学术界以及军方有关机构，其主要职责包括法律政策宣传、教育与执业标准制定、实施与管理相关的质量评估项目等，目的是促进和保护兽医行业发展。在我国，随着养殖业转型升级和动物诊疗行业的快速发展，各地纷纷成立与兽医相关的各类协会，包括兽医协会、兽药协会和各类畜禽、宠物诊疗协会等，在保护行业发展、维护会员权益方面发挥了重要作用，但由于仍处于发展初期，大多数协会的机制建设和服务能力等还有待完善和提高。近年来，国家积极推动行业协会商会改革，兽医行业协会迎来了新的发展机遇期。本条通过对兽医行业协会的规定，赋予其法定职责和法律地位，有利于兽医行业协会进一步明确职责任务，理顺体制机制，立足行业发展，聚焦行业需求，真正为行业和会员做好服务，发挥独特而重要的作用。

第九章　监督管理

本章共五条，对实施动物防疫监督管理的主体、措施、检查站监督检查、执法人员、检疫证明管理等作出了明确规定。

第七十四条　县级以上地方人民政府农业农村主管部门依照本法规定，对动物饲养、屠宰、经营、隔离、运输以及动物产品生产、经营、加工、贮藏、运输等活动中的动物防疫实施监督管理。

释义

本条是关于动物防疫监督管理主体和监督内容的规定。

一、监督管理的主体是县级以上地方人民政府农业农村主管部门

根据深化党和国家机构改革以及农业综合行政执法改革精神，新修订的动物防疫法对动物防疫监督管理主体作出调整，动物防疫监督管理执法职责回归行政机关。本条明确，县级以上地方人民政府农业农村主管部门是动物防疫监督管理的主体，负责对动物饲养、屠宰、经营、隔离、运输以及动物产品生产、经营、加工、贮藏、运输等活动中的动物防疫实施监督管理。长期以来，动物卫生监督机构在实际工作中承担了大量防疫巡查、举报受理、屠宰环节监督查验等动物防疫日常监督管理工作，为避免造成基层动物防疫监督管理工作的弱化和缺失，根据农业综合执法改革精神，涉及改革的机构在剥离行政执法职能后，可依法继续做好行业管理、技术推广、例行监测、检验检测等工作。因此，动物卫生监督机构可以根据农业农村主管部门的委托，承担日常行业管理等工作。

县级以上地方人民政府农业农村主管部门实施动物防疫监督管理的依据是本法规定。法律规定了从事动物饲养、屠宰、经营、隔离、运输以及动物产品生产、经营、加工、贮藏等活动的单位和个人应当承担的动物防疫责任，农业农村主管部门必须依照法律规定对其实施监督管理，本法有规定的，要依法履行监督管理职责，不能越权，也不能缺位。如果超越职权进行监督或者不履行职责则均属违法行为，都应承担相应的法律责任。法律还对农业农村主管部门的监督管理行为作出了规范，主管部门在履行监督管理责任时，还应该遵守这些规定。

二、动物防疫监督管理的对象

本次修订的动物防疫法明确了动物、动物产品生产经营者的动物防疫责任，从事动物饲养、屠宰、经营、隔离、运输以及动物产品生产、经营、加工、贮藏等活动的单位和个人要依法承担动物防疫相关责任。因此，农业农村主管部门应当对从事动物饲养、屠宰、经营、隔离、运输以及动物产品生产、经营、加工、贮藏、运输等活动的单位和个人的动物防疫实施监督管理。

三、实施监督管理的内容

动物防疫监督管理的内容是动物、动物产品的生产经营主体在生产经营各个环节，做好动物防疫工作，履行动物防疫责任的情况。生产经营各个环节，包括动物的饲养、屠宰、经营、隔离、运输等环节，和动物产品生产、经营、加工、贮藏、运输等环节。对上述各个环节中的免疫、消毒、检测、隔离、净化、消灭、无害化处理等动物防疫工作，需要依照本法和国务院农业农村主管部门的规定进行监督管理。根据本法和有关法律法规规定，县级以上人民政府农业农村主管部门及其执法人员可以执行下列监督检查任务：对动物、动物产品经营单位进行监督检查；对动物在饲养和流通中的环节进行监督检查；对本法所界定的动物产品生产、流通中的环节进行监督检查；对动物屠宰，依照本法实施检疫、监督；对动物饲养场和隔离场所、动物屠宰加工场所以及动物和动物产品无害化处理场所的动物防疫条件进行监督检查；对动物诊疗单位的诊疗条件以及卫生安全防护、消毒、隔离和诊疗废弃物处置的情况进行监督检查；对有关单位和个人执行国家动物病种的强制免疫的落实情况进行监督检查。

动物防疫监督管理，涉及内容多、环节多，在饲养环节，既包括家畜、家禽等各种经济动物饲养，也包括人工饲养、捕获的其他动物，如水生动物、观赏动物、宠物、实验动物、演艺动物等，涉及畜禽养殖场、动物园等；在屠宰环节，包括猪、牛、羊、禽等动物的屠宰，涉及动物屠宰加工场等；在经营环节，涉及经营动物、动物产品的集贸市场等；在动物和动物产品的运输环节，涉及汽车、火车、船舶、飞机等运输工具和道路、车站、港口、机场等场所；在隔离环节，涉及动物隔离场所；在动物诊疗环节，涉及宠物医院、动物诊所及其他提供动物诊疗服务的机构；在无害化处理环节，涉及无害化处理场等。

第七十五条　为控制动物疫病，县级人民政府农业农村主管部门应当派人在所在地依法设立的现有检查站执行监督检查任务；必要时，经省、自治区、直辖市人民政府批准，可以设立临时性的动物防疫检查站，执行监督检查任务。

释义

本条是关于动物防疫检查站的规定。

运输环节是动物疫病传播的重要途径，甚至会引起动物疫病远距离、跳跃式传播，造成动物疫病蔓延。流行病学调查结果显示，多种重大动物疫情源于活动物调运。因此，有条件地限制动物远距离调运，降低疫病传播风险，是国际社会防治动物疫病的通行做法和成功经验。所以，加强对运输环节的监管，切断传播途径，对控制动物疫病十分必要。疫病发生地和受威胁区都可以采取检查站这种控制动物疫病蔓延传播的方式。

除在疫区周围设立动物防疫检查站外，为控制动物疫病，在公路要道、港口码头、机场、火车站等设立检查站也是必要的。在道路检查方面，我国严格控制检查站设置，除公安、交通等部门外，其他部门未经批准不得设置任何形式的检查站。因此，执行动物防疫监督检查任务要充分运用所在地依法设立的现有检查站资源。如北京市设立的公路综合检查站，就有农业农村部门派驻的人员执行动物防疫监督检查任务。因此，本法规定县级人民政府农业农村主管部门应当派人在所在地依法设立的现有检查站执行监督检查任务。

如果当地未依法设立检查站，出于控制、扑灭动物疫病的需要，经省、自治区、直辖市人民政府批准，可以设立临时性的动物防疫检查站，执行监督检查任务，防止动物疫情的传出传入。本条所称的“必要时”，主要是指发生重大动物疫情时。为提高建站和运行效率，临时动物防疫监督检查站要尽可能结合现有的公路收费站或检查站点进行设置，疫情解除后，可视情况撤除或依照法定程序设立对应的检查站。

动物防疫检查站的任务包括：查验检疫证明、检疫标志、畜禽标识；验物，即动物、动物产品与检疫证明的记载是否一致；对运输的动物、动物产品进行监督性抽查；发现动物疫情，按有关规定报告并采取相应处理措施；依法处罚违法行为人，依法处理有关动物和动物产品；对动物、动物产品的运载工具实施消毒；对动物防疫监督检查有关情况进行登记。

第七十六条 县级以上地方人民政府农业农村主管部门执行监督检查任务，可以采取下列措施，有关单位和个人不得拒绝或者阻碍：

（一）对动物、动物产品按照规定采样、留验、抽检；

（二）对染疫或者疑似染疫的动物、动物产品及相关物品进行隔离、查封、扣押和处理；

（三）对依法应当检疫而未经检疫的动物和动物产品，具备补检条件的实施补检，不具备补检条件的予以收缴销毁；

（四）查验检疫证明、检疫标志和畜禽标识；

（五）进入有关场所调查取证，查阅、复制与动物防疫有关的资料。

县级以上地方人民政府农业农村主管部门根据动物疫病预防、控制需要，经所在地县级以上地方人民政府批准，可以在车站、港口、机场等相关场所派驻官方兽医或者工作人员。

释义

本条是关于县级以上地方人民政府农业农村主管部门执行监督检查任务时，可以采取的监督检查措施的规定。

一、监督检查措施

本条第一款规定了县级以上地方人民政府农业农村主管部门在执行监督管理任务时，可以采取以下五项措施：

1. 对动物、动物产品按规定采样、留验、抽检。即县级以上地方人民政府农业农村主管部门对动物、动物产品按规定享有采样权、留验权、抽检权。这里所称“动物、动物产品”是指本法第三条第一款和第二款规定的动物与动物产品。“采样”是指县级以上地方人民政府农业农村主管部门依据规定的范围、条件、程序、数量、比例等对动物与动物产品采集样品。采集样品应注意：第一，本条所规定的采集样品不是必须采集，是否采集应当依据相关规定和执行监督检查任务的具体情况确定。第二，采集样品要遵守操作规范，必须依照规定的范围、条件、程序、数量、比例等进行采集。第三，采集的对象是本法所讲的动物和动物产品，不能超出本法规定对象进行采集样品，如果超出本法所规定的范围，被采集的单位和个人可以拒绝。第四，采集样品是无偿采集。“留验”是指县级以上地方人民政府农业农村主管部门在监督检查动物和动物产品的过程中，责令行政相对人在得出检查结论之前，不得移动被监督检查的动物、动物产品。“抽检”是指县级以上地方人民政府农业农村主管部门根据需要按规定对动物和动物产品进行的抽查、检验。

2. 对染疫或者疑似染疫的动物、动物产品及相关物品进行隔离、查封、扣押和处理。本项规定了县级以上地方人民政府农业农村主管部门在执行监督管理任务时，对染疫或者疑似染疫的动物和动物产品及相关物品依法采取隔离、查封、扣押和处理措施。这一行政措施包括三种情况：一是对于已经染疫或者疑似染疫的动物进行隔离、扣押或处理；二是对于已经染疫或者疑似染疫的动物产品进行查封、扣押或处理；三是对相关物品进行查封、扣押和处理。“隔离”是指县级以上地方人民政府农业农村主管部门将染疫或者疑似染疫的动物与健康的动物分离开来，使其不能相互接触，防止疫病扩散的一种强制性措施。隔离的对象主要是染疫或者疑似染疫的动物。“查封”是指农业农村主管部门以张贴封条或者其他必要措施，将相关物品现场封存的措施，未经查封部门许可，任何单位和个人不得启封、动用。查封的对象主要是染疫或者疑似染疫的动物产品及相关物品。“扣押”是指农业农村主管部门将染疫或者疑似染疫的动物、动物产品及其相关物品运到另外的场所予以扣留的一种强制措施。“处理”是指农业农村主管部门对染疫或者疑似染疫的动物、动物产品及其相关物品采取消毒、无害化处理或者予以销毁等的强制性措施。

需要注意的是，采取上述措施的前提条件，必须是在执行监督管理任务时并有充分的证据证明动物、动物产品已经染疫或者疑似染疫。另外，在采取上述措施时还应当符合法定的程序。

3. 对依法应当检疫而未经检疫的动物和动物产品，具备补检条件的实施补检，不具备补检条件的予以收缴销毁。检疫是动物防疫法规定的一项重要制度，是预防动物疫病传播的重要环节，贯穿动物饲养、经营、屠宰、运输和动物产品经营、运输的全过程。依法应当检疫而未经检疫的行为是违法行为，对违法行为人应当实施行政处罚。经过多年发展，我国畜禽养殖水平已有较大提升，动物和动物产品检疫制度已经较为完备。在检疫监管实践中，部分生产经营者利用补检制度逃避检疫许可，动物、动物产品离开产地后，也很难符合检疫许可的条件，一律实施补检不利于维护正常的检疫秩序。但是，为了避免资源浪费、帮助养殖者挽回经济损失，且实践中依然存在应当检疫而未经检疫的情形，不能简单地“一刀切”，一罚了之。法律允许对动物和具备补检条件的动物产品实施补检，这是为预防、控制动物疫病而采取的一种补救措施。基于上述情况，本法在保留补检措施的基础上，进一步对动物提出了补检条件的要求，对具备补检条件的实施补检，不具备补检条件的予以收缴销毁。对于是否具备补检条件，农业农村主管部门应当严格按照有关规定执行。

依法应当检疫的动物，是指本法第四十九条规定的屠宰、出售或者运输的动物，本法第五十条规定的因科研、药用、展示等特殊情形需要非食用性利用的野生动物，人工捕获的野生动物，本法第五十四条规定的输入到无规定动物疫病区的动物。依法应当检疫的动物产品是指本法第四十九条规定出售或者运输的动物产品，本法第五十四条规定的输入到无规定动物疫病区的动物产品。未经检疫是指货主没有向动物和动物产品所在地、野生动物捕获地、无规定动物疫病区所在地动物卫生监督机构申报检疫，动物、动物产品没有经过动物卫生监督机构检疫，没有取得检疫证明；或者虽然取得检疫证明，但已经失去法律效力。

按照法律规定，动物卫生监督机构依照本法和国务院农业农村主管部门的规定对动物、动物产品实施检疫。对依法应当检疫而未经检疫的动物和动物产品进行补检，仍要由动物卫生监督机构实施。经过补检合格的，出具检疫证明；经检疫不合格的，按本法第五十六条规定处理。需要说明的是，由动物卫生监督机构决定动物和动物产品是否具备补检条件，对不具备补检条件的动物和动物产品由县级以上地方人民政府农业农村主管部门收缴销毁。

4. 查验检疫证明、检疫标志和畜禽标识。检疫证明、检疫标志和畜禽标识是承载动物强制免疫、检疫、运输等信息的重要载体，是农业农村主管部门实施监督管理的重要依据。本项规定了县级以上地方人民政府农业农村主管部门在监督管理过程中，有权对检疫证明、检疫标志和畜禽标识进行查验。检疫证明、检疫标志是国家管理动物、动物产品检疫制度的重要内容，是动物卫生监督机构对无特定动物疫病的动物、动物产品出具的法律凭证。畜禽标识是指经农业农村部门批准使用的耳标、电子标签、脚环及其他承载畜禽信息的标识物。承载免疫信息的畜禽标识是动物检疫的必备要件，是对动物和动物产品进行监督管理的重要依据。目前我国对严重危害养殖业生产和人体健康的高致病性禽流感、口蹄疫、小反刍兽疫、布鲁氏菌病、包虫病等动物疫病实施强制免疫。县级以上人民政府农业农村主管部门在监督管理过程中，可以对检疫证明、检疫标志和畜禽标识进行查验。

5. 进入有关场所调查取证，查阅、复制与动物防疫有关的资料。进入有关场所是指农业农村主管部门有权进入与执行监督管理任务有关联的场所进行现场检查、调查取证。调查取证是依法监管、依法处罚的基础，在调查取证过程中，农业农村主管部门有权向相关人员调查、了解涉及动物防疫的有关情况；有权收集与动物防疫相关的样品、文字档案、影像资料等证据；可以查阅、复制当事人有关的合同、票据、账簿、生产经营档案及其他与动物防疫有关的资料。农业农村主管部门阅读、复制相关资料，涉及国家秘密、商业秘密或个人隐私的，应当注意保密。

二、派驻官方兽医或者工作人员

本条第二款规定了县级以上地方人民政府农业农村主管部门根据动物疫病预防、控制需要，经所在地县级以上地方人民政府批准，可以在车站、港口、机场等相关场所派驻官方兽医或者工作人员。也就是说农业农村主管部门除派人在所在地依法设立的现有检查站、临时性动物防疫检查站执行监督检查任务外，还可以根据动物疫病预防、控制需要，经所在地县级以上地方人民政府批准，在车站、港口、机场等相关场所派驻官方兽医或者工作人员执行检疫或监督检查任务。

车站、港口、机场等场所是动物和动物产品流通的重要节点，进行动物防疫监督检查非常必要，但是有些地方并不具备设立动物防疫检查站的要求。因此，在不具备设立动物防疫检查站的相关场所，可以采取派驻官方兽医和工作人员的方式。这里的车站包括火车站、长途汽车站、货物转运站等，港口包括海港、内水港，机场包括国内机场、国际机场。在车站、港口、机场等相关场所派驻官方兽医和工作人员，有严格的法定程序，必须经所在地县级以上地方人民政府批准，必须在法定的权限范围内实施动物防疫监督检查，做到不越权、不失职。车站、港口、机场等相关场所应当为经批准派驻的官方兽医或者工作人员提供必要的条件。

第七十七条　执法人员执行动物防疫监督检查任务，应当出示行政执法证件，佩带统一标志。

县级以上人民政府农业农村主管部门及其工作人员不得从事与动物防疫有关的经营性活动，进行监督检查不得收取任何费用。

释义

本条是关于规范县级以上人民政府农业农村主管部门执法人员执法行为的规定。

一、执法人员应当出示执法证件，佩带统一标志

出示执法证件，佩带统一标志是对执法人员的规范性要求。执法人员依法履行职责时，与行政相对人的关系，是监督者与被监督者之间的行政管理关系，不是平等的民事主体之间的关系。因此，执法人员在执行动物防疫监督检查任务时，应当出示行政执法证件，执法人员出示证件后，被监督检查的单位和个人应当支持、配合。如果执法人员不出示行政执法证件，有关单位和人员可以拒绝。行政执法证件作为执法人员履行执法工作的凭证，具有法律效力，不是任何人都可以持有使用的，只有依法经过考核，符合法定条件的人员才可以依法取得行政执法人员资格，授予行政执法证件，持证上岗。根据有关规定，行政执法证件由国家有关部门组织统一制发。一方面，表明执法的合法性、权威性、严肃性；另一方面，也可防止他人假冒执法人员侵害被监督检查单位和个人的合法权益。

执法人员在执行监督管理任务时还必须佩带统一标志。执法人员代表国家和政府执行动物卫生监督管理任务，行使的是法律授予的职权，代表着国家和政府的形象，其佩带统一标志，用以区别于一般的行政人员和普通公民，具有一定的严肃性和威慑力，能够更好地开展监督管理工作，也能够约束其依法履行监督管理职责，接受社会监督。

需要说明的是，根据《中华人民共和国行政处罚法》和《农业行政处罚程序规定》的规定，执法人员在执行监督管理任务时还必须做到：风纪严明，秉公执法，坚持以事实为根据，以法律为准绳；尊重当事人的合法权益，对索取的资料、查阅的资料要保守秘密；检查、强制、处罚须严格程序和内容；不以权谋私、索要钱财、弄虚作假；不无故拖延或者拒绝办案；文明执法、礼貌待人、遵纪守法。

二、县级以上人民政府农业农村主管部门及其工作人员的禁止性规定

一是不得从事与动物防疫有关的经营性活动。为了保证动物防疫监督管理的公正性，规范监督管理主体行为，防止主管部门和工作人员出现不作为、乱作为、获取不正当利益等行为，动物防疫法从法律层面提出要求。法律规定，农业农村主管部门及其工作人员不得从事与动物防疫有关的经营性活动，目的是确保动物防疫监督管理工作公平、公正、公开，维护良好的动物、动物产品生产经营秩序。根据国家有关规定，行政机关和国家公职人员不得从事生产经营活动。政府机构及其工作人员参与相关经营性活动，不仅影响正常的监督管理工作，也会破坏正常的市场经营秩序。这里所不得从事的与动物防疫有关的经营性活动，是指本法第三条规定的，所有涉及动物疫病的预防、控制、诊疗、净化、消灭和动物、动物产品的检疫，以及病死动物、病害动物产品的无害化处理的经营性活动。

二是进行监督检查不得收取任何费用。农业农村主管部门及其工作人员执行监督检查任务，工作经费和所需相关费用由各级政府拨付，其经费保障按照本法第八十三条的规定，由县级以上人民政府按照本级政府职责纳入本级预算。如果收取费用，则会增加被监督检查单位和个人的负担，甚至可能造成乱收费、乱执法的现象发生。为此，本法规定，农业农村主管部门及其工作人员进行监督检查时不得收取任何费用。如果农业农村主管部门及其工作人员不遵守这项禁止性规定而收取费用，有关单位和个人有权拒绝，可以向人民政府有关部门或者纪检监察机关举报。

第七十八条 禁止转让、伪造或者变造检疫证明、检疫标志或者畜禽标识。

禁止持有、使用伪造或者变造的检疫证明、检疫标志或者畜禽标识。

检疫证明、检疫标志的管理办法由国务院农业农村主管部门制定。

释义

本条是关于检疫证明、检疫标志和畜禽标识管理的规定。

一、禁止转让、伪造或者变造检疫证明、检疫标志和畜禽标识

检疫证明、检疫标志和畜禽标识是国家管理动物防疫工作的重要凭证。检疫证明、检疫标志是动物卫生监督机构对经检疫合格的、无疫病的动物、动物产品出具的法律凭证。动物卫生监督机构的官方兽医依照动物检疫规程对动物、动物产品实施检疫后出具的检疫证明、检疫标志表明该批动物、动物产品的检疫结果是合格的。畜禽标识是国家对动物防疫实施免疫预防和可追溯管理的凭证之一。根据本法第十七条的规定，饲养动物的单位和个人应当履行动物疫病强制免疫义务，按照强制免疫计划和技术规范，对动物实施免疫接种，并按照国家有关规定建立免疫档案、加施畜禽标识，保证可追溯。可见，畜禽标识承载了免疫信息，可以证明饲养动物的单位和个人对强制免疫的动物是否履行了强制免疫义务，或者免疫经有关机构检测是否合格。动物的经营者依法取得相应的凭证，是其履行免疫义务后合法经营动物的法定凭证。行政主体与行政相对人之间通过这些凭证，建立起正常的动物防疫管理工作秩序。动物疫情影响着养殖业和人体健康，防控重大动物疫情的一项重要措施是动物免疫，检疫环节和免疫环节的监督管理是动物防疫监督管理的重要内容。因此，必须对作为证明动物已经免疫和动物、动物产品检疫合格的法定凭证即检疫证明、检疫标志和畜禽标识实行严格管理，明令禁止转让、伪造或者变造。

需要说明的是，转让检疫证明、检疫标志和畜禽标识是指依法取得检疫证明、检疫标志和畜禽标识的单位和个人，将自己的某一批动物、动物产品的检疫证明、检疫标志或畜禽标识以有偿或者无偿的方式提供给没有检疫证明、检疫标志和畜禽标识的单位或个人使用的行为。伪造检疫证明、检疫标志和畜禽标识，是指未经国务院农业农村主管部门的批准，仿制法定检疫证明、检疫标志和畜禽标识的式样，擅自制作检疫证明、检疫标志和畜禽标识的行为。变造检疫证明、检疫标志和畜禽标识是指对检疫证明、检疫标志和畜禽标识采用剪贴、挖补、涂改、拼接和彩印、电脑涂改等方法加工处理，改变检疫证明、检疫标志和畜禽标识的已有项目或内容的行为，如改变动物、动物产品的种类、数量、时间等相关内容。

二、禁止持有、使用伪造或者变造检疫证明、检疫标志和畜禽标识

检疫证明、检疫标志和畜禽标识是动物防疫管理的重要凭证，转让、伪造或者变造检疫证明、检疫标志和畜禽标识是对动物防疫秩序的破坏。同样，持有、使用伪造或者变造检疫证明、检疫标志和畜禽标识，也无疑是对动物防疫秩序的破坏，严重影响肉品卫生安全保障和重大动物疫病防控。对此，必须加以禁止。因此，本条禁止持有、使用伪造或者变造检疫证明、检疫标志和畜禽标识。

三、检疫证明、检疫标志的管理办法制定

检疫证明、检疫标志管理涉及动物、动物产品流通秩序建立健全，需要对印制、出具、使用、保管、回收检疫证明、检疫标志作出细化规定，加强对检疫证明、检疫标志的管理。因此，本法授权国务院农业农村主管部门制定配套的具体规定，凡是印制、出具、使用本法规定的检疫证明、检疫标志的单位和个人都必须遵守国务院农业农村主管部门制定的管理办法。

第十章　保障措施

本章共八条，对动物防疫经费、动物防疫领域科学技术研究开发、基层动物防疫体系建设、动物防疫应急物资储备、兽医社会化服务、动物防疫补偿制度，以及动物防疫人员卫生防护保障措施和相关待遇等作出了明确规定。

第七十九条　县级以上人民政府应当将动物防疫工作纳入本级国民经济和社会发展规划及年度计划。

释义

本条是关于将动物防疫工作纳入国家和地方国民经济和社会发展计划的规定。

动物防疫是各级人民政府的一项重要职能和工作，事关养殖业生产安全、公共卫生安全、生态安全和经济社会发展，将其纳入国民经济和社会发展计划十分必要。党和政府一直把动物防疫工作作为农业农村工作的重点内容，把动物防疫工作纳入国家和地方的国民经济和社会发展计划，明确为各级政府和全社会的共同目标，有利于确保动物防疫能力水平与社会经济发展水平同步提高。

县级以上人民政府运用国民经济和社会发展规划及年度计划的手段，确立动物防疫工作的长期目标、工作重点和实现途径，明确动物防疫工作的中期目标、政策和原则，确定动物防疫工作的年度任务、方针和有关措施。既有长远打算，又有具体行动方案，有利于动物防疫工作把舵定向、落实落细和稳步发展。

第八十条　国家鼓励和支持动物防疫领域新技术、新设备、新产品等科学技术研究开发。

释义

本条是关于鼓励支持动物防疫科学技术研究开发的规定。

科学技术是第一生产力，经济建设和社会发展应当依靠科学技术，科技进步应当为经济建设和社会发展服务。动物疫病的预防、控制、净化和消灭，动物和动物产品的检疫以及病死动物无害化处理等动物防疫工作离不开科学技术的有力支撑，特别是在重大动物疫情应急处置和新发、突发、外来动物疫病防控中，更考验一个国家动物防疫科技研发的水平和实力。

将国家对动物防疫领域新技术、新设备、新产品等科学技术研究开发的鼓励支持以法律形式固定下来，体现了国家对此项工作的高度重视，也为加快补齐我国动物防疫科研领域短板弱项，强化动物防疫工作技术支撑，推动实现动物防疫工作高质量发展提供了法制保障。国家和地方各级人民政府以及相关单位应采取切实措施，着力加强对动物防疫领域新技术、新设备和新产品等科学技术研究开发的政策扶持和推广应用。

第八十一条　县级人民政府应当为动物卫生监督机构配备与动物、动物产品检疫工作相适应的官方兽医，保障检疫工作条件。

县级人民政府农业农村主管部门可以根据动物防疫工作需要，向乡、镇或者特定区域派驻兽医机构或者工作人员。

释义

本条是关于动物、动物产品检疫工作的人员条件保障以及派驻兽医机构或工作人员的授权性规定。

一、本条第一款是关于县级人民政府应当为动物卫生监督机构配备官方兽医，保障检疫工作条件的规定

该款规定有以下含义：一是承担动物、动物产品检疫职能的法定机构为动物卫生监督机构，与本法第十一条和第四十八条第一款的规定相呼应；二是实施动物、动物产品检疫职能的法定人员为官方兽医，与本法第四十八条第二款的规定相呼应；三是县级人民政府在保障动物、动物产品检疫工作开展方面，具有两方面的法定义务，即为动物卫生监督机构配备与动物和动物产品检疫相适应的官方兽医，以及保障动物检疫工作条件。

动物、动物产品检疫是防范动物疫病发生蔓延的重要制度保障，官方兽医是实施动物检疫的主要力量。近年来，随着国家动物疫情总体平稳，一些地方对动物检疫工作重视不足，官方兽医人员和工作条件与检疫工作需要不匹配。为了保障检疫工作正常开展，加强动物检疫队伍建设，本法规定“县级人民政府应当为动物卫生监督机构配备与动物、动物产品检疫工作相适应的官方兽医，保障动物检疫工作条件”。一方面，县级人民政府要综合考虑所辖地域面积、养殖屠宰规模和分布情况、工作开展难易程度等因素，充分配备官方兽医人员，确保动物产地检疫和屠宰检疫顺利实施；另一方面，要根据检疫工作实际需要提供必要的工作条件，包括官方兽医的办公场所、交通和通信、检疫设备和装备、卫生防护等。

二、关于农业农村主管部门在乡、镇或特定区域设立派驻兽医机构或者兽医工作人员

按照“加强领导、密切配合，依靠科学、依法防治，群防群控、果断处置”的重大动物疫情应急工作方针，本法构建了县级以上人民政府为动物防疫工作的领导机构，县级以上地方人民政府农业农村部门为主管部门，动物疫病预防控制机构和动物卫生监督机构为支撑的动物防疫机构格局。动物防疫的重点和难点在基层，尤其是在广大乡镇和农村地区。由农业农村主管部门在乡镇或特定区域派驻兽医机构或人员，有助于动物疫病防控、检疫和公益性技术推广服务工作的有效开展。同时，也能够及时掌握基层动物防疫工作开展情况和问题，更好地配置资源，调整相关政策措施。因此，本法规定，县级人民政府农业农村主管部门可以根据动物防疫工作需要，向乡、镇或者特定区域派驻兽医机构或者工作人员。

第八十二条　国家鼓励和支持执业兽医、乡村兽医和动物诊疗机构开展动物防疫和疫病诊疗活动；鼓励养殖企业、兽药及饲料生产企业组建动物防疫服务团队，提供防疫服务。地方人民政府组织村级防疫员参加动物疫病防治工作的，应当保障村级防疫员合理劳务报酬。

释义

本条是关于兽医社会化服务的规定。

随着我国畜禽养殖规模化水平的不断提高，对兽医服务质量的要求也在逐步提升。为满足实际需求，部分地区在坚持做好兽医公益性服务的同时，探索将免疫注射、无害化处理、疫病监测采样、检疫辅助性技术工作等通过政府购买服务等形式交由兽医社会化服务组织承担，同时鼓励养殖、屠宰等生产经营者向动物诊疗机构、动物防疫合作社和执业兽医、乡村兽医等购买专业化的兽医服务。将兽医社会化服务的有益探索上升到法律层面，有利于推动执业兽医等机构、人员更大范围、更深层次地参与到动物防疫工作中。

本条应从三个方面进行理解和把握。

一是国家鼓励和支持执业兽医、乡村兽医和动物诊疗机构开展动物防疫和疫病诊疗活动。开展动物防疫、动物诊疗活动必须具备一定的兽医知识和专业技能。执业兽医经过系统的学历教育和实践积累，通过国家执业兽医资格考试的检验，具备了较为扎实的业务知识和专业技能；乡村兽医大多长期在基层防疫一线工作，对基层的动物疫病流行情况较为熟悉，具有丰富的动物防疫实战经验；动物诊疗机构兼具防疫、诊疗的人才和技术优势。国家鼓励和支持执业兽医、乡村兽医和动物诊疗机构开展动物防疫、诊疗活动，旨在充分发挥其专业技能优势，使其成为动物防疫特别是基层动物疫病防控中一支重要的专业化服务力量。

二是鼓励养殖企业、兽药及饲料生产企业组建动物防疫服务团队，提供防疫服务。养殖企业是动物疫病防控的直接受益者，也是对兽医服务的最大需求方。近年来，一些大型养殖集团和龙头企业建立了较为完善的防疫管理制度和技术服务队伍，在做好自身防疫工作的同时，也能够对外提供防疫技术服务。兽药和饲料生产企业在提供产品的同时，普遍建立了专业化的动物防疫技术团队，为养殖户提供日常防疫服务。国家鼓励养殖企业、兽药及饲料生产企业组建动物防疫服务团队，提供社会化防疫服务，有利于在养殖产业内形成资源共享、良性互动的防疫新格局。

三是地方人民政府组织村级防疫员参加动物疫病防治工作的，应当保障村级防疫员合理劳务报酬。在强制免疫制度确立初期，由于兽医社会化服务体系尚未成型，村级防疫员在落实强制免疫制度、保障基层动物防疫工作效果方面发挥了重要作用。近年来，国家大力推进兽医社会化服务发展，鼓励市场主体提供专业化、组织化的兽医服务，为养殖者更好地履行动物防疫主体责任提供了条件。目前，在一些兽医社会化服务发展水平不高的地区，仍由政府组织的村级防疫员开展免疫注射、疫情排查报告等工作。对于此类情况，地方人民政府应当保障村级防疫员合理的劳务报酬。当然，养殖者聘用村级防疫员提供兽医服务的，则应按照民事法律关系由其支付相应报酬。

第八十三条 **县级以上人民政府按照本级政府职责，将动物疫病的监测、预防、控制、净化、消灭，动物、动物产品的检疫和病死动物的无害化处**

理，以及监督管理所需经费纳入本级预算。

释义

本条是关于动物防疫经费保障的规定。

动物防疫工作是政府的一项长期性公共服务职能，其内容包含了技术性活动和社会管理活动，需要公共财政予以持续支持，以保证日常情况下和应急状态时防疫工作的正常进行。近年来，中央和地方政府加大了动物疫病净化、消灭和病死动物无害化处理等领域的工作力度，也逐步认识到动物疫病监测的基础性和重要性，动物防疫财政支持政策逐步完善。本法将上述工作纳入财政资金保障范围，有利于各项工作顺利开展。

县级以上人民政府要加强领导，落实责任，加大投入，建立科学合理的动物防疫工作财政保障机制，将动物防疫管理监督执法和技术支持工作所需经费纳入各级财政预算，实施统一管理，保障机构运转和人员经费，确保动物疫病的监测，预防、控制、净化、消灭以及动物、动物产品的检疫和病死动物无害化处理等工作顺利开展。切实保障动物防疫所需经费，实施预算管理，也是落实动物防疫政府职责的基本要求和重要体现。

第八十四条　县级以上人民政府应当储备动物疫情应急处置所需的防疫物资。

释义

本条是关于应急物资储备的规定。

实践证明，坚持“早、快、严、小”原则能够将疫情损失降到最低，做好动物防疫物资储备是重要前提和保障。建立动物防疫应急物资储备机制，目的是在面对突发疫情时，有能力、有条件及时应对和处置。疫苗、药品、设施设备和防护用品是动物防疫应急处置的必备物资，储备物资的品种和数量由应急预案规定，也可由各地自行确定。应急物资储备要实行品种、总量平衡，动态管理，并坚持定期检查，保证在紧急需要时，调得出、供得上、质量好、品种全。

第八十五条　对在动物疫病预防、控制、净化、消灭过程中强制扑杀的动物、销毁的动物产品和相关物品，县级以上人民政府给予补偿。具体补偿标准和办法由国务院财政部门会同有关部门制定。

释义

本条是关于动物防疫相关补偿的规定。

根据本条规定，国家对强制扑杀的动物、销毁的动物产品和相关物品给予补偿。扑杀染疫和疑似染疫动物及其同群动物，或疫点、疫区内按照规定应扑杀的易感染动物，销毁染疫或污染的动物产品，是政府采取的强制性应急处理措施，保护的是公共利益。因此，对养殖者或经营者造成的损失给予适当经济补偿是必要的救济手段。这一安排有利于防控措施的顺利执行，有利于帮助生产经营者维持生活和恢复生产。

第八十六条　对从事动物疫病预防、检疫、监督检查、现场处理疫情以及在工作中接触动物疫病病原体的人员，有关单位按照国家规定，采取有效的卫生防护、医疗保健措施，给予畜牧兽医医疗卫生津贴等相关待遇。

释义

本条是关于卫生防护、医疗保健措施和畜牧兽医医疗卫生津贴等相关待遇的规定。

在动物防疫活动中，有关人员直接或间接地接触动物疫病病原的概率较高，可能影响人体健康，或通过人员流动传播扩散。对于从事动物防疫工作及可能接触动物疫病病原的人员采取有效的卫生防护、医疗保健措施尤为重要。同时，对有关人员给予畜牧兽医医疗卫生津贴等相关待遇，更能彰显“以人为本”的理念，更好地保障其健康权益。

本条可以从三个方面进行理解把握：

1. 关于医疗卫生权益保障的对象：限于从事动物疫病

预防、检疫、监督检查、现场处理疫情以及在工作中接触动物病原的人员。在日常工作中，包括动物疫病预防控制机构的检测采样人员、实验室检验检测人员，动物防疫监督执法人员和官方兽医等。在疫情应急处置工作中，包括进入疫点、疫区内进行采样、诊断、流行病学调查、扑杀动物、消毒、运输、销毁或掩埋病死动物尸体及其污染物等活动以及参与指挥和指导疫情扑灭工作的人员。

需要注意的是，从事动物饲养、屠宰、经营、隔离、运输以及动物产品生产、经营、加工、贮藏等活动的单位，兽医科研教学机构、动物诊疗机构、兽用生物制品生产企业等直接接触病原微生物的人员无论是否享受畜牧兽医医疗卫生津贴，都必须按照国家有关规定和动物防疫要求，采取有效的卫生防护和医疗保健措施，这是最基本的工作条件保障。

2. 关于卫生防护、医疗保健措施。卫生防护主要是指通过物理隔离、化学消毒等方法使动物防疫人员尽可能避免感染病原微生物。如《高致病性禽流感人员防护技术规范》规定了三类人员应予生物安全防护：一是诊断、采样、扑杀禽鸟、无害化处理禽鸟及其污染物和清洗消毒的人员；二是饲养人员；三是赴感染或可能感染场的人员。防护的基本要求分为三个方面：一是穿戴防护服具，实现物理隔离。即进入感染或可能感染场和无害化处理地点前，或与感染或可能感染的禽鸟及其粪便等污染物品接触前，所有人员必须按照要求戴口罩、手套和护目镜，穿防护服和胶靴。二是对防护服具的严格处理和消毒，人员要进行消毒操作。即离开感染或可能感染场和无害化处理地点时，将防护服具集中包装和消毒，人员用消毒水洗手、洗澡。三是健康监测。所有暴露于感染或可能感染禽和场的人员均应接受卫生部门监测；出现呼吸道感染症状的人员应尽快接受卫生部门检查；出现呼吸道症状人员的家人也应接受健康监测；应密切关注采样、扑杀处理禽鸟和清洗消毒的工作人员及饲养人员的健康状况。

医疗保健主要是通过免疫接种、服用药品、健康检查等医疗手段，使动物防疫人员获得保护。如对从事人畜共患传染病检验、检疫和检测的人员每年组织健康体检，或者进行必要的疫苗接种等。

3. 关于畜牧兽医医疗卫生津贴。经国务院批准，2015年12月，人力资源和社会保障部、财政部联合印发了《关于调整农业有毒有害保健津贴和畜牧兽医医疗卫生津贴的通知》（人社部发〔2015〕99号），对1997年发布的农业有毒有害保健津贴和畜牧兽医医疗卫生津贴进行调整。新的畜牧兽医医疗卫生津贴有以下特点：一是津贴等级分类不变，根据工作量大小、时间长短、条件好坏、防护难易及危害身体健康状况等，分为三类津贴。二是津贴补助标准提高幅度较大，新调整的三类津贴补贴标准分别为每人每月450元、350元和260元，与1997年同类津贴标准相比，提高了约4倍。三是经费列支渠道不变，发放畜牧兽医医疗卫生津贴所需经费，按现行经费渠道列支。四是强调了临时人员享受津贴的权利，除专职从事有毒、有害、有传染危险的畜牧兽医工作人员外，临时参加上述工作的人员，根据实际接触情况，也能享受相应类别的津贴，并按实际接触天数折算发放。

调整畜牧兽医医疗卫生津贴，并在动物防疫法修改过程中予以明确和固定，体现了国家对农业和畜牧兽医事业单位从事有毒有害和传染危险工作职工的关心和重视。各地和有关部门要做好组织实施工作，严格执行政策，加强监督管理，确保此项工作落到实处。

第十一章　法律责任

法律责任，是指违反法律的规定而必须承担的法律后果。法律责任是由法律作出规定，由法律规定的机关依法追究。法律责任按违法行为的性质不同可以分为刑事法律责任、行政法律责任和民事法律责任三大类。具体采取哪一种法律责任形式，应当根据调整违法行为人所侵犯的法律关系的性质、特点以及侵害的程度等多种因素来确定。本章共二十三条，对违反本法规定的行为的法律责任作出了规定。

第八十七条　地方各级人民政府及其工作人员未依照本法规定履行职责的，对直接负责的主管人员和其他直接责任人员依法给予处分。

释义

本条是关于地方各级人民政府及其工作人员未依照本法规定履行职责的法律责任的规定。

本条对应的是原法第六十八条的规定，此次修法未作修改。

一、本条的适用对象是地方各级人民政府及其工作人员

地方各级人民政府是指省级、市级、县级和乡级人民政府，不包括国务院。动物防疫工作涉及面广，本法既规定了地方各级人民政府在动物防疫方面的职责，也规定了地方各级人民政府农业农村、卫生健康、林业草原、科技等所有涉及动物防疫有关职责的主管部门，以及各有关部门负有动物防疫职责的相关机构在动物防疫方面的职责，如动物卫生监督机构和动物疫病预防控制机构等。因此，凡是上述承担了本法规定的动物防疫相关职责的地方各级人民政府及其工作人员未依法履行本法规定的动物防疫职责的，都应当承担相应的法律责任。直接负责的主管人员是指具体分管动物防疫工作的单位领导人员，其他直接责任人员是指负责执行动物防疫相关工作的人员。

二、地方各级人民政府及其工作人员未依法履职的行为

主要是指地方各级人民政府及其工作人员，在履行本法规定的动物防疫相关职责时，存在的有法不依、执法不严、违法不究，滥用职权、玩忽职守、徇私舞弊等违法行为。

（一）对地方人民政府及其工作人员

1. 违反本法第八条的规定，县级以上人民政府对动物防疫工作领导不力、未采取有效措施稳定基层机构队伍、动物防疫队伍建设薄弱、动物防疫体系不健全、未制定和组织实施动物疫病防治规划的；乡级人民政府和城市街道办事处未组织群众、村民委员会和居民委员会未协助做好本管辖区域内动物疫病预防与控制工作的；

2. 违反本法第十三条第二款的规定，各级人民政府未对动物防疫法律法规和动物防疫知识进行宣传的；

3. 违反本法第十八条第二款的规定，乡级人民政府未组织本管辖区域内饲养动物的单位和个人做好强制免疫，以及未协助做好监督检查的；

4. 违反本法第十九条第二款的规定，县级以上人民政府在动物疫病监测网络建设方面不力的；违反本法第十九条第五款规定，地方各级人民政府接到动物疫情预警后，未及时采取预防、控制措施的；

5. 违反本法第二十条第一款的规定，陆路边境省、自治区人民政府在动物疫病防控工作中，未合理设置动物疫病监测站点，监测工作机制不健全的；违反本法第二十条第三款规定，县级以上地方人民政府未建立完善的野生动物疫源疫病监测体系和工作机制，监测站点布局不合理的；

6. 违反本法第二十一条第二款的规定，省、自治区、直辖市人民政府未制定并组织实施本行政区域无规定动物疫病区建设方案的；

7. 违反本法第二十二条第二款的规定，国务院农业农村主管部门发布动物疫病净化、消灭规划后，县级以上地方人民政府未制定本行政区域动物疫病净化、消灭计划，或者未组织实施的；

8. 违反本法第三十条第三款的规定，乡级人民政府未组织协调村民委员会做好本辖区内流浪犬、猫的控制和处置工作的；违反本法第三十条第四款规定，县级人民政府和乡级人民政府未做好农村地区饲养犬只的防疫管理工作的；

9. 违反本法第三十八条的规定，发生一类动物疫病时，不及时对疫区实行封锁；不立即组织有关部门和单位采取封锁、隔离、扑杀、销毁、消毒、无害化处理、紧急免疫接种等强制性措施的；

10. 违反本法第三十九条的规定，发生二类动物疫病时，不采取相应动物疫病控制措施的；

11. 违反本法第四十一条的规定，发生三类动物疫病时，当地县级、乡级人民政府不按照国务院农业农村主管部门的规定组织防治的；

12. 违反本法第四十五条第二款的规定，县级以上地方人民政府未制定本行政区域的重大动物疫情应急预案的；

13. 违反本法第五十八条的规定，在江河、湖泊、水库等水域发现的死亡畜禽，所在地县级人民政府未组织收集、处理并溯源的；在乡村发现的死亡畜禽，所在地乡级人民政府未组织收集、处理的；

14. 违反本法第七十九条的规定，县级以上人民政府未将动物防疫纳入本级国民经济和社会发展规划及年度计划的；

15. 违反本法第八十一条第一款的规定，县级人民政府未为动物卫生监督机构配备与动物、动物产品检疫工作相适应的官方兽医，未保障检疫工作条件的；

16. 违反本法第八十三条的规定，县级以上人民政府未按照本级政府职责，将动物疫病的监测、预防、控制、净化、消灭，动物、动物产品的检疫和病死动物的无害化处理，以及监督管理所需经费纳入本级财政预算的；

17. 违反本法第八十四条的规定，县级以上人民政府未储备动物疫情应急处置工作所需的防疫物资的；

18. 违反本法第八十五条的规定，对在动物疫病预防、控制、净化、消灭过程中强制扑杀的动物、销毁的动物产品和相关物品，县级以上地方人民政府未给予补偿的。

（二）对政府各部门及其工作人员

1. 不依法作出行政许可的。本法规定了开办动物饲养场和隔离场所、动物屠宰加工场所，以及动物和动物产品无害化处理场所的条件审查制度、经营动物、动物产品的集贸市场的条件审查制度、动物诊疗许可等有关动物防疫的行政许可的内容，有关单位和人员依法向行政机关提出申请后，受理申请的主管部门应当依照本法和《中华人民共和国行政许可法》的规定进行审查，经审查合格的发放有关许可，不合格的应当按照规定通知申请人并说明理由。

不依法作出行政许可的行为既包括应许可而不许可的行政不作为，如对符合法定条件的行政许可申请不予受理、对符合法定条件的申请人不予许可或者不在法定期限内作出准予许可决定；也包括不依法许可的行政乱作为，如对不符合法定条件的申请人准予行政许可或者超越法定职权作出准予行政许可决定等。

2. 发现违法行为或者接到对违法行为的举报不予查处或者不依法查处的。本法第七十四条规定，县级以上地方人民政府农业农村主管部门依照本法规定，对动物饲养、屠宰、经营、隔离、运输以及动物产品生产、经营、加工、贮藏、运输等活动中的动物防疫实施监督管理。农业农村主管部门以及其他有关部门在实施监督管理的过程中，发现违法行为或者接到举报的，应当秉公执法，依法进行查处，不属于本部门执法职责范围的，应当按程序移送给有管辖权的部门。不依法查处，或者不按规定移送的，都属于未依法履职的行为，应当依法受到责任追究。

3. 其他不依法履行职责的行为。地方各级人民政府及其农业农村、卫生健康、林业草原、科技等有关部门和下属机构在依照本法开展动物疫病的监测、预防、控制、净化、消灭，动物、动物产品的检疫和病死动物的无害化处理，以及动物防疫宣传教育、表彰奖励、补助抚恤等有关动物防疫的各项工作时，都应当忠于职守、勤勉尽责，依法依规，接受监督。

三、未依法履职行为的法律责任

地方各级人民政府及其工作人员未依照本法规定履行职责的，对直接负责的主管人员和其他直接责任人员依法给予处分。根据《中华人民共和国公务员法》的规定，处分包括：警告、记过、记大过、降级、撤职、开除。公务员法同时规定，公务员因违纪违法应当承担纪律责任的，依照本法给予处分或者由监察机关依法给予政务处分；违纪违法行为情节轻微，经批评教育后改正的，可以免予处分。对同一违纪违法行为，监察机关已经作出政务处分决定的，公务员所在机关不再给予处分。法律、法规授权的具有公共事务管理职能的事业单位中除工勤人员外的工作人员，经批准参照公务员法进行管理。根据《中华人民共和国公职人员政务处分法》的规定，政务处分也分为警告、记过、记大过、降级、撤职、开除六种。

第八十八条 县级以上人民政府农业农村主管部门及其工作人员违反本法规定，有下列行为之一的，由本级人民政府责令改正，通报批评；对直接负责的主管人员和其他直接责任人员依法给予处分：

（一）未及时采取预防、控制、扑灭等措施的；

（二）对不符合条件的颁发动物防疫条件合格证、动物诊疗许可证，或者对符合条件的拒不颁发动物防疫条件合格证、动物诊疗许可证的；

（三）从事与动物防疫有关的经营性活动，或者违法收取费用的；

（四）其他未依照本法规定履行职责的行为。

释义

本条是关于县级以上人民政府农业农村主管部门及其工作人员未依照本法规定履行职责的法律责任规定。

本条是对原动物防疫法第六十九条的修订，主要修改之处是增加“从事与动物防疫有关的经营性活动，或者违法收取费用的”这一违法的情形。

1. 本条的适用对象是县级以上人民政府农业农村主管部门及其工作人员。本条的规定与第八十七条的规定既有联系，又有区别：第一，第八十七条规定的是“地方”各级人民政府及其工作人员未依法履职的责任，不包括国务院及其工作人员。本条没有“地方”二字，即国务院农业农村主管部门及其工作人员未依法履职，符合本条规定的四种情形的，也要依照本条的规定追究责任。第二，本条在第八十七条规定的基础上，将农业农村主管部门及其工作人员不依法履职的情形进行了细化，明确了四种违法情形。地方人民政府农业农村主管部门及其工作人员未依法履职，符合本条规定的四种情形的，适用本条的规定。

2. 农业农村主管部门及其工作人员未依法履职的行为。

主要包括以下四种：

（1）未及时采取预防、控制、扑灭等措施的。预防、控制动物疫病和扑灭动物疫情，是农业农村主管部门及其工作人员在动物防疫方面最重要的职责之一。本法有多个条款对此作出了规定：①本法第十八条规定的组织实施动物疫病强制免疫计划并进行监督检查的职责。②本法第十九条规定的制订动物疫病监测计划、根据对动物疫病发生、流行趋势的预测，及时发出动物疫情预警的职责。③本法第三十一条规定的接到动物疫情报告后应当及时采取临时隔离控制等必要措施，防止延误防控时机，并及时按照国家规定的程序上报的职责。④本法第三十八条、第三十九条规定的发生一类、二类动物疫病时应当采取的划定疫点、疫区、受威胁区，调查疫源，及时报请本级人民政府对疫区实行封锁控制措施，以及采取隔离、扑杀、销毁、消毒、无害化处理、紧急免疫接种、限制易感染的动物和动物产品及有关物品出入等措施的职责。⑤本法第四十五条规定的制定重大动物疫情应急预案和实施方案的职责。⑥本法第四十六条、第四十七条规定的发生重大动物疫情时，划定动物疫病风险区，禁止或者限制特定动物、动物产品由高风险区向低风险区调运，以及依照法律和国务院的规定和应急预案采取应急处置措施的职责。此外，还有一些条款规定了其他的农业农村主管部门及其工作人员的预防、控制、扑灭的职责。

（2）对不符合条件的颁发动物防疫条件合格证、动物诊疗许可证，或者对符合条件的拒不颁发动物防疫条件合格证、动物诊疗许可证的。本法第二十五条规定了动物防疫条件审查制度。开办动物饲养场和隔离场所、动物屠宰加工场所以及动物和动物产品无害化处理场所，应当向县级以上地方人民政府农业农村主管部门提出申请，并附具相关材料。本法第六十二条规定，从事动物诊疗活动的机构，应当向县级以上地方人民政府农业农村主管部门申请动物诊疗许可证。本法第二十四条、第六十一条对相关场所应当符合的动物防疫条件、从事动物诊疗活动的机构应当具备的条件作了规定。上述两条同时规定，受理申请的农业农村主管部门应当依照本法和《中华人民共和国行政许可法》的规定进行审查。经审查合格的，发给动物防疫条件合格证或者动物诊疗许可证；不合格的，应当通知申请人并说明理由。根据上述规定和本条的规定，县级以上人民政府农业农村主管部门应当忠于职守、勤勉尽责、秉公处理，在规定的期限内尽快审核，对符合条件的及时发放有关合格证和许可证，对不合格的及时通知申请人并说明理由，不得对不符合法定条件的申请人发放有关合格证和许可证或者超越法定职权发放有关合格证和许可证，否则就属于玩忽职守、滥用职权、徇私舞弊的行为，应当承担相应的法律责任。

（3）从事与动物防疫有关的经营性活动，或者违法收取费用的。这一违法情形是此次修法新增加的内容。本法第七十七条第二款规定，县级以上人民政府农业农村主管部门及其工作人员不得从事与动物防疫有关的经营性活动，进行监督检查不得收取任何费用。《中华人民共和国公务员法》规定，公务员不得违反有关规定从事或者参与营利性活动。从事有关经营性活动，不仅会影响本职工作的质量和效率，还可能存在有失公允、权力寻租等腐败风险，是法律所不允许的。县级以上人民政府农业农村主管部门及其工作人员，包括农业农村主管部门下设的法律、法规授权的具有公共事务管理职能的事业单位中除工勤人员外的工作人员，均不得从事与动物防疫有关的经营性活动，否则将承担相应的法律责任。

（4）其他未依照本法规定履行职责的行为。此项属于兜底性条款。

3. 农业农村主管部门及其工作人员未依法履职的行为的法律责任。根据本条规定，县级以上人民政府农业农村主管部门及其工作人员违反本法规定，存在上述四种违法行为之一的，由本级人民政府责令改正，通报批评。违法的农业农村主管部门及其工作人员在接到责令改正的命令后，必须立即改正其违法行为。同时，还应当对直接负责的主管人员和其他直接责任人员依法给予处分。本条规定的处分包括警告、记过、记大过、降级、撤职、开除。责令改正是指行政主体依法要求行政相对人采取或者不采取一定行为的意思表示，常用于带有强制性的行政决定。

第八十九条 动物卫生监督机构及其工作人员违反本法规定，有下列行为之一的，由本级人民政府或者农业农村主管部门责令改正，通报批评；对直接负责的主管人员和其他直接责任人员依法给予处分：

（一）对未经检疫或者检疫不合格的动物、动物产品出具检疫证明、加施检疫标志，或者对检疫合格的动物、动物产品拒不出具检疫证明、加施检疫标志的；

（二）对附有检疫证明、检疫标志的动物、动物产品重复检疫的；

（三）从事与动物防疫有关的经营性活动，或者违法收取费用的；

（四）其他未依照本法规定履行职责的行为。

释义

本条是关于动物卫生监督机构及其工作人员未依法履行职责应承担的法律责任的规定。

本条是对原法第七十条的修改完善，主要修改了两处：一是将“兽医主管部门”修改为“农业农村主管部门”；

二是将第三项中的“或者在国务院财政部门、物价主管部门规定外加收费用、重复收费的”修改为“或者违法收取费用的”。

一、本条规定的违法行为

1. 对未经检疫或者检疫不合格的动物、动物产品出具检疫证明、加施检疫标志，或者对检疫合格的动物、动物产品拒不出具检疫证明、加施检疫标志的。本法第五章对动物、动物产品的检疫作出了具体规定。其中，第四十九条、第五十条、第五十四条对申报检疫、出具检疫证明、加施检疫标志，非食用性利用的野生动物、人工捕获的野生动物和输入到无规定动物疫病区的动物、动物产品的申报检疫作出了明确规定。动物卫生监督机构接到申报后，应当及时指派官方兽医实施检疫，检疫合格的，出具检疫证明、加施检疫标志。实施检疫的官方兽医应当在检疫证明、检疫标志上签字或者盖章，并对检疫结论负责。检疫是一种政府许可行为，具有极强的严肃性。对未经检疫或者检疫不合格的动物、动物产品出具检疫证明、加施检疫标志，属于渎职行为；对检疫合格的动物、动物产品拒不出具检疫证明、加施检疫标志的，属于失职行为。

2. 对附有检疫证明、检疫标志的动物、动物产品重复检疫的。依照本法第七十六条的规定，农业农村主管部门可以查验检疫证明、检疫标志，进行监督性抽查，发现依法应当检疫而未检疫的动物、动物产品，具备补检条件的，由动物卫生监督机构实施补检。对附有在有效期内的检疫证明、检疫标志的动物、动物产品，不得重复检疫。无规定动物疫病区的动物卫生监督机构对输入到无规定动物疫病区的动物、动物产品，按照本法第五十四条的规定实施检疫的，是一种例外情况，属于法定检疫，不属于重复检疫。

3. 从事与动物防疫有关的经营性活动，或者违法收取费用的。动物卫生监督机构是农业农村主管部门的重要组成部分，负责实施动物、动物产品检疫出证这一重要行政许可事项。动物卫生监督机构及其工作人员从事动物防疫有关的经营性活动不仅影响工作质量和工作效率，还容易产生“权力寻租”、有失公允等腐败现象。所以，动物卫生监督机构及其工作人员不得从事与动物防疫有关的经营性活动。动物卫生监督机构在对动物或者动物产品进行检疫时，不得收取任何费用。本次修改删去了动物、动物产品检疫收费的规定，并在第八十三条明确规定，将动物、动物产品的检疫所需经费纳入本级政府预算。本级人民政府应当保障动物卫生监督机构实施检疫所需经费。

4. 前三种违法行为以外的其他未依照本法规定履行职责的行为。此项属于兜底性条款。

二、动物卫生监督机构及其工作人员未依法履职的行为的法律责任

依照本条规定，动物卫生监督机构及其工作人员不依法履行职责，存在上述四种违法行为之一的，由本级人民政府或者农业农村主管部门以行政命令的方式责令其改正并通报批评，违法的动物卫生监督机构及其工作人员在接到责令改正的命令后，必须立即改正其违法行为。同时，还应根据动物卫生监督机构及其工作人员违法行为的性质、情节轻重、危害大小以及本人对违法行为认识的态度，对直接负责的主管人员和其他直接责任人员依法给予相应的处分。本条规定的处分包括警告、记过、记大过、降级、撤职、开除。

第九十条 动物疫病预防控制机构及其工作人员违反本法规定，有下列行为之一的，由本级人民政府或者农业农村主管部门责令改正，通报批评；对直接负责的主管人员和其他直接责任人员依法给予处分：

（一）未履行动物疫病监测、检测、评估职责或者伪造监测、检测、评估结果的；

（二）发生动物疫情时未及时进行诊断、调查的；

（三）接到染疫或者疑似染疫报告后，未及时按照国家规定采取措施、上报的；

（四）其他未依照本法规定履行职责的行为。

释义

本条是关于动物疫病预防控制机构及其工作人员未依法履行职责应承担的法律责任的规定。

本条是对原法第七十一条的修改完善，主要修改了三处：一是将“兽医主管部门”修改为“农业农村主管部门”；二是在第一项中增加“未履行动物疫病评估职责”“伪造评估结果”；三是增加了一项作为第三项，即“接到染疫或者疑似染疫报告后，未及时按照国家规定采取措施、上报的”，由原法规定的三项违法行为增加为四项。

一、本条规定的违法行为

1. 未履行动物疫病监测、检测、评估职责或者伪造监测、检测、评估结果的。本法第十二条对动物疫病预防控制机构承担动物疫病的监测、检测等技术工作的职责作出了原则规定。同时，第十九条和第二十二条还分别具体规定，动物疫病预防控制机构按照国务院农业农村主管部门的规定和动物疫病监测计划，对动物疫病的发生、流行等情况进行监测；按照动物疫病净化、消灭规划、计划，对动物疫病净化效果进行监测、评估。不履行动物疫病监测、检测、评估职责，就无法掌握本地的动物疫情发生、流行的实际情况，将会给疫病的预防、控制、净化、消灭工作造成很大困难。伪造监测、检测、评估结果，是指动物疫病预防控制机构未经监测、检测、评估，即编造监测、检测、评估结果或者虽经监测、检测、评估，但篡改监测、检测、评估结果的行为。

2. 发生动物疫情时未及时进行诊断、调查的。根据本法规定，动物疫病预防控制机构作为承担动物疫病诊断、流行病学调查的技术工作机构，应当按照规定，在发生动物疫情时，接受农业农村主管部门的指派，及时进行动物疫病诊断，承担动物疫情调查任务，为疫情的控制和扑灭工作提供必要的技术支持。发生动物疫情时未及时进行诊断、调查，就会贻误时机，影响动物疫情的控制和扑灭，致使疫情扩散、损失扩大。

3. 接到染疫或者疑似染疫报告后，未及时按照国家规定采取措施、上报的。根据本法第三十一条的规定，动物疫病预防控制机构接到染疫或者疑似染疫报告后，应及时采取临时隔离控制等措施，防止延误防控时机，并及时按照国家规定的程序上报。

4. 前三种违法行为以外的其他未依照本法规定履行职责的行为。

二、动物疫病预防控制机构及其工作人员未依法履职的行为的法律责任

按照本条规定，动物疫病预防控制机构及其工作人员实施了本法规定的上述四种违法行为之一的，由本级人民政府或者农业农村主管部门以行政命令的方式责令其改正并通报批评，违法的动物疫病预防控制机构及其工作人员在接到责令改正的命令后，必须立即改正其违法行为。对直接负责的主管人员和其他直接责任人员，应当根据其违法行为的性质、情节轻重、危害大小以及本人对违法行为的认识态度，依法给予相应的处分。本条规定的处分包括警告、记过、记大过、降级、撤职、开除。

第九十一条　地方各级人民政府、有关部门及其工作人员瞒报、谎报、迟报、漏报或者授意他人瞒报、谎报、迟报动物疫情，或者阻碍他人报告动物疫情的，由上级人民政府或者有关部门责令改正，通报批评；对直接负责的主管人员和其他直接责任人员依法给予处分。

释义

本条是关于地方政府、有关部门及其工作人员未依法履行动物疫情报告义务应承担的法律责任的规定。

本条沿用原法第七十二条的表述。

1. 本法第三十七条规定，任何单位和个人不得瞒报、谎报、迟报、漏报动物疫情，不得授意他人瞒报、谎报、迟报动物疫情，不得阻碍他人报告动物疫情。地方各级人民政府、有关部门及其工作人员违反上述规定的，将被依法追究责任。

2. 本条的适用对象是地方各级人民政府、各有关部门及其工作人员。地方各级人民政府是指省级、市级、县级和乡镇人民政府；各有关部门包括但不限于农业农村主管部门、动物卫生监督机构和动物疫病预防控制机构，以及科技、林业草原、卫生健康等部门和机构。直接负责的主管人员是指地方各级人民政府、各有关部门具体分管动物疫情报告的负责人，其他直接责任人员是指负责动物疫情报告的具体执行人员。

3. 地方政府、有关部门及其工作人员未依法履行动物疫情报告义务应承担的法律责任。按照本条规定，发现负有疫情报告义务的有关地方人民政府或者有关部门及其工作人员存在瞒报、谎报、迟报、漏报，或者授意他人瞒报、谎报、迟报动物疫情，或者阻碍他人报告动物疫情情形之一的，上级人民政府或者有关部门应当以行政命令的方式责令其改正并通报批评，违法的有关地方人民政府、有关部门及其工作人员在接到责令改正的命令后，必须立即改正其违法行为。对直接负责的主管人员和其他直接责任人员，还应根据其违法行为的性质、情节轻重、危害大小以及本人对违法行为的认识态度依法给予相应的处分。本条规定的处分包括警告、记过、记大过、降级、撤职、开除。

第九十二条 **违反本法规定，有下列行为之一的，由县级以上地方人民政府农业农村主管部门责令限期改正，可以处一千元以下罚款；逾期不改正**

的，处一千元以上五千元以下罚款，由县级以上地方人民政府农业农村主管部门委托动物诊疗机构、无害化处理场所等代为处理，所需费用由违法行为人承担：

（一）对饲养的动物未按照动物疫病强制免疫计划或者免疫技术规范实施免疫接种的；

（二）对饲养的种用、乳用动物未按照国务院农业农村主管部门的要求定期开展疫病检测，或者经检测不合格而未按照规定处理的；

（三）对饲养的犬只未按照规定定期进行狂犬病免疫接种的；

（四）动物、动物产品的运载工具在装载前和卸载后未按照规定及时清洗、消毒的。

释义

本条是关于违反强制免疫计划，种用、乳用动物检测，犬只免疫接种，运载工具清洗消毒应承担的法律责任的规定。

本条是对原法第七十三条的修改完善，修改内容较多，主要修改了六处：一是将原法的执法主体由“动物卫生监督机构”修改为“县级以上地方人民政府农业农村主管部门”；二是对处罚作出了修改，分为两档，第一档是责令期限改正，可以处1000元以下罚款，删去了原法中给予“警告”的处罚；第二档是针对违法行为人逾期不改正的，作为一种新的违法行为，由农业农村主管部门处1000元以上5000元以下罚款，并采取代履行的行政强制执行方式；三是将原法代为处理的单位由“动物卫生监督机构”修改为“由县级以上地方人民政府农业农村主管部门委托动物诊疗机构、无害化处理场所等”代为处理；四是在原法第一项违法行为中增加了未按照“免疫技术规范”免疫接种的；五是将原法第二项违法行为中种用、乳用动物“未经检测”修改为“未按照国务院农业农村主管部门的要求定期开展疫病检测”；六是增加一项违法行为，即“对饲养的犬只未按照规定定期进行狂犬病免疫接种的”，从而使违法行为由原法规定的三项增加为四项。

一、本条规定的违法行为

1. 对饲养的动物未按照动物疫病强制免疫计划或者免疫技术规范实施免疫接种的。本法第十六条、第十七条规定，国家对严重危害养殖业生产和人体健康的动物疫病实施强制免疫；省级农业农村主管部门制订强制免疫计划；饲养动物的单位和个人应当履行动物疫病强制免疫义务，按照强制免疫计划和技术规范实施免疫接种。对动物疫病实施强制免疫是预防动物疫病的重要措施，也是动物饲养者应履行的基本义务。

2. 对饲养的种用、乳用动物未按照国务院农业农村主管部门的要求定期开展疫病检测，或者经检测不合格而不按照规定处理的。本法第二十三条规定，饲养种用、乳用动物的单位和个人，应当按照国务院农业农村主管部门的要求，定期开展动物疫病检测；检测不合格的，应当按照国家有关规定处理。种用、乳用动物经济价值较高，与一般商品动物不同，饲养周期长，发生动物疫病的风险大，对其进行定期检测，是保证其健康，防止其染疫的重要措施，也是保证种用动物后代健康、乳用动物饲养者健康和消费者安全的重要措施。饲养者应当按照国务院农业农村主管部门的要求，定期检测；对检测不合格的，应当按规定予以处理。

3. 对饲养的犬只未按照规定定期进行狂犬病免疫接种的。为防止犬只传播疫病，本法第三十条规定，单位和个人饲养犬只，应当按照规定定期免疫接种狂犬病疫苗。犬与人类接触密切，对其接种狂犬病疫苗，是有效控制狂犬病发生的重要措施，饲养者应当主动定期为犬只接种，避免危害的发生。

4. 动物、动物产品的运载工具在装载前和卸载后未按照规定及时清洗、消毒的。这里讲的“运载工具”，应主要包括汽车、火车、飞机、船舶。运载工具在运输动物、动物产品的过程中需要与动物和动物产品频繁接触，可能成为动物疫病的传染源，不及时清洗、消毒就有可能造成动物疫病的传播。

二、按照本条规定，违法行为人有上述四种违法行为之一的，由县级以上地方人民政府农业农村主管部门依法作出以下处罚

1. 责令限期改正，可以处1000元以下罚款。农业农村主管部门在执行监督检查时，如发现当事人实施了本条规定的四种违法情形之一的，应当以行政命令的方式要求其停止违法行为并限期改正，违法行为人在接到限期改正的命令后，应当按照国家有关规定在规定的限期内进行免疫接种、检测、清洗、消毒等措施。在要求违法行为人限期改正其违法行为的同时，还可以对违法行为人给予1000元以下罚款，如果违法行为人改正及时，认错态度较好，也可以不予罚款。是否对违法行为人处以1000元以下罚款以及处以多少罚款，是本法赋予行政机关的自由裁量权，农业农村主管部门应当根据其违法行为的性质、情节轻重、危害大小以及对错误的认识态度决定。罚款是一种财产罚，是指行政处罚机关依法强制违法行为人当场或在一定期限内缴纳一定数额货币的处罚行为。

2. 逾期不改正的，处1000元以上5000元以下罚款。当事人实施了本条规定的四种违法行为之一的，在农业农村主管部门责令其限期改正后，违法行为人逾期仍不改正的，这种拒不履行限期改正行政命令的行为构成处罚加重情节，应当给予其1000元以上5000元以下的罚款。具体罚多少，由农业农村主管部门根据其违法行为的性质、情节轻重、危害大小等自由裁量。

3. 代履行。违法行为人逾期不改正的，由农业农村主管部门委托动物诊疗机构、无害化处理场所等代为处理，所需费用由违法行为人承担。

代为处理的动物诊疗机构或者无害化处理场所等必须依照本法和国家的有关规定进行处理。代为处理，即代履行，是当事人拒绝履行行政决定的义务时，行政机关决定由他人代替当事人履行义务，履行费用由当事人承担。代履行是与执行罚、直接强制执行并列的一种强制执行方式，核心是义务的替代履行。对当事人而言，是作为义务转化为金钱给付义务；对行政机关而言，通过代履行，实现了行政管理目的。区别代履行和直接强制，一是是否属于排除妨碍、恢复原状的情形，就是当事人应当履行的义务是由当事人实行的行为引起的，需要由当事人消除违法的后果；二是是否强迫当事人自己消除自己违法的后果，代履行消除了强迫当事人作出一定行为，体现了对当事人人格和自由的尊重；三是是否属于由当事人承担费用；四是如果代履行时当事人抵抗，则不能代履行；五是代履行的前提是行政决定的义务是可替代履行的，当事人履行和其他人履行的效果相同。对不能代履行的义务，只能直接强制，不能代履行。本条规定的四种违法行为的后果如不及时处理，可能造成动物疫病的流行，所以有必要作出代为处理的规定。

本条规定的“所需费用”，对强制免疫而言，是指当地执业兽医提供该批动物或犬只强制免疫服务的劳务和疫苗接种所需费用；对种用和乳用动物不按照国务院农业农村主管部门的要求定期开展检测或者经检测不合格未按规定处理的，是指动物疫病预防控制机构依法收取的试剂费和检测费或者接受农业农村主管部门委托的无害化处理场所进行无害化处理的费用；对运载工具拒不按规定清洗消毒的，是指当地提供该运载工具清洗消毒的劳务费和材料费等。

第九十三条　违反本法规定，对经强制免疫的动物未按照规定建立免疫档案，或者未按照规定加施畜禽标识的，依照《中华人民共和国畜牧法》的有关规定处罚。

释义

本条是关于违反建立免疫档案或者加施畜禽标识方面规定的法律责任的规定。

本条未对原法第七十四条作出修改，将原法中的“未按照国务院兽医主管部门规定”修改为“未按照规定”，处罚依据更宽泛。

1. 本法第十七条规定，饲养动物的单位和个人应当对实施强制免疫接种的动物，按照国家有关规定建立免疫档案，加施畜禽标识，保证可追溯。《中华人民共和国畜牧法》对养殖档案（已包含畜禽免疫信息等相关内容）和畜禽标识的管理作出了明确规定。《中华人民共和国畜牧法》第四十一条规定，畜禽养殖场应当建立养殖档案，其中免疫情况是养殖档案应载明的内容之一；第四十五条规定，畜禽养殖者应当按照国家关于畜禽标识管理的规定，在应当加施标识的畜禽的指定部位加施标识。本法规定的畜禽标识和畜牧法规定的畜禽标识是同一个标识，畜牧法已规定了相应的法律责任，为了保证法的协调一致，故本法作出了指向性规定。

2. 本条规定的违法行为包括两种：一是对经强制免疫的动物未按照规定建立免疫档案；二是未按照规定加施畜禽标识。

（1）对经强制免疫的动物未按照规定建立免疫档案的，依照畜牧法第六十六条的规定处罚。

《中华人民共和国畜牧法》第六十六条规定："违反本法第四十一条规定，畜禽养殖场未建立养殖档案的，或者未按照规定保存养殖档案的，由县级以上人民政府畜牧兽医主管部门责令限期改正，可以处一万元以下罚款。"

（2）未按照规定加施畜禽标识的，依照畜牧法第六十八条的规定处罚。

《中华人民共和国畜牧法》第六十八条规定，销售、收购国务院畜牧兽医行政主管部门规定应当加施标识而没有标识的畜禽的，或者重复使用畜禽标识的，由县级以上地方人民政府畜牧兽医行政主管部门或者工商行政管理部门责令改正，可以处2000元以下罚款。

第九十四条 **违反本法规定，动物、动物产品的运载工具、垫料、包装物、容器等不符合国务院农业农村主管部门规定的动物防疫要求的，由县级以上地方人民政府农业农村主管部门责令改正，可以处五千元以下罚款；情节严重的，处五千元以上五万元以下罚款。**

释义

本条是关于动物、动物产品的运载工具、垫料、包装物、容器等不符合防疫要求的法律责任的规定。

本条是新增条文，强化了对动物、动物产品的运载工具、垫料、包装物、容器等的防疫要求，规定了法律责任。原法第二十一条规定了对动物、动物产品的运载工具、垫料、包装物、容器等的动物防疫要求，但没有设定法律责任。

一、动物、动物产品的运载工具、垫料、包装物、容器等不符合防疫要求的违法行为

动物、动物产品的运载工具、垫料、包装物、容器等与动物、动物产品直接接触，如果这些物品被污染或者没

有达到防疫要求，极易引发或传播动物疫病，甚至对相关从业人员、消费者产生威胁或危害，做好对这类物品的防疫，是防范动物疫病，包括人畜共患传染病的重要措施。根据本法第二十七条第一款的规定，动物、动物产品的运载工具、垫料、包装物、容器等应当符合国务院农业农村主管部门规定的动物防疫要求，如消毒规范等，使用未达到动物防疫要求的相关物品，不论是否造成危害后果，都应承担本条规定的法律责任。

二、动物、动物产品的运载工具、垫料、包装物、容器等不符合防疫要求的法律责任

按照本条规定，违法行为人使用未达到国务院农业农村主管部门规定的动物防疫要求的运载工具、垫料、包装物、容器等的，应当及时责令改正，并可以视情节作出相应的行政处罚。

1. 责令改正。按照本条规定，县级以上地方人民政府农业农村主管部门发现有关当事人的动物、动物产品的运载工具、垫料、包装物、容器等没有达到国务院农业农村主管部门规定的动物防疫条件的，应当以行政命令的方式，责令其改正，违法行为人在接到责令改正的行政命令后，应当及时按照国务院农业农村主管部门的规定，对运载工具、垫料、包装物、容器等进行消毒等处理，使其达到要求的动物防疫条件。

2. 罚款。本条授予了农业农村主管部门行政处罚的自由裁量权，县级以上地方人民政府农业农村主管部门责令违法行为人改正的同时，可以根据其违法行为的性质、情节轻重、危害大小以及对错误的认识态度等因素，对一般违法情节，可以决定是否对违法行为人处5000元以下的罚款。但是，对情节严重的，则必须在5000元以上5万元以下的幅度内处以罚款。

第九十五条 违反本法规定，对染疫动物及其排泄物、染疫动物产品或者被染疫动物、动物产品污染的运载工具、垫料、包装物、容器等未按照规定处置的，由县级以上地方人民政府农业农村主管部门责令限期处理；逾期不处理的，由县级以上地方人民政府农业农村主管部门委托有关单位代为处理，所需费用由违法行为人承担，处五千元以上五万元以下罚款。

造成环境污染或者生态破坏的，依照环境保护有关法律法规进行处罚。

释义

本条是关于违规处理染疫动物、动物产品及其污染的有关物品的法律责任的规定。

本条是由原法第七十五条修改而来，与原法相比，提高了对违规处理染疫动物、动物产品及其污染的有关物品的罚款数额，并将“可以”处罚款修改为“应当”。同时，增加了代履行的相关规定。

一、违规处理染疫动物、动物产品及其污染的有关物品的行为

根据本法第二十七条第二款的规定，应当按照国务院农业农村主管部门规定处理的有：（1）染疫动物（含检疫不合格的动物）及其排泄物；（2）染疫动物产品（含检疫不合格的动物产品）；（3）运载工具、垫料、包装物、容器等被污染的物品。染疫动物、动物产品及其污染的有关物品，必须严格按照国家有关规定进行处置，如有的要进行消毒、有的要直接销毁，有的要扑杀后销毁或进行无害化处理等。有关当事人应当根据具体情况，按照国家有关规定做好或配合做好染疫动物、动物产品及其污染的有关物品的处理工作，不得随意处置。否则，极容易引发、传播疫病，威胁动物和人体健康安全，应当依法承担本条规定的法律责任。

二、违规处理染疫动物、动物产品及其污染的有关物品的法律责任

本法第二十七条第二款要求有关当事人按照国务院农业农村主管部门规定处置染疫动物、动物产品及其污染的有关物品，主要是避免疫病的传播。针对此类违法行为，首要的是及时消除疫病风险隐患，进而根据具体情况予以处理，具体如下：

1. 责令限期处理。本条所称的责令限期处理，即县级以上地方人民政府农业农村主管部门在执行监督检查时，如发现违法行为人有本条规定的违法行为时，应当以行政命令的方式要求违法行为人在规定的时限内按照规定自行处理，消除污染物传播动物疫病的风险。

2. 代履行。在规定的期限内，违法行为人仍未按规定进行处理的，由农业农村主管部门委托有关单位代为处理，所需费用由违法行为人承担。该条规定代履行，目的和作用是保证法律所规定的义务得以实际履行，如不及时处理，可能造成环境污染，传播动物疫病。

3. 罚款。对违法行为人在接到农业农村主管部门责令限期处理的命令后，逾期不处理的，本条除规定代履行外，还规定了应当“处五千元以上五万元以下罚款”。处罚的前提是违法行为人“逾期不处理”。违法行为人按农业农村主管部门要求的内容和期限及时处理的，则不应再处以罚款。

4. 其他责任。本条第二款对因未按规定处理染疫动物、动物产品及其污染的有关物品，造成环境污染或者生态破坏的处罚，作了衔接性规定。例如，环境保护法第四十九条第三款规定的“畜禽养殖场、养殖小区、定点屠宰企业等的选址、建设和管理应当符合有关法律法规规定。从事畜禽养殖和屠宰的单位和个人应当采取措施，对畜禽粪便、尸体和污水等废弃物进行科学处置，防止污染环境”，固体废物污染环境防治法第一百零七条规定的“从事畜禽规模养殖未及时收集、贮存、利用或者处置养殖过程中产生的畜禽粪污等固体废物的，由生态环境主管部门责令改正，可以处十万元以下的罚款；情节严重的，报经有批准权的人民政府批准，责令停业或者关闭”等，对动物、动物产品相关的污染物作出了禁止规定，明确了法律责任。

第九十六条　违反本法规定，患有人畜共患传染病的人员，直接从事动物疫病监测、检测、检验检疫，动物诊疗以及易感染动物的饲养、屠宰、经营、隔离、运输等活动的，由县级以上地方人民政府农业农村或者野生动物保护主管部门责令改正；拒不改正的，处一千元以上一万元以下罚款；情节严重的，处一万元以上五万元以下罚款。

释义

本条是关于患有人畜共患传染病的人员违规从事相关活动的法律责任的规定。

本条是新增条文，强化了对患有人畜共患传染病的人员从事相关活动的限制。原法第二十三条规定了患有人畜共患传染病的人员不得直接从事动物诊疗以及易感染动物的饲养、屠宰、经营、隔离、运输等活动，但没有设定法律责任。

一、患有人畜共患传染病的人员直接从事相关活动的违法行为

本条是违反本法第三十五条的规定，患有人畜共患传染病的人员违反规定从事相关活动的法律责任。为防止患有人畜共患传染病的人员将传染病传染给动物，造成交叉传染，导致疫病的传播，本法第三十五条规定，患有人畜共患传染病的人员禁止直接从事下列几类活动：（1）动物疫病监测、检测、检验检疫；（2）动物诊疗；（3）易感染动物的饲养、屠宰、加工、经营、隔离、运输等。禁止直接从事相关活动，主要是防止患有人畜共患传染病的人员直接接触或近距离接触动物，从根源上防止人畜共患传染病的传播。患有人畜共患传染病的人员违反上述规定，直接从事相关活动的，应当依法予以处罚。

需要说明的是，本条所称的“从事动物疫病监测、检测、检验检疫的人员”，是指受委托或协助开展动物疫病监测、检测、检验检疫的人员。动物疫病预防控制机构或动物卫生监督机构工作人员有违反本法行为的，分别按照本法第八十九条和第九十条的规定，给予相应的处分。

二、患有人畜共患传染病的人员直接从事相关活动的法律责任

发生人畜共患传染病时，一般要及时采取相应的预防、控制措施，县级以上地方人民政府农业农村或者野生动物保护主管部门发现患有人畜共患传染病的人员直接从事相关活动的，应当及时责令改正，对拒不改正的，依法给予行政处罚。

1. 责令改正。按照本条规定，县级以上地方人民政府农业农村或者野生动物保护主管部门发现患有人畜共患传染病的人员直接从事相关活动的，应当按照职责分工以行政命令的方式责令其改正，有关人员在接到责令改正的命令后，必须立即改正其违法行为，具体表现为，患病期间不得再继续直接从事相关活动，并采取适当的措施消除从事相关活动产生的影响。

2. 罚款。本条规定的罚款，是农业农村或者野生动物保护主管部门在作出责令改正的命令后，对拒不改正的违法行为人实施的行政处罚。也就是说，行政处罚的前提是违法行为人“拒不改正”。对一般违法情节，应当处 1000 元以上 1 万元以下罚款；对情节严重的，如造成疫病传播等严重后果的，应当处 1 万元以上 5 万元以下罚款。由作出行政命令的行政机关根据违法行为的性质、危害程度等在上述幅度内确定罚款数额。如果违法行为人在接到行政机关作出的行政命令后立即改正，则不再处罚款。

第九十七条 **违反本法第二十九条规定，屠宰、经营、运输动物或者生产、经营、加工、贮藏、运输动物产品的，由县级以上地方人民政府农业农村主管部门责令改正、采取补救措施，没收违法所得、**

动物和动物产品，并处同类检疫合格动物、动物产品货值金额十五倍以上三十倍以下罚款；同类检疫合格动物、动物产品货值金额不足一万元的，并处五万元以上十五万元以下罚款；其中依法应当检疫而未检疫的，依照本法第一百条的规定处罚。

前款规定的违法行为人及其法定代表人（负责人）、直接负责的主管人员和其他直接责任人员，自处罚决定作出之日起五年内不得从事相关活动；构成犯罪的，终身不得从事屠宰、经营、运输动物或者生产、经营、加工、贮藏、运输动物产品等相关活动。

释义

本条是关于屠宰、经营、运输动物或者生产、加工、贮藏、运输动物产品违反相关规定的法律责任的规定。

本条是由原法第七十六条修改而来，提高了罚款数额，并增加了违法行为人及其法定代表人（负责人）、直接负责的主管人员和其他直接责任人员的责任。

一、屠宰、经营、运输动物或者生产、加工、贮藏、运输动物产品违反相关规定的行为

本条是违反本法第二十九条规定的法律责任。本法第二十九条规定，禁止屠宰、生产、经营、加工、贮藏、运输下列有关的动物或动物产品：（1）封锁疫区内与所发生动物疫病有关的和疫区内易感染的；（2）依法应当检疫而未经检疫或者检疫不合格的；（3）染疫或者疑似染疫的以及病死或者死因不明的；（4）其他不符合国务院农业农村主管部门有关动物防疫规定的。上述几种类型的动物或动物产品存在较高的发生或传播疫病的风险，为降低动物疫病发生和扩散传播的风险，只要行为人实施了相关活动，就应当承担相应的法律责任。

二、屠宰、经营、运输动物或者生产、加工、贮藏、运输动物产品违反相关规定的法律责任

违反规定，屠宰、生产、经营、加工、贮藏、运输有关动物或动物产品的，由县级以上地方人民政府农业农村主管部门依法作出行政命令，并给予行政处罚。

1. 责令改正，采取补救措施。县级以上地方人民政府农业农村主管部门在执行监督检查时，如发现有关当事人屠宰、生产、加工、经营、贮藏、运输本法第二十九条规定的动物及动物产品的，应当以行政命令的方式要求违法行为人立即改正其违法行为，违法行为人应当立即改正其违法行为，并采取相应的补救措施，如对依法应当检疫而未检疫的实施补检措施，将正在销售的动物产品下架，追回已销售的动物和动物产品并采取无害化处理等措施，降低疫病传播风险。

2. 没收违法所得、动物和动物产品。根据本条规定，没收违法所得、动物和动物产品的处罚决定，由县级以上地方人民政府农业农村主管部门作出，处罚相对人是屠宰、生产、加工、经营、贮藏、运输有关动物、动物产品的单位或者个人，不论情节严重程度，只要有违法所得，均应予以没收，并没收本法禁止屠宰、生产、加工、经营、贮藏、运输的有关动物、动物产品。

3. 罚款。县级以上地方人民政府农业农村主管部门在责令违法行为人改正其违法行为，采取补救措施，没收违法所得和动物、动物产品的同时，还应当对违法行为人处以罚款。本条规定的罚款幅度为同类检疫合格动物、动物产品货值金额 15 倍以上 30 倍以下。货值金额原则上按照违法行为人的合同或者口头报价计算。如果报价明显过低或过高，以违法行为发现地当时的同类检疫合格动物、动物产品货值金额计算。农业农村主管部门应当根据违法行为人的违法情节、危害程度在本法规定的幅度内对违法行为人处以罚款。

关于本条法律责任的适用，还有两个问题需要说明：

一是，按照本条的规定，屠宰、生产、加工、经营、贮藏、运输的动物、动物产品，依法应当检疫而未检疫的，依照本法第一百条的规定处罚，即由县级以上地方人民政府农业农村主管部门责令改正，并对相关人员处以罚款。但是，应当注意的是，根据本法第七十六条的规定，对依法应当检疫而未经检疫的动物和动物产品，具备补检条件的实施补检，不具备补检条件的予以收缴销毁。按照上述规定，屠宰、生产、加工、经营、贮藏、运输的动物、动物产品依法应当检疫而未检疫的，应当按照国家有关规定适用补检制度，由农业农村主管部门指派动物卫生监督机构对其是否符合补检条件进行审查，同时根据本法第一百条的规定进行处罚。

二是，本法第五十条规定，人工捕获的野生动物，应当按照国家有关规定报捕获地动物卫生监督机构检疫，检疫合格的，方可饲养、经营、运输。第二十九条规定，禁止经营、运输依法应当检疫而未检疫或者检疫不合格的动物。本条规定的法律责任同样适用于野生动物的经营、运输等活动。

三、违法行为人及其法定代表人（负责人）、直接负责的主管人员和其他直接责任人员的责任

屠宰、生产、加工、经营、贮藏、运输本法第二十九条规定的有关动物、动物产品等违法行为严重威胁养殖业健康发展、人民身体健康和公共卫生安全，为加大对此类行为的打击力度，这次修改中专门增加了前款规定的违法行为人及其法定代表人（负责人）、直接负责的主管人员和其他直接责任人员行业限制、禁入的法律责任，规定自处罚决定作出之日起五年内不得从事相关活动。此外，生产、销售不符合食品安全标准的食品，足以造成严重食物中毒事故或者其他严重食源性疾病等的，还可能构成刑事犯罪。对因本条规定的违法行为构成犯罪的，终身不得从事屠宰、经营、运输动物或者生产、经营、加工、贮藏、运输动物产品等相关活动。该规定适用于第一款规定的违反本法第二十九条规定的各种违法行为。

第九十八条 违反本法规定，有下列行为之一的，由县级以上地方人民政府农业农村主管部门责令改正，处三千元以上三万元以下罚款；情节严重的，责令停业整顿，并处三万元以上十万元以下罚款：

（一）开办动物饲养场和隔离场所、动物屠宰加工场所以及动物和动物产品无害化处理场所，未取得动物防疫条件合格证的；

（二）经营动物、动物产品的集贸市场不具备国务院农业农村主管部门规定的防疫条件的；

（三）未经备案从事动物运输的；

（四）未按照规定保存行程路线和托运人提供的动物名称、检疫证明编号、数量等信息的；

（五）未经检疫合格，向无规定动物疫病区输入动物、动物产品的；

（六）跨省、自治区、直辖市引进种用、乳用动物到达输入地后未按照规定进行隔离观察的；

（七）未按照规定处理或者随意弃置病死动物、

病害动物产品的。

释义

本条是关于违反本法第二十五条、第二十六条、第五十二条、第五十四条、第五十五条、第五十七条规定的法律责任的规定。

本条是由原法第七十七条修改而来，与原法相比，提高了对违法行为的罚款数额，并增加了集贸市场不具备国务院农业农村主管部门规定的防疫条件，未经备案从事动物运输、未按照规定保存行程路线和托运人提供的动物名称、检疫证明编号、数量等信息，跨省、自治区、直辖市引进种用、乳用动物到达输入地后未按照规定进行隔离观察，未按照规定处理或者随意弃置病死动物、病害动物产品等违法行为的法律责任。

一、本条规定的违法行为

本条规定了违反动物防疫条件审查、调运、无害化处理等方面制度要求的法律责任，其具体违法行为有以下七种情形：

1. 开办动物饲养场和隔离场所、动物屠宰加工场所以及动物和动物产品无害化处理场所，未取得动物防疫条件合格证。按照本法第二十五条第二款的规定，开办动物饲养场和隔离场所、动物屠宰加工场所以及动物和动物产品无害化处理场所，应当向县级以上地方人民政府农业农村主管部门提出申请，经审查合格的，发给动物防疫条件合格证。未取得动物防疫条件合格证即开业的，属违法行为，按此条规定承担法律责任。此外，根据《动物防疫条件审查办法》第三十一条、第三十六条的规定，变更场址或者经营范围的，应当重新申请办理动物防疫条件合格证，同时交回原动物防疫条件合格证，由原发证机关予以注销，变更场所地址或者经营范围，未按规定重新申请动物防疫条件合格证的，按照《中华人民共和国动物防疫法》第七十七条规定予以处罚。也就是说，变更场址或者经营范围的，原动物防疫条件合格证按规定应予以注销，并需要重新申请办理动物防疫条件合格证，未按规定重新申请的法律效果等同于未取得动物防疫条件合格证，同样适用本条的规定进行处罚。本条的适用对象是动物饲养场、动物隔离场所、动物屠宰加工场所、动物和动物产品无害化处理场所的违法开办者。

2. 经营动物、动物产品的集贸市场不具备国务院农业农村主管部门规定的防疫条件。按照本法第二十六条第一款的规定，经营动物、动物产品的集贸市场应当具备国务院农业农村主管部门规定的动物防疫条件，并接受农业农村主管部门的监督检查。虽然法律没有要求经营动物、动物产品的集贸市场申请动物防疫条件合格证，但明确了开业应当具备一定的条件。《动物防疫条件审查办法》对专门经营和兼营动物、动物产品的集贸市场提出了具体的防疫条件要求。对不符合开业条件的集贸市场，应当依法予以处罚，适用对象是动物、动物产品集贸市场的经营者。

3. 未经备案从事动物运输。按照本法第五十二条第三款的规定，从事动物运输的单位、个人以及车辆，应当向所在地县级人民政府农业农村主管部门备案。建立健全动物运输车辆监管制度，对防控动物疫病、落实从养殖到餐桌全程监管具有重要作用。未经备案从事动物运输，存在传播动物疫病的风险和监管盲区，应当依照本条规定予以处罚，适用的对象是未经备案从事动物运输的行为人，包括单位和个人。

4. 未按照规定保存行程路线和托运人提供的动物名称、检疫证明编号、数量等信息。根据本法第五十二条第三款的规定，从事动物运输的单位、个人以及车辆，在向所在地县级人民政府农业农村主管部门备案的同时，还应当妥善保存行程路线和托运人提供的动物名称、检疫证明编号、数量等信息。未按照规定保存相关信息的，应当依照本条规定予以处罚，适用的对象是未按照规定保存相关信息的行为人，包括单位和个人。

5. 未经检疫合格，向无规定动物疫病区输入动物、动物产品。按照本法第五十四条的规定，输入到无规定动物疫病区的动物、动物产品，货主应当按照国务院农业农村主管部门的规定向无规定动物疫病区所在地动物卫生监督机构申报检疫，经检疫合格的，方可进入。按国际通行做法，为了维持无规定动物疫病区无疫状态，防止动物疫病随动物、动物产品的流通而从其他地区引入，对从其他地区引入的动物、动物产品都采取适当的控制措施。本条的适用对象是输入动物、动物产品的货主。

6. 跨省、自治区、直辖市引进种用、乳用动物到达输入地后未按照规定进行隔离观察。按照本法第五十五条的规定，跨省、自治区、直辖市引进的乳用、种用动物到达输入地后，货主应当按照国务院农业农村主管部门的规定对引进的种用、乳用动物进行隔离观察。一些动物疫病具有一定时间的潜伏期，尤其是种用、乳用动物，如果不按规定进行隔离观察直接混群，具有较高的疫病传播风险。本条适用的对象是引进乳用动物、种用动物的货主。

7. 未按照规定处理或者随意弃置病死动物、病害动物产品。可以分为“未按规定自行处理或委托处理”“未按规定配合做好处理”“随意弃置”，实质是未按规定处理病死动物、病害动物产品。(1) 根据本法第五十七条第一款的规定，从事动物饲养、屠宰、经营、隔离以及动物产品生产、经营、加工、贮藏等活动的单位和个人，应当按照国家有关规定做好病死动物、病害动物产品的无害化处理，或者委托动物和动物产品无害化处理场所进行处理。对经检测不合格或检疫不合格应当自行进行无害化处理的动物、动物产品，不按照规定自行处理或者委托专门场所进行无害化处理，会带来较高的疫病传播风险，应当依法予以处罚，适用对象是具有无害化处理义务的责任主体。（2）根据本法第五十七条第二款的规定，从事动物、动物产品运输的单位和个人，应当配合做好病死动物和病害动物产品的无害化处理。违反本条款规定，如在发生动物疫病时，不配合做好动物、动物产品的无害化处理；或者不配合在执法检查中对染疫动物、动物产品进行无害化处理等，应当予以处罚，适用的对象是具有配合做好无害化处理义务的责任主体。（3）根据本法第五十七条第三款的规定，任何单位和个人不得买卖、加工、随意弃置病死动物和病害动物产品。买卖、加工病死动物和病害动物产品在其他条款中已作规定，此处专门对随意弃置病死动物和病害动物产品的行为规定了相应处罚。按照规定，任何单位和个人都应当按照国家规定对病死动物和病害动物产品进行无害化处理，随意弃置的行为存在引发动物疫病的风险，应当予以处罚，适用对象是随意弃置病死动物和病害动物产品的违法行为人。

二、本条规定的法律责任

1. 责令改正，处3000元以上3万元以下罚款。按照本条规定，对一般违法行为，县级以上地方人民政府农业农村主管部门应当以行政命令的方式责令违法行为人改正其违法行为。有关人员在接到责令改正的命令后，必须立即或者在规定的时限内按要求改正其违法行为。为有效打击不法行为，发挥警示作用，行政机关在作出行政命令的同时，还应当作出3000元以上3万元以下罚款处罚。因为“责令改正”属于行政命令，此处的“处”罚款，即“应当处”罚款，由行政机关根据其违法行为的性质、情节、危害大小以及对错误的认识态度等因素，在3000元以上3万元以下的幅度内予以处罚。

2. 责令停业整顿，并处3万元以上10万元以下罚款。按照本条规定，对情节严重的，责令停业整顿，并处罚款。本条所称的情节严重，一般是指从事相关活动期间，存在本条规定的违法情形，引发动物疫病或造成动物疫病传播扩散，或者影响动物疫情溯源、防控，或者多次从事上述违法活动等，均可视为情节严重。

第九十九条 **动物饲养场和隔离场所、动物屠宰加工场所以及动物和动物产品无害化处理场所，生产经营条件发生变化，不再符合本法第二十四条规定的动物防疫条件继续从事相关活动的，由县级以上地方人民政府农业农村主管部门给予警告，责令限期改正；逾期仍达不到规定条件的，吊销动物防疫条件合格证，并通报市场监督管理部门依法处理。**

释义

本条是关于有关场所生产经营条件不再符合规定条件的法律责任的规定。

本条是新增条文，强化了对动物饲养场和隔离场所、动物屠宰加工场所以及动物和动物产品无害化处理场所的事中事后监管。

一、有关场所不再符合规定条件继续从事相关活动的违法行为

本法第二十四条规定了动物饲养场和隔离场所、动物屠宰加工场所以及动物和动物产品无害化处理场所，应当符合的具体动物防疫条件，《动物防疫条件审查办法》作了细化规定。本法第二十五条规定，县级以上地方人民政府农业农村主管部门根据有关当事人提出的申请和附具的相关材料进行审查。这些规定，对有关场所的动物防疫条件提出了明确要求，也是进行行政许可的重要审查依据。如果有关场所的防疫条件发生变化，不再符合法律明确规定的场所位置、封闭隔离、设施设备、技术人员、管理制度、专用设备或车辆等要求，则不再具备继续从事相关活动的法律确定的基本条件。不再具备法律规定的条件，继续从事相关活动的，应当依法予以处罚。

二、有关场所不再符合规定条件继续从事相关活动的法律责任

本条规定的法律责任，兼有行政命令和多种行政处罚方式。

1. 警告。警告系行政处罚法设定的行政处罚种类之一，属于申戒罚。申戒罚是指行政处罚主体向违反行政法律规范的行政相对人提出警告或者谴责，申明其行为的违法性，教育行为人避免以后再犯的一种处罚形式。其特点在于对违法行为人实施精神上或者名誉、信誉方面的惩戒。

2. 责令限期改正。对本条规定的违法行为，在作出警告的行政处罚决定的同时，县级以上地方人民政府农业农村主管部门还应当以行政命令的方式责令违法行为人限期改正不法行为，有关人员在接到责令改正的命令后，必须在规定的时限内按要求改正。限期改正违法行为是行政处罚法和本法的明确要求，目的是不仅要依法处罚违法行为人，还要纠正违法行为人的违法行为，维护正常的社会管理秩序、经济秩序，防止动物疫病发生、传播。

3. 吊销动物防疫条件合格证。依法吊销行政许可证件属于行政处罚。按照本条规定，违法行为人在接到县级以上地方人民政府农业农村主管部门责令限期改正的行政命令后，逾期仍达不到规定条件的，由县级以上地方人民政府农业农村主管部门吊销动物防疫条件合格证。本条规定的吊销动物防疫条件合格证的前提条件是“逾期仍达不到规定条件”，包括逾期不改正或者改正未达到规定条件。对吊销动物防疫条件合格证的，还应当通报同级市场监督管理部门，从市场管理的领域，依法作出取缔等处理措施。

第一百条 违反本法规定，屠宰、经营、运输的动物未附有检疫证明，经营和运输的动物产品未附有检疫证明、检疫标志的，由县级以上地方人民政府农业农村主管部门责令改正，处同类检疫合格动物、动物产品货值金额一倍以下罚款；对货主以外的承运人处运输费用三倍以上五倍以下罚款，情节严重的，处五倍以上十倍以下罚款。

违反本法规定，用于科研、展示、演出和比赛等非食用性利用的动物未附有检疫证明的，由县级以上地方人民政府农业农村主管部门责令改正，处三千元以上一万元以下罚款。

释义

本条是关于违法行为人未附有检疫证明从事相关活动的法律责任的规定。

本条是由原法第七十八条修改而来，与原法相比，提高了罚款的数额，并增加了对非食用性利用的动物未附有检疫证明的法律责任。

一、未附有检疫证明从事相关活动的违法行为

本条第一款是违反本法第五十一条和第五十二条第一款的法律责任，第二款是违反本法第五十条的法律责任。本法第五十一条规定，屠宰、经营、运输的动物，以及用于科研、展示、演出和比赛等非食用性利用的动物，应当附有检疫证明；经营和运输的动物产品，应当附有检疫证明、检疫标志。第五十二条第一款规定，经航空、铁路、道路、水路运输动物和动物产品的，托运人托运时应当提供检疫证明；没有检疫证明的，承运人不得承运。第五十条规定，因科研、药用、展示等特殊情形需要非食用性利用的野生动物，应当按照国家有关规定报动物卫生监督机构检疫，检疫合格的，方可利用。此外，根据本法第九十七条的规定，应当检疫而未检疫的，依照本条规定进行处罚。但是，本条规定的违法行为对负有检疫申报义务的货主来说，仅指“检疫合格但未附有检疫证明”的情形；对不负有检疫申报义务的承运人等主体，则指未凭动物检疫证明运输的情形。

二、未附有检疫证明从事相关活动的法律责任

1. 责令改正。“责令”是典型的行政命令行为，根据本条规定的违法行为的特点，是指责令违法者在确定的期限内，及时履行职责或停止违法行为。结合具体的违法情形，需要分情况处理：（1）应当检疫而未检疫的，按照本法第七十六条的规定，对依法应当检疫而未经检疫的动物和动物产品，具备补检条件的实施补检，不具备补检条件的予以收缴销毁。也就是说，责令行为人改正的内容包括：改正违法行为、配合做好补检工作或配合主管部门予以上缴。（2）经检疫合格未附有检疫证明、检疫标志的，责令行为人改正的内容即应当及时按规定附上检疫证明或检疫标志。

2. 罚款。根据本条规定，屠宰、经营、运输的动物未附有检疫证明，经营和运输的动物产品未附有检疫证明、检疫标志的，由县级以上地方人民政府农业农村主管部门责令改正的同时，还应当作出罚款处罚。违法行为不同，相应的处罚数额也不相同，具体如下：(1) 对第一款的违法行为，对货主处同类检疫合格动物、动物产品货值金额一倍以下罚款。关于货值金额，原则上按照违法行为人的合同或者口头报价计算。如果报价明显过低或过高的，以违法行为发现地当时的同类检疫合格动物、动物产品货值金额计算。(2) 对第一款的违法行为，对货主以外的承运人处运输费用三倍以上五倍以下罚款，情节严重的，处五倍以上十倍以下罚款。货主以外的承运人，是指动物、动物产品运输服务的提供者，包括公路、铁路、水路和航空承运者。关于运输费用，原则上以承运人提供的运输合同或者口头报价计算。如果报价明显过低或者不好认定的，以国家交通部门和物价部门制定的运费计算。(3) 对第二款的违法行为，处3000元以上1万元以下罚款。由县级以上地方人民政府农业农村主管部门根据违法行为人的违法行为性质、危害大小、认罪态度等，在规定的幅度内作出罚款的具体数额。

第一百零一条 **违反本法规定，将禁止或者限制调运的特定动物、动物产品由动物疫病高风险区调入低风险区的，由县级以上地方人民政府农业农**

村主管部门没收运输费用、违法运输的动物和动物产品，并处运输费用一倍以上五倍以下罚款。

释义

本条是关于将禁止或者限制调运的特定动物、动物产品由动物疫病高风险区调入低风险区的法律责任的规定。

本条是新增条文，针对的是违反本法第四十六条的规定，将禁止或者限制调运的特定动物、动物产品由动物疫病高风险区调入低风险区的行为。

一、将禁止或者限制特定动物、动物产品由高风险区向低风险区调运的违法行为

本法第四十六条规定，发生重大动物疫情时，国务院农业农村主管部门负责划定动物疫病风险区，禁止或者限制特定动物、动物产品由高风险区向低风险区调运。发生动物疫情后，如果某些特定的动物和动物产品从高风险区被调运至低风险区，就很有可能造成低风险区甚至沿途地区动物疫情的暴发或者扩散，造成不可挽回的损失。

二、将禁止或者限制特定动物、动物产品由高风险区向低风险区调运的的法律责任

按照本条规定，如果当事人违反本法规定，将禁止或者限制调运的特定动物、动物产品由动物疫病高风险区调入低风险区，那么就要承担相应的法律责任。作出处罚的主体是县级以上地方人民政府农业农村主管部门，采取的处罚措施主要是：

1. 没收运输费用。这里的运输费用，是作出运输行为的当事人因将禁止或者限制特定动物、动物产品从高风险区调运至低风险区所收取的费用。

2. 没收违法运输的动物和动物产品。这里的动物、动物产品，是禁止或者限制调运的动物、动物产品。

3. 对当事人处以运输费用一倍以上五倍以下罚款。需要注意的是，这里的罚款，是在没收运输费用、没收违法运输的动物、动物产品的同时作出的处罚，即与前两个处罚并处。

如果货主自行运输的，则不存在运输费用，仅需对其作出没收动物、动物产品的处罚。

第一百零二条 **违反本法规定，通过道路跨省、自治区、直辖市运输动物，未经省、自治区、直辖市人民政府设立的指定通道入省境或者过省境的，由县级以上地方人民政府农业农村主管部门对运输人处五千元以上一万元以下罚款；情节严重的，处一万元以上五万元以下罚款。**

释义

本条是关于通过道路跨省、自治区、直辖市运输动物，但未经省、自治区、直辖市人民政府设立的指定通道入省境或者过省境的法律责任的规定。

本条是新增条文，针对的是违反本法第五十三条的规定，通过道路跨省、自治区、直辖市运输动物，但是未经省、自治区、直辖市人民政府设立的指定通道入省境或者过省境的行为。

一、通过道路跨省、自治区、直辖市运输动物，未经省、自治区、直辖市人民政府设立的指定通道入省境或者过省境的违法行为

根据本法第五十三条的规定，省、自治区、直辖市人民政府确定并公布道路运输的动物进入本行政区域的指定通道，设置引导标志。跨省、自治区、直辖市通过道路运输动物的，应当经省、自治区、直辖市人民政府设立的指定通道入省境或者过省境。这里需要注意的有两点：一是，这里的运输限定在道路运输方式；二是，这里的行政区域限定在省、自治区、直辖市。

二、通过道路跨省、自治区、直辖市运输动物，未经省、自治区、直辖市人民政府设立的指定通道入省境或者过省境的法律责任

动物的跨省运输，涉及的环节多、造成动物疫病扩散的风险大，因此，除针对动物的检疫证明外，还需要对运输车辆、运输途中进行监管，例如，要求运输车辆配备车辆定位跟踪系统，并在一定时间内保存相关信息记录；要求运输车辆按照指定路线行驶，不得随意变更路线；运输途中不得无故停留，不得装卸、装载或抛弃病、死、残动物；主动接受省际间动物卫生监督检查站的监督检查等。2019 年 9 月，为进一步加强非洲猪瘟防控，全面提升动物疫病防控能力，国务院办公厅发布了关于加强非洲猪瘟防控工作的意见，在加强生猪及生猪产品调运管理部分要求由农业农村部、交通运输部、公安部等负责加强运输过程监管，建立生猪指定通道运输制度，生猪调运必须经指定通道运输；重点养殖区域周边、省际间以及指定通道道口，结合公路检查站等设施，科学设立临时性动物卫生监督检查站，配齐相关检测仪器设施设备。严格生猪及生猪产品调运环节查验，重点查验产地检疫证明、运输车辆备案情况、生猪健康状况等，降低疫病扩散风险。

如果通过道路跨省、自治区、直辖市运输动物，未经省、自治区、直辖市人民政府设立的指定通道入省境或者过省境，就可能会对动物检疫造成影响，如出现染疫动物跨区域运输又无法准确知悉运输线路，进而导致动物疫情的发生和扩散。根据本条的规定，对于通过道路跨省、自治区、直辖市运输动物，但是却没有经过省、自治区、直辖市人民政府设立的指定通道入省境或者过省境的行为，作出责任追究的主体是县级以上地方人民政府农业农村主管部门；处罚的主要形式是罚款，即对运输人处以 5000 元以上 1 万元以下罚款；如果情节严重，将被处以 1 万元以上 5 万元以下罚款。

需要说明的是，本条所称的运输人，包括自行运输动物的货主和货主以外的承运人。

第一百零三条 违反本法规定，转让、伪造或者变造检疫证明、检疫标志或者畜禽标识的，由县级以上地方人民政府农业农村主管部门没收违法所得和检疫证明、检疫标志、畜禽标识，并处五千元以上五万元以下罚款。

持有、使用伪造或者变造的检疫证明、检疫标志或者畜禽标识的，由县级以上人民政府农业农村主管部门没收检疫证明、检疫标志、畜禽标识和对应的动物、动物产品，并处三千元以上三万元以下罚款。

释义

本条是关于转让、伪造或者变造检疫证明、检疫标志或者畜禽标识的行为，以及持有、使用伪造或者变造的检疫证明、检疫标志或者畜禽标识的行为的法律责任的规定。

本条是由原法第七十九条修改而来，与原法相比，有以下几个变化：一是将第一款中的执法部门由动物卫生监督机构修改为县级以上地方人民政府农业农村主管部门；二是罚款的额度由3000 元以上3 万元以下提高到5000 元以上5 万元以下；三是增加了第二款的内容，即增加持有、使用伪造或者变造的检疫证明、检疫标志或者畜禽标识的行为的法律责任。

一、转让、伪造或者变造检疫证明、检疫标志或者畜禽标识的违法行为

1. 转让检疫证明、检疫标志或者畜禽标识的行为。这是指违法行为人将自己合法获得的检疫证明、检疫标志或者畜禽标识，有偿或无偿转让给他人，使他人达到逃避检疫的目的，自己可能获益也可能不获益。之所以作出处罚，是因为这类违法行为扰乱了检疫的正常秩序。

2. 伪造检疫证明、检疫标志或者畜禽标识。这是指无权制作、出具检疫证明、检疫标志或者畜禽标识的单位和个人，仿制检疫证明、检疫标志或者畜禽标识的式样，以假充真的行为。

3. 变造检疫证明、检疫标志或者畜禽标识。这是指违法行为人更改检疫证明、检疫标志或者畜禽标识的内容，如改变畜禽产品的品种名称、签发日期等。

二、转让、伪造或者变造检疫证明、检疫标志或者畜禽标识的行为的法律责任

1. 适用对象是检疫证明、检疫标志、畜禽标识的转让者、伪造者和变造者，不包括受让者；但是，使用转让的检疫证明的行为则属于为依法应当检疫而未经检疫的情形。本法第七十八条第一款规定，禁止转让、伪造或者变造检疫证明、检疫标志或者畜禽标识。

2. 实施责任追究的主体是县级以上地方人民政府农业农村主管部门。

3. 承担的法律责任类型：（1）没收违法所得。对于转让检疫证明、检疫标志或者畜禽标识的，违法所得是指因转让行为所获得的利益，包括成本和利润，即售价；对于伪造、变造检疫证明、检疫标志或者畜禽标识的，违法所得是指伪造、变造后再转让获得的利益，包括本金和利润，即售价。（2）没收非法检疫证明、检疫标志、畜禽标识。通过不合法途径获得的检疫证明、检疫标志或者畜禽标识，伪造和变造的检疫证明、检疫标志或者畜禽标识，都没有法律效力，应当予以没收。（3）罚款。违法行为人在承担前两项法律责任的同时，还要面临5000元以上5万元以下的罚款。

三、持有、使用伪造或者变造的检疫证明、检疫标志或者畜禽标识的违法行为

1. 持有伪造或者变造的检疫证明、检疫标志或者畜禽标识。持有，可能尚未用于动物或动物产品，但是由于检疫证明、检疫标志或者畜禽标识本身就是伪造或者变造的，持有的行为也应当被认定为违法。

2. 使用伪造或者变造的检疫证明、检疫标志或者畜禽标识。

四、持有、使用伪造或者变造的检疫证明、检疫标志或者畜禽标识的行为的法律责任

1. 第二款的适用对象是持有、使用伪造或者变造的检疫证明、检疫标志或者畜禽标识的行为人。本法第七十八条第二款规定，禁止持有、使用伪造或者变造的检疫证明、检疫标志或者畜禽标识。

2. 实施责任追究的主体是县级以上人民政府农业农村主管部门。

3. 承担的法律责任包括：（1）没收检疫证明、检疫标志、畜禽标识。伪造或者变造的检疫证明、检疫标志、畜禽标识，是非法的，应当被没收。（2）没收对应的动物、动物产品。该内容为新增加罚则。违法行为人持有、使用伪造或者变造的检疫证明、检疫标志、畜禽标识，意味着动物、动物产品没有经过检疫或者检疫不合格而冒充检疫合格，应当一并没收。（3）罚款。违法行为人除前述两项法律责任外，还将面临3000元以上3万元以下的罚款。

五、适用本条应当注意的问题

1. 县级以上地方人民政府农业农村主管部门虽往往通过对伪造或者变造的检疫证明、检疫标志或者畜禽标识的受让者（持有和使用人）的监督，发现转让和伪造或者变造的检疫证明、检疫标志或者畜禽标识，但需要注意的是，出让者和受让者都是违法行为人。因此，除依法对受让者实施行政处罚外，还要通过各种途径追究出让者和伪造者、变造者的法律责任。

2. 既伪造又转让检疫等证明的，应当按照本条第一款的规定从重处罚，而不是作为两项违法行为进行处罚。

3. 转让、伪造或者变造检疫证明、检疫标志或者畜禽标识，情节严重的，如果构成犯罪，还应当依法追究刑事责任。

4. 检疫证明、检疫标志或者畜禽标识，通常随货同行，如果检疫证明标注的内容与动物或动物产品一致，仅是实际货主与检疫证明、检疫标志或者畜禽标识上标注的货主名称不同，一般不按转让检疫证明、检疫标志或者畜禽标识处罚。

第一百零四条　违反本法规定，有下列行为之一的，由县级以上地方人民政府农业农村主管部门责令改正，处三千元以上三万元以下罚款：

（一）擅自发布动物疫情的；

（二）不遵守县级以上人民政府及其农业农村主管部门依法作出的有关控制动物疫病规定的；

（三）藏匿、转移、盗掘已被依法隔离、封存、处理的动物和动物产品的。

释义

本条是关于擅自发布动物疫情、不遵守有关控制动物疫病规定、破坏动物和动物产品有关处理措施的违法行为的法律责任的规定。

本条是由原法第八十条修改而来的，与原法相比，有以下几个变化：一是将执法部门由动物卫生监督机构修改为县级以上地方人民政府农业农村主管部门；二是罚款的额度由1000元以上1万元以下提高到3000元以上3万元以下；三是调整了对于违法行为的个别表述。

一、擅自发布动物疫情、不遵守有关控制动物疫病规定、破坏动物和动物产品有关处理措施的违法行为

1. 擅自发布动物疫情的

本法第三十六条规定："国务院农业农村主管部门向社会及时公布全国动物疫情，也可以根据需要授权省、自治区、直辖市人民政府农业农村主管部门公布本行政区域的动物疫情。其他单位和个人不得发布动物疫情。"根据这一规定，动物疫情的公布权限，在国务院农业农村主管部门，或者得到国务院农业农村主管部门授权的省、自治区、直辖市人民政府农业农村主管部门，其他单位和个人均不得擅自发布动物疫情。任何报纸、杂志、广播、电视、电台、网站等媒体，在官方未公布动物疫情前，也都不得擅自发布动物疫情。

根据本法第三十一条第一款的规定，从事动物疫病监测、检测、检验检疫、研究、诊疗以及动物饲养、屠宰、经营、隔离、运输等活动的单位和个人，发现动物染疫或者疑似染疫的，应当立即向所在地农业农村主管部门或者动物疫病预防控制机构报告，并迅速采取隔离等控制措施，防止动物疫情扩散。其他单位和个人发现动物染疫或者疑似染疫的，应当及时报告。未经国家农业农村主管部门或者省、自治区、直辖市人民政府农业农村主管部门依法公布，不得在任何场合通过各种途径和方式发布动物疫情。

2. 不遵守县级以上人民政府及其农业农村主管部门依法作出的有关控制动物疫病规定的

本法第三十八条至第四十七条，对动物疫病发生后的控制措施进行了详细规定，其中，第三十八条、第三十九条、第四十一条、第四十三条、第四十五条等规定了县级以上人民政府及其农业农村主管部门在控制动物疫情方面的职责以及应当采取的措施；第四十三条第一款规定，疫区内有关单位和个人，应当遵守县级以上人民政府及其农业农村主管部门依法作出的有关控制动物疫病的规定。

违法行为人的违法行为主要有：一是不执行隔离决定，使疫区内动物仍相互接触；二是不配合甚至阻挠扑杀决定；三是不对有关场所、物品进行消毒，或者不完全执行消毒决定；四是对病死动物、扑杀的动物、动物排泄物、垫料、粪污等有关物品拒不按规定作销毁、无害化处理；五是对易感动物不按规定进行紧急免疫接种；六是进出封锁疫区不配合消毒和其他限制性措施规定；七是拒绝监督检查、拒绝疫区消毒站对进出车辆消毒等。

3. 藏匿、转移、盗掘已被依法隔离、封存、处理的动物和动物产品的

本法第四十三条第二款规定，任何单位和个人不得藏

匿、转移、盗掘已被依法隔离、封存、处理的动物和动物产品。藏匿，是指将有关动物、动物产品在原场所隐藏起来，以逃避依法采取的处理措施；转移，是指将有关动物、动物产品移至他处，以逃避依法采取的处理措施；盗掘，是指将已被扑杀、深埋的动物、动物产品秘密地挖掘出来、盗走，可以是全部，也可以是部分被深埋的动物、动物产品。

二、擅自发布动物疫情、不遵守有关控制动物疫病规定、破坏动物和动物产品有关处理措施的行为的法律责任

1. 本条的适用对象

第一项的适用对象为擅自发布动物疫情的违法行为人。第二项的适用对象为不遵守县级以上人民政府及其农业农村主管部门依法作出的有关动物疫病控制规定的违法行为人。例如，动物饲养者，动物、动物产品经营者等。第三项的适用对象为对已被依法隔离、封存、处理的动物和动物产品进行藏匿、转移、盗掘的违法行为人。

2. 承担的法律责任

县级以上地方人民政府农业农村主管部门应当首先责令违法行为人改正违法行为，在责令改正违法行为的同时，还要对违法行为人处以3000元以上3万元以下罚款。

三、适用本条应当注意的问题

县级以上人民政府及其农业农村主管部门已经依法作出有关控制动物疫病规定，而违法行为人拒不按规定处置有关动物、动物产品的，适用本条进行处罚，不再适用本法第九十五条的规定。

第一百零五条 违反本法规定，未取得动物诊疗许可证从事动物诊疗活动的，由县级以上地方人民政府农业农村主管部门责令停止诊疗活动，没收违法所得，并处违法所得一倍以上三倍以下罚款；违法所得不足三万元的，并处三千元以上三万元以下罚款。

动物诊疗机构违反本法规定，未按照规定实施卫生安全防护、消毒、隔离和处置诊疗废弃物的，由县级以上地方人民政府农业农村主管部门责令改正，处一千元以上一万元以下罚款；造成动物疫病扩散的，处一万元以上五万元以下罚款；情节严重的，吊销动物诊疗许可证。

释义

本条是关于未经许可从事动物诊疗活动及动物诊疗机构造成动物疫病扩散的违法行为的法律责任的规定。

本条是由原法第八十一条修改而来，与原法相比，有以下几个变化：一是将执法部门由动物卫生监督机构修改为县级以上地方人民政府农业农村主管部门；二是将原第八十一条第二款中“造成动物疫病扩散”的行为细化为

“未按照规定实施卫生安全防护、消毒、隔离和处置诊疗废弃物”和“造成动物疫病扩散”两类行为；三是根据前述两种行为分别规定法律责任。

一、未经许可从事动物诊疗活动及动物诊疗机构造成动物疫病扩散的违法行为

1. 未取得动物诊疗许可证从事动物诊疗活动

本法第六十二条规定，从事动物诊疗活动的机构，应当向县级以上地方人民政府农业农村主管部门申请动物诊疗许可证。受理申请的农业农村主管部门应当依照本法和《中华人民共和国行政许可法》的规定进行审查。经审查合格的，发给动物诊疗许可证；不合格的，应当通知申请人并说明理由。行政许可是指经法定机关依法许可后，申请人才能从事某项活动。对于动物诊疗行为来讲，取得许可的标志就是农业农村主管部门颁发的动物诊疗许可证。

2. 动物诊疗机构未按照规定实施卫生安全防护、消毒、隔离和处置诊疗废弃物

本法第六十四条规定，动物诊疗机构应当按照国务院农业农村主管部门的规定，做好诊疗活动中的卫生安全防护、消毒、隔离和诊疗废弃物处置等工作。动物诊疗机构在从业过程中，如果不按照有关规定，做好卫生安全防护、消毒、隔离和诊疗废弃物处置等工作，极易造成动物疫病的扩散。但无论是否造成动物疫病的扩散，这样的行为都是应当被禁止和处罚的，本次修改中专门增加对这类行为

的处罚，既是对动物诊疗机构的提醒，也给农业农村主管部门的日常监督提供了法律依据。

3. 动物诊疗机构违反本法规定造成动物疫病扩散

“造成动物疫病扩散”是指违反本法第六十四条、第六十五条等有关规定，造成动物疫病扩散后果，例如造成接受诊疗的饲养单位和个人的动物发病，甚至造成周边及更大范围的动物疫病流行、传播等。“情节严重”，是指造成的后果比较严重，如造成一类动物疫病传播；由于诊疗行为致使其他多个饲养单位和个人的动物感染该疫病或大量动物感染该疫病，造成周边及较大范围的动物疫病流行、传播等。

动物诊疗机构违反本法规定，引起动物疫病扩散，包含以下情形：一是未按照国务院农业农村主管部门的规定，做好诊疗活动中的卫生安全防护，在饲养场所及其周围室外剖检动物尸体；未符合规定的条件和要求，分离病原。二是未按照国务院农业农村主管部门的规定，做好诊疗活动中场所、器械等的消毒。三是未按照国务院农业农村主管部门的规定，隔离、治疗染疫动物。四是未按照国务院农业农村主管部门的规定，处置诊疗废弃物，对动物尸体、病料、培养物等不按规定作无害化处理、处置，随意丢弃等。五是诊疗人员直接造成不同的动物饲养单位和个人间动物疫病的扩散。六是其他违反技术操作规范的行为。

二、未经许可从事动物诊疗活动及动物诊疗机构造成动物疫病扩散的行为的法律责任

1. 对于未取得动物诊疗许可证非法从事动物诊疗活动的，一是责令停止诊疗活动，同时没收违法所得；二是根据不同情况处以罚款：违法行为人的违法所得在 3 万元以上的，在没收违法所得基础上，并处违法所得 1 倍以上 3 倍以下罚款；如果没有违法所得或者违法所得不足 3 万元，则在没收违法所得基础上，并处 3000 元以上 3 万元以下罚款。这里的违法所得是指未取得动物诊疗许可证的非法从业者在从业期间向畜主收取的动物诊疗费，包括利润和费用。并处罚款，是指在实施没收违法所得行政处罚的同时，一并实施罚款，也就是说，如果有违法所得，则罚款和没收违法所得要同时实施，即一张行政处罚决定书中要同时体现没收违法所得和罚款两项内容。

2. 如果动物诊疗机构未按照规定实施卫生安全防护、消毒、隔离和处置诊疗废弃物，则由县级以上地方人民政府农业农村主管部门责令改正，处以 1000 元以上 1 万元以下罚款；如果造成动物疫病扩散，则将被处以 1 万元以上 5 万元以下罚款；情节严重的，还将被吊销动物诊疗许可证。

三、适用本条应当注意的问题

1. 适用本条第二款对动物诊疗机构实施罚款，以致吊销动物诊疗许可证的行政处罚，前提是违法行为必须有

“造成动物疫病扩散”的后果，也就是说，虽然有违法行为，但是没有“造成动物疫病扩散”的后果的，对动物诊疗机构不能适用该款实施处罚。

2. 关于许可证的撤销、吊销和注销。撤销许可证件是指许可时符合条件，但后来又不符合条件，由发证机关对原许可证予以撤销，不属于行政处罚。依法吊销行政许可证件属于行政处罚，起因是当事人符合许可条件，但在从业过程中，有违法行为，被发证机关依法吊销原来发给的许可证件。注销行政许可证件不属于行政处罚，属于行政管理的一项措施，起因是当事人发生了特殊情况，如不再从事有关活动等；从当事人实际上必须停产停业的效果看，撤销许可证件与吊销许可证件是相同的。对不再符合许可条件而被撤销许可证件的，只要当事人进行了整改，重新符合条件的，可以重新申请颁发许可证件；对因违法行为而被依法吊销许可证件的，当事人也可重新申请许可证件，但有的法律规定，终生或在一定期限内不得再提出许可申请。

第一百零六条 **违反本法规定，未经执业兽医备案从事经营性动物诊疗活动的，由县级以上地方人民政府农业农村主管部门责令停止动物诊疗活动，没收违法所得，并处三千元以上三万元以下罚款；对其所在的动物诊疗机构处一万元以上五万元以下**

罚款。

执业兽医有下列行为之一的，由县级以上地方人民政府农业农村主管部门给予警告，责令暂停六个月以上一年以下动物诊疗活动；情节严重的，吊销执业兽医资格证书：

（一）违反有关动物诊疗的操作技术规范，造成或者可能造成动物疫病传播、流行的；

（二）使用不符合规定的兽药和兽医器械的；

（三）未按照当地人民政府或者农业农村主管部门要求参加动物疫病预防、控制和动物疫情扑灭活动的。

释义

本条是关于执业兽医未经备案从事动物诊疗活动及执业兽医违反从业规范的法律责任的规定。

本条对原动物防疫法第八十二条作了以下修改：一是将执业兽医注册改为备案，本条将原法中的“未经执业兽医注册从事动物诊疗活动的”修改为“未经执业兽医备案从事经营性动物诊疗活动的”；二是根据机构改革的要求，将“动物卫生监督机构”统一修改为“县级以上地方人民政府农业农村主管部门”；三是提高了处罚力度，将未经备案从事经营活动的罚款从“一千元以上一万元以下”提高到“三千元以上三万元以下”，并增加了对执业兽医所在诊疗机构的处罚；四是文字修改，将第二款中的“由发证机关吊销注册证书”修改为“吊销执业兽医资格证书”，并删去了原第二款第二项中的“国家”，在原第二款第三项的基础上增加“动物疫情”。

本条共分两款：一是对未经执业兽医备案从事经营性动物诊疗活动的处罚；二是增加执业兽医不依法执业的处罚。

一、未经执业兽医备案从事经营性动物诊疗活动的处罚

动物诊疗活动对防控动物疫病至关重要，应当由具备动物诊疗专门知识和能力的专业人员进行。本法第八章专门对兽医管理作了规定，兽医分为官方兽医、执业兽医和乡村兽医，分别需要满足不同的条件和从业程序要求。第六十九条规定，国家实行执业兽医资格考试制度。具有兽医相关专业大学专科以上学历的人员或者符合条件的乡村兽医，通过执业兽医资格考试的，由省、自治区、直辖市人民政府农业农村主管部门颁发执业兽医资格证书；从事动物诊疗等经营活动的，还应当向所在地县级人民政府农业农村主管部门备案。执业兽医从事经营性的动物诊疗活动，不仅在实质上要通过执业兽医资格考试制度，在程序上还要向所在地县级人民政府农业农村主管部门备案，这样规定，是为了保障执业兽医具备相应的专业技术水平，同时也便于主管部门掌握执业兽医的从业情况，并据此采取措施提升动物诊疗活动的整体水平。本款规定的违法行为包括两种情况：一是既未通过执业兽医资格考试也未经备案而从事经营性动物诊疗活动；二是虽然通过了执业兽医资格考试，但是未在所在地县级人民政府农业农村主管部门进行备案而从事经营性动物诊疗活动。有上述行为的，对从事经营性动物诊疗活动的个人，没收违法所得，并处3000元以上3万元以下罚款；本条同时规定，动物诊疗机构应当尽到注意义务，确保在本机构从业的人员具备相应的资格并履行备案程序，没有尽到注意义务，导致上述情况发生的，应当处1万元以上5万元以下罚款。

二、对执业兽医不依法执业的处罚

本款规定的应受处罚的违法行为包括三个方面：一是违反有关动物诊疗的操作技术规范，造成或者可能造成动物疫病传播、流行的；二是使用不符合规定的兽药和兽医器械的；三是未按照当地人民政府或者农业农村主管部门要求参加动物疫病预防、控制和动物疫情扑灭活动的。动物诊疗活动是专业技术性较强的活动，执业兽医需要遵守一定的操作规范，正确使用兽药和兽医器械，对此，本法第六十四条提出了明确的要求。操作技术规范主要指的是安全防护、消毒、检验操作、处方填写、处方与病历保存、手术、隔离、无害化处理等动物诊疗各个环节的技术规范，在遵守操作技术规范的同时，执业兽医不得使用《兽药管理条例》规定的假兽药、劣兽药和其他禁止使用的药品以及不符合产品质量安全的兽医器械。除遵守业务规范外，根据本法第七十二条的规定，执业兽医还应当按照所在地人民政府或者农业农村主管部门的要求，参加动物疫病预防、控制和动物疫情扑灭等活动。作为专门从事动物诊疗活动的专业人员，按照有关部门的要求做好动物疫情的防控工作，既是执业兽医应当具备的职业道德，也是执业兽医应当承担的社会责任。执业兽医违反上述规定行为的，由县级以上地方人民政府农业农村主管部门给予警告，责令暂停六个月以上一年以下动物诊疗活动，在责令暂停期间，执业兽医不得进行动物诊疗活动。这既是对违法行为进行处罚的具体体现，同时也能够避免执业兽医继续从事不规范的诊疗活动。情节严重的，如造成动物疫病传播、流行的，多次逃避参与动物疫病预防、控制和动物疫情扑灭活动的，吊销其执业兽医资格证书。需要注意的是，本条将原法的“吊销注册证书”修改为“吊销执业兽医资格证书”，这是一个较大的变化，显著加大了处罚力度。

第一百零七条　违反本法规定，生产经营兽医器械，产品质量不符合要求的，由县级以上地方人民政府农业农村主管部门责令限期整改；情节严重的，责令停业整顿，并处二万元以上十万元以下罚款。

释义

本条是关于生产经营不符合要求的兽医器械行为的法律责任的规定。

兽医器械是用于动物诊疗的器械，对于预防、诊断、治疗动物疫病十分重要。农业农村部每年根据兽医器械质量监督抽检计划对兽医器械开展专门的质量监督检测，以保障市面上流通的兽医器械符合质量标准。检测的标准是农业农村部针对特定种类的兽医器械发布的农业行业标准。常见的兽医器械有兽医注射器、兽医注射针、兽医运输冷藏箱、兽用输精枪、电热切喙器等。以兽医连续注射器（2ml）为例，中华人民共和国农业行业标准（NY532－2002）中规定，本标准适用于2ml连续注射器的生产和检测。该产品装上兽医注射针后，供兽医对动物作小剂量治疗注射药液和连续防疫注射药液。该标准中对基本形式的参数和尺寸以图示的方式提出明确要求，并设有具体的性能要求，如连续注射器活塞与玻璃管内部的密合性应良好，在承受0.30MPa的水压时，10s内不得有水渗出，当连续注射器与活塞封底和连续注射器的玻璃管封底相接触时，其残留在玻璃管（包括锥头孔）内的液体量不得大于0.09ml等。检测方法包括以目力观察进行外观检验和以通用或专用量具测量进行尺寸检验。国务院农业农村主管部门负责制订兽医器械质量监督抽检计划，协调指导计划实施和抽检结果通报工作。中国兽医药品监察所负责兽医器械的抽样和检测工作。抽检中，每个检品有3项（含3项）以上非关键项检测指标或1项（含1项）以上关键项检测指标不合格的，即判为不合格。

本条规定处罚的违法行为包括两个方面：一是生产不符合产品质量要求的兽医器械；二是经营上述产品。无论是生产者还是销售者，只要产品是不符合质量要求的兽医器械的，由县级以上地方人民政府农业农村主管部门责令限期整改；情节严重的，责令停业整顿，并处二万元以上十万元以下罚款。在执行本条的规定时，应当注意区分情况，情节不严重，可以通过整改解决的，应当首先责令整改；情节严重，如生产经营不合格兽医器械的数量巨大，兽医器械有多项检测指标不合格，严重影响使用的，应当责令停业整顿，并处罚款。

第一百零八条 **违反本法规定，从事动物疫病研究、诊疗和动物饲养、屠宰、经营、隔离、运输，以及动物产品生产、经营、加工、贮藏、无害化处理等活动的单位和个人，有下列行为之一的，由县级以上地方人民政府农业农村主管部门责令改正，可以处一万元以下罚款；拒不改正的，处一万元以上五万元以下罚款，并可以责令停业整顿：**

（一）发现动物染疫、疑似染疫未报告，或者未

采取隔离等控制措施的；

（二）不如实提供与动物防疫有关的资料的；

（三）拒绝或者阻碍农业农村主管部门进行监督检查的；

（四）拒绝或者阻碍动物疫病预防控制机构进行动物疫病监测、检测、评估的；

（五）拒绝或者阻碍官方兽医依法履行职责的。

释义

本条是关于从事与动物或动物产品有关工作的单位和个人，不如实提供信息或者妨碍执法机构及其人员的法律责任的规定。

本条对原动物防疫法第八十三条作了以下修改：一是在违法主体中增加了从事无害化处理的单位和个人；二是将“动物卫生监督机构”修改为“县级以上地方人民政府农业农村主管部门”；三是加大了处罚力度；四是在行为方式上，将“不履行动物疫情报告义务的”修改为“发现动物染疫、疑似染疫未报告，或者未采取隔离等控制措施的”，将“拒绝”修改为“拒绝或者阻碍”，增加了拒绝或者阻碍“评估”以及“拒绝或者阻碍官方兽医依法履行职责的”。此外，还有个别的文字修改。

1. 本条规定的行为主体可以分为三类：一是从事动物疫病研究、诊疗的单位和个人；二是从事动物饲养、屠宰、经营、隔离、运输的单位和个人；三是从事动物产品生产、经营、加工、贮藏、无害化处理等活动的单位和个人。

2. 本条规定的违法行为有以下形式：

（1）发现动物染疫、疑似染疫未报告，或者未采取隔离等控制措施的。本法第三十一条规定，从事动物疫病监测、检测、检验检疫、研究与诊疗以及动物饲养、屠宰、经营、隔离、运输等活动的单位和个人，发现动物染疫或者疑似染疫的，应当立即向所在地农业农村主管部门或者动物疫病预防控制机构报告，并迅速采取隔离等控制措施，防止动物疫情扩散。其他单位和个人发现动物染疫或者疑似染疫的，应当及时报告。第三十七条规定，任何单位和个人不得瞒报、谎报、迟报、漏报动物疫情，不得授意他人瞒报、谎报、迟报动物疫情，不得阻碍他人报告动物疫情。及时报告动物疫情，对于有关部门及时掌握动物疫情的发生和发展，采取有针对性的处置措施，十分重要。因此，从事动物及动物产品相关工作的单位和个人一旦发现动物疫情或者疑似疫情，应当及时报告，并迅速采取隔离等控制措施。

（2）不如实提供与动物防疫有关的资料的。有关主管部门在监测、检测、诊断、流行病学调查、疫情报告以及其他预防、控制等活动中有可能需要动物防疫责任主体提供动物防疫活动的有关资料，如免疫档案、消毒记录、生产记录、无害化处理记录、诊疗记录、实验记录、购销记录、屠宰记录、运输合同等，有动物防疫责任的单位和个人不得隐瞒或者提供虚假的有关资料。

（3）拒绝或者阻碍农业农村主管部门进行监督检查的。本法第十八条第一款规定，县级以上地方人民政府农业农村主管部门负责组织实施动物疫病强制免疫计划，并对饲养动物的单位和个人履行强制免疫义务的情况进行监督检查。第二十一条第一款规定，国家支持地方建立无规定动物疫病区，鼓励动物饲养场建设无规定动物疫病生物安全隔离区。对符合国务院农业农村主管部门规定标准的无规定动物疫病区和无规定动物疫病生物安全隔离区，国务院农业农村主管部门验收合格予以公布，并对其维持情况进行监督检查。第二十六条第一款规定，经营动物、动物产品的集贸市场应当具备国务院农业农村主管部门规定的动物防疫条件，并接受农业农村主管部门的监督检查。第七十六条规定，县级以上地方人民政府农业农村主管部门执行监督检查任务，可以采取下列措施，有关单位和个人不得拒绝或者阻碍：对动物、动物产品按照规定采样、留验、抽检；对染疫或者疑似染疫的动物、动物产品及相关物品进行隔离、查封、扣押和处理；对依法应当检疫而未经检疫的动物和动物产品，具备补检条件的实施补检，不具备补检条件的予以没收销毁；查验检疫证明、检疫标志和畜禽标识；进入有关场所调查取证，查阅、复制与动物防疫有关的资料。有动物防疫责任的单位和个人不得拒绝或者阻碍农业农村主管部门的上述工作。

（4）拒绝或者阻碍动物疫病预防控制机构进行动物疫病监测、检测、评估的。本法第十二条第二款规定，动物疫病预防控制机构承担动物疫病的监测、检测、诊断、流行病学调查、疫情报告以及其他预防、控制等技术工作。第十九条规定，国家实行动物疫病监测和疫情预警制度，动物疫病预防控制机构按照国务院农业农村主管部门的规定，对动物疫病的发生、流行等情况进行监测；从事动物饲养、屠宰、经营、隔离、运输以及动物产品生产、经营、加工、贮藏等活动的单位和个人不得拒绝或者阻碍。第二十二条第三款规定，动物疫病预防控制机构按照动物疫病净化、消灭规划、计划，开展动物疫病净化技术指导、培训，对动物疫病净化效果进行监测、评估。有动物防疫责任的单位和个人不得拒绝或者阻碍动物疫病预防控制机构的上述工作。

（5）拒绝或者阻碍官方兽医依法履行职责的。本法四十八条第二款规定，动物卫生监督机构的官方兽医具体实施动物、动物产品检疫。第六十七条规定，官方兽医依法履行动物、动物产品检疫职责，任何单位和个人不得拒绝或者阻碍。有动物防疫责任的单位和个人拒绝或者阻碍官方兽医依法履行动物、动物产品检疫职责的，应当受到处罚。

3. 本条规定的处理方式分为两个层次：一是由县级以上地方人民政府农业农村主管部门责令改正，视情况可以处一万元以下罚款，也可以不处罚款；二是对于拒不改正的，处一万元以上五万元以下罚款，同时可以责令其停业整顿。以上处罚对单位和个人均可适用。

第一百零九条　违反本法规定，造成人畜共患传染病传播、流行的，依法从重给予处分、处罚。

违反本法规定，构成违反治安管理行为的，依法给予治安管理处罚；构成犯罪的，依法追究刑事责任。

违反本法规定，给他人人身、财产造成损害的，依法承担民事责任。

释义

本条是关于人畜共患传染病传播的从重情形，和治安管理处罚、刑事责任和民事责任的衔接规定。

违反动物防疫的有关规定，有的行为在本法的法律责任中规定了处罚，其中部分危害严重，需要从重处罚；有的行为还可能触犯其他法律法规，需要作出衔接性规定。

1. 违反本法规定，造成人畜共患传染病传播、流行的，依法从重给予处分、处罚。本法对负有动物防疫责任的主体规定了各自的职责，对动物防疫工作规定了严密的制度和规则。违反本法的规定，如从事动物饲养、屠宰、经营、隔离、运输的单位和个人拒绝或者阻碍官方兽医依法履行职责、不如实提供与动物防疫有关的资料，患有人畜共患传染病的人员直接从事动物疫病监测、检测、检验检疫、动物诊疗以及易感动物的饲养、屠宰、经营、隔离、运输等活动的，执业兽医使用不符合国家规定的兽药和兽医器械的或者不按照当地人民政府或者农业农村主管部门要求参加动物疫病预防、控制和动物疫情扑灭活动的，县级以上地方人民政府农业农村主管部门的工作人员未对饲养动物的单位或者个人履行强制免疫义务的情况进行监督检查，动物疫病预防控制机构及其工作人员在发生动物疫情时未及时进行诊断、调查的等，无论责任人是动物及动物产品的经营主体、执业兽医，还是政府及其有关部门或者动物疫病预防控制机构的工作人员，均应当承担相应的法律责任。动物防疫责任主体违反法律规定，未造成严重后果的，按照对应的条文承担法律责任；造成人畜共患传染病传播、流行严重后果的，应当在相应的法律责任的幅度内从重处罚或处分。

2. 违反本法规定的行为，还有可能违反治安管理处罚法或者刑法。如治安管理处罚法第二十五条规定的散布谣言，谎报险情、疫情、警情或者以其他方法故意扰乱公共秩序的，投放虚假的爆炸性、毒害性、放射性、腐蚀性物质或者传染病病原体等危险物质扰乱公共秩序的，处五日以上十日以下拘留，可以并处 500 元以下罚款，情节较轻的，处五日以下拘留或者 500 元以下罚款。如在阻碍官方兽医依法履行职务的过程中对其造成人身伤害的，按照伤害程度处以治安管理处罚或者给予刑事处罚。又如刑法第三百三十七条规定的妨害动植物防疫、检疫罪，刑法第三百三十八条规定的污染环境罪，违反动物防疫职责的同时也可能构成犯罪。需要注意的是，行为人违反治安管理处罚法、刑法的规定，同时造成人畜共患传染病传播、流行的，应当在法定幅度内依法从重处罚。

3. 违反本法规定，给他人人身、财产造成损害的，依法承担民事责任。违反本法的规定，可能承担行政责任、刑事责任或者受到纪律处分，但是上述责任的承担不能替代民事责任。如果在动物防疫活动过程中，给他人的人身或者财产造成了损害，仍然需要承担向相对人赔礼道歉、恢复原状、作出赔偿等民事责任。

第十二章　附　　则

第一百一十条　本法下列用语的含义：

（一）无规定动物疫病区，是指具有天然屏障或者采取人工措施，在一定期限内没有发生规定的一种或者几种动物疫病，并经验收合格的区域；

（二）无规定动物疫病生物安全隔离区，是指处于同一生物安全管理体系下，在一定期限内没有发生规定的一种或者几种动物疫病的若干动物饲养场及其辅助生产场所构成的，并经验收合格的特定小型区域；

（三）病死动物，是指染疫死亡、因病死亡、死因不明或者经检验检疫可能危害人体或者动物健康的死亡动物；

（四）病害动物产品，是指来源于病死动物的产品，或者经检验检疫可能危害人体或者动物健康的动物产品。

释义

本条是关于本法中无规定动物疫病区、无规定动物疫病生物安全隔离区、病死动物、病害动物产品术语的定义。

一、无规定动物疫病区

无规定动物疫病区通常需要具备三个要素：

一是具有天然屏障或者采取人工措施。天然屏障为自然存在，足以切断规定动物疫病传播、人和动物自然流动的地理阻隔，如山峦、河流、沙漠、海洋、沼泽等；人工措施是指在无疫区内及周边采取的免疫、监测、检疫监管、流通控制、应急处置等动物卫生措施。

二是在一定期限内没有发生规定的一种或者几种动物疫病。一定期限，是指无疫验收前的规定时间，不同规定动物疫病实现无疫的时间不同，规定时间根据规定动物疫病的种类、是否进行免疫等因素确定。规定的一种或者几种动物疫病，是指同一个无规定动物疫病区内可以实现一种规定动物疫病无疫，也可以同时实现几种规定动物疫病无疫。

三是区域。无疫区的区域一般由省级人民政府农业农村主管部门依据地理、法律或人工屏障划定，并通过官方渠道公布，通常应当集中连片，具有一定规模和范围，可以是省、自治区、直辖市的部分或全部区域，也可以是毗邻省的连片区域，这些区域经国务院农业农村主管部门验收合格后，方可称为“无规定动物疫病区”。

二、无规定动物疫病生物安全隔离区

无规定动物疫病生物安全隔离区通常需要具备四个要素：

一是处于同一生物安全管理体系。同一生物安全管理体系，是指企业遵循全过程风险管理原则，建立统一的生物安全管理制度，制订生物安全计划，落实生物安全措施。无规定动物疫病生物安全隔离区内所有生产单元和辅助单元在同一制度框架下运行，形成生物安全体系的闭环管理。

二是在一定期限内没有发生规定的一种或者几种动物疫病。一定期限内，是指在验收前的规定时间，通常是根据规定动物疫病的种类、是否进行免疫等因素确定，不同动物疫病规定的时间不同。规定的一种或者几种动物疫病，是指可以是一种规定的动物疫病，也可以同时是几种规定的动物疫病。

三是若干动物饲养场及其辅助生产场所。是指畜禽饲养场，以及与之处于同一生物安全管理体系下的孵化、屠宰、产品加工、饲料生产、清洗消毒、无害化处理等相关场所。

四是特定小型区域。是指由动物饲养场及其辅助生产场所组成的区域，通常所有生产单元分布应当相对集中并处于同一县级行政区域内或位于同一设区的市级行政区域毗邻县内，不同生产单元之间距离符合国务院农业农村主管部门的规定。这些区域经国务院农业农村主管部门验收合格后，方可称为“无规定动物疫病生物安全隔离区”。

三、病死动物

病死动物包括：一是染疫死亡的动物，因感染国家公布的《一、二、三类动物疫病病种名录》所列疫病死亡的动物；二是因病死亡的动物，主要是因为患有内科病、外科病、营养代谢病等死亡的动物；三是死因不明的动物，主要是指难以认定死亡原因的动物；四是指按照法定程序和检验检疫规范规程，经检验检疫认定的有可能危害人体健康、危害畜牧业健康发展的死亡动物。

四、病害动物产品

病害动物产品主要包括：用病死动物为原料加工成的产品，以及经屠宰加工企业、动物卫生监督机构等按照法定程序和检验检疫规范规程检查出的有可能危害人体健康或者畜牧业发展的病变或不适合人类食用的组织、脏器等动物产品。

第一百一十一条　境外无规定动物疫病区和无规定动物疫病生物安全隔离区的无疫等效性评估，参照本法有关规定执行。

释义

本条是关于境外无规定动物疫病区和无规定动物疫病生物安全隔离区的无疫等效性评估的规定。

当前，动物疫病区域化管理已成为有关国际组织和世界各国组织开展动物疫病防控、推动动物及动物产品国际贸易的重要手段，很多国家通过建立无疫区和生物安全隔离区实现了境内特定动物疫病的有效控制和消灭。近年来，农业农村部多次收到有关国家提交的无疫区和生物安全隔离区等效性互认申请，希望通过无疫状态和区域化措施的等效性互认推动实现相关区域内动物及动物产品的国际贸易。

一、关于境外无规定动物疫病区和生物安全隔离区

境外无规定动物疫病区是指位于我国境外的具有天然屏障或者采用人工措施，在一定期限内没有发生规定的一种或者几种动物疫病，并经评估验收合格的区域，包括免疫无疫区和非免疫无疫区。

境外生物安全隔离区是指位于我国境外的处于同一生物安全管理体系下，在一定期限内没有发生一种或几种规定动物疫病，并经验收合格的若干动物养殖和其他辅助生产单元所构成的特定小型区域。

二、关于等效性评估

等效性评估是指对位于境外的无疫区或生物安全隔离区的规定动物疫病状况、防控措施或生物安全管理措施进行的综合评价，判断其无疫状态、防控措施或生物安全管理措施与我国无疫区或生物安全隔离区的无疫状态、防控措施或生物安全管理措施是否等效的过程。

三、关于参照本法的有关规定执行

参照本法有关规定执行是指，参照本法第二十一条的有关规定，由国务院农业农村主管部门组织开展境外无疫区和生物安全隔离区等效性评估和认可活动，并对其维持情况进行回顾性审查。国务院农业农村主管部门制定和发布境外无疫区和生物安全隔离区等效性评估管理办法和评估技术规范等相关文件。境外无疫区和生物安全隔离区建成并通过官方认可的，由所在国家或地区农业主管部门向我国国务院农业农村主管部门提出等效性评估申请。国务院农业农村主管部门组织专家依据境外无疫区和生物安全隔离区等效性评估管理办法和评估技术规范开展评估活动，根据评估结果作出是否认可境外无疫区或生物安全隔离区的决定。

第一百一十二条　实验动物防疫有特殊要求的，按照实验动物管理的有关规定执行。

释义

本条是对实验动物防疫管理的特别规定。

实验动物是开展科学研究的重要资料，对动物防疫及生物、制药等行业的科学技术研究开发和实验验证具有重要作用。鉴于实验动物用途特殊，部分实验动物无法实施免疫接种等预防措施，否则将影响动物实验效果，对生物科学技术研究开发的效果产生不良影响，故需要对其防疫管理作出一些特殊规定。为了加强实验动物管理，我国在1988 年就颁布了《实验动物管理条例》，先后于 2011 年、2013 年、2017 年进行了三次修订；国务院有关部门还先后制定了《实验动物环境及设施》（GB 14925－2010）、《实验动物设施建筑技术规范》（GB 50447－2008）等一系列标准规范。因此，本条在充分考虑实验动物的特殊性和现有管理实践的基础上，规定实验动物防疫有特殊要求的，按照实验动物管理的有关规定执行，有关单位和个人要根据有关规定加强对实验动物的管理和疫病监测，防止实验动物引发动物疫情。

第一百一十三条　本法自2021年5月1日起施行。

释义

本条是对本法时间效力的规定。

法律的作用在于实施，法律的权威也在于实施，再好的法律只有宣传到群众中，落实到工作中，才能收到实实在在的效果。本法于2021年1月22日由中华人民共和国第十三届全国人民代表大会常务委员会第二十五次会议通过，同日由中华人民共和国第六十九号主席令发布。法律的公布到正式实施通常要留出一定时间的过渡期。本次修法改动内容较多，在正式实施前，应当留出一定的时间充分宣传，以便有关单位和人员充分掌握法律内涵，更好守法、执法，避免法律执行出现偏差，更好地保障人民群众权益；同时，考虑到我国当前动物防疫工作的迫切需要，又需要尽快实施本法。为此，在充分考虑两方面因素的基础上，规定本法自2021年5月1日起施行。

附录一：相关法律、行政法规

中华人民共和国动物防疫法

（1997年7月3日第八届全国人民代表大会常务委员会第二十六次会议通过　2007年8月30日第十届全国人民代表大会常务委员会第二十九次会议第一次修订　根据2013年6月29日第十二届全国人民代表大会常务委员会第三次会议《关于修改〈中华人民共和国文物保护法〉等十二部法律的决定》第一次修正　根据2015年4月24日第十二届全国人民代表大会常务委员会第十四次会议《关于修改〈中华人民共和国电力法〉等六部法律的决定》第二次修正　2021年1月22日第十三届全国人民代表大会常务委员会第二十五次会议第二次修订）

目　　录

第一章　总　　则

第一条　为了加强对动物防疫活动的管理，预防、控制、净化、消灭动物疫病，促进养殖业发展，防控人畜共患传染病，保障公共卫生安全和人体健康，制定本法。

第二条　本法适用于在中华人民共和国领域内的动物防疫及其监督管理活动。

进出境动物、动物产品的检疫，适用《中华人民共和国进出境动植物检疫法》。

第三条　本法所称动物，是指家畜家禽和人工饲养、捕获的其他动物。

本法所称动物产品，是指动物的肉、生皮、原毛、绒、脏器、脂、血液、精液、卵、胚胎、骨、蹄、头、角、筋以及可能传播动物疫病的奶、蛋等。

本法所称动物疫病，是指动物传染病，包括寄生虫病。

本法所称动物防疫，是指动物疫病的预防、控制、诊疗、净化、消灭和动物、动物产品的检疫，以及病死动物、病害动物产品的无害化处理。

第四条　根据动物疫病对养殖业生产和人体健康的危害程

度，本法规定的动物疫病分为下列三类：

（一）一类疫病，是指口蹄疫、非洲猪瘟、高致病性禽流感等对人、动物构成特别严重危害，可能造成重大经济损失和社会影响，需要采取紧急、严厉的强制预防、控制等措施的；

（二）二类疫病，是指狂犬病、布鲁氏菌病、草鱼出血病等对人、动物构成严重危害，可能造成较大经济损失和社会影响，需要采取严格预防、控制等措施的；

（三）三类疫病，是指大肠杆菌病、禽结核病、鳖腮腺炎病等常见多发，对人、动物构成危害，可能造成一定程度的经济损失和社会影响，需要及时预防、控制的。

前款一、二、三类动物疫病具体病种名录由国务院农业农村主管部门制定并公布。国务院农业农村主管部门应当根据动物疫病发生、流行情况和危害程度，及时增加、减少或者调整一、二、三类动物疫病具体病种并予以公布。

人畜共患传染病名录由国务院农业农村主管部门会同国务院卫生健康、野生动物保护等主管部门制定并公布。

第五条 动物防疫实行预防为主，预防与控制、净化、消灭相结合的方针。

第六条 国家鼓励社会力量参与动物防疫工作。各级人民政府采取措施，支持单位和个人参与动物防疫的宣传教育、疫情报告、志愿服务和捐赠等活动。

第七条 从事动物饲养、屠宰、经营、隔离、运输以及动物产品生产、经营、加工、贮藏等活动的单位和个人，依照本法和国务院农业农村主管部门的规定，做好免疫、消毒、检测、隔离、净化、消灭、无害化处理等动物防疫工作，承担动物防疫相关责任。

第八条 县级以上人民政府对动物防疫工作实行统一领导，采取有效措施稳定基层机构队伍，加强动物防疫队伍建设，建立健全动物防疫体系，制定并组织实施动物疫病防治规划。

乡级人民政府、街道办事处组织群众做好本辖区的动物疫病预防与控制工作，村民委员会、居民委员会予以协助。

第九条 国务院农业农村主管部门主管全国的动物防疫工作。

县级以上地方人民政府农业农村主管部门主管本行政区域的动物防疫工作。

县级以上人民政府其他有关部门在各自职责范围内做好动物防疫工作。

军队动物卫生监督职能部门负责军队现役动物和饲养自用动物的防疫工作。

第十条 县级以上人民政府卫生健康主管部门和本级人民政府农业农村、野生动物保护等主管部门应当建立人畜共患传染病防治的协作机制。

国务院农业农村主管部门和海关总署等部门应当建立防止境外动物疫病输入的协作机制。

第十一条 县级以上地方人民政府的动物卫生监督机构依照本法规定，负责动物、动物产品的检疫工作。

第十二条 县级以上人民政府按照国务院的规定，根据统筹规划、合理布局、综合设置的原则建立动物疫病预防控制机构。

动物疫病预防控制机构承担动物疫病的监测、检测、诊断、流行病学调查、疫情报告以及其他预防、控制等技术工作；承担动物疫病净化、消灭的技术工作。

第十三条 国家鼓励和支持开展动物疫病的科学研究以及国际合作与交流，推广先进适用的科学研究成果，提高动物疫病防治的科学技术水平。

各级人民政府和有关部门、新闻媒体，应当加强对动物防疫法律法规和动物防疫知识的宣传。

第十四条 对在动物防疫工作、相关科学研究、动物疫情扑灭中做出贡献的单位和个人，各级人民政府和有关部门按照国家有关规定给予表彰、奖励。

有关单位应当依法为动物防疫人员缴纳工伤保险费。对因参与动物防疫工作致病、致残、死亡的人员，按照国家有关规定给予补助或者抚恤。

第二章 动物疫病的预防

第十五条 国家建立动物疫病风险评估制度。

国务院农业农村主管部门根据国内外动物疫情以及保护养殖业生产和人体健康的需要，及时会同国务院卫生健康等有关部门对动物疫病进行风险评估，并制定、公布动物疫病预防、控制、净化、消灭措施和技术规范。

省、自治区、直辖市人民政府农业农村主管部门会同本级人民政府卫生健康等有关部门开展本行政区域的动物疫病风险评估，并落实动物疫病预防、控制、净化、消灭措施。

第十六条 国家对严重危害养殖业生产和人体健康的动物疫病实施强制免疫。

国务院农业农村主管部门确定强制免疫的动物疫病病种和区域。

省、自治区、直辖市人民政府农业农村主管部门制定本行政区域的强制免疫计划；根据本行政区域动物疫病流行情况增加实施强制免疫的动物疫病病种和区域，报本级人民政府批准后执行，并报国务院农业农村主管部门备案。

第十七条 饲养动物的单位和个人应当履行动物疫病强制免疫义务，按照强制免疫计划和技术规范，对动物实施免疫接种，并按照国家有关规定建立免疫档案、加施畜禽标识，保证可追溯。

实施强制免疫接种的动物未达到免疫质量要求，实施补充免疫接种后仍不符合免疫质量要求的，有关单位和个人应当按照国家有关规定处理。

用于预防接种的疫苗应当符合国家质量标准。

第十八条 县级以上地方人民政府农业农村主管部门负责组织实施动物疫病强制免疫计划，并对饲养动物的单位和个人履行强制免疫义务的情况进行监督检查。

乡级人民政府、街道办事处组织本辖区饲养动物的单位和个人做好强制免疫，协助做好监督检查；村民委员会、居民委员会协助做好相关工作。

县级以上地方人民政府农业农村主管部门应当定期对本行政区域的强制免疫计划实施情况和效果进行评估，并向社会公布评估结果。

第十九条 国家实行动物疫病监测和疫情预警制度。

县级以上人民政府建立健全动物疫病监测网络，加强动物疫病监测。

国务院农业农村主管部门会同国务院有关部门制定国家动物疫病监测计划。省、自治区、直辖市人民政府农业农村主管部门根据国家动物疫病监测计划，制定本行政区域的动物疫病监测计划。

动物疫病预防控制机构按照国务院农业农村主管部门的规定和动物疫病监测计划，对动物疫病的发生、流行等情况进行监测；从事动物饲养、屠宰、经营、隔离、运输以及动物产品生产、经营、加工、贮藏、无害化处理等活动的单位和个人不得拒绝或者阻碍。

国务院农业农村主管部门和省、自治区、直辖市人民政府农业农村主管部门根据对动物疫病发生、流行趋势的预测，及时发出动物疫情预警。地方各级人民政府接到动物疫情预警后，应当及时采取预防、控制措施。

第二十条 陆路边境省、自治区人民政府根据动物疫病防控需要，合理设置动物疫病监测站点，健全监测工作机制，防范境外动物疫病传入。

科技、海关等部门按照本法和有关法律法规的规定做好动物疫病监测预警工作，并定期与农业农村主管部门互通情况，紧急情况及时通报。

县级以上人民政府应当完善野生动物疫源疫病监测体系和工作机制，根据需要合理布局监测站点；野生动物保护、农业农村主管部门按照职责分工做好野生动物疫源疫病监测等工作，并定期互通情况，紧急情况及时通报。

第二十一条 国家支持地方建立无规定动物疫病区，鼓励动物饲养场建设无规定动物疫病生物安全隔离区。对符合国务院农业农村主管部门规定标准的无规定动物疫病区和无规定动物疫病生物安全隔离区，国务院农业农村主管部门验收合格予以公布，并对其维持情况进行监督检查。

省、自治区、直辖市人民政府制定并组织实施本行政区域的无规定动物疫病区建设方案。国务院农业农村主管部门指导跨省、自治区、直辖市无规定动物疫病区建设。

国务院农业农村主管部门根据行政区划、养殖屠宰产业布局、风险评估情况等对动物疫病实施分区防控，可以采取禁止或者限制特定动物、动物产品跨区域调运等措施。

第二十二条 国务院农业农村主管部门制定并组织实施动物疫病净化、消灭规划。

县级以上地方人民政府根据动物疫病净化、消灭规划，制定并组织实施本行政区域的动物疫病净化、消灭计划。

动物疫病预防控制机构按照动物疫病净化、消灭规划、计划，开展动物疫病净化技术指导、培训，对动物疫病净化效果进行监测、评估。

国家推进动物疫病净化，鼓励和支持饲养动物的单位和个人开展动物疫病净化。饲养动物的单位和个人达到国务院农业农村主管部门规定的净化标准的，由省级以上人民政府农业农村主管部门予以公布。

第二十三条 种用、乳用动物应当符合国务院农业农村主管部门规定的健康标准。

饲养种用、乳用动物的单位和个人，应当按照国务院农业农村主管部门的要求，定期开展动物疫病检测；检测不合格的，应当按照国家有关规定处理。

第二十四条 动物饲养场和隔离场所、动物屠宰加工场所以及动物和动物产品无害化处理场所，应当符合下列动物防疫条件：

（一）场所的位置与居民生活区、生活饮用水水源地、学校、医院等公共场所的距离符合国务院农业农村主管部门的规定；

（二）生产经营区域封闭隔离，工程设计和有关流程符合动物防疫要求；

（三）有与其规模相适应的污水、污物处理设施，病死动物、病害动物产品无害化处理设施设备或者冷藏冷冻设施设备，以及清洗消毒设施设备；

（四）有与其规模相适应的执业兽医或者动物防疫技术人员；

（五）有完善的隔离消毒、购销台账、日常巡查等动物防疫制度；

（六）具备国务院农业农村主管部门规定的其他动物防疫条件。

动物和动物产品无害化处理场所除应当符合前款规定的条件外，还应当具有病原检测设备、检测能力和符合动物防疫要求的专用运输车辆。

第二十五条 国家实行动物防疫条件审查制度。

开办动物饲养场和隔离场所、动物屠宰加工场所以及动物和动物产品无害化处理场所，应当向县级以上地方人民政府农业农村主管部门提出申请，并附具相关材料。受理申请的农业农村主管部门应当依照本法和《中华人民共和国行政许可法》的规定进行审查。经审查合格的，发给动物防疫条件合格证；不合格的，应当通知申请人并说明理由。

动物防疫条件合格证应当载明申请人的名称（姓名）、场（厂）址、动物（动物产品）种类等事项。

第二十六条 经营动物、动物产品的集贸市场应当具备国务院农业农村主管部门规定的动物防疫条件，并接受农业农村主管部门的监督检查。具体办法由国务院农业农村主管部门制定。

县级以上地方人民政府应当根据本地情况，决定在城市特定区域禁止家畜家禽活体交易。

第二十七条 动物、动物产品的运载工具、垫料、包装物、容器等应当符合国务院农业农村主管部门规定的动物防疫要求。

染疫动物及其排泄物、染疫动物产品，运载工具中的动物排泄物以及垫料、包装物、容器等被污染的物品，应当按照国家有关规定处理，不得随意处置。

第二十八条 采集、保存、运输动物病料或者病原微生物以及从事病原微生物研究、教学、检测、诊断等活动，应当遵守国家有关病原微生物实验室管理的规定。

第二十九条 禁止屠宰、经营、运输下列动物和生产、经营、加工、贮藏、运输下列动物产品：

（一）封锁疫区内与所发生动物疫病有关的；

（二）疫区内易感染的；

（三）依法应当检疫而未经检疫或者检疫不合格的；

（四）染疫或者疑似染疫的；

（五）病死或者死因不明的；

（六）其他不符合国务院农业农村主管部门有关动物防疫规定的。

因实施集中无害化处理需要暂存、运输动物和动物产品并按照规定采取防疫措施的，不适用前款规定。

第三十条 单位和个人饲养犬只，应当按照规定定期免疫接种狂犬病疫苗，凭动物诊疗机构出具的免疫证明向所在地养犬登记机关申请登记。

携带犬只出户的，应当按照规定佩戴犬牌并采取系犬绳等措施，防止犬只伤人、疫病传播。

街道办事处、乡级人民政府组织协调居民委员会、村民委员会，做好本辖区流浪犬、猫的控制和处置，防止疫病传播。

县级人民政府和乡级人民政府、街道办事处应当结合本地实际，做好农村地区饲养犬只的防疫管理工作。

饲养犬只防疫管理的具体办法，由省、自治区、直辖市制定。

第三章 动物疫情的报告、通报和公布

第三十一条 从事动物疫病监测、检测、检验检疫、研究、诊疗以及动物饲养、屠宰、经营、隔离、运输等活动的单位和个人，发现动物染疫或者疑似染疫的，应当立即向所在地农业农村主管部门或者动物疫病预防控制机构报告，并迅速采取隔离等控制措施，防止动物疫情扩散。其他单位和个人发现动物染疫或者疑似染疫的，应当及时报告。

接到动物疫情报告的单位，应当及时采取临时隔离控制等必

要措施，防止延误防控时机，并及时按照国家规定的程序上报。

第三十二条 动物疫情由县级以上人民政府农业农村主管部门认定；其中重大动物疫情由省、自治区、直辖市人民政府农业农村主管部门认定，必要时报国务院农业农村主管部门认定。

本法所称重大动物疫情，是指一、二、三类动物疫病突然发生，迅速传播，给养殖业生产安全造成严重威胁、危害，以及可能对公众身体健康与生命安全造成危害的情形。

在重大动物疫情报告期间，必要时，所在地县级以上地方人民政府可以作出封锁决定并采取扑杀、销毁等措施。

第三十三条 国家实行动物疫情通报制度。

国务院农业农村主管部门应当及时向国务院卫生健康等有关部门和军队有关部门以及省、自治区、直辖市人民政府农业农村主管部门通报重大动物疫情的发生和处置情况。

海关发现进出境动物和动物产品染疫或者疑似染疫的，应当及时处置并向农业农村主管部门通报。

县级以上地方人民政府野生动物保护主管部门发现野生动物染疫或者疑似染疫的，应当及时处置并向本级人民政府农业农村主管部门通报。

国务院农业农村主管部门应当依照我国缔结或者参加的条约、协定，及时向有关国际组织或者贸易方通报重大动物疫情的发生和处置情况。

第三十四条 发生人畜共患传染病疫情时，县级以上人民政府农业农村主管部门与本级人民政府卫生健康、野生动物保护等主管部门应当及时相互通报。

发生人畜共患传染病时，卫生健康主管部门应当对疫区易感染的人群进行监测，并应当依照《中华人民共和国传染病防治法》的规定及时公布疫情，采取相应的预防、控制措施。

第三十五条 患有人畜共患传染病的人员不得直接从事动物疫病监测、检测、检验检疫、诊疗以及易感染动物的饲养、屠宰、经营、隔离、运输等活动。

第三十六条 国务院农业农村主管部门向社会及时公布全国动物疫情，也可以根据需要授权省、自治区、直辖市人民政府农业农村主管部门公布本行政区域的动物疫情。其他单位和个人不得发布动物疫情。

第三十七条 任何单位和个人不得瞒报、谎报、迟报、漏报动物疫情，不得授意他人瞒报、谎报、迟报动物疫情，不得阻碍他人报告动物疫情。

第四章 动物疫病的控制

第三十八条 发生一类动物疫病时，应当采取下列控制措施：

（一）所在地县级以上地方人民政府农业农村主管部门应当立即派人到现场，划定疫点、疫区、受威胁区，调查疫源，及时报请本级人民政府对疫区实行封锁。疫区范围涉及两个以上行政区域的，由有关行政区域共同的上一级人民政府对疫区实行封锁，或者由各有关行政区域的上一级人民政府共同对疫区实行封锁。必要时，上级人民政府可以责成下级人民政府对疫区实行封锁；

（二）县级以上地方人民政府应当立即组织有关部门和单位

采取封锁、隔离、扑杀、销毁、消毒、无害化处理、紧急免疫接种等强制性措施；

（三）在封锁期间，禁止染疫、疑似染疫和易感染的动物、动物产品流出疫区，禁止非疫区的易感染动物进入疫区，并根据需要对出入疫区的人员、运输工具及有关物品采取消毒和其他限制性措施。

第三十九条 发生二类动物疫病时，应当采取下列控制措施：

（一）所在地县级以上地方人民政府农业农村主管部门应当划定疫点、疫区、受威胁区；

（二）县级以上地方人民政府根据需要组织有关部门和单位采取隔离、扑杀、销毁、消毒、无害化处理、紧急免疫接种、限制易感染的动物和动物产品及有关物品出入等措施。

第四十条 疫点、疫区、受威胁区的撤销和疫区封锁的解除，按照国务院农业农村主管部门规定的标准和程序评估后，由原决定机关决定并宣布。

第四十一条 发生三类动物疫病时，所在地县级、乡级人民政府应当按照国务院农业农村主管部门的规定组织防治。

第四十二条 二、三类动物疫病呈暴发性流行时，按照一类动物疫病处理。

第四十三条 疫区内有关单位和个人，应当遵守县级以上人民政府及其农业农村主管部门依法作出的有关控制动物疫病的规定。

任何单位和个人不得藏匿、转移、盗掘已被依法隔离、封存、处理的动物和动物产品。

第四十四条　发生动物疫情时，航空、铁路、道路、水路运输企业应当优先组织运送防疫人员和物资。

第四十五条　国务院农业农村主管部门根据动物疫病的性质、特点和可能造成的社会危害，制定国家重大动物疫情应急预案报国务院批准，并按照不同动物疫病病种、流行特点和危害程度，分别制定实施方案。

县级以上地方人民政府根据上级重大动物疫情应急预案和本地区的实际情况，制定本行政区域的重大动物疫情应急预案，报上一级人民政府农业农村主管部门备案，并抄送上一级人民政府应急管理部门。县级以上地方人民政府农业农村主管部门按照不同动物疫病病种、流行特点和危害程度，分别制定实施方案。

重大动物疫情应急预案和实施方案根据疫情状况及时调整。

第四十六条　发生重大动物疫情时，国务院农业农村主管部门负责划定动物疫病风险区，禁止或者限制特定动物、动物产品由高风险区向低风险区调运。

第四十七条　发生重大动物疫情时，依照法律和国务院的规定以及应急预案采取应急处置措施。

第五章　动物和动物产品的检疫

第四十八条　动物卫生监督机构依照本法和国务院农业农村主管部门的规定对动物、动物产品实施检疫。

动物卫生监督机构的官方兽医具体实施动物、动物产品检疫。

第四十九条　屠宰、出售或者运输动物以及出售或者运输动物产品前，货主应当按照国务院农业农村主管部门的规定向所在地动物卫生监督机构申报检疫。

动物卫生监督机构接到检疫申报后，应当及时指派官方兽医对动物、动物产品实施检疫；检疫合格的，出具检疫证明、加施检疫标志。实施检疫的官方兽医应当在检疫证明、检疫标志上签字或者盖章，并对检疫结论负责。

动物饲养场、屠宰企业的执业兽医或者动物防疫技术人员，应当协助官方兽医实施检疫。

第五十条 因科研、药用、展示等特殊情形需要非食用性利用的野生动物，应当按照国家有关规定报动物卫生监督机构检疫，检疫合格的，方可利用。

人工捕获的野生动物，应当按照国家有关规定报捕获地动物卫生监督机构检疫，检疫合格的，方可饲养、经营和运输。

国务院农业农村主管部门会同国务院野生动物保护主管部门制定野生动物检疫办法。

第五十一条 屠宰、经营、运输的动物，以及用于科研、展示、演出和比赛等非食用性利用的动物，应当附有检疫证明；经营和运输的动物产品，应当附有检疫证明、检疫标志。

第五十二条 经航空、铁路、道路、水路运输动物和动物产品的，托运人托运时应当提供检疫证明；没有检疫证明的，承运人不得承运。

进出口动物和动物产品，承运人凭进口报关单证或者海关签发的检疫单证运递。

从事动物运输的单位、个人以及车辆，应当向所在地县级人民政府农业农村主管部门备案，妥善保存行程路线和托运人提供的动物名称、检疫证明编号、数量等信息。具体办法由国务院农业农村主管部门制定。

运载工具在装载前和卸载后应当及时清洗、消毒。

第五十三条 省、自治区、直辖市人民政府确定并公布道路运输的动物进入本行政区域的指定通道，设置引导标志。跨省、自治区、直辖市通过道路运输动物的，应当经省、自治区、直辖市人民政府设立的指定通道入省境或者过省境。

第五十四条 输入到无规定动物疫病区的动物、动物产品，货主应当按照国务院农业农村主管部门的规定向无规定动物疫病区所在地动物卫生监督机构申报检疫，经检疫合格的，方可进入。

第五十五条 跨省、自治区、直辖市引进的种用、乳用动物到达输入地后，货主应当按照国务院农业农村主管部门的规定对引进的种用、乳用动物进行隔离观察。

第五十六条 经检疫不合格的动物、动物产品，货主应当在农业农村主管部门的监督下按照国家有关规定处理，处理费用由货主承担。

第六章 病死动物和病害动物产品的无害化处理

第五十七条 从事动物饲养、屠宰、经营、隔离以及动物产品生产、经营、加工、贮藏等活动的单位和个人，应当按照国家有关规定做好病死动物、病害动物产品的无害化处理，或者委托动物和动物产品无害化处理场所处理。

从事动物、动物产品运输的单位和个人，应当配合做好病死动物和病害动物产品的无害化处理，不得在途中擅自弃置和处理有关动物和动物产品。

任何单位和个人不得买卖、加工、随意弃置病死动物和病害动物产品。

动物和动物产品无害化处理管理办法由国务院农业农村、野生动物保护主管部门按照职责制定。

第五十八条 在江河、湖泊、水库等水域发现的死亡畜禽，由所在地县级人民政府组织收集、处理并溯源。

在城市公共场所和乡村发现的死亡畜禽，由所在地街道办事处、乡级人民政府组织收集、处理并溯源。

在野外环境发现的死亡野生动物，由所在地野生动物保护主管部门收集、处理。

第五十九条 省、自治区、直辖市人民政府制定动物和动物产品集中无害化处理场所建设规划，建立政府主导、市场运作的无害化处理机制。

第六十条 各级财政对病死动物无害化处理提供补助。具体补助标准和办法由县级以上人民政府财政部门会同本级人民政府农业农村、野生动物保护等有关部门制定。

第七章 动物诊疗

第六十一条 从事动物诊疗活动的机构，应当具备下列条件：

（一）有与动物诊疗活动相适应并符合动物防疫条件的

场所；

（二）有与动物诊疗活动相适应的执业兽医；

（三）有与动物诊疗活动相适应的兽医器械和设备；

（四）有完善的管理制度。

动物诊疗机构包括动物医院、动物诊所以及其他提供动物诊疗服务的机构。

第六十二条 从事动物诊疗活动的机构，应当向县级以上地方人民政府农业农村主管部门申请动物诊疗许可证。受理申请的农业农村主管部门应当依照本法和《中华人民共和国行政许可法》的规定进行审查。经审查合格的，发给动物诊疗许可证；不合格的，应当通知申请人并说明理由。

第六十三条 动物诊疗许可证应当载明诊疗机构名称、诊疗活动范围、从业地点和法定代表人（负责人）等事项。

动物诊疗许可证载明事项变更的，应当申请变更或者换发动物诊疗许可证。

第六十四条 动物诊疗机构应当按照国务院农业农村主管部门的规定，做好诊疗活动中的卫生安全防护、消毒、隔离和诊疗废弃物处置等工作。

第六十五条 从事动物诊疗活动，应当遵守有关动物诊疗的操作技术规范，使用符合规定的兽药和兽医器械。

兽药和兽医器械的管理办法由国务院规定。

第八章 兽医管理

第六十六条 国家实行官方兽医任命制度。

官方兽医应当具备国务院农业农村主管部门规定的条件，由省、自治区、直辖市人民政府农业农村主管部门按照程序确认，由所在地县级以上人民政府农业农村主管部门任命。具体办法由国务院农业农村主管部门制定。

海关的官方兽医应当具备规定的条件，由海关总署任命。具体办法由海关总署会同国务院农业农村主管部门制定。

第六十七条 官方兽医依法履行动物、动物产品检疫职责，任何单位和个人不得拒绝或者阻碍。

第六十八条 县级以上人民政府农业农村主管部门制定官方兽医培训计划，提供培训条件，定期对官方兽医进行培训和考核。

第六十九条 国家实行执业兽医资格考试制度。具有兽医相关专业大学专科以上学历的人员或者符合条件的乡村兽医，通过执业兽医资格考试的，由省、自治区、直辖市人民政府农业农村主管部门颁发执业兽医资格证书；从事动物诊疗等经营活动的，还应当向所在地县级人民政府农业农村主管部门备案。

执业兽医资格考试办法由国务院农业农村主管部门商国务院人力资源主管部门制定。

第七十条 执业兽医开具兽医处方应当亲自诊断，并对诊断结论负责。

国家鼓励执业兽医接受继续教育。执业兽医所在机构应当支持执业兽医参加继续教育。

第七十一条 乡村兽医可以在乡村从事动物诊疗活动。具体管理办法由国务院农业农村主管部门制定。

第七十二条 执业兽医、乡村兽医应当按照所在地人民政府和农业农村主管部门的要求，参加动物疫病预防、控制和动物疫情扑灭等活动。

第七十三条 兽医行业协会提供兽医信息、技术、培训等服务，维护成员合法权益，按照章程建立健全行业规范和奖惩机制，加强行业自律，推动行业诚信建设，宣传动物防疫和兽医知识。

第九章 监督管理

第七十四条 县级以上地方人民政府农业农村主管部门依照本法规定，对动物饲养、屠宰、经营、隔离、运输以及动物产品生产、经营、加工、贮藏、运输等活动中的动物防疫实施监督管理。

第七十五条 为控制动物疫病，县级人民政府农业农村主管部门应当派人在所在地依法设立的现有检查站执行监督检查任务；必要时，经省、自治区、直辖市人民政府批准，可以设立临时性的动物防疫检查站，执行监督检查任务。

第七十六条 县级以上地方人民政府农业农村主管部门执行监督检查任务，可以采取下列措施，有关单位和个人不得拒绝或者阻碍：

（一）对动物、动物产品按照规定采样、留验、抽检；

（二）对染疫或者疑似染疫的动物、动物产品及相关物品进行隔离、查封、扣押和处理；

（三）对依法应当检疫而未经检疫的动物和动物产品，具备补检条件的实施补检，不具备补检条件的予以收缴销毁；

（四）查验检疫证明、检疫标志和畜禽标识；

（五）进入有关场所调查取证，查阅、复制与动物防疫有关的资料。

县级以上地方人民政府农业农村主管部门根据动物疫病预防、控制需要，经所在地县级以上地方人民政府批准，可以在车站、港口、机场等相关场所派驻官方兽医或者工作人员。

第七十七条　执法人员执行动物防疫监督检查任务，应当出示行政执法证件，佩带统一标志。

县级以上人民政府农业农村主管部门及其工作人员不得从事与动物防疫有关的经营性活动，进行监督检查不得收取任何费用。

第七十八条　禁止转让、伪造或者变造检疫证明、检疫标志或者畜禽标识。

禁止持有、使用伪造或者变造的检疫证明、检疫标志或者畜禽标识。

检疫证明、检疫标志的管理办法由国务院农业农村主管部门制定。

第十章　保障措施

第七十九条　县级以上人民政府应当将动物防疫工作纳入本级国民经济和社会发展规划及年度计划。

第八十条　国家鼓励和支持动物防疫领域新技术、新设备、新产品等科学技术研究开发。

第八十一条　县级人民政府应当为动物卫生监督机构配备与

动物、动物产品检疫工作相适应的官方兽医，保障检疫工作条件。

县级人民政府农业农村主管部门可以根据动物防疫工作需要，向乡、镇或者特定区域派驻兽医机构或者工作人员。

第八十二条 国家鼓励和支持执业兽医、乡村兽医和动物诊疗机构开展动物防疫和疫病诊疗活动；鼓励养殖企业、兽药及饲料生产企业组建动物防疫服务团队，提供防疫服务。地方人民政府组织村级防疫员参加动物疫病防治工作的，应当保障村级防疫员合理劳务报酬。

第八十三条 县级以上人民政府按照本级政府职责，将动物疫病的监测、预防、控制、净化、消灭，动物、动物产品的检疫和病死动物的无害化处理，以及监督管理所需经费纳入本级预算。

第八十四条 县级以上人民政府应当储备动物疫情应急处置所需的防疫物资。

第八十五条 对在动物疫病预防、控制、净化、消灭过程中强制扑杀的动物、销毁的动物产品和相关物品，县级以上人民政府给予补偿。具体补偿标准和办法由国务院财政部门会同有关部门制定。

第八十六条 对从事动物疫病预防、检疫、监督检查、现场处理疫情以及在工作中接触动物疫病病原体的人员，有关单位按照国家规定，采取有效的卫生防护、医疗保健措施，给予畜牧兽医医疗卫生津贴等相关待遇。

第十一章 法律责任

第八十七条 地方各级人民政府及其工作人员未依照本法规

定履行职责的，对直接负责的主管人员和其他直接责任人员依法给予处分。

第八十八条 县级以上人民政府农业农村主管部门及其工作人员违反本法规定，有下列行为之一的，由本级人民政府责令改正，通报批评；对直接负责的主管人员和其他直接责任人员依法给予处分：

（一）未及时采取预防、控制、扑灭等措施的；

（二）对不符合条件的颁发动物防疫条件合格证、动物诊疗许可证，或者对符合条件的拒不颁发动物防疫条件合格证、动物诊疗许可证的；

（三）从事与动物防疫有关的经营性活动，或者违法收取费用的；

（四）其他未依照本法规定履行职责的行为。

第八十九条 动物卫生监督机构及其工作人员违反本法规定，有下列行为之一的，由本级人民政府或者农业农村主管部门责令改正，通报批评；对直接负责的主管人员和其他直接责任人员依法给予处分：

（一）对未经检疫或者检疫不合格的动物、动物产品出具检疫证明、加施检疫标志，或者对检疫合格的动物、动物产品拒不出具检疫证明、加施检疫标志的；

（二）对附有检疫证明、检疫标志的动物、动物产品重复检疫的；

（三）从事与动物防疫有关的经营性活动，或者违法收取费用的；

（四）其他未依照本法规定履行职责的行为。

第九十条 动物疫病预防控制机构及其工作人员违反本法规定，有下列行为之一的，由本级人民政府或者农业农村主管部门责令改正，通报批评；对直接负责的主管人员和其他直接责任人员依法给予处分：

（一）未履行动物疫病监测、检测、评估职责或者伪造监测、检测、评估结果的；

（二）发生动物疫情时未及时进行诊断、调查的；

（三）接到染疫或者疑似染疫报告后，未及时按照国家规定采取措施、上报的；

（四）其他未依照本法规定履行职责的行为。

第九十一条 地方各级人民政府、有关部门及其工作人员瞒报、谎报、迟报、漏报或者授意他人瞒报、谎报、迟报动物疫情，或者阻碍他人报告动物疫情的，由上级人民政府或者有关部门责令改正，通报批评；对直接负责的主管人员和其他直接责任人员依法给予处分。

第九十二条 违反本法规定，有下列行为之一的，由县级以上地方人民政府农业农村主管部门责令限期改正，可以处一千元以下罚款；逾期不改正的，处一千元以上五千元以下罚款，由县级以上地方人民政府农业农村主管部门委托动物诊疗机构、无害化处理场所等代为处理，所需费用由违法行为人承担：

（一）对饲养的动物未按照动物疫病强制免疫计划或者免疫技术规范实施免疫接种的；

（二）对饲养的种用、乳用动物未按照国务院农业农村主管部门的要求定期开展疫病检测，或者经检测不合格而未按照规定处理的；

（三）对饲养的犬只未按照规定定期进行狂犬病免疫接种的；

（四）动物、动物产品的运载工具在装载前和卸载后未按照规定及时清洗、消毒的。

第九十三条 违反本法规定，对经强制免疫的动物未按照规定建立免疫档案，或者未按照规定加施畜禽标识的，依照《中华人民共和国畜牧法》的有关规定处罚。

第九十四条 违反本法规定，动物、动物产品的运载工具、垫料、包装物、容器等不符合国务院农业农村主管部门规定的动物防疫要求的，由县级以上地方人民政府农业农村主管部门责令改正，可以处五千元以下罚款；情节严重的，处五千元以上五万元以下罚款。

第九十五条 违反本法规定，对染疫动物及其排泄物、染疫动物产品或者被染疫动物、动物产品污染的运载工具、垫料、包装物、容器等未按照规定处置的，由县级以上地方人民政府农业农村主管部门责令限期处理；逾期不处理的，由县级以上地方人民政府农业农村主管部门委托有关单位代为处理，所需费用由违法行为人承担，处五千元以上五万元以下罚款。

造成环境污染或者生态破坏的，依照环境保护有关法律法规进行处罚。

第九十六条 违反本法规定，患有人畜共患传染病的人员，直接从事动物疫病监测、检测、检验检疫，动物诊疗以及易感染动物的饲养、屠宰、经营、隔离、运输等活动的，由县级以上地方人民政府农业农村或者野生动物保护主管部门责令改正；拒不改正的，处一千元以上一万元以下罚款；情节严重的，处一万元以上五万元以下罚款。

第九十七条 违反本法第二十九条规定，屠宰、经营、运输动物或者生产、经营、加工、贮藏、运输动物产品的，由县级以上地方人民政府农业农村主管部门责令改正、采取补救措施，没收违法所得、动物和动物产品，并处同类检疫合格动物、动物产品货值金额十五倍以上三十倍以下罚款；同类检疫合格动物、动物产品货值金额不足一万元的，并处五万元以上十五万元以下罚款；其中依法应当检疫而未检疫的，依照本法第一百条的规定处罚。

前款规定的违法行为人及其法定代表人（负责人）、直接负责的主管人员和其他直接责任人员，自处罚决定作出之日起五年内不得从事相关活动；构成犯罪的，终身不得从事屠宰、经营、运输动物或者生产、经营、加工、贮藏、运输动物产品等相关活动。

第九十八条 违反本法规定，有下列行为之一的，由县级以上地方人民政府农业农村主管部门责令改正，处三千元以上三万元以下罚款；情节严重的，责令停业整顿，并处三万元以上十万元以下罚款：

（一）开办动物饲养场和隔离场所、动物屠宰加工场所以及动物和动物产品无害化处理场所，未取得动物防疫条件合格证的；

（二）经营动物、动物产品的集贸市场不具备国务院农业农村主管部门规定的防疫条件的；

（三）未经备案从事动物运输的；

（四）未按照规定保存行程路线和托运人提供的动物名称、检疫证明编号、数量等信息的；

（五）未经检疫合格，向无规定动物疫病区输入动物、动物产品的；

（六）跨省、自治区、直辖市引进种用、乳用动物到达输入地后未按照规定进行隔离观察的；

（七）未按照规定处理或者随意弃置病死动物、病害动物产品的。

第九十九条 动物饲养场和隔离场所、动物屠宰加工场所以及动物和动物产品无害化处理场所，生产经营条件发生变化，不再符合本法第二十四条规定的动物防疫条件继续从事相关活动的，由县级以上地方人民政府农业农村主管部门给予警告，责令限期改正；逾期仍达不到规定条件的，吊销动物防疫条件合格证，并通报市场监督管理部门依法处理。

第一百条 违反本法规定，屠宰、经营、运输的动物未附有检疫证明，经营和运输的动物产品未附有检疫证明、检疫标志的，由县级以上地方人民政府农业农村主管部门责令改正，处同类检疫合格动物、动物产品货值金额一倍以下罚款；对货主以外的承运人处运输费用三倍以上五倍以下罚款，情节严重的，处五倍以上十倍以下罚款。

违反本法规定，用于科研、展示、演出和比赛等非食用性利用的动物未附有检疫证明的，由县级以上地方人民政府农业农村主管部门责令改正，处三千元以上一万元以下罚款。

第一百零一条 违反本法规定，将禁止或者限制调运的特定动物、动物产品由动物疫病高风险区调入低风险区的，由县级以上地方人民政府农业农村主管部门没收运输费用、违法运输的动物和动物产品，并处运输费用一倍以上五倍以下罚款。

第一百零二条 违反本法规定，通过道路跨省、自治区、直辖市运输动物，未经省、自治区、直辖市人民政府设立的指定通道入省境或者过省境的，由县级以上地方人民政府农业农村主管部门对运输人处五千元以上一万元以下罚款；情节严重的，处一万元以上五万元以下罚款。

第一百零三条 违反本法规定，转让、伪造或者变造检疫证明、检疫标志或者畜禽标识的，由县级以上地方人民政府农业农村主管部门没收违法所得和检疫证明、检疫标志、畜禽标识，并处五千元以上五万元以下罚款。

持有、使用伪造或者变造的检疫证明、检疫标志或者畜禽标识的，由县级以上人民政府农业农村主管部门没收检疫证明、检疫标志、畜禽标识和对应的动物、动物产品，并处三千元以上三万元以下罚款。

第一百零四条 违反本法规定，有下列行为之一的，由县级以上地方人民政府农业农村主管部门责令改正，处三千元以上三万元以下罚款：

（一）擅自发布动物疫情的；

（二）不遵守县级以上人民政府及其农业农村主管部门依法作出的有关控制动物疫病规定的；

（三）藏匿、转移、盗掘已被依法隔离、封存、处理的动物和动物产品的。

第一百零五条 违反本法规定，未取得动物诊疗许可证从事动物诊疗活动的，由县级以上地方人民政府农业农村主管部门责令停止诊疗活动，没收违法所得，并处违法所得一倍以上三倍以下罚款；违法所得不足三万元的，并处三千元以上三万元以下罚款。

动物诊疗机构违反本法规定，未按照规定实施卫生安全防护、消毒、隔离和处置诊疗废弃物的，由县级以上地方人民政府农业农村主管部门责令改正，处一千元以上一万元以下罚款；造成动物疫病扩散的，处一万元以上五万元以下罚款；情节严重的，吊销动物诊疗许可证。

第一百零六条 违反本法规定，未经执业兽医备案从事经营性动物诊疗活动的，由县级以上地方人民政府农业农村主管部门责令停止动物诊疗活动，没收违法所得，并处三千元以上三万元以下罚款；对其所在的动物诊疗机构处一万元以上五万元以下罚款。

执业兽医有下列行为之一的，由县级以上地方人民政府农业农村主管部门给予警告，责令暂停六个月以上一年以下动物诊疗活动；情节严重的，吊销执业兽医资格证书：

（一）违反有关动物诊疗的操作技术规范，造成或者可能造成动物疫病传播、流行的；

（二）使用不符合规定的兽药和兽医器械的；

（三）未按照当地人民政府或者农业农村主管部门要求参加动物疫病预防、控制和动物疫情扑灭活动的。

第一百零七条 违反本法规定，生产经营兽医器械，产品质量不符合要求的，由县级以上地方人民政府农业农村主管部门责令限期整改；情节严重的，责令停业整顿，并处二万元以上十万元以下罚款。

第一百零八条 违反本法规定，从事动物疫病研究、诊疗和动物饲养、屠宰、经营、隔离、运输，以及动物产品生产、经营、加工、贮藏、无害化处理等活动的单位和个人，有下列行为之一的，由县级以上地方人民政府农业农村主管部门责令改正，可以处一万元以下罚款；拒不改正的，处一万元以上五万元以下罚款，并可以责令停业整顿：

（一）发现动物染疫、疑似染疫未报告，或者未采取隔离等控制措施的；

（二）不如实提供与动物防疫有关的资料的；

（三）拒绝或者阻碍农业农村主管部门进行监督检查的；

（四）拒绝或者阻碍动物疫病预防控制机构进行动物疫病监测、检测、评估的；

（五）拒绝或者阻碍官方兽医依法履行职责的。

第一百零九条 违反本法规定，造成人畜共患传染病传播、流行的，依法从重给予处分、处罚。

违反本法规定，构成违反治安管理行为的，依法给予治安管理处罚；构成犯罪的，依法追究刑事责任。

违反本法规定，给他人人身、财产造成损害的，依法承担民事责任。

第十二章 附 则

第一百一十条 本法下列用语的含义：

（一）无规定动物疫病区，是指具有天然屏障或者采取人工措施，在一定期限内没有发生规定的一种或者几种动物疫病，并经验收合格的区域；

（二）无规定动物疫病生物安全隔离区，是指处于同一生物安全管理体系下，在一定期限内没有发生规定的一种或者几种动物疫病的若干动物饲养场及其辅助生产场所构成的，并经验收合格的特定小型区域；

（三）病死动物，是指染疫死亡、因病死亡、死因不明或者经检验检疫可能危害人体或者动物健康的死亡动物；

（四）病害动物产品，是指来源于病死动物的产品，或者经检验检疫可能危害人体或者动物健康的动物产品。

第一百一十一条 境外无规定动物疫病区和无规定动物疫病生物安全隔离区的无疫等效性评估，参照本法有关规定执行。

第一百一十二条 实验动物防疫有特殊要求的，按照实验动物管理的有关规定执行。

第一百一十三条 本法自2021年5月1日起施行。

中华人民共和国畜牧法

（2005年12月29日第十届全国人民代表大会常务委员会第十九次会议通过　根据2015年4月24日第十二届全国人民代表大会常务委员会第十四次会议《关于修改〈中华人民共和国计量法〉等五部法律的决定》修正）

目　　录

第一章　总　　则

第一条　为了规范畜牧业生产经营行为，保障畜禽产品质量安全，保护和合理利用畜禽遗传资源，维护畜牧业生产经营者的合法权益，促进畜牧业持续健康发展，制定本法。

第二条　在中华人民共和国境内从事畜禽的遗传资源保护利用、繁育、饲养、经营、运输等活动，适用本法。

本法所称畜禽，是指列入依照本法第十一条规定公布的畜禽遗传资源目录的畜禽。

蜂、蚕的资源保护利用和生产经营，适用本法有关规定。

第三条　国家支持畜牧业发展，发挥畜牧业在发展农业、农村经济和增加农民收入中的作用。县级以上人民政府应当采取措施，加强畜牧业基础设施建设，鼓励和扶持发展规模化养殖，推进畜牧产业化经营，提高畜牧业综合生产能力，发展优质、高效、生态、安全的畜牧业。

国家帮助和扶持少数民族地区、贫困地区畜牧业的发展，保护和合理利用草原，改善畜牧业生产条件。

第四条　国家采取措施，培养畜牧兽医专业人才，发展畜牧兽医科学技术研究和推广事业，开展畜牧兽医科学技术知识的教育宣传工作和畜牧兽医信息服务，推进畜牧业科技进步。

第五条 畜牧业生产经营者可以依法自愿成立行业协会，为成员提供信息、技术、营销、培训等服务，加强行业自律，维护成员和行业利益。

第六条 畜牧业生产经营者应当依法履行动物防疫和环境保护义务，接受有关主管部门依法实施的监督检查。

第七条 国务院畜牧兽医行政主管部门负责全国畜牧业的监督管理工作。县级以上地方人民政府畜牧兽医行政主管部门负责本行政区域内的畜牧业监督管理工作。

县级以上人民政府有关主管部门在各自的职责范围内，负责有关促进畜牧业发展的工作。

第八条 国务院畜牧兽医行政主管部门应当指导畜牧业生产经营者改善畜禽繁育、饲养、运输的条件和环境。

第二章 畜禽遗传资源保护

第九条 国家建立畜禽遗传资源保护制度。各级人民政府应当采取措施，加强畜禽遗传资源保护，畜禽遗传资源保护经费列入财政预算。

畜禽遗传资源保护以国家为主，鼓励和支持有关单位、个人依法发展畜禽遗传资源保护事业。

第十条 国务院畜牧兽医行政主管部门设立由专业人员组成的国家畜禽遗传资源委员会，负责畜禽遗传资源的鉴定、评估和畜禽新品种、配套系的审定，承担畜禽遗传资源保护和利用规划论证及有关畜禽遗传资源保护的咨询工作。

第十一条 国务院畜牧兽医行政主管部门负责组织畜禽遗传资源的调查工作，发布国家畜禽遗传资源状况报告，公布经国务院批准的畜禽遗传资源目录。

第十二条 国务院畜牧兽医行政主管部门根据畜禽遗传资源分布状况，制定全国畜禽遗传资源保护和利用规划，制定并公布国家级畜禽遗传资源保护名录，对原产我国的珍贵、稀有、濒危的畜禽遗传资源实行重点保护。

省级人民政府畜牧兽医行政主管部门根据全国畜禽遗传资源保护和利用规划及本行政区域内畜禽遗传资源状况，制定和公布省级畜禽遗传资源保护名录，并报国务院畜牧兽医行政主管部门备案。

第十三条 国务院畜牧兽医行政主管部门根据全国畜禽遗传资源保护和利用规划及国家级畜禽遗传资源保护名录，省级人民政府畜牧兽医行政主管部门根据省级畜禽遗传资源保护名录，分别建立或者确定畜禽遗传资源保种场、保护区和基因库，承担畜禽遗传资源保护任务。

享受中央和省级财政资金支持的畜禽遗传资源保种场、保护区和基因库，未经国务院畜牧兽医行政主管部门或者省级人民政府畜牧兽医行政主管部门批准，不得擅自处理受保护的畜禽遗传资源。

畜禽遗传资源基因库应当按照国务院畜牧兽医行政主管部门或者省级人民政府畜牧兽医行政主管部门的规定，定期采集和更新畜禽遗传材料。有关单位、个人应当配合畜禽遗传资源基因库采集畜禽遗传材料，并有权获得适当的经济补偿。

畜禽遗传资源保种场、保护区和基因库的管理办法由国务院畜牧兽医行政主管部门制定。

第十四条 新发现的畜禽遗传资源在国家畜禽遗传资源委员会鉴定前，省级人民政府畜牧兽医行政主管部门应当制定保护方案，采取临时保护措施，并报国务院畜牧兽医行政主管部门备案。

第十五条 从境外引进畜禽遗传资源的，应当向省级人民政府畜牧兽医行政主管部门提出申请；受理申请的畜牧兽医行政主管部门经审核，报国务院畜牧兽医行政主管部门经评估论证后批准。经批准的，依照《中华人民共和国进出境动植物检疫法》的规定办理相关手续并实施检疫。

从境外引进的畜禽遗传资源被发现对境内畜禽遗传资源、生态环境有危害或者可能产生危害的，国务院畜牧兽医行政主管部门应当商有关主管部门，采取相应的安全控制措施。

第十六条 向境外输出或者在境内与境外机构、个人合作研究利用列入保护名录的畜禽遗传资源的，应当向省级人民政府畜牧兽医行政主管部门提出申请，同时提出国家共享惠益的方案；受理申请的畜牧兽医行政主管部门经审核，报国务院畜牧兽医行政主管部门批准。

向境外输出畜禽遗传资源的，还应当依照《中华人民共和国进出境动植物检疫法》的规定办理相关手续并实施检疫。

新发现的畜禽遗传资源在国家畜禽遗传资源委员会鉴定前，不得向境外输出，不得与境外机构、个人合作研究利用。

第十七条 畜禽遗传资源的进出境和对外合作研究利用的审批办法由国务院规定。

第三章　种畜禽品种选育与生产经营

第十八条　国家扶持畜禽品种的选育和优良品种的推广使用，支持企业、院校、科研机构和技术推广单位开展联合育种，建立畜禽良种繁育体系。

第十九条　培育的畜禽新品种、配套系和新发现的畜禽遗传资源在推广前，应当通过国家畜禽遗传资源委员会审定或者鉴定，并由国务院畜牧兽医行政主管部门公告。畜禽新品种、配套系的审定办法和畜禽遗传资源的鉴定办法，由国务院畜牧兽医行政主管部门制定。审定或者鉴定所需的试验、检测等费用由申请者承担，收费办法由国务院财政、价格部门会同国务院畜牧兽医行政主管部门制定。

培育新的畜禽品种、配套系进行中间试验，应当经试验所在地省级人民政府畜牧兽医行政主管部门批准。

畜禽新品种、配套系培育者的合法权益受法律保护。

第二十条　转基因畜禽品种的培育、试验、审定和推广，应当符合国家有关农业转基因生物管理的规定。

第二十一条　省级以上畜牧兽医技术推广机构可以组织开展种畜优良个体登记，向社会推荐优良种畜。优良种畜登记规则由国务院畜牧兽医行政主管部门制定。

第二十二条　从事种畜禽生产经营或者生产商品代仔畜、雏禽的单位、个人，应当取得种畜禽生产经营许可证。

申请取得种畜禽生产经营许可证，应当具备下列条件：

（一）生产经营的种畜禽必须是通过国家畜禽遗传资源委员

会审定或者鉴定的品种、配套系，或者是经批准引进的境外品种、配套系；

（二）有与生产经营规模相适应的畜牧兽医技术人员；

（三）有与生产经营规模相适应的繁育设施设备；

（四）具备法律、行政法规和国务院畜牧兽医行政主管部门规定的种畜禽防疫条件；

（五）有完善的质量管理和育种记录制度；

（六）具备法律、行政法规规定的其他条件。

第二十三条 申请取得生产家畜卵子、冷冻精液、胚胎等遗传材料的生产经营许可证，除应当符合本法第二十二条第二款规定的条件外，还应当具备下列条件：

（一）符合国务院畜牧兽医行政主管部门规定的实验室、保存和运输条件；

（二）符合国务院畜牧兽医行政主管部门规定的种畜数量和质量要求；

（三）体外授精取得的胚胎、使用的卵子来源明确，供体畜符合国家规定的种畜健康标准和质量要求；

（四）符合国务院畜牧兽医行政主管部门规定的其他技术要求。

第二十四条 申请取得生产家畜卵子、冷冻精液、胚胎等遗传材料的生产经营许可证，应当向省级人民政府畜牧兽医行政主管部门提出申请。受理申请的畜牧兽医行政主管部门应当自收到申请之日起六十个工作日内依法决定是否发给生产经营许可证。

其他种畜禽的生产经营许可证由县级以上地方人民政府畜牧兽医行政主管部门审核发放，具体审核发放办法由省级人民政府规定。

种畜禽生产经营许可证样式由国务院畜牧兽医行政主管部门制定，许可证有效期为三年。发放种畜禽生产经营许可证可以收取工本费，具体收费管理办法由国务院财政、价格部门制定。

第二十五条 种畜禽生产经营许可证应当注明生产经营者名称、场（厂）址、生产经营范围及许可证有效期的起止日期等。

禁止任何单位、个人无种畜禽生产经营许可证或者违反种畜禽生产经营许可证的规定生产经营种畜禽。禁止伪造、变造、转让、租借种畜禽生产经营许可证。

第二十六条 农户饲养的种畜禽用于自繁自养和有少量剩余仔畜、雏禽出售的，农户饲养种公畜进行互助配种的，不需要办理种畜禽生产经营许可证。

第二十七条 专门从事家畜人工授精、胚胎移植等繁殖工作的人员，应当取得相应的国家职业资格证书。

第二十八条 发布种畜禽广告的，广告主应当提供种畜禽生产经营许可证和营业执照。广告内容应当符合有关法律、行政法规的规定，并注明种畜禽品种、配套系的审定或者鉴定名称；对主要性状的描述应当符合该品种、配套系的标准。

第二十九条 销售的种畜禽和家畜配种站（点）使用的种公畜，必须符合种用标准。销售种畜禽时，应当附具种畜禽场出具的种畜禽合格证明、动物防疫监督机构出具的检疫合格证明，销售的种畜还应当附具种畜禽场出具的家畜系谱。

生产家畜卵子、冷冻精液、胚胎等遗传材料，应当有完整的采集、销售、移植等记录，记录应当保存二年。

第三十条 销售种畜禽，不得有下列行为：

（一）以其他畜禽品种、配套系冒充所销售的种畜禽品种、配套系；

（二）以低代别种畜禽冒充高代别种畜禽；

（三）以不符合种用标准的畜禽冒充种畜禽；

（四）销售未经批准进口的种畜禽；

（五）销售未附具本法第二十九条规定的种畜禽合格证明、检疫合格证明的种畜禽或者未附具家畜系谱的种畜；

（六）销售未经审定或者鉴定的种畜禽品种、配套系。

第三十一条　申请进口种畜禽的，应当持有种畜禽生产经营许可证。进口种畜禽的批准文件有效期为六个月。

进口的种畜禽应当符合国务院畜牧兽医行政主管部门规定的技术要求。首次进口的种畜禽还应当由国家畜禽遗传资源委员会进行种用性能的评估。

种畜禽的进出口管理除适用前两款的规定外，还适用本法第十五条和第十六条的相关规定。

国家鼓励畜禽养殖者对进口的畜禽进行新品种、配套系的选育；选育的新品种、配套系在推广前，应当经国家畜禽遗传资源委员会审定。

第三十二条　种畜禽场和孵化场（厂）销售商品代仔畜、雏禽的，应当向购买者提供其销售的商品代仔畜、雏禽的主要生产性能指标、免疫情况、饲养技术要求和有关咨询服务，并附具动物防疫监督机构出具的检疫合格证明。

销售种畜禽和商品代仔畜、雏禽，因质量问题给畜禽养殖者造成损失的，应当依法赔偿损失。

第三十三条　县级以上人民政府畜牧兽医行政主管部门负责

种畜禽质量安全的监督管理工作。种畜禽质量安全的监督检验应当委托具有法定资质的种畜禽质量检验机构进行；所需检验费用按照国务院规定列支，不得向被检验人收取。

第三十四条 蚕种的资源保护、新品种选育、生产经营和推广适用本法有关规定，具体管理办法由国务院农业行政主管部门制定。

第四章 畜禽养殖

第三十五条 县级以上人民政府畜牧兽医行政主管部门应当根据畜牧业发展规划和市场需求，引导和支持畜牧业结构调整，发展优势畜禽生产，提高畜禽产品市场竞争力。

国家支持草原牧区开展草原围栏、草原水利、草原改良、饲草饲料基地等草原基本建设，优化畜群结构，改良牲畜品种，转变生产方式，发展舍饲圈养、划区轮牧，逐步实现畜草平衡，改善草原生态环境。

第三十六条 国务院和省级人民政府应当在其财政预算内安排支持畜牧业发展的良种补贴、贴息补助等资金，并鼓励有关金融机构通过提供贷款、保险服务等形式，支持畜禽养殖者购买优良畜禽、繁育良种、改善生产设施、扩大养殖规模，提高养殖效益。

第三十七条 国家支持农村集体经济组织、农民和畜牧业合作经济组织建立畜禽养殖场、养殖小区，发展规模化、标准化养殖。乡（镇）土地利用总体规划应当根据本地实际情况安排畜禽养殖用地。农村集体经济组织、农民、畜牧业合作经济组织按照乡（镇）土地利用总体规划建立的畜禽养殖场、养殖小区用地按农业用地管理。畜禽养殖场、养殖小区用地使用权期限届满，需要恢复为原用途的，由畜禽养殖场、养殖小区土地使用权人负责恢复。在畜禽养殖场、养殖小区用地范围内需要兴建永久性建（构）筑物，涉及农用地转用的，依照《中华人民共和国土地管理法》的规定办理。

第三十八条 国家设立的畜牧兽医技术推广机构，应当向农民提供畜禽养殖技术培训、良种推广、疫病防治等服务。县级以上人民政府应当保障国家设立的畜牧兽医技术推广机构从事公益性技术服务的工作经费。

国家鼓励畜禽产品加工企业和其他相关生产经营者为畜禽养殖者提供所需的服务。

第三十九条 畜禽养殖场、养殖小区应当具备下列条件：

（一）有与其饲养规模相适应的生产场所和配套的生产设施；

（二）有为其服务的畜牧兽医技术人员；

（三）具备法律、行政法规和国务院畜牧兽医行政主管部门规定的防疫条件；

（四）有对畜禽粪便、废水和其他固体废弃物进行综合利用的沼气池等设施或者其他无害化处理设施；

（五）具备法律、行政法规规定的其他条件。

养殖场、养殖小区兴办者应当将养殖场、养殖小区的名称、养殖地址、畜禽品种和养殖规模，向养殖场、养殖小区所在地县级人民政府畜牧兽医行政主管部门备案，取得畜禽标识代码。

省级人民政府根据本行政区域畜牧业发展状况制定畜禽养殖场、养殖小区的规模标准和备案程序。

第四十条 禁止在下列区域内建设畜禽养殖场、养殖小区：

（一）生活饮用水的水源保护区，风景名胜区，以及自然保护区的核心区和缓冲区；

（二）城镇居民区、文化教育科学研究区等人口集中区域；

（三）法律、法规规定的其他禁养区域。

第四十一条 畜禽养殖场应当建立养殖档案，载明以下内容：

（一）畜禽的品种、数量、繁殖记录、标识情况、来源和进出场日期；

（二）饲料、饲料添加剂、兽药等投入品的来源、名称、使用对象、时间和用量；

（三）检疫、免疫、消毒情况；

（四）畜禽发病、死亡和无害化处理情况；

（五）国务院畜牧兽医行政主管部门规定的其他内容。

第四十二条 畜禽养殖场应当为其饲养的畜禽提供适当的繁殖条件和生存、生长环境。

第四十三条 从事畜禽养殖，不得有下列行为：

（一）违反法律、行政法规的规定和国家技术规范的强制性要求使用饲料、饲料添加剂、兽药；

（二）使用未经高温处理的餐馆、食堂的泔水饲喂家畜；

（三）在垃圾场或者使用垃圾场中的物质饲养畜禽；

（四）法律、行政法规和国务院畜牧兽医行政主管部门规定的危害人和畜禽健康的其他行为。

第四十四条 从事畜禽养殖，应当依照《中华人民共和国动物防疫法》的规定，做好畜禽疫病的防治工作。

第四十五条 畜禽养殖者应当按照国家关于畜禽标识管理的规

定，在应当加施标识的畜禽的指定部位加施标识。畜牧兽医行政主管部门提供标识不得收费，所需费用列入省级人民政府财政预算。

畜禽标识不得重复使用。

第四十六条 畜禽养殖场、养殖小区应当保证畜禽粪便、废水及其他固体废弃物综合利用或者无害化处理设施的正常运转，保证污染物达标排放，防止污染环境。

畜禽养殖场、养殖小区违法排放畜禽粪便、废水及其他固体废弃物，造成环境污染危害的，应当排除危害，依法赔偿损失。

国家支持畜禽养殖场、养殖小区建设畜禽粪便、废水及其他固体废弃物的综合利用设施。

第四十七条 国家鼓励发展养蜂业，维护养蜂生产者的合法权益。

有关部门应当积极宣传和推广蜜蜂授粉农艺措施。

第四十八条 养蜂生产者在生产过程中，不得使用危害蜂产品质量安全的药品和容器，确保蜂产品质量。养蜂器具应当符合国家技术规范的强制性要求。

第四十九条 养蜂生产者在转地放蜂时，当地公安、交通运输、畜牧兽医等有关部门应当为其提供必要的便利。

养蜂生产者在国内转地放蜂，凭国务院畜牧兽医行政主管部门统一格式印制的检疫合格证明运输蜂群，在检疫合格证明有效期内不得重复检疫。

第五章 畜禽交易与运输

第五十条 县级以上人民政府应当促进开放统一、竞争有序的畜禽交易市场建设。

县级以上人民政府畜牧兽医行政主管部门和其他有关主管部门应当组织搜集、整理、发布畜禽产销信息，为生产者提供信息服务。

第五十一条 县级以上地方人民政府根据农产品批发市场发展规划，对在畜禽集散地建立畜禽批发市场给予扶持。

畜禽批发市场选址，应当符合法律、行政法规和国务院畜牧兽医行政主管部门规定的动物防疫条件，并距离种畜禽场和大型畜禽养殖场三公里以外。

第五十二条 进行交易的畜禽必须符合国家技术规范的强制性要求。

国务院畜牧兽医行政主管部门规定应当加施标识而没有标识的畜禽，不得销售和收购。

第五十三条 运输畜禽，必须符合法律、行政法规和国务院畜牧兽医行政主管部门规定的动物防疫条件，采取措施保护畜禽安全，并为运输的畜禽提供必要的空间和饲喂饮水条件。

有关部门对运输中的畜禽进行检查，应当有法律、行政法规的依据。

第六章 质量安全保障

第五十四条 县级以上人民政府应当组织畜牧兽医行政主管部门和其他有关主管部门，依照本法和有关法律、行政法规的规定，加强对畜禽饲养环境、种畜禽质量、饲料和兽药等投入品的使用以及畜禽交易与运输的监督管理。

第五十五条 国务院畜牧兽医行政主管部门应当制定畜禽标识和养殖档案管理办法，采取措施落实畜禽产品质量责任追究制度。

第五十六条 县级以上人民政府畜牧兽医行政主管部门应当制定畜禽质量安全监督检查计划，按计划开展监督抽查工作。

第五十七条 省级以上人民政府畜牧兽医行政主管部门应当组织制定畜禽生产规范，指导畜禽的安全生产。

第七章 法律责任

第五十八条 违反本法第十三条第二款规定，擅自处理受保护的畜禽遗传资源，造成畜禽遗传资源损失的，由省级以上人民政府畜牧兽医行政主管部门处五万元以上五十万元以下罚款。

第五十九条 违反本法有关规定，有下列行为之一的，由省级以上人民政府畜牧兽医行政主管部门责令停止违法行为，没收畜禽遗传资源和违法所得，并处一万元以上五万元以下罚款：

（一）未经审核批准，从境外引进畜禽遗传资源的；

（二）未经审核批准，在境内与境外机构、个人合作研究利用列入保护名录的畜禽遗传资源的；

（三）在境内与境外机构、个人合作研究利用未经国家畜禽遗传资源委员会鉴定的新发现的畜禽遗传资源的。

第六十条 未经国务院畜牧兽医行政主管部门批准，向境外输出畜禽遗传资源的，依照《中华人民共和国海关法》的有关规定追究法律责任。海关应当将扣留的畜禽遗传资源移送省级人民政府畜牧兽医行政主管部门处理。

第六十一条 违反本法有关规定，销售、推广未经审定或者鉴定的畜禽品种的，由县级以上人民政府畜牧兽医行政主管部门责令停止违法行为，没收畜禽和违法所得；违法所得在五万元以上的，并处违法所得一倍以上三倍以下罚款；没有违法所得或者违法所得不足五万元的，并处五千元以上五万元以下罚款。

第六十二条 违反本法有关规定，无种畜禽生产经营许可证或者违反种畜禽生产经营许可证的规定生产经营种畜禽的，转让、租借种畜禽生产经营许可证的，由县级以上人民政府畜牧兽医行政主管部门责令停止违法行为，没收违法所得；违法所得在三万元以上的，并处违法所得一倍以上三倍以下罚款；没有违法所得或者违法所得不足三万元的，并处三千元以上三万元以下罚款。违反种畜禽生产经营许可证的规定生产经营种畜禽或者转让、租借种畜禽生产经营许可证，情节严重的，并处吊销种畜禽生产经营许可证。

第六十三条 违反本法第二十八条规定的，依照《中华人民共和国广告法》的有关规定追究法律责任。

第六十四条 违反本法有关规定，使用的种畜禽不符合种用标准的，由县级以上地方人民政府畜牧兽医行政主管部门责令停止违法行为，没收违法所得；违法所得在五千元以上的，并处违法所得一倍以上二倍以下罚款；没有违法所得或者违法所得不足五千元的，并处一千元以上五千元以下罚款。

第六十五条 销售种畜禽有本法第三十条第一项至第四项违法行为之一的，由县级以上人民政府畜牧兽医行政主管部门或者工商行政管理部门责令停止销售，没收违法销售的畜禽和违法所得；违法所得在五万元以上的，并处违法所得一倍以上五倍以下罚款；没有违法所得或者违法所得不足五万元的，并处五千元以上五万元以下罚款；情节严重的，并处吊销种畜禽生产经营许可证或者营业执照。

第六十六条 违反本法第四十一条规定，畜禽养殖场未建立养殖档案的，或者未按照规定保存养殖档案的，由县级以上人民政府畜牧兽医行政主管部门责令限期改正，可以处一万元以下罚款。

第六十七条 违反本法第四十三条规定养殖畜禽的，依照有关法律、行政法规的规定处罚。

第六十八条 违反本法有关规定，销售的种畜禽未附具种畜禽合格证明、检疫合格证明、家畜系谱的，销售、收购国务院畜牧兽医行政主管部门规定应当加施标识而没有标识的畜禽的，或者重复使用畜禽标识的，由县级以上地方人民政府畜牧兽医行政主管部门或者工商行政管理部门责令改正，可以处二千元以下罚款。

违反本法有关规定，使用伪造、变造的畜禽标识的，由县级以上人民政府畜牧兽医行政主管部门没收伪造、变造的畜禽标识和违法所得，并处三千元以上三万元以下罚款。

第六十九条 销售不符合国家技术规范的强制性要求的畜禽的，由县级以上地方人民政府畜牧兽医行政主管部门或者工商行政管理部门责令停止违法行为，没收违法销售的畜禽和违法所得，并处违法所得一倍以上三倍以下罚款；情节严重的，由工商行政管理部门并处吊销营业执照。

第七十条 畜牧兽医行政主管部门的工作人员利用职务上的便利，收受他人财物或者谋取其他利益，对不符合法定条件的单位、个人核发许可证或者有关批准文件，不履行监督职责，或者发现违法行为不予查处的，依法给予行政处分。

第七十一条 违反本法规定，构成犯罪的，依法追究刑事责任。

第八章 附 则

第七十二条 本法所称畜禽遗传资源，是指畜禽及其卵子（蛋）、胚胎、精液、基因物质等遗传材料。

本法所称种畜禽，是指经过选育、具有种用价值、适于繁殖后代的畜禽及其卵子（蛋）、胚胎、精液等。

第七十三条 本法自2006年7月1日起施行。

中华人民共和国
进出境动植物检疫法

（1991年10月30日第七届全国人民代表大会常务委员会第二十二次会议通过 根据2009年8月27日第十一届全国人民代表大会常务委员会第十次会议《关于修改部分法律的决定》修正）

目 录

第一章　总　　则

第一条　为防止动物传染病、寄生虫病和植物危险性病、虫、杂草以及其他有害生物（以下简称病虫害）传入、传出国境，保护农、林、牧、渔业生产和人体健康，促进对外经济贸易的发展，制定本法。

第二条　进出境的动植物、动植物产品和其他检疫物，装载动植物、动植物产品和其他检疫物的装载容器、包装物，以及来自动植物疫区的运输工具，依照本法规定实施检疫。

第三条　国务院设立动植物检疫机关（以下简称国家动植物检疫机关），统一管理全国进出境动植物检疫工作。国家动植物检疫机关在对外开放的口岸和进出境动植物检疫业务集中的地点设立的口岸动植物检疫机关，依照本法规定实施进出境动植物检疫。

贸易性动物产品出境的检疫机关，由国务院根据情况规定。

国务院农业行政主管部门主管全国进出境动植物检疫工作。

第四条　口岸动植物检疫机关在实施检疫时可以行使下列职权：

（一）依照本法规定登船、登车、登机实施检疫；

（二）进入港口、机场、车站、邮局以及检疫物的存放、加工、养殖、种植场所实施检疫，并依照规定采样；

（三）根据检疫需要，进入有关生产、仓库等场所，进行疫情监测、调查和检疫监督管理；

（四）查阅、复制、摘录与检疫物有关的运行日志、货运单、合同、发票及其他单证。

第五条 国家禁止下列各物进境：

（一）动植物病原体（包括菌种、毒种等）、害虫及其他有害生物；

（二）动植物疫情流行的国家和地区的有关动植物、动植物产品和其他检疫物；

（三）动物尸体；

（四）土壤。

口岸动植物检疫机关发现有前款规定的禁止进境物的，作退回或者销毁处理。

因科学研究等特殊需要引进本条第一款规定的禁止进境物的，必须事先提出申请，经国家动植物检疫机关批准。

本条第一款第二项规定的禁止进境物的名录，由国务院农业行政主管部门制定并公布。

第六条 国外发生重大动植物疫情并可能传入中国时，国务院应当采取紧急预防措施，必要时可以下令禁止来自动植物疫区的运输工具进境或者封锁有关口岸；受动植物疫情威胁地区的地方人民政府和有关口岸动植物检疫机关，应当立即采取紧急措施，同时向上级人民政府和国家动植物检疫机关报告。

邮电、运输部门对重大动植物疫情报告和送检材料应当优先传送。

第七条 国家动植物检疫机关和口岸动植物检疫机关对进出境动植物、动植物产品的生产、加工、存放过程，实行检疫监督制度。

第八条 口岸动植物检疫机关在港口、机场、车站、邮局执行检疫任务时，海关、交通、民航、铁路、邮电等有关部门应当配合。

第九条 动植物检疫机关检疫人员必须忠于职守，秉公执法。

动植物检疫机关检疫人员依法执行公务，任何单位和个人不得阻挠。

第二章 进境检疫

第十条 输入动物、动物产品、植物种子、种苗及其他繁殖材料的，必须事先提出申请，办理检疫审批手续。

第十一条 通过贸易、科技合作、交换、赠送、援助等方式输入动植物、动植物产品和其他检疫物的，应当在合同或者协议中订明中国法定的检疫要求，并订明必须附有输出国家或者地区政府动植物检疫机关出具的检疫证书。

第十二条 货主或者其代理人应当在动植物、动植物产品和其他检疫物进境前或者进境时持输出国家或者地区的检疫证书、贸易合同等单证，向进境口岸动植物检疫机关报检。

第十三条 装载动物的运输工具抵达口岸时，口岸动植物检疫机关应当采取现场预防措施，对上下运输工具或者接近动物的人员、装载动物的运输工具和被污染的场地作防疫消毒处理。

第十四条 输入动植物、动植物产品和其他检疫物，应当在进境口岸实施检疫。未经口岸动植物检疫机关同意，不得卸离运输工具。

输入动植物，需隔离检疫的，在口岸动植物检疫机关指定的隔离场所检疫。

因口岸条件限制等原因，可以由国家动植物检疫机关决定将动植物、动植物产品和其他检疫物运往指定地点检疫。在运输、装卸过程中，货主或者其代理人应当采取防疫措施。指定的存放、加工和隔离饲养或者隔离种植的场所，应当符合动植物检疫和防疫的规定。

第十五条 输入动植物、动植物产品和其他检疫物，经检疫合格的，准予进境；海关凭口岸动植物检疫机关签发的检疫单证或者在报关单上加盖的印章验放。

输入动植物、动植物产品和其他检疫物，需调离海关监管区检疫的，海关凭口岸动植物检疫机关签发的《检疫调离通知单》验放。

第十六条 输入动物，经检疫不合格的，由口岸动植物检疫机关签发《检疫处理通知单》，通知货主或者其代理人作如下处理：

（一）检出一类传染病、寄生虫病的动物，连同其同群动物全群退回或者全群扑杀并销毁尸体；

（二）检出二类传染病、寄生虫病的动物，退回或者扑杀，同群其他动物在隔离场或者其他指定地点隔离观察。

输入动物产品和其他检疫物经检疫不合格的，由口岸动植物检疫机关签发《检疫处理通知单》，通知货主或者其代理人作除害、退回或者销毁处理。经除害处理合格的，准予进境。

第十七条 输入植物、植物产品和其他检疫物，经检疫发现有植物危险性病、虫、杂草的，由口岸动植物检疫机关签发《检疫处理通知单》，通知货主或者其代理人作除害、退回或者销毁处理。经除害处理合格的，准予进境。

第十八条 本法第十六条第一款第一项、第二项所称一类、二类动物传染病、寄生虫病的名录和本法第十七条所称植物危险性病、虫、杂草的名录，由国务院农业行政主管部门制定并公布。

第十九条 输入动植物、动植物产品和其他检疫物，经检疫发现有本法第十八条规定的名录之外，对农、林、牧、渔业有严重危害的其他病虫害的，由口岸动植物检疫机关依照国务院农业行政主管部门的规定，通知货主或者其代理人作除害、退回或者销毁处理。经除害处理合格的，准予进境。

第三章 出境检疫

第二十条 货主或者其代理人在动植物、动植物产品和其他检疫物出境前，向口岸动植物检疫机关报检。

出境前需经隔离检疫的动物，在口岸动植物检疫机关指定的隔离场所检疫。

第二十一条 输出动植物、动植物产品和其他检疫物，由口岸动植物检疫机关实施检疫，经检疫合格或者经除害处理合格的，准予出境；海关凭口岸动植物检疫机关签发的检疫证书或者在报关单上加盖的印章验放。检疫不合格又无有效方法作除害处理的，不准出境。

第二十二条 经检疫合格的动植物、动植物产品和其他检疫物，有下列情形之一的，货主或者其代理人应当重新报检：

（一）更改输入国家或者地区，更改后的输入国家或者地区又有不同检疫要求的；

（二）改换包装或者原未拼装后来拼装的；

（三）超过检疫规定有效期限的。

第四章 过境检疫

第二十三条 要求运输动物过境的，必须事先商得中国国家动植物检疫机关同意，并按照指定的口岸和路线过境。

装载过境动物的运输工具、装载容器、饲料和铺垫材料，必须符合中国动植物检疫的规定。

第二十四条 运输动植物、动植物产品和其他检疫物过境的，由承运人或者押运人持货运单和输出国家或者地区政府动植物检疫机关出具的检疫证书，在进境时向口岸动植物检疫机关报检，出境口岸不再检疫。

第二十五条 过境的动物经检疫合格的，准予过境；发现有本法第十八条规定的名录所列的动物传染病、寄生虫病的，全群动物不准过境。

过境动物的饲料受病虫害污染的，作除害、不准过境或者销毁处理。

过境的动物的尸体、排泄物、铺垫材料及其他废弃物，必须按照动植物检疫机关的规定处理，不得擅自抛弃。

第二十六条 对过境植物、动植物产品和其他检疫物，口岸动植物检疫机关检查运输工具或者包装，经检疫合格的，准予过境；发现有本法第十八条规定的名录所列的病虫害的，作除害处理或者不准过境。

第二十七条 动植物、动植物产品和其他检疫物过境期间，未经动植物检疫机关批准，不得开拆包装或者卸离运输工具。

第五章 携带、邮寄物检疫

第二十八条 携带、邮寄植物种子、种苗及其他繁殖材料进境的，必须事先提出申请，办理检疫审批手续。

第二十九条 禁止携带、邮寄进境的动植物、动植物产品和其他检疫物的名录，由国务院农业行政主管部门制定并公布。

携带、邮寄前款规定的名录所列的动植物、动植物产品和其他检疫物进境的，作退回或者销毁处理。

第三十条 携带本法第二十九条规定的名录以外的动植物、动植物产品和其他检疫物进境的，在进境时向海关申报并接受口岸动植物检疫机关检疫。

携带动物进境的，必须持有输出国家或者地区的检疫证书等证件。

第三十一条 邮寄本法第二十九条规定的名录以外的动植物、动植物产品和其他检疫物进境的，由口岸动植物检疫机关在国际邮件互换局实施检疫，必要时可以取回口岸动植物检疫机关检疫；未经检疫不得运递。

第三十二条 邮寄进境的动植物、动植物产品和其他检疫物，经检疫或者除害处理合格后放行；经检疫不合格又无有效方法作除害处理的，作退回或者销毁处理，并签发《检疫处理通知单》。

第三十三条 携带、邮寄出境的动植物、动植物产品和其他检疫物，物主有检疫要求的，由口岸动植物检疫机关实施检疫。

第六章 运输工具检疫

第三十四条 来自动植物疫区的船舶、飞机、火车抵达口岸时，由口岸动植物检疫机关实施检疫。发现有本法第十八条规定的名录所列的病虫害的，作不准带离运输工具、除害、封存或者销毁处理。

第三十五条 进境的车辆，由口岸动植物检疫机关作防疫消毒处理。

第三十六条 进出境运输工具上的泔水、动植物性废弃物，依照口岸动植物检疫机关的规定处理，不得擅自抛弃。

第三十七条 装载出境的动植物、动植物产品和其他检疫物的运输工具，应当符合动植物检疫和防疫的规定。

第三十八条 进境供拆船用的废旧船舶，由口岸动植物检疫机关实施检疫，发现有本法第十八条规定的名录所列的病虫害的，作除害处理。

第七章 法律责任

第三十九条 违反本法规定，有下列行为之一的，由口岸动植物检疫机关处以罚款：

（一）未报检或者未依法办理检疫审批手续的；

（二）未经口岸动植物检疫机关许可擅自将进境动植物、动植物产品或者其他检疫物卸离运输工具或者运递的；

（三）擅自调离或者处理在口岸动植物检疫机关指定的隔离场所中隔离检疫的动植物的。

第四十条 报检的动植物、动植物产品或者其他检疫物与实际不符的，由口岸动植物检疫机关处以罚款；已取得检疫单证的，予以吊销。

第四十一条 违反本法规定，擅自开拆过境动植物、动植物产品或者其他检疫物的包装的，擅自将过境动植物、动植物产品或者其他检疫物卸离运输工具的，擅自抛弃过境动物的尸体、排泄物、铺垫材料或者其他废弃物的，由动植物检疫机关处以罚款。

第四十二条 违反本法规定，引起重大动植物疫情的，依照刑法有关规定追究刑事责任。

第四十三条 伪造、变造检疫单证、印章、标志、封识，依照刑法有关规定追究刑事责任。

第四十四条 当事人对动植物检疫机关的处罚决定不服的，可以在接到处罚通知之日起十五日内向作出处罚决定的机关的上一级机关申请复议；当事人也可以在接到处罚通知之日起十五日内直接向人民法院起诉。

复议机关应当在接到复议申请之日起六十日内作出复议决定。当事人对复议决定不服的，可以在接到复议决定之日起十五日内向人民法院起诉。复议机关逾期不作出复议决定的，当事人可以在复议期满之日起十五日内向人民法院起诉。

当事人逾期不申请复议也不向人民法院起诉、又不履行处罚决定的，作出处罚决定的机关可以申请人民法院强制执行。

第四十五条 动植物检疫机关检疫人员滥用职权，徇私舞弊，伪造检疫结果，或者玩忽职守，延误检疫出证，构成犯罪的，依法追究刑事责任；不构成犯罪的，给予行政处分。

第八章 附 则

第四十六条 本法下列用语的含义是：

（一）“动物”是指饲养、野生的活动物，如畜、禽、兽、蛇、龟、鱼、虾、蟹、贝、蚕、蜂等；

（二）“动物产品”是指来源于动物未经加工或者虽经加工但仍有可能传播疫病的产品，如生皮张、毛类、肉类、脏器、油脂、动物水产品、奶制品、蛋类、血液、精液、胚胎、骨、蹄、角等；

（三）“植物”是指栽培植物、野生植物及其种子、种苗及其他繁殖材料等；

（四）“植物产品”是指来源于植物未经加工或者虽经加工但仍有可能传播病虫害的产品，如粮食、豆、棉花、油、麻、烟草、籽仁、干果、鲜果、蔬菜、生药材、木材、饲料等；

（五）“其他检疫物”是指动物疫苗、血清、诊断液、动植物性废弃物等。

第四十七条 中华人民共和国缔结或者参加的有关动植物检疫的国际条约与本法有不同规定的，适用该国际条约的规定。但是，中华人民共和国声明保留的条款除外。

第四十八条 口岸动植物检疫机关实施检疫依照规定收费。收费办法由国务院农业行政主管部门会同国务院物价等有关主管部门制定。

第四十九条 国务院根据本法制定实施条例。

第五十条 本法自1992年4月1日起施行。1982年6月4日国务院发布的《中华人民共和国进出口动植物检疫条例》同时废止。

中华人民共和国传染病防治法

（1989年2月21日第七届全国人民代表大会常务委员会第六次会议通过　2004年8月28日第十届全国人民代表大会常务委员会第十一次会议修订　根据2013年6月29日第十二届全国人民代表大会常务委员会第三次会议《关于修改〈中华人民共和国文物保护法〉等十二部法律的决定》修正）

目　　录

第一章　总　　则

第一条　为了预防、控制和消除传染病的发生与流行，保障人体健康和公共卫生，制定本法。

第二条　国家对传染病防治实行预防为主的方针，防治结合、分类管理、依靠科学、依靠群众。

第三条　本法规定的传染病分为甲类、乙类和丙类。

甲类传染病是指：鼠疫、霍乱。

乙类传染病是指：传染性非典型肺炎、艾滋病、病毒性肝炎、脊髓灰质炎、人感染高致病性禽流感、麻疹、流行性出血热、狂犬病、流行性乙型脑炎、登革热、炭疽、细菌性和阿米巴性痢疾、肺结核、伤寒和副伤寒、流行性脑脊髓膜炎、百日咳、白喉、新生儿破伤风、猩红热、布鲁氏菌病、淋病、梅毒、钩端螺旋体病、血吸虫病、疟疾。

丙类传染病是指：流行性感冒、流行性腮腺炎、风疹、急性出血性结膜炎、麻风病、流行性和地方性斑疹伤寒、黑热病、包虫病、丝虫病，除霍乱、细菌性和阿米巴性痢疾、伤寒和副伤寒以外的感染性腹泻病。

国务院卫生行政部门根据传染病暴发、流行情况和危害程度，可以决定增加、减少或者调整乙类、丙类传染病病种并予以公布。

第四条 对乙类传染病中传染性非典型肺炎、炭疽中的肺炭疽和人感染高致病性禽流感，采取本法所称甲类传染病的预防、控制措施。其他乙类传染病和突发原因不明的传染病需要采取本法所称甲类传染病的预防、控制措施的，由国务院卫生行政部门及时报经国务院批准后予以公布、实施。

需要解除依照前款规定采取的甲类传染病预防、控制措施的，由国务院卫生行政部门报经国务院批准后予以公布。

省、自治区、直辖市人民政府对本行政区域内常见、多发的其他地方性传染病，可以根据情况决定按照乙类或者丙类传染病管理并予以公布，报国务院卫生行政部门备案。

第五条 各级人民政府领导传染病防治工作。

县级以上人民政府制定传染病防治规划并组织实施，建立健全传染病防治的疾病预防控制、医疗救治和监督管理体系。

第六条 国务院卫生行政部门主管全国传染病防治及其监督管理工作。县级以上地方人民政府卫生行政部门负责本行政区域内的传染病防治及其监督管理工作。

县级以上人民政府其他部门在各自的职责范围内负责传染病防治工作。

军队的传染病防治工作，依照本法和国家有关规定办理，由中国人民解放军卫生主管部门实施监督管理。

第七条 各级疾病预防控制机构承担传染病监测、预测、流行病学调查、疫情报告以及其他预防、控制工作。

医疗机构承担与医疗救治有关的传染病防治工作和责任区域内的传染病预防工作。城市社区和农村基层医疗机构在疾病预防控制机构的指导下，承担城市社区、农村基层相应的传染病防治工作。

第八条 国家发展现代医学和中医药等传统医学，支持和鼓励开展传染病防治的科学研究，提高传染病防治的科学技术水平。

国家支持和鼓励开展传染病防治的国际合作。

第九条 国家支持和鼓励单位和个人参与传染病防治工作。各级人民政府应当完善有关制度，方便单位和个人参与防治传染病的宣传教育、疫情报告、志愿服务和捐赠活动。

居民委员会、村民委员会应当组织居民、村民参与社区、农村的传染病预防与控制活动。

第十条 国家开展预防传染病的健康教育。新闻媒体应当无偿开展传染病防治和公共卫生教育的公益宣传。

各级各类学校应当对学生进行健康知识和传染病预防知识的教育。

医学院校应当加强预防医学教育和科学研究，对在校学生以及其他与传染病防治相关人员进行预防医学教育和培训，为传染病防治工作提供技术支持。

疾病预防控制机构、医疗机构应当定期对其工作人员进行传染病防治知识、技能的培训。

第十一条 对在传染病防治工作中做出显著成绩和贡献的单位和个人，给予表彰和奖励。

对因参与传染病防治工作致病、致残、死亡的人员，按照有关规定给予补助、抚恤。

第十二条 在中华人民共和国领域内的一切单位和个人，必须接受疾病预防控制机构、医疗机构有关传染病的调查、检验、采集样本、隔离治疗等预防、控制措施，如实提供有关情况。疾病预防控制机构、医疗机构不得泄露涉及个人隐私的有关信息、资料。

卫生行政部门以及其他有关部门、疾病预防控制机构和医疗机构因违法实施行政管理或者预防、控制措施，侵犯单位和个人合法权益的，有关单位和个人可以依法申请行政复议或者提起诉讼。

第二章 传染病预防

第十三条 各级人民政府组织开展群众性卫生活动，进行预防传染病的健康教育，倡导文明健康的生活方式，提高公众对传染病的防治意识和应对能力，加强环境卫生建设，消除鼠害和蚊、蝇等病媒生物的危害。

各级人民政府农业、水利、林业行政部门按照职责分工负责指导和组织消除农田、湖区、河流、牧场、林区的鼠害与血吸虫危害，以及其他传播传染病的动物和病媒生物的危害。

铁路、交通、民用航空行政部门负责组织消除交通工具以及相关场所的鼠害和蚊、蝇等病媒生物的危害。

第十四条 地方各级人民政府应当有计划地建设和改造公共卫生设施，改善饮用水卫生条件，对污水、污物、粪便进行无害化处置。

第十五条 国家实行有计划的预防接种制度。国务院卫生行政部门和省、自治区、直辖市人民政府卫生行政部门，根据传染病预防、控制的需要，制定传染病预防接种规划并组织实施。用于预防接种的疫苗必须符合国家质量标准。

国家对儿童实行预防接种证制度。国家免疫规划项目的预防接种实行免费。医疗机构、疾病预防控制机构与儿童的监护人应当相互配合，保证儿童及时接受预防接种。具体办法由国务院制定。

第十六条 国家和社会应当关心、帮助传染病病人、病原携带者和疑似传染病病人，使其得到及时救治。任何单位和个人不得歧视传染病病人、病原携带者和疑似传染病病人。

传染病病人、病原携带者和疑似传染病病人，在治愈前或者在排除传染病嫌疑前，不得从事法律、行政法规和国务院卫生行政部门规定禁止从事的易使该传染病扩散的工作。

第十七条 国家建立传染病监测制度。

国务院卫生行政部门制定国家传染病监测规划和方案。省、自治区、直辖市人民政府卫生行政部门根据国家传染病监测规划和方案，制定本行政区域的传染病监测计划和工作方案。

各级疾病预防控制机构对传染病的发生、流行以及影响其发生、流行的因素，进行监测；对国外发生、国内尚未发生的传染病或者国内新发生的传染病，进行监测。

第十八条 各级疾病预防控制机构在传染病预防控制中履行下列职责：

（一）实施传染病预防控制规划、计划和方案；

（二）收集、分析和报告传染病监测信息，预测传染病的发生、流行趋势；

（三）开展对传染病疫情和突发公共卫生事件的流行病学调查、现场处理及其效果评价；

（四）开展传染病实验室检测、诊断、病原学鉴定；

（五）实施免疫规划，负责预防性生物制品的使用管理；

（六）开展健康教育、咨询，普及传染病防治知识；

（七）指导、培训下级疾病预防控制机构及其工作人员开展传染病监测工作；

（八）开展传染病防治应用性研究和卫生评价，提供技术咨询。

国家、省级疾病预防控制机构负责对传染病发生、流行以及分布进行监测，对重大传染病流行趋势进行预测，提出预防控制对策，参与并指导对暴发的疫情进行调查处理，开展传染病病原学鉴定，建立检测质量控制体系，开展应用性研究和卫生评价。

设区的市和县级疾病预防控制机构负责传染病预防控制规划、方案的落实，组织实施免疫、消毒、控制病媒生物的危害，普及传染病防治知识，负责本地区疫情和突发公共卫生事件监测、报告，开展流行病学调查和常见病原微生物检测。

第十九条 国家建立传染病预警制度。

国务院卫生行政部门和省、自治区、直辖市人民政府根据传染病发生、流行趋势的预测，及时发出传染病预警，根据情况予以公布。

第二十条 县级以上地方人民政府应当制定传染病预防、控制预案，报上一级人民政府备案。

传染病预防、控制预案应当包括以下主要内容：

（一）传染病预防控制指挥部的组成和相关部门的职责；

（二）传染病的监测、信息收集、分析、报告、通报制度；

（三）疾病预防控制机构、医疗机构在发生传染病疫情时的任务与职责；

（四）传染病暴发、流行情况的分级以及相应的应急工作方案；

（五）传染病预防、疫点疫区现场控制，应急设施、设备、救治药品和医疗器械以及其他物资和技术的储备与调用。

地方人民政府和疾病预防控制机构接到国务院卫生行政部门或者省、自治区、直辖市人民政府发出的传染病预警后，应当按照传染病预防、控制预案，采取相应的预防、控制措施。

第二十一条 医疗机构必须严格执行国务院卫生行政部门规定的管理制度、操作规范，防止传染病的医源性感染和医院感染。

医疗机构应当确定专门的部门或者人员，承担传染病疫情报告、本单位的传染病预防、控制以及责任区域内的传染病预防工作；承担医疗活动中与医院感染有关的危险因素监测、安全防护、消毒、隔离和医疗废物处置工作。

疾病预防控制机构应当指定专门人员负责对医疗机构内传染病预防工作进行指导、考核，开展流行病学调查。

第二十二条 疾病预防控制机构、医疗机构的实验室和从事病原微生物实验的单位，应当符合国家规定的条件和技术标准，建立严格的监督管理制度，对传染病病原体样本按照规定的措施实行严格监督管理，严防传染病病原体的实验室感染和病原微生物的扩散。

第二十三条 采供血机构、生物制品生产单位必须严格执行国家有关规定，保证血液、血液制品的质量。禁止非法采集血液或者组织他人出卖血液。

疾病预防控制机构、医疗机构使用血液和血液制品，必须遵守国家有关规定，防止因输入血液、使用血液制品引起经血液传播疾病的发生。

第二十四条 各级人民政府应当加强艾滋病的防治工作，采取预防、控制措施，防止艾滋病的传播。具体办法由国务院制定。

第二十五条 县级以上人民政府农业、林业行政部门以及其他有关部门，依据各自的职责负责与人畜共患传染病有关的动物传染病的防治管理工作。

与人畜共患传染病有关的野生动物、家畜家禽，经检疫合格后，方可出售、运输。

第二十六条 国家建立传染病菌种、毒种库。

对传染病菌种、毒种和传染病检测样本的采集、保藏、携带、运输和使用实行分类管理，建立健全严格的管理制度。

对可能导致甲类传染病传播的以及国务院卫生行政部门规定的菌种、毒种和传染病检测样本，确需采集、保藏、携带、运输和使用的，须经省级以上人民政府卫生行政部门批准。具体办法由国务院制定。

第二十七条 对被传染病病原体污染的污水、污物、场所和物品，有关单位和个人必须在疾病预防控制机构的指导下或者按照其提出的卫生要求，进行严格消毒处理；拒绝消毒处理的，由当地卫生行政部门或者疾病预防控制机构进行强制消毒处理。

第二十八条 在国家确认的自然疫源地计划兴建水利、交通、旅游、能源等大型建设项目的，应当事先由省级以上疾病预防控制机构对施工环境进行卫生调查。建设单位应当根据疾病预防控制机构的意见，采取必要的传染病预防、控制措施。施工期间，建设单位应当设专人负责工地上的卫生防疫工作。工程竣工后，疾病预防控制机构应当对可能发生的传染病进行监测。

第二十九条 用于传染病防治的消毒产品、饮用水供水单位供应的饮用水和涉及饮用水卫生安全的产品，应当符合国家卫生标准和卫生规范。

饮用水供水单位从事生产或者供应活动，应当依法取得卫生许可证。

生产用于传染病防治的消毒产品的单位和生产用于传染病防治的消毒产品，应当经省级以上人民政府卫生行政部门审批。具体办法由国务院制定。

第三章 疫情报告、通报和公布

第三十条 疾病预防控制机构、医疗机构和采供血机构及其执行职务的人员发现本法规定的传染病疫情或者发现其他传染病暴发、流行以及突发原因不明的传染病时，应当遵循疫情报告属地管理原则，按照国务院规定的或者国务院卫生行政部门规定的内容、程序、方式和时限报告。

军队医疗机构向社会公众提供医疗服务，发现前款规定的传染病疫情时，应当按照国务院卫生行政部门的规定报告。

第三十一条 任何单位和个人发现传染病病人或者疑似传染病病人时，应当及时向附近的疾病预防控制机构或者医疗机构报告。

第三十二条 港口、机场、铁路疾病预防控制机构以及国境卫生检疫机关发现甲类传染病病人、病原携带者、疑似传染病病人时，应当按照国家有关规定立即向国境口岸所在地的疾病预防控制机构或者所在地县级以上地方人民政府卫生行政部门报告并互相通报。

第三十三条 疾病预防控制机构应当主动收集、分析、调查、核实传染病疫情信息。接到甲类、乙类传染病疫情报告或者发现传染病暴发、流行时，应当立即报告当地卫生行政部门，由当地卫生行政部门立即报告当地人民政府，同时报告上级卫生行政部门和国务院卫生行政部门。

疾病预防控制机构应当设立或者指定专门的部门、人员负责传染病疫情信息管理工作，及时对疫情报告进行核实、分析。

第三十四条 县级以上地方人民政府卫生行政部门应当及时向本行政区域内的疾病预防控制机构和医疗机构通报传染病疫情以及监测、预警的相关信息。接到通报的疾病预防控制机构和医疗机构应当及时告知本单位的有关人员。

第三十五条 国务院卫生行政部门应当及时向国务院其他有关部门和各省、自治区、直辖市人民政府卫生行政部门通报全国传染病疫情以及监测、预警的相关信息。

毗邻的以及相关的地方人民政府卫生行政部门，应当及时互相通报本行政区域的传染病疫情以及监测、预警的相关信息。

县级以上人民政府有关部门发现传染病疫情时，应当及时向同级人民政府卫生行政部门通报。

中国人民解放军卫生主管部门发现传染病疫情时，应当向国务院卫生行政部门通报。

第三十六条 动物防疫机构和疾病预防控制机构，应当及时互相通报动物间和人间发生的人畜共患传染病疫情以及相关信息。

第三十七条 依照本法的规定负有传染病疫情报告职责的人民政府有关部门、疾病预防控制机构、医疗机构、采供血机构及其工作人员，不得隐瞒、谎报、缓报传染病疫情。

第三十八条 国家建立传染病疫情信息公布制度。

国务院卫生行政部门定期公布全国传染病疫情信息。省、自治区、直辖市人民政府卫生行政部门定期公布本行政区域的传染病疫情信息。

传染病暴发、流行时，国务院卫生行政部门负责向社会公布传染病疫情信息，并可以授权省、自治区、直辖市人民政府卫生行政部门向社会公布本行政区域的传染病疫情信息。

公布传染病疫情信息应当及时、准确。

第四章　疫情控制

第三十九条 医疗机构发现甲类传染病时，应当及时采取下列措施：

（一）对病人、病原携带者，予以隔离治疗，隔离期限根据医学检查结果确定；

（二）对疑似病人，确诊前在指定场所单独隔离治疗；

（三）对医疗机构内的病人、病原携带者、疑似病人的密切接触者，在指定场所进行医学观察和采取其他必要的预防措施。

拒绝隔离治疗或者隔离期未满擅自脱离隔离治疗的，可以由公安机关协助医疗机构采取强制隔离治疗措施。

医疗机构发现乙类或者丙类传染病病人，应当根据病情采取必要的治疗和控制传播措施。

医疗机构对本单位内被传染病病原体污染的场所、物品以及医疗废物，必须依照法律、法规的规定实施消毒和无害化处置。

第四十条 疾病预防控制机构发现传染病疫情或者接到传染病疫情报告时，应当及时采取下列措施：

（一）对传染病疫情进行流行病学调查，根据调查情况提出划定疫点、疫区的建议，对被污染的场所进行卫生处理，对密切接触者，在指定场所进行医学观察和采取其他必要的预防措施，并向卫生行政部门提出疫情控制方案；

（二）传染病暴发、流行时，对疫点、疫区进行卫生处理，向卫生行政部门提出疫情控制方案，并按照卫生行政部门的要求采取措施；

（三）指导下级疾病预防控制机构实施传染病预防、控制措施，组织、指导有关单位对传染病疫情的处理。

第四十一条 对已经发生甲类传染病病例的场所或者该场所内的特定区域的人员，所在地的县级以上地方人民政府可以实施隔离措施，并同时向上一级人民政府报告；接到报告的上级人民政府应当即时作出是否批准的决定。上级人民政府作出不予批准决定的，实施隔离措施的人民政府应当立即解除隔离措施。

在隔离期间，实施隔离措施的人民政府应当对被隔离人员提供生活保障；被隔离人员有工作单位的，所在单位不得停止支付其隔离期间的工作报酬。

隔离措施的解除，由原决定机关决定并宣布。

第四十二条 传染病暴发、流行时，县级以上地方人民政府应当立即组织力量，按照预防、控制预案进行防治，切断传染病的传播途径，必要时，报经上一级人民政府决定，可以采取下列紧急措施并予以公告：

（一）限制或者停止集市、影剧院演出或者其他人群聚集的活动；

（二）停工、停业、停课；

（三）封闭或者封存被传染病病原体污染的公共饮用水源、食品以及相关物品；

（四）控制或者扑杀染疫野生动物、家畜家禽；

（五）封闭可能造成传染病扩散的场所。

上级人民政府接到下级人民政府关于采取前款所列紧急措施的报告时，应当即时作出决定。

紧急措施的解除，由原决定机关决定并宣布。

第四十三条 甲类、乙类传染病暴发、流行时，县级以上地方人民政府报经上一级人民政府决定，可以宣布本行政区域部分或者全部为疫区；国务院可以决定并宣布跨省、自治区、直辖市的疫区。县级以上地方人民政府可以在疫区内采取本法第四十二条规定的紧急措施，并可以对出入疫区的人员、物资和交通工具实施卫生检疫。

省、自治区、直辖市人民政府可以决定对本行政区域内的甲类传染病疫区实施封锁；但是，封锁大、中城市的疫区或者封锁跨省、自治区、直辖市的疫区，以及封锁疫区导致中断干线交通或者封锁国境的，由国务院决定。

疫区封锁的解除，由原决定机关决定并宣布。

第四十四条 发生甲类传染病时，为了防止该传染病通过交通工具及其乘运的人员、物资传播，可以实施交通卫生检疫。具体办法由国务院制定。

第四十五条 传染病暴发、流行时，根据传染病疫情控制的需要，国务院有权在全国范围或者跨省、自治区、直辖市范围内，县级以上地方人民政府有权在本行政区域内紧急调集人员或者调用储备物资，临时征用房屋、交通工具以及相关设施、设备。

紧急调集人员的，应当按照规定给予合理报酬。临时征用房屋、交通工具以及相关设施、设备的，应当依法给予补偿；能返还的，应当及时返还。

第四十六条 患甲类传染病、炭疽死亡的，应当将尸体立即进行卫生处理，就近火化。患其他传染病死亡的，必要时，应当将尸体进行卫生处理后火化或者按照规定深埋。

为了查找传染病病因，医疗机构在必要时可以按照国务院卫生行政部门的规定，对传染病病人尸体或者疑似传染病病人尸体进行解剖查验，并应当告知死者家属。

第四十七条 疫区中被传染病病原体污染或者可能被传染病病原体污染的物品，经消毒可以使用的，应当在当地疾病预防控制机构的指导下，进行消毒处理后，方可使用、出售和运输。

第四十八条 发生传染病疫情时，疾病预防控制机构和省级以上人民政府卫生行政部门指派的其他与传染病有关的专业技术机构，可以进入传染病疫点、疫区进行调查、采集样本、技术分析和检验。

第四十九条 传染病暴发、流行时，药品和医疗器械生产、供应单位应当及时生产、供应防治传染病的药品和医疗器械。铁路、交通、民用航空经营单位必须优先运送处理传染病疫情的人员以及防治传染病的药品和医疗器械。县级以上人民政府有关部门应当做好组织协调工作。

第五章 医疗救治

第五十条 县级以上人民政府应当加强和完善传染病医疗救治服务网络的建设，指定具备传染病救治条件和能力的医疗机构承担传染病救治任务，或者根据传染病救治需要设置传染病医院。

第五十一条 医疗机构的基本标准、建筑设计和服务流程，应当符合预防传染病医院感染的要求。

医疗机构应当按照规定对使用的医疗器械进行消毒；对按照规定一次使用的医疗器具，应当在使用后予以销毁。

医疗机构应当按照国务院卫生行政部门规定的传染病诊断标准和治疗要求，采取相应措施，提高传染病医疗救治能力。

第五十二条 医疗机构应当对传染病病人或者疑似传染病病人提供医疗救护、现场救援和接诊治疗，书写病历记录以及其他有关资料，并妥善保管。

医疗机构应当实行传染病预检、分诊制度；对传染病病人、疑似传染病病人，应当引导至相对隔离的分诊点进行初诊。医疗机构不具备相应救治能力的，应当将患者及其病历记录复印件一并转至具备相应救治能力的医疗机构。具体办法由国务院卫生行政部门规定。

第六章　监 督 管 理

第五十三条　县级以上人民政府卫生行政部门对传染病防治工作履行下列监督检查职责：

（一）对下级人民政府卫生行政部门履行本法规定的传染病防治职责进行监督检查；

（二）对疾病预防控制机构、医疗机构的传染病防治工作进行监督检查；

（三）对采供血机构的采供血活动进行监督检查；

（四）对用于传染病防治的消毒产品及其生产单位进行监督检查，并对饮用水供水单位从事生产或者供应活动以及涉及饮用水卫生安全的产品进行监督检查；

（五）对传染病菌种、毒种和传染病检测样本的采集、保藏、携带、运输、使用进行监督检查；

（六）对公共场所和有关单位的卫生条件和传染病预防、控制措施进行监督检查。

省级以上人民政府卫生行政部门负责组织对传染病防治重大事项的处理。

第五十四条　县级以上人民政府卫生行政部门在履行监督检查职责时，有权进入被检查单位和传染病疫情发生现场调查取证，查阅或者复制有关的资料和采集样本。被检查单位应当予以配合，不得拒绝、阻挠。

第五十五条 县级以上地方人民政府卫生行政部门在履行监督检查职责时，发现被传染病病原体污染的公共饮用水源、食品以及相关物品，如不及时采取控制措施可能导致传染病传播、流行的，可以采取封闭公共饮用水源、封存食品以及相关物品或者暂停销售的临时控制措施，并予以检验或者进行消毒。经检验，属于被污染的食品，应当予以销毁；对未被污染的食品或者经消毒后可以使用的物品，应当解除控制措施。

第五十六条 卫生行政部门工作人员依法执行职务时，应当不少于两人，并出示执法证件，填写卫生执法文书。

卫生执法文书经核对无误后，应当由卫生执法人员和当事人签名。当事人拒绝签名的，卫生执法人员应当注明情况。

第五十七条 卫生行政部门应当依法建立健全内部监督制度，对其工作人员依据法定职权和程序履行职责的情况进行监督。

上级卫生行政部门发现下级卫生行政部门不及时处理职责范围内的事项或者不履行职责的，应当责令纠正或者直接予以处理。

第五十八条 卫生行政部门及其工作人员履行职责，应当自觉接受社会和公民的监督。单位和个人有权向上级人民政府及其卫生行政部门举报违反本法的行为。接到举报的有关人民政府或者其卫生行政部门，应当及时调查处理。

第七章 保障措施

第五十九条 国家将传染病防治工作纳入国民经济和社会发

展计划，县级以上地方人民政府将传染病防治工作纳入本行政区域的国民经济和社会发展计划。

第六十条 县级以上地方人民政府按照本级政府职责负责本行政区域内传染病预防、控制、监督工作的日常经费。

国务院卫生行政部门会同国务院有关部门，根据传染病流行趋势，确定全国传染病预防、控制、救治、监测、预测、预警、监督检查等项目。中央财政对困难地区实施重大传染病防治项目给予补助。

省、自治区、直辖市人民政府根据本行政区域内传染病流行趋势，在国务院卫生行政部门确定的项目范围内，确定传染病预防、控制、监督等项目，并保障项目的实施经费。

第六十一条 国家加强基层传染病防治体系建设，扶持贫困地区和少数民族地区的传染病防治工作。

地方各级人民政府应当保障城市社区、农村基层传染病预防工作的经费。

第六十二条 国家对患有特定传染病的困难人群实行医疗救助，减免医疗费用。具体办法由国务院卫生行政部门会同国务院财政部门等部门制定。

第六十三条 县级以上人民政府负责储备防治传染病的药品、医疗器械和其他物资，以备调用。

第六十四条 对从事传染病预防、医疗、科研、教学、现场处理疫情的人员，以及在生产、工作中接触传染病病原体的其他人员，有关单位应当按照国家规定，采取有效的卫生防护措施和医疗保健措施，并给予适当的津贴。

第八章　法 律 责 任

第六十五条　地方各级人民政府未依照本法的规定履行报告职责，或者隐瞒、谎报、缓报传染病疫情，或者在传染病暴发、流行时，未及时组织救治、采取控制措施的，由上级人民政府责令改正，通报批评；造成传染病传播、流行或者其他严重后果的，对负有责任的主管人员，依法给予行政处分；构成犯罪的，依法追究刑事责任。

第六十六条　县级以上人民政府卫生行政部门违反本法规定，有下列情形之一的，由本级人民政府、上级人民政府卫生行政部门责令改正，通报批评；造成传染病传播、流行或者其他严重后果的，对负有责任的主管人员和其他直接责任人员，依法给予行政处分；构成犯罪的，依法追究刑事责任：

（一）未依法履行传染病疫情通报、报告或者公布职责，或者隐瞒、谎报、缓报传染病疫情的；

（二）发生或者可能发生传染病传播时未及时采取预防、控制措施的；

（三）未依法履行监督检查职责，或者发现违法行为不及时查处的；

（四）未及时调查、处理单位和个人对下级卫生行政部门不履行传染病防治职责的举报的；

（五）违反本法的其他失职、渎职行为。

第六十七条　县级以上人民政府有关部门未依照本法的规定履行传染病防治和保障职责的，由本级人民政府或者上级人民政府有关部门责令改正，通报批评；造成传染病传播、流行或者其他严重后果的，对负有责任的主管人员和其他直接责任人员，依法给予行政处分；构成犯罪的，依法追究刑事责任。

第六十八条 疾病预防控制机构违反本法规定，有下列情形之一的，由县级以上人民政府卫生行政部门责令限期改正，通报批评，给予警告；对负有责任的主管人员和其他直接责任人员，依法给予降级、撤职、开除的处分，并可以依法吊销有关责任人员的执业证书；构成犯罪的，依法追究刑事责任：

（一）未依法履行传染病监测职责的；

（二）未依法履行传染病疫情报告、通报职责，或者隐瞒、谎报、缓报传染病疫情的；

（三）未主动收集传染病疫情信息，或者对传染病疫情信息和疫情报告未及时进行分析、调查、核实的；

（四）发现传染病疫情时，未依据职责及时采取本法规定的措施的；

（五）故意泄露传染病病人、病原携带者、疑似传染病病人、密切接触者涉及个人隐私的有关信息、资料的。

第六十九条 医疗机构违反本法规定，有下列情形之一的，由县级以上人民政府卫生行政部门责令改正，通报批评，给予警告；造成传染病传播、流行或者其他严重后果的，对负有责任的主管人员和其他直接责任人员，依法给予降级、撤职、开除的处分，并可以依法吊销有关责任人员的执业证书；构成犯罪的，依法追究刑事责任：

（一）未按照规定承担本单位的传染病预防、控制工作、医院感染控制任务和责任区域内的传染病预防工作的；

（二）未按照规定报告传染病疫情，或者隐瞒、谎报、缓报传染病疫情的；

（三）发现传染病疫情时，未按照规定对传染病病人、疑似传染病病人提供医疗救护、现场救援、接诊、转诊的，或者拒绝接受转诊的；

（四）未按照规定对本单位内被传染病病原体污染的场所、物品以及医疗废物实施消毒或者无害化处置的；

（五）未按照规定对医疗器械进行消毒，或者对按照规定一次使用的医疗器具未予销毁，再次使用的；

（六）在医疗救治过程中未按照规定保管医学记录资料的；

（七）故意泄露传染病病人、病原携带者、疑似传染病病人、密切接触者涉及个人隐私的有关信息、资料的。

第七十条 采供血机构未按照规定报告传染病疫情，或者隐瞒、谎报、缓报传染病疫情，或者未执行国家有关规定，导致因输入血液引起经血液传播疾病发生的，由县级以上人民政府卫生行政部门责令改正，通报批评，给予警告；造成传染病传播、流行或者其他严重后果的，对负有责任的主管人员和其他直接责任人员，依法给予降级、撤职、开除的处分，并可以依法吊销采供血机构的执业许可证；构成犯罪的，依法追究刑事责任。

非法采集血液或者组织他人出卖血液的，由县级以上人民政府卫生行政部门予以取缔，没收违法所得，可以并处十万元以下的罚款；构成犯罪的，依法追究刑事责任。

第七十一条 国境卫生检疫机关、动物防疫机构未依法履行传染病疫情通报职责的，由有关部门在各自职责范围内责令改正，通报批评；造成传染病传播、流行或者其他严重后果的，对负有责任的主管人员和其他直接责任人员，依法给予降级、撤职、开除的处分；构成犯罪的，依法追究刑事责任。

第七十二条 铁路、交通、民用航空经营单位未依照本法的规定优先运送处理传染病疫情的人员以及防治传染病的药品和医疗器械的，由有关部门责令限期改正，给予警告；造成严重后果的，对负有责任的主管人员和其他直接责任人员，依法给予降级、撤职、开除的处分。

第七十三条 违反本法规定，有下列情形之一，导致或者可能导致传染病传播、流行的，由县级以上人民政府卫生行政部门责令限期改正，没收违法所得，可以并处五万元以下的罚款；已取得许可证的，原发证部门可以依法暂扣或者吊销许可证；构成犯罪的，依法追究刑事责任：

（一）饮用水供水单位供应的饮用水不符合国家卫生标准和卫生规范的；

（二）涉及饮用水卫生安全的产品不符合国家卫生标准和卫生规范的；

（三）用于传染病防治的消毒产品不符合国家卫生标准和卫生规范的；

（四）出售、运输疫区中被传染病病原体污染或者可能被传染病病原体污染的物品，未进行消毒处理的；

（五）生物制品生产单位生产的血液制品不符合国家质量标准的。

第七十四条 违反本法规定，有下列情形之一的，由县级以上地方人民政府卫生行政部门责令改正，通报批评，给予警告，已取得许可证的，可以依法暂扣或者吊销许可证；造成传染病传播、流行以及其他严重后果的，对负有责任的主管人员和其他直接责任人员，依法给予降级、撤职、开除的处分，并可以依法吊销有关责任人员的执业证书；构成犯罪的，依法追究刑事责任：

（一）疾病预防控制机构、医疗机构和从事病原微生物实验的单位，不符合国家规定的条件和技术标准，对传染病病原体样本未按照规定进行严格管理，造成实验室感染和病原微生物扩散的；

（二）违反国家有关规定，采集、保藏、携带、运输和使用传染病菌种、毒种和传染病检测样本的；

（三）疾病预防控制机构、医疗机构未执行国家有关规定，导致因输入血液、使用血液制品引起经血液传播疾病发生的。

第七十五条 未经检疫出售、运输与人畜共患传染病有关的野生动物、家畜家禽的，由县级以上地方人民政府畜牧兽医行政部门责令停止违法行为，并依法给予行政处罚。

第七十六条 在国家确认的自然疫源地兴建水利、交通、旅游、能源等大型建设项目，未经卫生调查进行施工的，或者未按照疾病预防控制机构的意见采取必要的传染病预防、控制措施的，由县级以上人民政府卫生行政部门责令限期改正，给予警告，处五千元以上三万元以下的罚款；逾期不改正的，处三万元以上十万元以下的罚款，并可以提请有关人民政府依据职责权限，责令停建、关闭。

第七十七条 单位和个人违反本法规定，导致传染病传播、流行，给他人人身、财产造成损害的，应当依法承担民事责任。

第九章 附 则

第七十八条 本法中下列用语的含义：

（一）传染病病人、疑似传染病病人：指根据国务院卫生行政部门发布的《中华人民共和国传染病防治法规定管理的传染病诊断标准》，符合传染病病人和疑似传染病病人诊断标准的人。

（二）病原携带者：指感染病原体无临床症状但能排出病原体的人。

（三）流行病学调查：指对人群中疾病或者健康状况的分布及其决定因素进行调查研究，提出疾病预防控制措施及保健对策。

（四）疫点：指病原体从传染源向周围播散的范围较小或者单个疫源地。

（五）疫区：指传染病在人群中暴发、流行，其病原体向周围播散时所能波及的地区。

（六）人畜共患传染病：指人与脊椎动物共同罹患的传染病，如鼠疫、狂犬病、血吸虫病等。

（七）自然疫源地：指某些可引起人类传染病的病原体在自然界的野生动物中长期存在和循环的地区。

（八）病媒生物：指能够将病原体从人或者其他动物传播给人的生物，如蚊、蝇、蚤类等。

（九）医源性感染：指在医学服务中，因病原体传播引起的感染。

（十）医院感染：指住院病人在医院内获得的感染，包括在住院期间发生的感染和在医院内获得出院后发生的感染，但不包括入院前已开始或者入院时已处于潜伏期的感染。医院工作人员在医院内获得的感染也属医院感染。

（十一）实验室感染：指从事实验室工作时，因接触病原体所致的感染。

（十二）菌种、毒种：指可能引起本法规定的传染病发生的细菌菌种、病毒毒种。

（十三）消毒：指用化学、物理、生物的方法杀灭或者消除环境中的病原微生物。

（十四）疾病预防控制机构：指从事疾病预防控制活动的疾病预防控制中心以及与上述机构业务活动相同的单位。

（十五）医疗机构：指按照《医疗机构管理条例》取得医疗机构执业许可证，从事疾病诊断、治疗活动的机构。

第七十九条 传染病防治中有关食品、药品、血液、水、医疗废物和病原微生物的管理以及动物防疫和国境卫生检疫，本法未规定的，分别适用其他有关法律、行政法规的规定。

第八十条 本法自2004年12月1日起施行。

重大动物疫情应急条例

（2015年11月18日中华人民共和国国务院令第450号发布 根据2017年10月7日《国务院关于修改部分行政法规的决定》修订）

第一章 总 则

第一条 为了迅速控制、扑灭重大动物疫情，保障养殖业生产安全，保护公众身体健康与生命安全，维护正常的社会秩序，根据《中华人民共和国动物防疫法》，制定本条例。

第二条 本条例所称重大动物疫情，是指高致病性禽流感等发病率或者死亡率高的动物疫病突然发生，迅速传播，给养殖业生产安全造成严重威胁、危害，以及可能对公众身体健康与生命安全造成危害的情形，包括特别重大动物疫情。

第三条 重大动物疫情应急工作应当坚持加强领导、密切配合，依靠科学、依法防治，群防群控、果断处置的方针，及时发现，快速反应，严格处理，减少损失。

第四条 重大动物疫情应急工作按照属地管理的原则，实行政府统一领导、部门分工负责，逐级建立责任制。

县级以上人民政府兽医主管部门具体负责组织重大动物疫情的监测、调查、控制、扑灭等应急工作。

县级以上人民政府林业主管部门、兽医主管部门按照职责分工，加强对陆生野生动物疫源疫病的监测。

县级以上人民政府其他有关部门在各自的职责范围内，做好重大动物疫情的应急工作。

第五条 出入境检验检疫机关应当及时收集境外重大动物疫情信息，加强进出境动物及其产品的检验检疫工作，防止动物疫病传入和传出。兽医主管部门要及时向出入境检验检疫机关通报国内重大动物疫情。

第六条 国家鼓励、支持开展重大动物疫情监测、预防、应急处理等有关技术的科学研究和国际交流与合作。

第七条 县级以上人民政府应当对参加重大动物疫情应急处理的人员给予适当补助，对作出贡献的人员给予表彰和奖励。

第八条 对不履行或者不按照规定履行重大动物疫情应急处

理职责的行为，任何单位和个人有权检举控告。

第二章　应急准备

第九条　国务院兽医主管部门应当制定全国重大动物疫情应急预案，报国务院批准，并按照不同动物疫病病种及其流行特点和危害程度，分别制定实施方案，报国务院备案。

县级以上地方人民政府根据本地区的实际情况，制定本行政区域的重大动物疫情应急预案，报上一级人民政府兽医主管部门备案。县级以上地方人民政府兽医主管部门，应当按照不同动物疫病病种及其流行特点和危害程度，分别制定实施方案。

重大动物疫情应急预案及其实施方案应当根据疫情的发展变化和实施情况，及时修改、完善。

第十条　重大动物疫情应急预案主要包括下列内容：

（一）应急指挥部的职责、组成以及成员单位的分工；

（二）重大动物疫情的监测、信息收集、报告和通报；

（三）动物疫病的确认、重大动物疫情的分级和相应的应急处理工作方案；

（四）重大动物疫情疫源的追踪和流行病学调查分析；

（五）预防、控制、扑灭重大动物疫情所需资金的来源、物资和技术的储备与调度；

（六）重大动物疫情应急处理设施和专业队伍建设。

第十一条　国务院有关部门和县级以上地方人民政府及其有关部门，应当根据重大动物疫情应急预案的要求，确保应急处理所需的疫苗、药品、设施设备和防护用品等物资的储备。

第十二条 县级以上人民政府应当建立和完善重大动物疫情监测网络和预防控制体系，加强动物防疫基础设施和乡镇动物防疫组织建设，并保证其正常运行，提高对重大动物疫情的应急处理能力。

第十三条 县级以上地方人民政府根据重大动物疫情应急需要，可以成立应急预备队，在重大动物疫情应急指挥部的指挥下，具体承担疫情的控制和扑灭任务。

应急预备队由当地兽医行政管理人员、动物防疫工作人员、有关专家、执业兽医等组成；必要时，可以组织动员社会上有一定专业知识的人员参加。公安机关、中国人民武装警察部队应当依法协助其执行任务。

应急预备队应当定期进行技术培训和应急演练。

第十四条 县级以上人民政府及其兽医主管部门应当加强对重大动物疫情应急知识和重大动物疫病科普知识的宣传，增强全社会的重大动物疫情防范意识。

第三章 监测、报告和公布

第十五条 动物防疫监督机构负责重大动物疫情的监测，饲养、经营动物和生产、经营动物产品的单位和个人应当配合，不得拒绝和阻碍。

第十六条 从事动物隔离、疫情监测、疫病研究与诊疗、检验检疫以及动物饲养、屠宰加工、运输、经营等活动的有关单位和个人，发现动物出现群体发病或者死亡的，应当立即向所在地的县（市）动物防疫监督机构报告。

第十七条 县（市）动物防疫监督机构接到报告后，应当立即赶赴现场调查核实。初步认为属于重大动物疫情的，应当在2小时内将情况逐级报省、自治区、直辖市动物防疫监督机构，并同时报所在地人民政府兽医主管部门；兽医主管部门应当及时通报同级卫生主管部门。

省、自治区、直辖市动物防疫监督机构应当在接到报告后1小时内，向省、自治区、直辖市人民政府兽医主管部门和国务院兽医主管部门所属的动物防疫监督机构报告。

省、自治区、直辖市人民政府兽医主管部门应当在接到报告后1小时内报本级人民政府和国务院兽医主管部门。

重大动物疫情发生后，省、自治区、直辖市人民政府和国务院兽医主管部门应当在4小时内向国务院报告。

第十八条 重大动物疫情报告包括下列内容：

（一）疫情发生的时间、地点；

（二）染疫、疑似染疫动物种类和数量、同群动物数量、免疫情况、死亡数量、临床症状、病理变化、诊断情况；

（三）流行病学和疫源追踪情况；

（四）已采取的控制措施；

（五）疫情报告的单位、负责人、报告人及联系方式。

第十九条 重大动物疫情由省、自治区、直辖市人民政府兽医主管部门认定；必要时，由国务院兽医主管部门认定。

第二十条 重大动物疫情由国务院兽医主管部门按照国家规定的程序，及时准确公布；其他任何单位和个人不得公布重大动物疫情。

第二十一条 重大动物疫病应当由动物防疫监督机构采集病

料。其他单位和个人采集病料的，应当具备以下条件：

（一）重大动物疫病病料采集目的、病原微生物的用途应当符合国务院兽医主管部门的规定；

（二）具有与采集病料相适应的动物病原微生物实验室条件；

（三）具有与采集病料所需要的生物安全防护水平相适应的设备，以及防止病原感染和扩散的有效措施。

从事重大动物疫病病原分离的，应当遵守国家有关生物安全管理规定，防止病原扩散。

第二十二条 国务院兽医主管部门应当及时向国务院有关部门和军队有关部门以及各省、自治区、直辖市人民政府兽医主管部门通报重大动物疫情的发生和处理情况。

第二十三条 发生重大动物疫情可能感染人群时，卫生主管部门应当对疫区内易受感染的人群进行监测，并采取相应的预防、控制措施。卫生主管部门和兽医主管部门应当及时相互通报情况。

第二十四条 有关单位和个人对重大动物疫情不得瞒报、谎报、迟报，不得授意他人瞒报、谎报、迟报，不得阻碍他人报告。

第二十五条 在重大动物疫情报告期间，有关动物防疫监督机构应当立即采取临时隔离控制措施；必要时，当地县级以上地方人民政府可以作出封锁决定并采取扑杀、销毁等措施。有关单位和个人应当执行。

第四章 应急处理

第二十六条 重大动物疫情发生后，国务院和有关地方人民政府设立的重大动物疫情应急指挥部统一领导、指挥重大动物疫情应急工作。

第二十七条 重大动物疫情发生后，县级以上地方人民政府兽医主管部门应当立即划定疫点、疫区和受威胁区，调查疫源，向本级人民政府提出启动重大动物疫情应急指挥系统、应急预案和对疫区实行封锁的建议，有关人民政府应当立即作出决定。

疫点、疫区和受威胁区的范围应当按照不同动物疫病病种及其流行特点和危害程度划定，具体划定标准由国务院兽医主管部门制定。

第二十八条 国家对重大动物疫情应急处理实行分级管理，按照应急预案确定的疫情等级，由有关人民政府采取相应的应急控制措施。

第二十九条 对疫点应当采取下列措施：

（一）扑杀并销毁染疫动物和易感染的动物及其产品；

（二）对病死的动物、动物排泄物、被污染饲料、垫料、污水进行无害化处理；

（三）对被污染的物品、用具、动物圈舍、场地进行严格消毒。

第三十条 对疫区应当采取下列措施：

（一）在疫区周围设置警示标志，在出入疫区的交通路口设置临时动物检疫消毒站，对出入的人员和车辆进行消毒；

（二）扑杀并销毁染疫和疑似染疫动物及其同群动物，销毁染疫和疑似染疫的动物产品，对其他易感染的动物实行圈养或者在指定地点放养，役用动物限制在疫区内使役；

（三）对易感染的动物进行监测，并按照国务院兽医主管部门的规定实施紧急免疫接种，必要时对易感染的动物进行扑杀；

（四）关闭动物及动物产品交易市场，禁止动物进出疫区和动物产品运出疫区；

（五）对动物圈舍、动物排泄物、垫料、污水和其他可能受污染的物品、场地，进行消毒或者无害化处理。

第三十一条 对受威胁区应当采取下列措施：

（一）对易感染的动物进行监测；

（二）对易感染的动物根据需要实施紧急免疫接种。

第三十二条 重大动物疫情应急处理中设置临时动物检疫消毒站以及采取隔离、扑杀、销毁、消毒、紧急免疫接种等控制、扑灭措施的，由有关重大动物疫情应急指挥部决定，有关单位和个人必须服从；拒不服从的，由公安机关协助执行。

第三十三条 国家对疫区、受威胁区内易感染的动物免费实施紧急免疫接种；对因采取扑杀、销毁等措施给当事人造成的已经证实的损失，给予合理补偿。紧急免疫接种和补偿所需费用，由中央财政和地方财政分担。

第三十四条 重大动物疫情应急指挥部根据应急处理需要，有权紧急调集人员、物资、运输工具以及相关设施、设备。

单位和个人的物资、运输工具以及相关设施、设备被征集使用的，有关人民政府应当及时归还并给予合理补偿。

第三十五条 重大动物疫情发生后，县级以上人民政府兽医主管部门应当及时提出疫点、疫区、受威胁区的处理方案，加强疫情监测、流行病学调查、疫源追踪工作，对染疫和疑似染疫动物及其同群动物和其他易感染动物的扑杀、销毁进行技术指导，并组织实施检验检疫、消毒、无害化处理和紧急免疫接种。

第三十六条 重大动物疫情应急处理中，县级以上人民政府有关部门应当在各自的职责范围内，做好重大动物疫情应急所需的物资紧急调度和运输、应急经费安排、疫区群众救济、人的疫病防治、肉食品供应、动物及其产品市场监管、出入境检验检疫和社会治安维护等工作。

中国人民解放军、中国人民武装警察部队应当支持配合驻地人民政府做好重大动物疫情的应急工作。

第三十七条 重大动物疫情应急处理中，乡镇人民政府、村民委员会、居民委员会应当组织力量，向村民、居民宣传动物疫病防治的相关知识，协助做好疫情信息的收集、报告和各项应急处理措施的落实工作。

第三十八条 重大动物疫情发生地的人民政府和毗邻地区的人民政府应当通力合作，相互配合，做好重大动物疫情的控制、扑灭工作。

第三十九条 有关人民政府及其有关部门对参加重大动物疫情应急处理的人员，应当采取必要的卫生防护和技术指导等措施。

第四十条 自疫区内最后一头（只）发病动物及其同群动物处理完毕起，经过一个潜伏期以上的监测，未出现新的病例的，彻底消毒后，经上一级动物防疫监督机构验收合格，由原发布封锁令的人民政府宣布解除封锁，撤销疫区；由原批准机关撤销在该疫区设立的临时动物检疫消毒站。

第四十一条 县级以上人民政府应当将重大动物疫情确认、疫区封锁、扑杀及其补偿、消毒、无害化处理、疫源追踪、疫情监测以及应急物资储备等应急经费列入本级财政预算。

第五章　法律责任

第四十二条　违反本条例规定，兽医主管部门及其所属的动物防疫监督机构有下列行为之一的，由本级人民政府或者上级人民政府有关部门责令立即改正、通报批评、给予警告；对主要负责人、负有责任的主管人员和其他责任人员，依法给予记大过、降级、撤职直至开除的行政处分；构成犯罪的，依法追究刑事责任：

（一）不履行疫情报告职责，瞒报、谎报、迟报或者授意他人瞒报、谎报、迟报，阻碍他人报告重大动物疫情的；

（二）在重大动物疫情报告期间，不采取临时隔离控制措施，导致动物疫情扩散的；

（三）不及时划定疫点、疫区和受威胁区，不及时向本级人民政府提出应急处理建议，或者不按照规定对疫点、疫区和受威胁区采取预防、控制、扑灭措施的；

（四）不向本级人民政府提出启动应急指挥系统、应急预案和对疫区的封锁建议的；

（五）对动物扑杀、销毁不进行技术指导或者指导不力，或者不组织实施检验检疫、消毒、无害化处理和紧急免疫接种的；

（六）其他不履行本条例规定的职责，导致动物疫病传播、流行，或者对养殖业生产安全和公众身体健康与生命安全造成严重危害的。

第四十三条　违反本条例规定，县级以上人民政府有关部门不履行应急处理职责，不执行对疫点、疫区和受威胁区采取的措施，或者对上级人民政府有关部门的疫情调查不予配合或者阻碍、拒绝的，由本级人民政府或者上级人民政府有关部门责令立即改正、通报批评、给予警告；对主要负责人、负有责任的主管人员和其他责任人员，依法给予记大过、降级、撤职直至开除的行政处分；构成犯罪的，依法追究刑事责任。

第四十四条 违反本条例规定，有关地方人民政府阻碍报告重大动物疫情，不履行应急处理职责，不按照规定对疫点、疫区和受威胁区采取预防、控制、扑灭措施，或者对上级人民政府有关部门的疫情调查不予配合或者阻碍、拒绝的，由上级人民政府责令立即改正、通报批评、给予警告；对政府主要领导人依法给予记大过、降级、撤职直至开除的行政处分；构成犯罪的，依法追究刑事责任。

第四十五条 截留、挪用重大动物疫情应急经费，或者侵占、挪用应急储备物资的，按照《财政违法行为处罚处分条例》的规定处理；构成犯罪的，依法追究刑事责任。

第四十六条 违反本条例规定，拒绝、阻碍动物防疫监督机构进行重大动物疫情监测，或者发现动物出现群体发病或者死亡，不向当地动物防疫监督机构报告的，由动物防疫监督机构给予警告，并处2000元以上5000元以下的罚款；构成犯罪的，依法追究刑事责任。

第四十七条 违反本条例规定，不符合相应条件采集重大动物疫病病料，或者在重大动物疫病病原分离时不遵守国家有关生物安全管理规定的，由动物防疫监督机构给予警告，并处5000元以下的罚款；构成犯罪的，依法追究刑事责任。

第四十八条 在重大动物疫情发生期间，哄抬物价、欺骗消费者，散布谣言、扰乱社会秩序和市场秩序的，由价格主管部门、工商行政管理部门或者公安机关依法给予行政处罚；构成犯罪的，依法追究刑事责任。

第六章　附　　则

第四十九条　本条例自公布之日起施行。

国家突发重大动物疫情应急预案

（2006 年 2 月 27 日）

1　总则

1.1　编制目的

及时、有效地预防、控制和扑灭突发重大动物疫情，最大程度地减轻突发重大动物疫情对畜牧业及公众健康造成的危害，保持经济持续稳定健康发展，保障人民身体健康安全。

1.2　编制依据

依据《中华人民共和国动物防疫法》、《中华人民共和国进出境动植物检疫法》和《国家突发公共事件总体应急预案》，制定本预案。

1.3　突发重大动物疫情分级

根据突发重大动物疫情的性质、危害程度、涉及范围，将突发重大动物疫情划分为特别重大（Ⅰ级）、重大（Ⅱ级）、较大（Ⅲ级）和一般（Ⅳ级）四级。

1.4 **适用范围**

本预案适用于突然发生，造成或者可能造成畜牧业生产严重损失和社会公众健康严重损害的重大动物疫情的应急处理工作。

1.5 **工作原则**

（1）统一领导，分级管理。各级人民政府统一领导和指挥突发重大动物疫情应急处理工作；疫情应急处理工作实行属地管理；地方各级人民政府负责扑灭本行政区域内的突发重大动物疫情，各有关部门按照预案规定，在各自的职责范围内做好疫情应急处理的有关工作。根据突发重大动物疫情的范围、性质和危害程度，对突发重大动物疫情实行分级管理。

（2）快速反应，高效运转。各级人民政府和兽医行政管理部门要依照有关法律、法规，建立和完善突发重大动物疫情应急体系、应急反应机制和应急处置制度，提高突发重大动物疫情应急处理能力；发生突发重大动物疫情时，各级人民政府要迅速作出反应，采取果断措施，及时控制和扑灭突发重大动物疫情。

（3）预防为主，群防群控。贯彻预防为主的方针，加强防疫知识的宣传，提高全社会防范突发重大动物疫情的意识；落实各项防范措施，做好人员、技术、物资和设备的应急储备工作，并根据需要定期开展技术培训和应急演练；开展疫情监测和预警预报，对各类可能引发突发重大动物疫情的情况要及时分析、预警，做到疫情早发现、快行动、严处理。突发重大动物疫情应急处理工作要依靠群众，全民防疫，动员一切资源，做到群防群控。

2　应急组织体系及职责

2.1　应急指挥机构

农业部在国务院统一领导下，负责组织、协调全国突发重大动物疫情应急处理工作。

县级以上地方人民政府兽医行政管理部门在本级人民政府统一领导下，负责组织、协调本行政区域内突发重大动物疫情应急处理工作。

国务院和县级以上地方人民政府根据本级人民政府兽医行政管理部门的建议和实际工作需要，决定是否成立全国和地方应急指挥部。

2.1.1　全国突发重大动物疫情应急指挥部的职责

国务院主管领导担任全国突发重大动物疫情应急指挥部总指挥，国务院办公厅负责同志、农业部部长担任副总指挥，全国突发重大动物疫情应急指挥部负责对特别重大突发动物疫情应急处理的统一领导、统一指挥，作出处理突发重大动物疫情的重大决策。指挥部成员单位根据突发重大动物疫情的性质和应急处理的需要确定。

指挥部下设办公室，设在农业部。负责按照指挥部要求，具体制定防治政策，部署扑灭重大动物疫情工作，并督促各地各有关部门按要求落实各项防治措施。

2.1.2　省级突发重大动物疫情应急指挥部的职责

省级突发重大动物疫情应急指挥部由省级人民政府有关部门组成，省级人民政府主管领导担任总指挥。省级突发重大动物疫情应急指挥部统一负责对本行政区域内突发重大动物疫情应急处理的指挥，作出处理本行政区域内突发重大动物疫情的决策，决定要采取的措施。

2.2 日常管理机构

农业部负责全国突发重大动物疫情应急处理的日常管理工作。

省级人民政府兽医行政管理部门负责本行政区域内突发重大动物疫情应急的协调、管理工作。

市（地）级、县级人民政府兽医行政管理部门负责本行政区域内突发重大动物疫情应急处置的日常管理工作。

2.3 专家委员会

农业部和省级人民政府兽医行政管理部门组建突发重大动物疫情专家委员会。

市（地）级和县级人民政府兽医行政管理部门可根据需要，组建突发重大动物疫情应急处理专家委员会。

2.4 应急处理机构

2.4.1 动物防疫监督机构：主要负责突发重大动物疫情报告，现场流行病学调查，开展现场临床诊断和实验室检测，加强疫病监测，对封锁、隔离、紧急免疫、扑杀、无害化处理、消毒等措施的实施进行指导、落实和监督。

2.4.2 出入境检验检疫机构：负责加强对出入境动物及动物产品的检验检疫、疫情报告、消毒处理、流行病学调查和宣传教育等。

3 突发重大动物疫情的监测、预警与报告

3.1 监测

国家建立突发重大动物疫情监测、报告网络体系。农业部和

地方各级人民政府兽医行政管理部门要加强对监测工作的管理和监督，保证监测质量。

3.2 **预警**

各级人民政府兽医行政管理部门根据动物防疫监督机构提供的监测信息，按照重大动物疫情的发生、发展规律和特点，分析其危害程度、可能的发展趋势，及时做出相应级别的预警，依次用红色、橙色、黄色和蓝色表示特别严重、严重、较重和一般四个预警级别。

3.3 **报告**

任何单位和个人有权向各级人民政府及其有关部门报告突发重大动物疫情及其隐患，有权向上级政府部门举报不履行或者不按照规定履行突发重大动物疫情应急处理职责的部门、单位及个人。

3.3.1 责任报告单位和责任报告人

（1）责任报告单位

a. 县级以上地方人民政府所属动物防疫监督机构；

b. 各动物疫病国家参考实验室和相关科研院校；

c. 出入境检验检疫机构；

d. 兽医行政管理部门；

e. 县级以上地方人民政府；

f. 有关动物饲养、经营和动物产品生产、经营的单位，各类动物诊疗机构等相关单位。

（2）责任报告人

执行职务的各级动物防疫监督机构、出入境检验检疫机构的兽医人员；各类动物诊疗机构的兽医；饲养、经营动物和生产、经营动物产品的人员。

3.3.2　报告形式

各级动物防疫监督机构应按国家有关规定报告疫情；其他责任报告单位和个人以电话或书面形式报告。

3.3.3　报告时限和程序

发现可疑动物疫情时，必须立即向当地县（市）动物防疫监督机构报告。县（市）动物防疫监督机构接到报告后，应当立即赶赴现场诊断，必要时可请省级动物防疫监督机构派人协助进行诊断，认定为疑似重大动物疫情的，应当在2小时内将疫情逐级报至省级动物防疫监督机构，并同时报所在地人民政府兽医行政管理部门。省级动物防疫监督机构应当在接到报告后1小时内，向省级兽医行政管理部门和农业部报告。省级兽医行政管理部门应当在接到报告后的1小时内报省级人民政府。特别重大、重大动物疫情发生后，省级人民政府、农业部应当在4小时内向国务院报告。

认定为疑似重大动物疫情的应立即按要求采集病料样品送省级动物防疫监督机构实验室确诊，省级动物防疫监督机构不能确诊的，送国家参考实验室确诊。确诊结果应立即报农业部，并抄送省级兽医行政管理部门。

3.3.4　报告内容

疫情发生的时间、地点、发病的动物种类和品种、动物来源、临床症状、发病数量、死亡数量、是否有人员感染、已采取的控制措施、疫情报告的单位和个人、联系方式等。

4　突发重大动物疫情的应急响应和终止

4.1　应急响应的原则

发生突发重大动物疫情时，事发地的县级、市（地）级、省级人民政府及其有关部门按照分级响应的原则作出应急响应。同时，要遵循突发重大动物疫情发生发展的客观规律，结合实际情况和预防控制工作的需要，及时调整预警和响应级别。要根据不同动物疫病的性质和特点，注重分析疫情的发展趋势，对势态和影响不断扩大的疫情，应及时升级预警和响应级别；对范围局限、不会进一步扩散的疫情，应相应降低响应级别，及时撤销预警。

突发重大动物疫情应急处理要采取边调查、边处理、边核实的方式，有效控制疫情发展。

未发生突发重大动物疫情的地方，当地人民政府兽医行政管理部门接到疫情通报后，要组织做好人员、物资等应急准备工作，采取必要的预防控制措施，防止突发重大动物疫情在本行政区域内发生，并服从上一级人民政府兽医行政管理部门的统一指挥，支援突发重大动物疫情发生地的应急处理工作。

4.2 **应急响应**

4.2.1 特别重大突发动物疫情（Ⅰ级）的应急响应

确认特别重大突发动物疫情后，按程序启动本预案。

（1）县级以上地方各级人民政府

a. 组织协调有关部门参与突发重大动物疫情的处理。

b. 根据突发重大动物疫情处理需要，调集本行政区域内各类人员、物资、交通工具和相关设施、设备参加应急处理工作。

c. 发布封锁令，对疫区实施封锁。

d. 在本行政区域内采取限制或者停止动物及动物产品交易、扑杀染疫或相关动物，临时征用房屋、场所、交通工具；封闭被动物疫病病原体污染的公共饮用水源等紧急措施。

e. 组织铁路、交通、民航、质检等部门依法在交通站点设置临时动物防疫监督检查站，对进出疫区、出入境的交通工具进行检查和消毒。

f. 按国家规定做好信息发布工作。

g. 组织乡镇、街道、社区以及居委会、村委会，开展群防群控。

h. 组织有关部门保障商品供应，平抑物价，严厉打击造谣传谣、制假售假等违法犯罪和扰乱社会治安的行为，维护社会稳定。

必要时，可请求中央予以支持，保证应急处理工作顺利进行。

（2）兽医行政管理部门

a. 组织动物防疫监督机构开展突发重大动物疫情的调查与处理；划定疫点、疫区、受威胁区。

b. 组织突发重大动物疫情专家委员会对突发重大动物疫情进行评估，提出启动突发重大动物疫情应急响应的级别。

c. 根据需要组织开展紧急免疫和预防用药。

d. 县级以上人民政府兽医行政管理部门负责对本行政区域内应急处理工作的督导和检查。

e. 对新发现的动物疫病，及时按照国家规定，开展有关技术标准和规范的培训工作。

f. 有针对性地开展动物防疫知识宣教，提高群众防控意识和自我防护能力。

g. 组织专家对突发重大动物疫情的处理情况进行综合评估。

（3）动物防疫监督机构

a. 县级以上动物防疫监督机构做好突发重大动物疫情的信

息收集、报告与分析工作。

b. 组织疫病诊断和流行病学调查。

c. 按规定采集病料，送省级实验室或国家参考实验室确诊。

d. 承担突发重大动物疫情应急处理人员的技术培训。

（4）出入境检验检疫机构

a. 境外发生重大动物疫情时，会同有关部门停止从疫区国家或地区输入相关动物及其产品；加强对来自疫区运输工具的检疫和防疫消毒；参与打击非法走私入境动物或动物产品等违法活动。

b. 境内发生重大动物疫情时，加强出口货物的查验，会同有关部门停止疫区和受威胁区的相关动物及其产品的出口；暂停使用位于疫区内的依法设立的出入境相关动物临时隔离检疫场。

c. 出入境检验检疫工作中发现重大动物疫情或者疑似重大动物疫情时，立即向当地兽医行政管理部门报告，并协助当地动物防疫监督机构做好疫情控制和扑灭工作。

4.2.2　重大突发动物疫情（Ⅱ级）的应急响应

确认重大突发动物疫情后，按程序启动省级疫情应急响应机制。

（1）省级人民政府

省级人民政府根据省级人民政府兽医行政管理部门的建议，启动应急预案，统一领导和指挥本行政区域内突发重大动物疫情应急处理工作。组织有关部门和人员扑疫；紧急调集各种应急处理物资、交通工具和相关设施设备；发布或督导发布封锁令，对疫区实施封锁；依法设置临时动物防疫监督检查站查堵疫源；限制或停止动物及动物产品交易、扑杀染疫或相关动物；封锁被动物疫源污染的公共饮用水源等；按国家规定做好信息发布工作；组织乡镇、街道、社区及居委会、村委会，开展群防群控；组织有关部门保障商品供应，平抑物价，维护社会稳定。必要时，可请求中央予以支持，保证应急处理工作顺利进行。

（2）省级人民政府兽医行政管理部门

重大突发动物疫情确认后，向农业部报告疫情。必要时，提出省级人民政府启动应急预案的建议。同时，迅速组织有关单位开展疫情应急处置工作。组织开展突发重大动物疫情的调查与处理；划定疫点、疫区、受威胁区；组织对突发重大动物疫情应急处理的评估；负责对本行政区域内应急处理工作的督导和检查；开展有关技术培训工作；有针对性地开展动物防疫知识宣教，提高群众防控意识和自我防护能力。

（3）省级以下地方人民政府

疫情发生地人民政府及有关部门在省级人民政府或省级突发重大动物疫情应急指挥部的统一指挥下，按照要求认真履行职责，落实有关控制措施。具体组织实施突发重大动物疫情应急处理工作。

（4）农业部

加强对省级兽医行政管理部门应急处理突发重大动物疫情工作的督导，根据需要组织有关专家协助疫情应急处置；并及时向有关省份通报情况。必要时，建议国务院协调有关部门给予必要的技术和物资支持。

4.2.3　较大突发动物疫情（Ⅲ级）的应急响应

（1）市（地）级人民政府

市（地）级人民政府根据本级人民政府兽医行政管理部门

的建议，启动应急预案，采取相应的综合应急措施。必要时，可向上级人民政府申请资金、物资和技术援助。

（2）市（地）级人民政府兽医行政管理部门

对较大突发动物疫情进行确认，并按照规定向当地人民政府、省级兽医行政管理部门和农业部报告调查处理情况。

（3）省级人民政府兽医行政管理部门

省级兽医行政管理部门要加强对疫情发生地疫情应急处理工作的督导，及时组织专家对地方疫情应急处理工作提供技术指导和支持，并向本省有关地区发出通报，及时采取预防控制措施，防止疫情扩散蔓延。

4.2.4 一般突发动物疫情（Ⅳ级）的应急响应

县级地方人民政府根据本级人民政府兽医行政管理部门的建议，启动应急预案，组织有关部门开展疫情应急处置工作。

县级人民政府兽医行政管理部门对一般突发重大动物疫情进行确认，并按照规定向本级人民政府和上一级兽医行政管理部门报告。

市（地）级人民政府兽医行政管理部门应组织专家对疫情应急处理进行技术指导。

省级人民政府兽医行政管理部门应根据需要提供技术支持。

4.2.5 非突发重大动物疫情发生地区的应急响应

应根据发生疫情地区的疫情性质、特点、发生区域和发展趋势，分析本地区受波及的可能性和程度，重点做好以下工作：

（1）密切保持与疫情发生地的联系，及时获取相关信息。

（2）组织做好本区域应急处理所需的人员与物资准备。

（3）开展对养殖、运输、屠宰和市场环节的动物疫情监测和防控工作，防止疫病的发生、传入和扩散。

（4）开展动物防疫知识宣传，提高公众防护能力和意识。

（5）按规定做好公路、铁路、航空、水运交通的检疫监督工作。

4.3 应急处理人员的安全防护

要确保参与疫情应急处理人员的安全。针对不同的重大动物疫病，特别是一些重大人畜共患病，应急处理人员还应采取特殊的防护措施。

4.4 突发重大动物疫情应急响应的终止

突发重大动物疫情应急响应的终止需符合以下条件：疫区内所有的动物及其产品按规定处理后，经过该疫病的至少一个最长潜伏期无新的病例出现。

特别重大突发动物疫情由农业部对疫情控制情况进行评估，提出终止应急措施的建议，按程序报批宣布。

重大突发动物疫情由省级人民政府兽医行政管理部门对疫情控制情况进行评估，提出终止应急措施的建议，按程序报批宣布，并向农业部报告。

较大突发动物疫情由市（地）级人民政府兽医行政管理部门对疫情控制情况进行评估，提出终止应急措施的建议，按程序报批宣布，并向省级人民政府兽医行政管理部门报告。

一般突发动物疫情，由县级人民政府兽医行政管理部门对疫情控制情况进行评估，提出终止应急措施的建议，按程序报批宣布，并向上一级和省级人民政府兽医行政管理部门报告。

上级人民政府兽医行政管理部门及时组织专家对突发重大动物疫情应急措施终止的评估提供技术指导和支持。

5　善后处理

5.1　后期评估

突发重大动物疫情扑灭后，各级兽医行政管理部门应在本级政府的领导下，组织有关人员对突发重大动物疫情的处理情况进行评估，提出改进建议和应对措施。

5.2　奖励

县级以上人民政府对参加突发重大动物疫情应急处理作出贡献的先进集体和个人，进行表彰；对在突发重大动物疫情应急处理工作中英勇献身的人员，按有关规定追认为烈士。

5.3　责任

对在突发重大动物疫情的预防、报告、调查、控制和处理过程中，有玩忽职守、失职、渎职等违纪违法行为的，依据有关法律法规追究当事人的责任。

5.4　灾害补偿

按照各种重大动物疫病灾害补偿的规定，确定数额等级标准，按程序进行补偿。

5.5　抚恤和补助

地方各级人民政府要组织有关部门对因参与应急处理工作致病、致残、死亡的人员，按照国家有关规定，给予相应的补助和抚恤。

5.6　恢复生产

突发重大动物疫情扑灭后，取消贸易限制及流通控制等限制性措施。根据各种重大动物疫病的特点，对疫点和疫区进行持续监测，符合要求的，方可重新引进动物，恢复畜牧业生产。

5.7　**社会救助**

发生重大动物疫情后，国务院民政部门应按《中华人民共和国公益事业捐赠法》和《救灾救济捐赠管理暂行办法》及国家有关政策规定，做好社会各界向疫区提供的救援物资及资金的接收，分配和使用工作。

6　突发重大动物疫情应急处置的保障

突发重大动物疫情发生后，县级以上地方人民政府应积极协调有关部门，做好突发重大动物疫情处理的应急保障工作。

6.1　**通信与信息保障**

县级以上指挥部应将车载电台、对讲机等通讯工具纳入紧急防疫物资储备范畴，按照规定做好储备保养工作。

根据国家有关法规对紧急情况下的电话、电报、传真、通讯频率等予以优先待遇。

6.2　**应急资源与装备保障**

6.2.1　应急队伍保障

县级以上各级人民政府要建立突发重大动物疫情应急处理预备队伍，具体实施扑杀、消毒、无害化处理等疫情处理工作。

6.2.2　交通运输保障

运输部门要优先安排紧急防疫物资的调运。

6.2.3　医疗卫生保障

卫生部门负责开展重大动物疫病（人畜共患病）的人间监测，作好有关预防保障工作。各级兽医行政管理部门在做好疫情处理的同时应及时通报疫情，积极配合卫生部门开展工作。

6.2.4　治安保障

公安部门、武警部队要协助做好疫区封锁和强制扑杀工作，做好疫区安全保卫和社会治安管理。

6.2.5　物资保障

各级兽医行政管理部门应按照计划建立紧急防疫物资储备库，储备足够的药品、疫苗、诊断试剂、器械、防护用品、交通及通信工具等。

6.2.6　经费保障

各级财政部门为突发重大动物疫病防治工作提供合理而充足的资金保障。

各级财政在保证防疫经费及时、足额到位的同时，要加强对防疫经费使用的管理和监督。

各级政府应积极通过国际、国内等多渠道筹集资金，用于突发重大动物疫情应急处理工作。

6.3　技术储备与保障

建立重大动物疫病防治专家委员会，负责疫病防控策略和方法的咨询，参与防控技术方案的策划、制定和执行。

设置重大动物疫病的国家参考实验室，开展动物疫病诊断技术、防治药物、疫苗等的研究，作好技术和相关储备工作。

6.4　培训和演习

各级兽医行政管理部门要对重大动物疫情处理预备队成员进行系统培训。

在没有发生突发重大动物疫情状态下，农业部每年要有计划地选择部分地区举行演练，确保预备队扑灭疫情的应急能力。地方政府可根据资金和实际需要的情况，组织训练。

6.5 社会公众的宣传教育

县级以上地方人民政府应组织有关部门利用广播、影视、报刊、互联网、手册等多种形式对社会公众广泛开展突发重大动物疫情应急知识的普及教育，宣传动物防疫科普知识，指导群众以科学的行为和方式对待突发重大动物疫情。要充分发挥有关社会团体在普及动物防疫应急知识、科普知识方面的作用。

7 各类具体工作预案的制定

农业部应根据本预案，制定各种不同重大动物疫病应急预案，并根据形势发展要求，及时进行修订。

国务院有关部门根据本预案的规定，制定本部门职责范围内的具体工作方案。

县级以上地方人民政府根据有关法律法规的规定，参照本预案并结合本地区实际情况，组织制定本地区突发重大动物疫情应急预案。

8 附 则

8.1 名词术语和缩写语的定义与说明

重大动物疫情：是指陆生、水生动物突然发生重大疫病，且迅速传播，导致动物发病率或者死亡率高，给养殖业生产安全造成严重危害，或者可能对人民身体健康与生命安全造成危害的，具有重要经济社会影响和公共卫生意义。

我国尚未发现的动物疫病：是指疯牛病、非洲猪瘟、非洲马瘟等在其他国家和地区已经发现，在我国尚未发生过的动物疫病。

我国已消灭的动物疫病：是指牛瘟、牛肺疫等在我国曾发生过，但已扑灭净化的动物疫病。

暴发：是指一定区域，短时间内发生波及范围广泛、出现大量患病动物或死亡病例，其发病率远远超过常年的发病水平。

疫点：患病动物所在的地点划定为疫点，疫点一般是指患病禽类所在的禽场（户）或其他有关屠宰、经营单位。

疫区：以疫点为中心的一定范围内的区域划定为疫区，疫区划分时注意考虑当地的饲养环境、天然屏障（如河流、山脉）和交通等因素。

受威胁区：疫区外一定范围内的区域划定为受威胁区。

本预案有关数量的表述中，“以上”含本数，“以下”不含本数。

8.2　预案管理与更新

预案要定期评审，并根据突发重大动物疫情的形势变化和实施中发现的问题及时进行修订。

8.3　预案实施时间

本预案自印发之日起实施。

实验动物管理条例

（1988 年 10 月 31 日国务院批准　1988 年 11 月 14 日国家科学技术委员会令第 2 号发布　根据 2011 年 1 月 8 日《国务院关于废止和修改部分行政法规的决定》第一次修订　根据 2013 年 7 月 18 日《国务院关于废止和修改部分行政法规的决定》第二次修订　根据 2017 年 3 月 1 日《国务院关于修改和废止部分行政法规的决定》第三次修订）

第一章　总　　则

第一条　为了加强实验动物的管理工作，保证实验动物质量，适应科学研究、经济建设和社会发展的需要，制定本条例。

第二条　本条例所称实验动物，是指经人工饲育，对其携带的微生物实行控制，遗传背景明确或者来源清楚的，用于科学研究、教学、生产、检定以及其他科学实验的动物。

第三条　本条例适用于从事实验动物的研究、保种、饲育、供应、应用、管理和监督的单位和个人。

第四条　实验动物的管理，应当遵循统一规划、合理分工，有利于促进实验动物科学研究和应用的原则。

第五条　国家科学技术委员会主管全国实验动物工作。

省、自治区、直辖市科学技术委员会主管本地区的实验动物工作。

国务院各有关部门负责管理本部门的实验动物工作。

第六条 国家实行实验动物的质量监督和质量合格认证制度。具体办法由国家科学技术委员会另行制定。

第七条 实验动物遗传学、微生物学、营养学和饲育环境等方面的国家标准由国家技术监督局制定。

第二章 实验动物的饲育管理

第八条 从事实验动物饲育工作的单位，必须根据遗传学、微生物学、营养学和饲育环境方面的标准，定期对实验动物进行质量监测。各项作业过程和监测数据应有完整、准确的记录，并建立统计报告制度。

第九条 实验动物的饲育室、实验室应设在不同区域，并进行严格隔离。

实验动物饲育室、实验室要有科学的管理制度和操作规程。

第十条 实验动物的保种、饲育应采用国内或国外认可的品种、品系，并持有效的合格证书。

第十一条 实验动物必须按照不同来源，不同品种、品系和不同的实验目的，分开饲养。

第十二条 实验动物分为四级：一级，普通动物；二级，清洁动物；三级，无特定病原体动物；四级，无菌动物。

对不同等级的实验动物，应当按照相应的微生物控制标准进行管理。

第十三条 实验动物必须饲喂质量合格的全价饲料。霉烂、变质、虫蛀、污染的饲料，不得用于饲喂实验动物。直接用作饲料的蔬菜、水果等，要经过清洗消毒，并保持新鲜。

第十四条 一级实验动物的饮水，应当符合城市生活饮水的卫生标准。二、三、四级实验动物的饮水，应当符合城市生活饮水的卫生标准并经灭菌处理。

第十五条 实验动物的垫料应当按照不同等级实验动物的需要，进行相应处理，达到清洁、干燥、吸水、无毒、无虫、无感染源、无污染。

第三章 实验动物的检疫和传染病控制

第十六条 对引入的实验动物，必须进行隔离检疫。

为补充种源或开发新品种而捕捉的野生动物，必须在当地进行隔离检疫，并取得动物检疫部门出具的证明。野生动物运抵实验动物处所，需经再次检疫，方可进入实验动物饲育室。

第十七条 对必须进行预防接种的实验动物，应当根据实验要求或者按照《中华人民共和国动物防疫法》的有关规定，进行预防接种，但用作生物制品原料的实验动物除外。

第十八条 实验动物患病死亡的，应当及时查明原因，妥善处理，并记录在案。

实验动物患有传染性疾病的，必须立即视情况分别予以销毁或者隔离治疗。对可能被传染的实验动物，进行紧急预防接种，对饲育室内外可能被污染的区域采取严格消毒措施，并报告上级实验动物管理部门和当地动物检疫、卫生防疫单位，采取紧急预防措施，防止疫病蔓延。

第四章　实验动物的应用

第十九条　应用实验动物应当根据不同的实验目的，选用相应的合格实验动物。申报科研课题和鉴定科研成果，应当把应用合格实验动物作为基本条件。应用不合格实验动物取得的检定或者安全评价结果无效，所生产的制品不得使用。

第二十条　供应用的实验动物应当具备下列完整的资料：

（一）品种、品系及亚系的确切名称；

（二）遗传背景或其来源；

（三）微生物检测状况；

（四）合格证书；

（五）饲育单位负责人签名。

无上述资料的实验动物不得应用。

第二十一条　实验动物的运输工作应当有专人负责。实验动物的装运工具应当安全、可靠。不得将不同品种、品系或者不同等级的实验动物混合装运。

第五章　实验动物的进口与出口管理

第二十二条　从国外进口作为原种的实验动物，应附有饲育单位负责人签发的品系和亚系名称以及遗传和微生物状况等资料。

无上述资料的实验动物不得进口和应用。

第二十三条　出口应用国家重点保护的野生动物物种开发的

实验动物，必须按照国家的有关规定，取得出口许可证后，方可办理出口手续。

第二十四条 进口、出口实验动物的检疫工作，按照《中华人民共和国进出境动植物检疫法》的规定办理。

第六章 从事实验动物工作的人员

第二十五条 实验动物工作单位应当根据需要，配备科技人员和经过专业培训的饲育人员。各类人员都要遵守实验动物饲育管理的各项制度，熟悉、掌握操作规程。

第二十六条 实验动物工作单位对直接接触实验动物的工作人员，必须定期组织体格检查。对患有传染性疾病，不宜承担所做工作的人员，应当及时调换工作。

第二十七条 从事实验动物工作的人员对实验动物必须爱护，不得戏弄或虐待。

第七章 奖励与处罚

第二十八条 对长期从事实验动物饲育管理，取得显著成绩的单位或者个人，由管理实验动物工作的部门给予表彰或奖励。

第二十九条 对违反本条例规定的单位，由管理实验动物工作的部门视情节轻重，分别给予警告、限期改进、责令关闭的行政处罚。

第三十条 对违反本条例规定的有关工作人员，由其所在单位视情节轻重，根据国家有关规定，给予行政处分。

第八章　附　　则

第三十一条　省、自治区、直辖市人民政府和国务院有关部门，可以根据本条例，结合具体情况，制定实施办法。

军队系统的实验动物管理工作参照本条例执行。

第三十二条　本条例由国家科学技术委员会负责解释。

第三十三条　本条例自发布之日起施行。

附录二：相关立法资料

关于《中华人民共和国动物防疫法（修订草案）》的说明

——2020 年 4 月 26 日在第十三届全国人民代表大会常务委员会第十七次会议上

全国人大农业与农村委员会副主任委员　刘振伟

委员长、各位副委员长、秘书长、各位委员：

我受全国人大农业与农村委员会委托，就《中华人民共和国动物防疫法（修订草案）》的有关问题作说明。

一、动物防疫法修改的必要性

动物防疫法自 2008 年 1 月 1 日修订实施以来，我国动物防疫工作不断加强，在保障养殖业生产安全、动物源性食品安全、公共卫生安全及生态环境安全方面发挥了重要作用。

但是，由于我国大多数生产经营主体养殖方式比较落后，基层动物防疫体系薄弱，加上动物及动物产品国际贸易活动频繁，我国动物防疫面临着复杂、严峻的形势。主要表现：一是动物疫病净化、消灭工作缺乏中长期规划，疫病种类多，疫情风险大，防控压力大。二是动物防疫制度体系不完善。病死动物和病害动物产品无害化处理、犬只防疫、兽医管理制度缺失；动物及动物产品调运监管、动物疫病区域化管理、动物防疫条件审查、疫病疫情监测预警等制度不够完善；基层动物防疫体系薄弱，保障措施满足不了防疫工作需要。三是动物防疫责任体系不完善。生产经营者防疫主体责任在一些地方难以落实到位，履行防疫义务自觉性不强。四是法律责任缺乏刚性。2020 年 2 月 24 日，全国人大常委会作出《关于全面禁止非法野生动物交易、革除滥食野生动物陋习、切实保障人民群众生命健康安全的决定》，对非食用性利用野生动物的审批和检疫检验提出明确要求，需要及时转化为法律规范。综上，需要尽快修改动物防疫法。

2018 年，全国人大农业与农村委员会对动物防疫法贯彻实施情况进行执法调研，提出修改思路。同年，修改动物防疫法列入第十三届全国人大常委会立法规划，由农业与农村委员会牵头，农业农村部等部门参与。两年来，认真听取各级动物卫生监督机构和防控机构、生产经营主体、动物卫生专家、部分全国人大代表意见，与国务院有关部门反复沟通，形成了动物防疫法修订草案（以下简称草案）。

二、动物防疫法修改的总体思路

深入学习贯彻习近平新时代中国特色社会主义思想，落实党的十九大、十九届二中、三中、四中全会精神，按照全面提升动物卫生水平的目标，着力解决动物防疫面临的突出问题，对动物防疫方针、防疫责任体系、制度体系、监管体系等调整完善，构建科学、合理、健全的动物防疫法律制度。草案突出六个“强化”：一是强化对重点动物疫病的净化、消灭，在全面防控的基础上，推动动物疫病从有效控制到逐步净化、消灭转变；二是强化非食用性利用野生动物检疫检验；三是强化生产经营者的防疫主体责任、行业部门的监管责任和地方政府的属地管理责任；四是强化动物疫源疫情的监测预警；五是强化动物防疫制度体系建设；六是强化基层动物防疫体系能力建设，完善保障措施。

三、动物防疫法修改的主要内容

（一）关于完善动物疫病防控方针

长期以来，我国的动物防疫工作坚持“预防为主”方针，控制了高致病性禽流感、口蹄疫等重大动物疫病大范围发生。但是，从动物疫病流行规律看，单纯预防难以有效遏制动物病原体变异及侵害。有计划地控制、净化、消灭对畜牧业和公共卫生安全危害大的重点病种，推进重点病种从免疫临床发病向免疫临床无病例过渡，逐步清除动物机体和环境中存在的病原，降低疫病流行率，缩小病原污染面，是消灭重点动物疫病的科学路径，也是国际上的通行做法。我国于1956年、1996年分别净化、消灭了牛瘟和牛肺疫，国外一些国家亦成功净化、消灭了十多种重点动物疫病，积累了不少成功经验。为了推动畜牧业转型升级，全面提高动物卫生水平并助力公共卫生安全，草案结合我国实际，调整完善动物防疫方针，即“实行预防为主，预防与控制、净化、消灭相结合的方针”。

（二）关于完善对非食用性利用野生动物实行严格审批和检疫检验制度

按照习近平总书记要完善疫情防控相关立法重要指示精神，衔接全国人大常委会《关于全面禁止非法野生动物交易、革除滥食野生动物陋习、切实保障人民群众生命健康安全的决定》，草案作出五个方面的规定：一是因科研、药用、展示等特殊情形，需要非食用性利用野生动物的，应当按照国家有关规定严格审批和检疫检验；二是国务院或有关主管部门制定非食用性利用野生动物的审批、检疫检验及防疫条件审查的具体规定；三是非食用性利用野生动物不符合检疫检验及防疫条件审查规定的，依法从重处罚；四是在重大动物疫情认定过程中，发生地县级以上人民政府应当采取必要的应急处置措施，防止延误时机；五是县级以上人民政府林业草原主管部门承担野外环境陆生野生动物疫源疫病监测预警职责。

（三）关于完善动物防疫责任制度

长期以来，我国动物防疫主要由政府兽医机构承担，乡村兽医协助。生产经营者动物防疫意识淡薄，主动性不足。草案立足于构建责任明确、各负其责、各尽其能的防疫责任体系，压实生产经营者的主体责任、行业部门的监管责任和地方政府的属地管理责任。草案规定：饲养动物的单位和个人依法承担强制免疫主体责任；从事屠宰、经营、隔离、运输以及动物产品生产、经营、加工、贮藏等活动的单位和个人依法承担动物防疫相关责任；地方政府在无规定动物疫病区建设、重点动物疫病净化消灭、保障防疫检疫条件等方面承担属地管理责任；动物防疫执法由县级以上地方人民政府农业农村（畜牧兽医）主管部门承担。

（四）关于完善动物防疫管理制度

草案完善了动物调运监管、病死动物和病害动物产品无害化处理、动物疫病区域化管理和督导、动物疫病风险评估、动物防疫条件审查、动物疫病疫情监测预警等制度，构建完整的动物防疫管理制度链条。

一是建立健全动物及其产品调运监管制度。草案规定，国务院农业农村（畜牧兽医）主管部门在动物疫病风险评估的基础上，可以禁止或者限制特定动物、动物产品由高风险区向低风险区调运；国务院农业农村（畜牧兽医）主管部门牵头建立动物、动物产品卫生防疫安全追溯协作机制，对从事动物经营、运输的单位和个人，以及动物运输车辆实行备案管理制度；省级人民政府确定并公布动物、动物产品进入本省的指定通道并开展监督检查。

二是建立病死动物及病害动物产品无害化处理制度。草案规范了无害化处理设施的规划、建设及运营；明确生产经营者承担无害化处理的主体责任；建立无害化处理补助制度，由县级以上人民政府财政部门会同有关部门制定补助标准和补助办法；明确县、乡两级政府组织协调对水域和公共场所无主病死动物的收集处理和溯源责任。

三是完善有关动物防疫管理制度。在动物疫病风险评估方面，增加对动物疫病开展风险评估，根据评估结果制定净化、消灭及限制动物、动物产品调运等措施。在动物疫病强制免疫方面，对免疫病种和区域赋予地方政府较大自主权；将县级以上地方人民政府农业农村（畜牧兽医）主管部门职责，由“组织实施动物疫病强制免疫计划”调整为“对动物疫病强制免疫实施监督管理”。在动物疫源疫病监测预警方面，增加野生动物及陆路边境地区动物疫源疫病监测预警内容。在动物疫病区域化管理方面，建立区域管理和督导制度，统筹考虑行政区划、动物疫病防控和养殖屠宰产业布局等实施分区督导。在动物防疫条件审查方面，扩大动物防疫条件审查范围，将动物专业交易市场纳入审查范围。在动物检疫方面，规定屠宰企业、动物饲养场的兽医专业人员协助官方兽医实施检疫。

关于防控人畜共患传染病在人和动物之间传播，草案有五方面的规定：患有人畜共患传染病的人员不得直接从事动物诊疗以及易感染动物的饲养、屠宰、经营、隔离、运输等活动；人畜共患传染病名录由国务院农业农村（畜牧兽医）主管部门会同国务院卫生健康、林业草原主管部门制定并公布；发生人畜共患传染病时，卫生健康主管部门应当组织对疫区易感染的人群进行监测，并采取相应的预防、控制措施；发生人畜共患传染病的，县级以上人民政府农业农村（畜牧兽医）主管部门与同级卫生健康、林业草原主管部门应当及时相互通报；对危害人类健康的狂犬病预防接种作出规定，明确了相关部门的管理职责。

（五）关于完善兽医队伍管理制度

官方兽医、执业兽医、乡村兽医等兽医专业人员是动物防疫的主体。草案将现行动物防疫法中的官方兽医、执业兽医和乡村兽医管理规定合并为“兽医管理”一章，突出对兽医的管理和工作规范。条件成熟后，建议制定兽医法。

草案明确了官方兽医任命制度，将官方兽医确认权限下放到省级农业农村（畜牧兽医）主管部门，将海关从事进出境动物检疫人员纳入官方兽医范畴，对执业兽医开展诊疗活动进行了规范。

（六）关于完善保障措施

近些年来，国家通过产业政策、财政、保险等措施，在动物疫病防控等方面出台了一些保障措施，草案将行之有效的保障措施转化为法律规定，并根据实际需要增加了一些规定：一是拓展了县级以上人民政府财政对动物防疫工作的保障范围，将重点动物疫病净化、消灭补助及管理经费纳入政府预算。二是鼓励县级以上人民政府采取保险费补贴等措施，支持发展畜禽养殖保险。三是增加了动物防疫工作人员依法参加工伤保险，为因公参加动物防疫致残、致病、死亡人员的补助抚恤留出制度接口，增加了动物防疫人员享受畜牧兽医医疗卫生津贴的规定。四是增加国家对动物防疫新技术、新设备、新产品等技术创新研究开发的支持。

（七）关于法律责任

草案根据法律制度修改情况，对违法屠宰、经营、运输动物或者生产、经营、加工、贮藏、运输动物产品，违法调运动物、动物产品，未经指定通道跨省运输动物、动物产品，持有、使用伪造或者变造的检疫证明、检疫标志或者畜禽标识等行为，加大了处罚力度。

草案还对部分条款及文字作了修改。

《中华人民共和国动物防疫法（修订草案）》及上述说明是否妥当，请审议。

中华人民共和国动物防疫法
（修订草案）

第一章　总　则

第一条　为了加强对动物防疫活动的管理，预防、控制、净化、消灭动物疫病，促进养殖业发展，保护人体健康，维护公共卫生安全，制定本法。

第二条　本法适用于在中华人民共和国领域内的动物防疫及

其监督管理活动。

进出境动物、动物产品的检疫，适用《中华人民共和国进出境动植物检疫法》。

第三条 本法所称动物，是指家畜家禽和人工饲养、合法捕获的其他动物。

本法所称动物产品，是指动物的肉、生皮、原毛、绒、脏器、脂、血液、精液、卵、胚胎、骨、蹄、头、角、筋、奶、蛋等。

本法所称动物疫病，是指动物传染病、寄生虫病。

本法所称动物防疫，是指动物疫病的预防、控制、净化、消灭，动物、动物产品的检疫和病死动物、病害动物产品的无害化处理。

第四条 根据动物疫病对养殖业生产和人体健康的危害程度，本法规定管理的动物疫病分为下列三类：

（一）一类疫病，是指对人与动物危害严重，需要采取紧急、严厉的强制预防、控制、扑灭等措施的；

（二）二类疫病，是指可能造成重大经济损失，需要采取严格控制、扑灭等措施，防止扩散的；

（三）三类疫病，是指常见多发、可能造成重大经济损失，需要及时控制的。

前款一、二、三类动物疫病具体病种和实施净化、消灭的重点动物疫病病种名录由国务院农业农村（畜牧兽医）主管部门制定并公布。

第五条 国家对动物疫病实行预防为主，预防与控制、净化、消灭相结合的方针。建立政府监管、行业自律、社会共治、责任明确的工作机制。

第六条 从事动物饲养、屠宰、经营、隔离、运输以及动物产品生产、经营、加工、贮藏等活动的单位和个人，依照本法和国务院农业农村（畜牧兽医）主管部门的规定，做好免疫、消毒、检测、隔离、净化、消灭、无害化处理等动物防疫工作，承担动物防疫相关责任。

第七条 县级以上人民政府对动物防疫工作实行统一领导，加强基层动物防疫机构和队伍建设，建立健全动物防疫体系，制定并组织实施动物疫病防治规划。

乡级人民政府、城市街道办事处，组织群众做好本辖区内的动物疫病预防与控制工作，村民委员会、居民委员会予以协助。

第八条 国务院农业农村（畜牧兽医）主管部门主管全国的动物防疫工作。

县级以上地方人民政府农业农村（畜牧兽医）主管部门主管本行政区域内的动物防疫、动物防疫监督管理和执法工作。

县级以上人民政府其他部门在各自的职责范围内做好动物防疫工作。

军队动物卫生监督职能部门负责军队现役动物及饲养自用动物的防疫工作。

第九条 县级以上人民政府的动物卫生监督机构依照本法规定，负责动物、动物产品的检疫工作。

第十条 县级以上人民政府按照国务院的规定，根据统筹规划、合理布局、综合设置的原则建立动物疫病预防控制机构。

动物疫病预防控制机构承担动物疫病的监测、检测、诊断、流行病学调查、疫情报告以及其他预防、控制等技术工作；承担重点动物疫病净化、消灭的技术工作。

第十一条 国家支持和鼓励开展动物疫病的科学研究以及国际合作与交流，推广先进适用的科学研究成果，提高动物疫病防治的科学技术水平。

鼓励社会力量参与免疫接种、疫病检测、无害化处理、人员培训、宣传教育、志愿服务及捐赠等活动。

各级人民政府及有关部门、新闻媒体，加强对动物防疫法律、法规和动物防疫知识的宣传。

第十二条 对在动物防疫工作、科学研究、动物疫情扑灭中做出贡献的单位和个人，各级人民政府及有关部门按照国家有关规定给予奖励。

动物防疫人员依法参加工伤保险。对因公参与动物防疫工作致病、致残、死亡的人员，按照国家有关规定给予补助或者抚恤。

第二章　动物疫病的预防

第十三条 国家建立动物疫病风险评估制度。

国务院农业农村（畜牧兽医）主管部门根据国内外动物疫情和保护养殖业生产及人体健康的需要，及时会同国务院卫生健康等有关部门组织对动物疫病进行风险评估，并制定、公布动物疫病预防、控制措施和技术规范。

国务院农业农村（畜牧兽医）主管部门负责划定动物疫病风险区，禁止或者限制特定动物、动物产品由高风险区向低风险区调运。

省、自治区、直辖市人民政府农业农村（畜牧兽医）主管部门组织开展本行政区域内的动物疫病风险评估并组织落实预防、控制、净化和消灭措施。

第十四条 国家对严重危害养殖业生产和人体健康的动物疫病实行强制免疫制度。

国务院农业农村（畜牧兽医）主管部门确定强制免疫的动物疫病病种和区域。

省、自治区、直辖市人民政府农业农村（畜牧兽医）主管部门制定本行政区域的强制免疫计划；根据本行政区域内动物疫病流行和控制情况调整实施强制免疫的动物疫病病种和区域，报本级人民政府批准后执行，并报国务院农业农村（畜牧兽医）主管部门备案。

第十五条 饲养动物的单位和个人应当按照强制免疫计划和技术规范，对动物实施免疫接种，建立免疫档案，加施畜禽标识，承担强制免疫主体责任。

用于预防接种的疫苗必须符合国家质量标准和国务院农业农村（畜牧兽医）主管部门的规定。

县级以上地方人民政府农业农村（畜牧兽医）主管部门负责动物疫病强制免疫监督管理。

乡级人民政府、城市街道办事处组织本辖区内饲养动物的单位和个人做好强制免疫，协助做好监督检查。

第十六条 国家实行动物疫病监测和疫情预警制度。

县级以上人民政府建立健全动物疫病监测网络，加强动物疫病监测和疫情预警。

国务院农业农村（畜牧兽医）主管部门制定国家动物疫病

监测计划。省、自治区、直辖市人民政府农业农村（畜牧兽医）主管部门根据国家动物疫病监测计划，制定本行政区域的动物疫病监测计划。

动物疫病预防控制机构按照国务院农业农村（畜牧兽医）主管部门的规定，对动物疫病的发生、流行、强制免疫和重点动物疫病净化效果等进行监测和评估。从事动物饲养、屠宰、经营、隔离、运输以及动物产品生产、经营、加工、贮藏等活动的单位和个人不得拒绝或者阻碍。

陆路边境省、自治区人民政府根据动物疫病防控需要，合理设置动物疫病监测站点，健全监测工作机制，防范境外动物疫病传入。

科技、海关等部门按照本法及有关法律法规的规定做好动物疫病监测，定期与农业农村（畜牧兽医）主管部门互通情况，紧急情况及时通报。

县级以上人民政府林业草原主管部门负责本行政区域内野外环境自然生长繁殖的陆生野生动物疫源疫病监测预警，根据需要合理布局监测站点，完善监测体系和工作机制，定期与农业农村（畜牧兽医）主管部门互通情况，紧急情况及时通报。

第十七条 国务院农业农村（畜牧兽医）主管部门和省、自治区、直辖市人民政府农业农村（畜牧兽医）主管部门根据对动物疫病发生、流行趋势的预测，及时对动物疫情预警。地方各级人民政府接到动物疫情预警后，及时采取预防、控制措施。

第十八条 国家实行动物疫病区域化、生物安全隔离区划管理和督导制度。

国家支持地方建立无规定动物疫病区，鼓励动物饲养场建设无规定动物疫病生物安全隔离区。无规定动物疫病区和无规定动物疫病生物安全隔离区符合国务院农业农村（畜牧兽医）主管部门规定标准的，经国务院农业农村（畜牧兽医）主管部门验收合格予以公布。

国家根据行政区划、动物疫病防控、养殖屠宰产业布局等实施分区督导。

第十九条 省、自治区、直辖市人民政府制定并组织实施本行政区域无规定动物疫病区建设方案，确定建设范围和实施区域化、生物安全隔离区划管理的病种。

跨省、自治区、直辖市建设无规定动物疫病区的，由相关省级人民政府共同制定无规定动物疫病区建设方案，经国务院农业农村（畜牧兽医）主管部门批准后组织实施。

设区的市级和县级人民政府根据省级人民政府制定的无规定动物疫病区建设方案，制定本行政区域无规定动物疫病区建设方案并组织实施。

第二十条 国务院农业农村（畜牧兽医）主管部门制定重点动物疫病净化、消灭规划并组织实施。

县级以上地方人民政府根据国家重点动物疫病净化、消灭规划，制定本行政区域重点动物疫病净化、消灭规划并组织实施。

动物疫病预防控制机构按照重点动物疫病净化、消灭规划，开展动物疫病净化技术指导、培训，对动物疫病净化效果进行监测、评估。

饲养动物的单位和个人对净化、消灭重点动物疫病承担主体责任，达到国务院农业农村（畜牧兽医）主管部门规定的净化标准的，由省级以上人民政府农业农村（畜牧兽医）主管部门予以公布。

国家鼓励并支持饲养动物的单位和个人自行开展动物疫病净化。

第二十一条 种用、乳用动物应当符合国务院农业农村（畜牧兽医）主管部门规定的健康标准。

饲养种用、乳用动物的单位和个人，应当按照国务院农业农村（畜牧兽医）主管部门的要求，定期开展动物疫病检测，并接受动物疫病预防控制机构的监测；监测不合格的，应当按照国务院农业农村（畜牧兽医）主管部门的规定予以处理。

种用、乳用动物饲养场未按规定开展动物疫病净化的，不得跨省、自治区、直辖市销售种用、乳用动物及特定动物产品。

国务院农业农村（畜牧兽医）主管部门划定动物疫病风险区，禁止或者限制特定动物、动物产品调运时，达到特定动物疫病净化标准的种用、乳用动物饲养场，可以跨风险区销售、运输特定动物、动物产品。

第二十二条 动物饲养场，隔离场所，动物屠宰加工场所，动物专业交易市场，以及动物和动物产品无害化处理场所，应当符合下列动物防疫条件：

（一）场所的位置与居民生活区、生活饮用水源地、学校、医院等公共场所的距离符合国务院农业农村（畜牧兽医）主管部门的规定；

（二）生产经营区域封闭隔离，工程设计和有关流程符合动物防疫要求；

（三）有与其规模相适应的污水、污物处理设施，病死动物、病害动物产品无害化处理设施设备或者冷藏冷冻设施设备，以及清洗消毒设施设备；

（四）有与其规模相适应的执业兽医等专业人员；

（五）有完善的隔离消毒、购销台账、日常巡查等动物防疫制度；

（六）具备国务院农业农村（畜牧兽医）主管部门规定的其他动物防疫条件。

动物和动物产品无害化处理场所除符合前款规定的条件外，应当具有病原检测设备、检测能力和符合动物防疫要求的专用运输车辆。

第二十三条 国家实行动物防疫条件审查制度。

兴办动物饲养场和隔离场所、动物屠宰加工场所、动物专业交易市场、以及动物和动物产品无害化处理场所的单位和个人，应当向县级以上地方人民政府农业农村（畜牧兽医）主管部门提出申请，并附具相关材料。受理申请的农业农村（畜牧兽医）主管部门应当依照本法和《中华人民共和国行政许可法》的规定进行审查。经审查合格的，发给动物防疫条件合格证；不合格的，通知申请人并说明理由。

动物防疫条件合格证应当载明申请人的名称、场（厂）址等事项。

第二十四条 动物、动物产品的运载工具、垫料、包装物、容器等应当符合国务院农业农村（畜牧兽医）主管部门规定的动物防疫要求。

染疫动物及其排泄物、染疫动物产品，运载工具中的动物排泄物以及垫料、包装物、容器等污染物，应当按照国务院农业农村（畜牧兽医）主管部门的规定处理，不得随意处置。

第二十五条 采集、保存、运输动物病料或者病原微生物以及从事病原微生物研究、教学、检测、诊断等活动，应当遵守国家有关病原微生物实验室管理的规定。

第二十六条 患有人畜共患传染病的人员不得直接从事动物诊疗以及易感染动物的饲养、屠宰、经营、隔离、运输等活动。

人畜共患传染病名录由国务院农业农村（畜牧兽医）主管部门会同国务院卫生健康、林业草原主管部门制定并公布。

第二十七条 禁止屠宰、经营、运输下列动物和生产、经营、加工、贮藏、运输下列动物产品：

（一）封锁疫区内与所发生动物疫病有关的；

（二）疫区内易感染的；

（三）依法应当检疫而未经检疫或者检疫不合格的；

（四）染疫或者疑似染疫的；

（五）病死或者死因不明的；

（六）其他不符合国务院农业农村（畜牧兽医）主管部门有关动物防疫规定的。

因实施集中无害化处理需要暂存、运输的动物和动物产品除外。

第二十八条 单位和个人饲养犬只，必须按照规定定期免疫接种狂犬病疫苗，凭农业农村（畜牧兽医）部门的免疫证明向所在地养犬登记机关申请登记。

进入公共场所的犬只，必须按照养犬管理规定佩戴犬牌并系犬绳。

县级以上地方人民政府市场监管部门会同农业农村（畜牧兽医）部门对犬只经营流通单位进行登记和监督管理。

城市街道办事处、乡级人民政府组织协调居民委员会、村民委员会，做好本辖区内流浪犬、猫的控制和处置。居民委员会、村民委员会指导和监督物业服务企业做好物业管理区域内流浪犬、猫的控制和处置。

农村地区饲养犬只的防疫管理，由省、自治区、直辖市人民政府规定。

第三章　动物疫情的报告、通报和公布

第二十九条　从事动物疫病监测、检测、检验检疫、研究与诊疗以及动物饲养、屠宰、经营、隔离、运输等活动的单位和个人，发现动物染疫或者疑似染疫的，应当立即向当地动物疫病预防控制机构报告，并迅速采取隔离等控制措施，防止动物疫病扩散。其他单位和个人发现动物染疫或者疑似染疫的，应当及时报告。

动物疫病预防控制机构接到报告后，应当及时按照国家规定的程序上报。

第三十条　动物疫情由县级以上人民政府农业农村（畜牧兽医）主管部门认定；其中重大动物疫情由省、自治区、直辖市人民政府农业农村（畜牧兽医）主管部门认定，必要时报国务院农业农村（畜牧兽医）主管部门认定。

在重大动物疫情认定过程中，发生地县级以上人民政府应当迅速采取应急处置措施，防止延误防控时机。

第三十一条　国家实行动物疫情通报制度。

国务院农业农村（畜牧兽医）主管部门应当及时向国务院

有关部门和军队有关部门以及省、自治区、直辖市人民政府农业农村（畜牧兽医）主管部门通报重大动物疫情的发生和处置情况。

发生人畜共患传染病疫情的，县级以上人民政府农业农村（畜牧兽医）主管部门与同级卫生健康、林业草原主管部门应当及时相互通报。

海关发现进出境动物和动物产品染疫或者疑似染疫的，应当及时向农业农村（畜牧兽医）主管部门通报。

林业草原部门发现陆生野生动物染疫或者疑似染疫的，应当及时向农业农村（畜牧兽医）主管部门通报。

国务院农业农村（畜牧兽医）主管部门应当依照我国缔结或者参加的条约、协定，及时向有关国际组织或者贸易方通报重大动物疫情的发生和处理情况。

第三十二条 国务院农业农村（畜牧兽医）主管部门向社会及时公布全国动物疫情，也可以根据需要授权省、自治区、直辖市人民政府农业农村（畜牧兽医）主管部门公布本行政区域内的动物疫情。其他单位和个人不得发布动物疫情。

第三十三条 任何单位和个人不得瞒报、谎报、迟报、漏报动物疫情，不得授意他人瞒报、谎报、迟报动物疫情，不得阻碍他人报告动物疫情。

第四章 动物疫病的控制

第三十四条 国务院农业农村（畜牧兽医）主管部门根据动物疫病的性质、特点和可能造成的社会危害，制定国家重大动物疫情应急预案并报国务院批准。按照不同动物疫病病种、流行特点及危害程度，分别制定实施方案。

县级以上地方人民政府根据上级重大动物疫情应急预案和本地区的实际情况，制定本行政区域的重大动物疫情应急预案，报上一级人民政府农业农村（畜牧兽医）主管部门备案，并抄送上一级人民政府应急管理部门。县级以上地方人民政府农业农村（畜牧兽医）主管部门按照不同动物疫病病种、流行特点及危害程度，分别制定实施方案。

重大动物疫情应急预案及实施方案根据疫情状况及时调整。

第三十五条 发生一类动物疫病时，应当采取下列控制措施：

（一）当地县级以上地方人民政府农业农村（畜牧兽医）主管部门应当立即派人到现场，划定疫点、疫区、受威胁区，调查疫源，及时报请本级人民政府对疫区实行封锁。疫区范围涉及两个以上行政区域的，由有关行政区域共同的上一级人民政府对疫区实行封锁，或者由各有关行政区域的上一级人民政府共同对疫区实行封锁。必要时，上级人民政府可以责成下级人民政府对疫区实行封锁；

（二）县级以上地方人民政府应当立即组织有关部门和单位采取封锁、隔离、扑杀、销毁、消毒、无害化处理、紧急免疫接种等强制性措施；

（三）在封锁期间，禁止染疫、疑似染疫和易感染的动物、动物产品流出疫区，禁止非疫区的易感染动物进入疫区，并根据需要对出入疫区的人员、运输工具及有关物品采取消毒和其他限制性措施。

第三十六条 发生二类动物疫病时，应当采取下列控制措施：

（一）当地县级以上地方人民政府农业农村（畜牧兽医）主管部门应当划定疫点、疫区、受威胁区；

（二）县级以上地方人民政府根据需要组织有关部门和单位采取隔离、扑杀、销毁、消毒、无害化处理、紧急免疫接种、限制易感染的动物和动物产品及有关物品出入等措施。

第三十七条 疫点、疫区、受威胁区的撤销和疫区封锁的解除，按照国务院农业农村（畜牧兽医）主管部门规定的标准和程序评估后，由原决定机关决定并宣布。

第三十八条 发生三类动物疫病时，当地县级、乡级人民政府应当按照国务院农业农村（畜牧兽医）主管部门的规定组织防治。

第三十九条 二、三类动物疫病呈暴发性流行时，按照一类动物疫病处理。

第四十条 发生人畜共患传染病时，卫生健康主管部门应当组织对疫区易感染的人群进行监测，并采取相应的预防、控制措施。

第四十一条 疫区内有关单位和个人，应当遵守县级以上人民政府及其农业农村（畜牧兽医）主管部门依法作出的有关控制动物疫病的规定。

任何单位和个人不得藏匿、转移、盗掘已被依法隔离、封存、处理的动物和动物产品。

第四十二条 发生动物疫情时，航空、铁路、道路、水路运输企业应当优先组织运送防疫人员和物资。

第四十三条 一、二、三类动物疫病突然发生，迅速传播，给养殖业生产安全造成严重威胁、危害，以及可能对公众身体健康与生命安全造成危害，构成重大动物疫情的，依照法律和国务院的规定采取应急处理措施。

第五章 动物和动物产品的检疫

第四十四条 动物卫生监督机构依照本法和国务院农业农村（畜牧兽医）主管部门的规定对动物、动物产品实施检疫。

动物卫生监督机构的官方兽医具体实施动物、动物产品检疫。

第四十五条 屠宰、出售或者运输动物以及出售或者运输动物产品前，货主应当按照国务院农业农村（畜牧兽医）主管部门的规定向当地动物卫生监督机构申报检疫。

动物卫生监督机构接到检疫申报后，应当及时指派官方兽医对动物、动物产品实施现场检疫；检疫合格的，出具检疫证明、加施检疫标志。实施现场检疫的官方兽医应当在检疫证明、检疫标志上签字或者盖章，并对检疫结论负责。

动物饲养场、屠宰企业的兽医专业人员，应当协助官方兽医实施检疫。

第四十六条 屠宰、经营、运输以及参加展览、演出和比赛的动物，应当附有检疫证明；经营和运输的动物产品，应当附有检疫证明、检疫标志。

第四十七条 国务院农业农村（畜牧兽医）主管部门会同国务院市场监督管理等部门建立动物、动物产品卫生防疫安全追溯协作机制和动物防疫信息追溯系统。从事动物饲养、屠宰、经营、运输的单位和个人应当按照规定如实填报信息。

从事动物饲养的单位和个人，应当建立养殖档案。

从事动物经营的单位和个人，应当建立包括动物产地、饲养者、检疫证明编号、购销日期和数量等事项的档案，确保动物、动物产品可追溯。

从事动物运输的单位和个人，应当妥善保存行程路线和托运人提供的动物名称、动物检疫证明编号、数量等信息。

从事动物经营、运输的单位和个人，以及动物运输车辆，应当向所在地县级人民政府农业农村（畜牧兽医）主管部门备案，具体办法由国务院农业农村（畜牧兽医）主管部门制定。

第四十八条 经航空、铁路、道路、水路运输动物和动物产品的，托运人托运时应当提供检疫证明；没有检疫证明的，承运人不得承运。

承运人应当在装载前和卸载后按规定对运载工具清洗、消毒。

跨省、自治区、直辖市通过道路运输动物和动物产品的，应当经省、自治区、直辖市人民政府设立的指定通道入境或者过境。

对进出口动物和动物产品，承运人凭口岸海关签发的检疫单证运递。

第四十九条 输入到无规定动物疫病区的动物、动物产品，货主应当按照国务院农业农村（畜牧兽医）主管部门的规定向无规定动物疫病区所在地动物卫生监督机构申报检疫，经检疫合格的，方可进入；检疫所需费用纳入无规定动物疫病区所在地地方人民政府预算。

第五十条 跨省、自治区、直辖市引进的乳用动物、种用动物到达输入地后，货主应当按照国务院农业农村（畜牧兽医）主管部门的规定对引进的乳用动物、种用动物进行隔离观察。

第五十一条 因科研、药用、展示等特殊情形需要非食用性利用野生动物的，应当按照国家有关规定严格审批和检疫检验。

非食用性利用野生动物的审批、检疫检验及防疫条件审查的具体规定，由国务院或有关主管部门制定。

第五十二条 经检疫不合格的动物、动物产品，货主应当在农业农村（畜牧兽医）主管部门监督下依照本法和国务院农业农村（畜牧兽医）主管部门的规定处理，处理费用由货主承担。

第五十三条 依法进行检疫需要收取费用的，其项目和标准由国务院财政部门、物价主管部门规定。

第六章 病死动物和病害动物产品的无害化处理

第五十四条 从事动物饲养、屠宰、经营、隔离以及动物产品生产、经营、加工、贮藏等活动的单位和个人，应当按照国务院农业农村（畜牧兽医）主管部门的规定做好病死动物、病害动物产品的无害化处理，或者委托动物和动物产品集中无害化处理场所进行处理。

从事动物、动物产品运输的单位和个人，应当配合做好病死动物和病害动物产品的无害化处理。

任何单位和个人不得随意弃置病死动物和病害动物产品。

野外环境自然生长繁殖的陆生野生动物的无害化处理，由所在地林业草原主管部门按照规定，采取焚毁、深埋或者利用当地动物和动物产品无害化处理设施进行处理，防止疫病扩散。

动物和动物产品无害化处理管理办法由国务院农业农村（畜牧兽医）主管部门会同林业草原等有关部门制定。

第五十五条 省、自治区、直辖市人民政府制定动物和动物产品集中无害化处理场所建设规划，建立政府主导、市场运作的无害化处理机制。

第五十六条 各级财政对病死动物和病害动物产品无害化处理及资源化利用、野外环境自然生长繁殖的陆生野生动物无害化处理提供补助，补助标准和补助办法由县级以上人民政府财政部门会同农业农村（畜牧兽医）、林业草原等部门制定。

第五十七条 在江河、湖泊、水库等水域发现的死亡动物，由所在地县级人民政府组织收集处理并溯源。

在乡村和城市公共场所发现的死亡动物，由所在地乡级人民政府、城市街道办事处组织收集处理并溯源。

第七章 动物诊疗

第五十八条 从事动物诊疗活动的机构，应当具备下列条件：

（一）有与动物诊疗活动相适应并符合动物防疫条件的场所；

（二）有与动物诊疗活动相适应的执业兽医；

（三）有与动物诊疗活动相适应的兽医器械和设备；

（四）有完善的管理制度。

动物诊疗机构包括动物医院、动物诊所，以及其他提供动物诊疗相关服务的经营性机构。

第五十九条 设立从事动物诊疗活动的机构，应当向县级以上地方人民政府农业农村（畜牧兽医）主管部门申请动物诊疗许可证。受理申请的农业农村（畜牧兽医）主管部门应当依照本法和《中华人民共和国行政许可法》的规定进行审查。经审查合格的，发给动物诊疗许可证；不合格的，应当通知申请人并说明理由。

第六十条 动物诊疗许可证应当载明诊疗机构名称、诊疗活动范围、从业地点和法定代表人（负责人）等事项。

动物诊疗许可证载明事项变更的，应当申请变更或者换发动物诊疗许可证。

第六十一条 动物诊疗机构应当按照国务院农业农村（畜牧兽医）主管部门的规定，做好诊疗活动中的卫生安全防护、消毒、隔离和诊疗废弃物处置等工作。

第六十二条 从事动物诊疗活动，应当遵守有关动物诊疗的操作技术规范，使用符合国家规定的兽药和兽医器械。

根据风险程度，国家对兽医器械实行分类备案管理，具体办法由国务院农业农村（畜牧兽医）主管部门制定。

第八章 兽医管理

第六十三条 县级以上人民政府农业农村（畜牧兽医）主管部门负责官方兽医、执业兽医、乡村兽医的管理。

第六十四条 国家实行官方兽医任命制度。

官方兽医应当具备国务院农业农村（畜牧兽医）主管部门规定的条件，由省、自治区、直辖市人民政府农业农村（畜牧兽医）主管部门按程序确认，由所在地县级以上人民政府农业农村（畜牧兽医）主管部门任命，具体办法由国务院农业农村（畜牧兽医）主管部门制定。

海关出具检疫证书的官方兽医，应当具备规定的条件，由海关总署任命，具体办法由海关总署会同国务院农业农村（畜牧兽医）主管部门制定。

第六十五条 官方兽医负责动物、动物产品检疫，出具动物检疫等证明。

官方兽医依法履行职责，受法律保护。任何单位和个人不得拒绝或者阻碍。

第六十六条 县级以上人民政府农业农村（畜牧兽医）主管部门制定官方兽医培训计划、提供培训条件，定期对官方兽医进行培训和考核。

第六十七条 国家实行执业兽医制度。

从事动物疾病诊疗等活动的人员，应当取得执业兽医资格。

取得执业兽医资格的人员从事动物诊疗等经营活动，开具兽医处方，应当向当地县级人民政府农业农村（畜牧兽医）主管部门备案。

第六十八条 具有兽医相关专业大学专科以上学历的，可以申请参加执业兽医资格考试；考试合格的，由省、自治区、直辖市人民政府农业农村（畜牧兽医）主管部门颁发执业兽医资格证书。执业兽医资格考试办法由国务院农业农村（畜牧兽医）主管部门商国务院人事行政主管部门制定。

第六十九条 执业兽医开具兽医处方必须亲自诊断，并对诊疗结果负责。

鼓励执业兽医接受继续教育。执业兽医所在机构应当支持执业兽医参加继续教育。

第七十条 乡村兽医可以在乡村从事动物诊疗服务活动，具体管理办法由国务院农业农村（畜牧兽医）主管部门制定。

第七十一条 执业兽医、乡村兽医应当按照当地人民政府或者农业农村（畜牧兽医）主管部门的要求，或者通过参与承接政府购买服务项目等方式，参加动物疫病预防、控制和动物疫情扑灭等活动。

第七十二条 兽医行业协会提供兽医信息、技术、培训等服务，维护成员合法权益，按照章程建立健全行业规范和奖惩机制，加强行业自律，推动行业诚信建设，宣传动物防疫和兽医知识。

第九章　监督管理

第七十三条 县级以上地方人民政府农业农村（畜牧兽医）主管部门依照本法规定，对动物饲养、屠宰、经营、隔离、运输以及动物产品生产、经营、加工、贮藏、运输等活动中的动物防疫实施监督管理。

第七十四条 省、自治区、直辖市人民政府确定并公布动物、动物产品进入本行政区域的指定通道，设置引导标志。省、自治区、直辖市人民政府批准设立的检查站，对跨省调运的动物和动物产品进行监督检查。

第七十五条 县级以上地方人民政府农业农村（畜牧兽医）主管部门执行监督检查任务，可以采取下列措施，有关单位和个人不得拒绝或者阻碍：

（一）对动物、动物产品按照规定采样、留验、抽检；

（二）对染疫或者疑似染疫的动物、动物产品及相关物品进行隔离、查封、扣押和处理；

（三）对依法应当检疫而未经检疫的动物和动物产品予以收缴；

（四）查验检疫证明、检疫标志和畜禽标识；

（五）进入有关场所调查取证，查阅、复制与动物防疫有关的资料。

县级以上地方人民政府农业农村（畜牧兽医）主管部门、动物卫生监督机构根据动物疫病预防、控制需要，经当地县级以上地方人民政府批准，可以在车站、港口、机场等相关场所派驻官方兽医或者工作人员。

第七十六条 执法人员执行动物防疫监督检查任务，应当出示行政执法证件，统一着装，佩带统一标志。

县级以上人民政府农业农村（畜牧兽医）主管部门及其工作人员不得从事与动物防疫有关的经营性活动，进行监督检查不得收取任何费用。

第七十七条 禁止转让、伪造或者变造检疫证明、检疫标志或者畜禽标识。

禁止持有、使用伪造或者变造的检疫证明、检疫标志或者畜禽标识。

检疫证明、检疫标志的管理办法，由国务院农业农村（畜牧兽医）主管部门制定。

第十章　保障措施

第七十八条　县级以上人民政府应当将动物防疫纳入本级国民经济和社会发展规划及年度计划。

第七十九条　国家鼓励和支持动物防疫领域新技术、新设备、新产品等技术创新研究开发。

第八十条　鼓励县级以上人民政府采取保险费补贴等措施，支持发展畜禽养殖保险。

第八十一条　县级人民政府应当为动物卫生监督机构配备与动物、动物产品检疫工作相适应的官方兽医，保障检疫工作条件。

县级人民政府农业农村（畜牧兽医）主管部门可以根据动物防疫工作需要，向乡、镇或者特定区域派驻兽医机构或者人员。

第八十二条　地方各级人民政府鼓励兽医社会化服务组织发展，引导社会力量参与动物防疫工作。

第八十三条　县级以上人民政府按照本级政府职责，将动物疫病的监测、预防、控制、净化、消灭，动物、动物产品的检疫和病死动物、病害动物产品的无害化处理，以及监督管理所需经费纳入本级政府预算。

第八十四条　县级以上人民政府应当储备动物疫情应急处理所需的防疫物资。

第八十五条　对在动物疫病预防、控制、净化、消灭过程中强制扑杀的动物、销毁的动物产品和相关物品，县级以上人民政府给予补偿。具体补偿标准和办法由国务院财政部门会同有关部门制定。

各级财政对饲养动物的单位和个人开展重点动物疫病净化的费用给予补助。

第八十六条　对从事动物疫病预防、检疫、监督检查、现场处理疫情以及在工作中接触动物疫病病原体的人员，有关单位按照国家规定采取有效的卫生防护措施和医疗保健措施，并享受畜牧兽医医疗卫生津贴等相关待遇。

第十一章　法律责任

第八十七条　地方各级人民政府及其工作人员未依照本法规定履行职责的，对直接负责的主管人员和其他直接责任人员依法给予处分。

第八十八条　县级以上人民政府农业农村（畜牧兽医）主管部门及其工作人员违反本法规定，有下列行为之一的，由本级人民政府责令改正，通报批评；对直接负责的主管人员和其他直接责任人员依法给予处分：

（一）未及时采取预防、控制、扑灭等措施的；

（二）对不符合条件的颁发动物防疫条件合格证、动物诊疗许可证，或者对符合条件的拒不颁发动物防疫条件合格证、动物诊疗许可证的；

（三）从事与动物防疫有关的经营性活动的；

（四）其他未依照本法规定履行职责的行为。

第八十九条 动物卫生监督机构及其工作人员违反本法规定，有下列行为之一的，由本级人民政府或者农业农村（畜牧兽医）主管部门责令改正，通报批评；对直接负责的主管人员和其他直接责任人员依法给予处分：

（一）对未经现场检疫或者检疫不合格的动物、动物产品出具检疫证明、加施检疫标志，或者对检疫合格的动物、动物产品拒不出具检疫证明、加施检疫标志的；

（二）对附有检疫证明、检疫标志的动物、动物产品重复检疫的；

（三）在国务院财政部门、物价主管部门规定外加收费用、重复收费的；

（四）其他未依照本法规定履行职责的行为。

第九十条 动物疫病预防控制机构及其工作人员违反本法规定，有下列行为之一的，由本级人民政府或者农业农村（畜牧兽医）主管部门责令改正，通报批评；对直接负责的主管人员和其他直接责任人员依法给予处分：

（一）未履行动物疫病监测、检测、评估职责或者伪造监测、检测、评估结果的；

（二）发生动物疫情时未及时进行诊断、调查的；

（三）接到染疫或者疑似染疫报告后，未及时按照国家规定的程序上报的；

（四）其他未依照本法规定履行职责的行为。

第九十一条 地方各级人民政府、有关部门及其工作人员瞒报、谎报、迟报、漏报或者授意他人瞒报、谎报、迟报动物疫情，或者阻碍他人报告动物疫情的，由上级人民政府或者有关部门责令改正，通报批评；对直接负责的主管人员和其他直接责任人员依法给予处分。

第九十二条 违反本法规定，有下列行为之一的，由县级以上地方人民政府农业农村（畜牧兽医）主管部门责令改正，处一千元以下罚款；拒不改正的，由县级以上地方人民政府农业农村（畜牧兽医）主管部门委托动物诊疗机构、无害化处理场所等代作处理，所需处理费用由违法行为人承担，处一千元以上五千元以下罚款：

（一）对饲养的动物不按照动物疫病强制免疫计划或者免疫技术规范实施免疫接种的；

（二）种用、乳用动物经监测不合格而不按照规定处理的；

（三）动物、动物产品的运载工具在装载前和卸载后没有按规定及时清洗、消毒的；

（四）未按规定对饲养的犬只进行狂犬病免疫接种的。

实施免疫接种的动物未达到国务院农业农村（畜牧兽医）主管部门规定免疫质量要求的，由县级以上地方人民政府农业农村（畜牧兽医）主管部门责令实施补充免疫接种，补充免疫接种后仍不符合免疫质量要求的，责令饲养动物的单位和个人对动物进行无害化处理。

第九十三条 违反本法规定，对经强制免疫的动物未按照国务院农业农村（畜牧兽医）主管部门规定建立免疫档案、加施畜禽标识的，依照《中华人民共和国畜牧法》的有关规定处罚。

第九十四条 违反本法规定，动物、动物产品的运载工具、垫料、包装物、容器等不符合国务院农业农村（畜牧兽医）主管部门规定的动物防疫要求的，可以由县级以上地方人民政府农业农村（畜牧兽医）主管部门处五千元以下罚款；情节严重的，处五千元以上五万元以下罚款。

第九十五条 违反本法规定，不按照国务院农业农村（畜牧兽医）主管部门规定处置染疫动物及其排泄物，染疫动物产品，运载工具中的动物排泄物以及垫料、包装物、容器等污染物以及其他经检疫不合格的动物、动物产品的，由县级以上地方人民政府农业农村（畜牧兽医）主管部门责令无害化处理，所需处理费用由违法行为人承担，处五千元以上五万元以下罚款。

造成环境污染的，依照环境保护有关法律法规进行处罚。

第九十六条 违反本法规定，患有人畜共患传染病的人员，直接从事动物诊疗以及易感染动物的饲养、屠宰、经营、隔离、运输等活动的，由县级以上地方人民政府农业农村（畜牧兽医）主管部门责令改正；拒不改正的，可以处五千元以下罚款；情节严重的，处五千元以上五万元以下罚款。

第九十七条 违反本法第二十七条规定，屠宰、经营、运输动物或者生产、经营、加工、贮藏、运输动物产品，尚不构成犯罪的，由县级以上地方人民政府农业农村（畜牧兽医）主管部门责令改正、采取补救措施，没收违法所得、动物和动物产品以及屠宰、经营、加工、贮藏的工具、设施、设备；同类检疫合格动物、动物产品货值金额不足一万元的，并处十万元以上十五万元以下罚款；同类检疫合格动物、动物产品货值一万元以上的，并处同类检疫合格动物、动物产品货值金额十五倍以上三十倍以下罚款；其中依法应当检疫而未检疫的，处同类检疫合格动物、动物产品货值金额一倍以上五倍以下罚款。

按照前款规定给予行政处罚的个人或者单位的法定代表人、

直接负责的主管人员和其他直接责任人员，自处罚决定作出之日起五年内不得从事屠宰、经营、运输动物或者生产、经营、加工、贮藏、运输动物产品等相关活动；被追究刑事责任的，终身不得从事屠宰、经营、运输动物或者生产、经营、加工、贮藏、运输动物产品等相关活动。

第九十八条 违反本法规定，有下列行为之一的，由县级以上地方人民政府农业农村（畜牧兽医）主管部门责令改正，处三千元以上三万元以下罚款；情节严重的，处三万元以上十万元以下罚款：

（一）兴办动物饲养场和隔离场所，动物屠宰加工场所，动物专业交易市场，以及动物和动物产品无害化处理场所，未取得动物防疫条件合格证的；

（二）跨省、自治区、直辖市引进乳用动物、种用动物到达输入地后未按规定进行隔离观察的；

（三）未经检疫合格，向无规定动物疫病区输入动物、动物产品的；

（四）未经备案从事动物经营、运输的；

（五）未如实记录收购、销售动物的产地、饲养者、检疫证明编号、购销日期和数量等信息的；

（六）未按规定保存行程路线和托运人提供的动物名称、动物检疫证明编号、数量等相关信息的；

（七）未按规定处置或者随意弃置病死动物和病害动物产品的；

（八）饲养种用、乳用动物的单位和个人，未按照国务院农业农村（畜牧兽医）主管部门的要求定期开展动物疫病检测的。

第九十九条 动物饲养场和隔离场所，动物屠宰加工场所，动物专业交易市场，以及动物和动物产品无害化处理场所不再符合本法第二十二条规定条件继续从事相关活动的，由县级以上地方人民政府农业农村（畜牧兽医）主管部门给予警告，责令改正；仍达不到规定条件的，由发证机关吊销动物防疫条件合格证。

第一百条 违反本法规定，屠宰、经营、运输的动物未附有检疫证明，经营和运输的动物产品未附有检疫证明、检疫标志的，由县级以上地方人民政府农业农村（畜牧兽医）主管部门责令改正，处同类检疫合格动物、动物产品货值金额一倍以下罚款；对货主以外的承运人处运输费用三倍以上五倍以下罚款，情节严重的，处五倍以上十倍以下罚款。

违反本法规定，参加展览、演出和比赛的动物未附有检疫证明的，由县级以上地方人民政府农业农村（畜牧兽医）主管部门责令改正，处三千元以上一万元以下罚款。

第一百零一条 违反本法规定，将禁止或者限制调运的动物、动物产品由动物疫病高风险区调入低风险区，或者使用未备案车辆承运动物的，由县级以上地方人民政府农业农村（畜牧兽医）主管部门没收运输费用、违法运输的动物和动物产品，并处运输费用一倍以上五倍以下罚款。

第一百零二条 违反本法规定，通过道路跨省、自治区、直辖市运输动物和动物产品，未经省、自治区、直辖市人民政府设立的指定通道入境或者过境的，由县级以上地方人民政府农业农村（畜牧兽医）主管部门对货主、承运人和接收人分别处五千元以上一万元以下罚款；情节严重的，处一万元以上五万元以下罚款。

第一百零三条 违反本法规定，转让、伪造或者变造检疫证明、检疫标志或者畜禽标识的，由县级以上地方人民政府农业农村（畜牧兽医）主管部门没收违法所得，收缴检疫证明、检疫标志或者畜禽标识，并处五千元以上五万元以下罚款。

持有、使用伪造或者变造的检疫证明、检疫标志或者畜禽标识的，由县级以上地方人民政府农业农村（畜牧兽医）主管部门收缴检疫证明、检疫标志或者畜禽标识，没收对应动物、动物产品，处三千元以上一万元以下罚款。

第一百零四条 违反本法规定，有下列行为之一的，由县级以上地方人民政府农业农村（畜牧兽医）主管部门责令改正，处三千元以上三万元以下罚款：

（一）不遵守县级以上人民政府及其农业农村（畜牧兽医）主管部门依法作出的有关控制、扑灭动物疫病规定的；

（二）藏匿、转移、盗掘已被依法隔离、封存、处理的动物和动物产品的；

（三）发布动物疫情的。

第一百零五条 违反本法规定，未取得动物诊疗许可证从事动物诊疗活动的，由县级以上地方人民政府农业农村（畜牧兽医）主管部门责令停止诊疗活动，没收违法所得；违法所得在三万元以上的，并处违法所得一倍以上三倍以下罚款；没有违法所得或者违法所得不足三万元的，并处三千元以上三万元以下罚款。

动物诊疗机构违反本法规定，未按照规定实施卫生安全防护、消毒、隔离和处置诊疗废弃物的，由县级以上地方人民政府农业农村（畜牧兽医）主管部门责令改正，处三千元以上一万元以下罚款；造成动物疫病扩散的，处一万元以上五万元以下罚款；情节严重的，由发证机关吊销动物诊疗许可证。

第一百零六条 违反本法规定，未经执业兽医备案从事动物诊疗活动的，由县级以上地方人民政府农业农村（畜牧兽医）主管部门责令停止动物诊疗活动，没收违法所得，并处三千元以上三万元以下罚款；对其所在动物诊疗机构处一万元以上五万元以下罚款。

执业兽医有下列行为之一的，由县级以上地方人民政府农业农村（畜牧兽医）主管部门给予警告，责令暂停六个月以上一年以下动物诊疗活动：

（一）违反有关动物诊疗的操作技术规范，造成或者可能造成动物疫病传播、流行的；

（二）使用不符合国家规定的兽药和兽医器械的；

（三）不按照当地人民政府或者农业农村（畜牧兽医）主管部门要求参加动物疫病预防、控制和扑灭活动的。

第一百零七条 违反本法规定，生产经营兽医器械应当备案而未备案的，或者产品质量不符合要求的，由县级以上地方人民政府农业农村（畜牧兽医）主管部门责令限期整改；情节严重的，停止生产经营，并处二万元以上十万元以下罚款；给他人造成损失的，依法承担赔偿责任。

第一百零八条 违反本法规定，从事动物疫病研究与诊疗和动物饲养、屠宰、经营、隔离、运输，以及动物产品生产、经营、加工、贮藏等活动的单位和个人，有下列行为之一的，由县级以上地方人民政府农业农村（畜牧兽医）主管部门责令改正，处一万元以下罚款；拒不改正的，处一万元以上五万元以下罚款：

（一）发现动物染疫、疑似染疫未报告，或者未采取隔离等控制措施的；

（二）不如实提供与动物防疫有关资料的；

（三）拒绝或者阻碍农业农村（畜牧兽医）主管部门进行监督检查的；

（四）拒绝或者阻碍动物疫病预防控制机构进行动物疫病监测、检测、评估的；

（五）拒绝或者阻碍官方兽医依法履行职责的；

（六）不按照县级以上人民政府制定的动物疫病净化规划，开展动物疫病净化的。

第一百零九条 因科研、药用、展示等特殊情形需要，经依法批准非食用性利用野生动物，不符合野生动物检疫检验及防疫条件审查的有关规定的，依法从重处罚。

第一百一十条 违反本法规定，构成犯罪的，依法追究刑事责任。

违反本法规定，导致动物疫病传播、流行等，给他人人身、财产造成损害的，依法承担民事责任。

第十二章　附　则

第一百一十一条 本法下列用语的含义：

无规定动物疫病区，是指具有天然屏障或者采取人工措施，在一定期限内没有发生规定的一种或者几种动物疫病，并经验收合格的区域。

无规定动物疫病生物安全隔离区，是指处于同一生物安全管理体系下，在一定期限内没有发生一种或者几种规定动物疫病的若干动物饲养场及其辅助生产场所构成的特定小型区域。

病死动物，是指染疫死亡、因病死亡、死因不明或者经检验检疫认为不可供食用的动物。

病害动物产品，是指来源于病死动物的产品，或者经检验检疫可能危害人体或者动物健康的动物产品。

第一百一十二条 境外无规定动物疫病区和无规定动物疫病生物安全隔离区的无疫等效性评估，参照本法执行。

第一百一十三条 本法自　　年　月　日起施行。

全国人民代表大会宪法和法律委员会关于《中华人民共和国动物防疫法（修订草案）》修改情况的汇报

全国人民代表大会常务委员会：

常委会第十七次会议对动物防疫法修订草案进行了初次审议。会后，法制工作委员会将修订草案印发各省（区、市）人大、基层立法联系点、中央有关部门、人大代表、高等院校和研究机构征求意见，并在中国人大网全文公布修订草案征求社会公众意见。宪法和法律委员会、农业与农村委员会、法制工作委员会联合召开座谈会，听取中央有关部门、专家学者、基层动物防疫工作人员以及畜禽养殖企业对修订草案的意见。宪法和法律委员会、法制工作委员会还到北京市调研，听取意见；并就修订草案的有关问题与司法部、农业农村部交换意见，共同研究。宪法和法律委员会于7月15日下午、7月17日下午召开会议，根据常委会组成人员的审议意见和各方面意见，对修订草案进行了逐条审议。农业与农村委员会、司法部、农业农村部的有关负责同志列席了会议。7月30日，宪法和法律委员会召开会议，再次进行了审议。现就修订草案主要问题修改情况汇报如下：

一、修订草案将主管动物防疫工作的部门表述为“农业农村（畜牧兽医）主管部门”。根据一些常委委员和部门的意见，宪法和法律委员会建议将修订草案中的“农业农村（畜牧兽医）主管部门”修改为“农业农村主管部门”。

二、有的常委会组成人员提出，在集贸市场进行畜禽活体交易，包括现场宰杀，容易导致疫病的传播，应当加强对集贸市场和畜禽活体交易的管理。宪法和法律委员会经研究，建议对修订草案作以下修改：一是恢复现行动物防疫法第二十条第三款关于经营动物、动物产品的集贸市场应当具备动物防疫条件的规定，并增加不具备动物防疫条件的法律责任；二是明确县级以上地方政府根据本地情况决定在特定区域禁止家畜家禽活体交易。

三、修订草案第二十八条对犬只饲养以及流浪犬、猫的管理等作了规定。在常委会审议和公开征求意见过程中，各方面对这个问题普遍关注，有两种意见：一种意见建议进一步细化、完善对犬、猫等宠物的管理规定；一种意见建议删去与防疫无关的内容。宪法和法律委员会经同有关方面研究认为，犬、猫等宠物的管理涉及的环节多，有关方面建议增加的内容多与动物防疫不直接相关，并且这个问题主要是地方事权，很多地方已经制定了地方性法规或政府规章，本法可重点从动物防疫方面进行规范。建议将这一条修改为：单位和个人饲养犬只，应当按照规定免疫接种狂犬病疫苗，凭农业农村部门的免疫证明向所在地养犬登记机关申请登记。街道办事处、乡级人民政府组织协调居民委员会、村民委员会，做好本辖区内流浪犬、猫的控制和处置，防止疫病传播。农村地区饲养犬只的防疫管理，由省、自治区、直辖市规定。

四、有些常委委员和地方提出，为加强公共卫生风险防控，保障人民群众生命健康安全，建议在修订草案有关人畜共患病疫情通报、监测等规定的基础上，增加建立人畜共患传染病防治合作机制的规定。宪法和法律委员会经研究，建议增加规定：卫生健康主管部门和农业农村、野生动物保护等主管部门建立人畜共患传染病防治合作机制。

五、修订草案第五十一条规定，需要非食用性利用野生动物的，应当按照国家有关规定严格审批和检疫检验。有的常委委员和地方、部门提出，《全国人民代表大会常务委员会关于全面禁止非法野生动物交易、革除滥食野生动物陋习、切实保障人民群众生命健康安全的决定》已经对此作了原则规定，本法应当对野生动物检疫问题进行细化，明确非食用性利用和人工捕获的野生动物的检疫部门，落实检疫责任；有的还提出，利用野生动物的"审批"不属于本法规范的范围，野生动物保护法对此已作了规定，建议删去。宪法和法律委员会经研究，建议对修订草案作以下修改：一是明确因科研、药用、展示等特殊情形需要非食用性利用的野生动物，应当按照规定报经动物卫生监督机构检疫，检疫合格的，方可利用。二是恢复现行法的规定，人工捕获的野生动物应当按照规定报经捕获地动物卫生监督机构检疫，检疫合格的，方可饲养、经营和运输。

六、有的部门提出，实验动物的防疫有特殊要求，相关行政法规已作出规定，建议予以衔接。宪法和法律委员会经研究，建议增加规定：实验动物防疫有特殊要求的，按照实验动物管理的有关规定执行。

此外，还对修订草案作了一些文字修改。

修订草案二次审议稿已按上述意见作了修改，宪法和法律委员会建议提请本次常委会会议继续审议。

修订草案二次审议稿和以上汇报是否妥当，请审议。

全国人民代表大会宪法和法律委员会
2020 年 8 月 8 日

中华人民共和国动物防疫法（修订草案）
（二次审议稿）

目　　录

第一章　总　则

第一条　为了加强对动物防疫活动的管理，预防、控制、净化、消灭动物疫病，促进养殖业发展，维护生物安全和公共卫生安全，保护人体健康，制定本法。

第二条　本法适用于在中华人民共和国领域内的动物防疫及其监督管理活动。

进出境动物、动物产品的检疫，适用《中华人民共和国进出境动植物检疫法》。

第三条　本法所称动物，是指家畜家禽和人工饲养、合法捕获的其他动物。

本法所称动物产品，是指动物的肉、生皮、原毛、绒、脏器、脂、血液、精液、卵、胚胎、骨、蹄、头、角、筋以及可能传播动物疫病的奶、蛋等。

本法所称动物疫病，是指动物传染病、寄生虫病。

本法所称动物防疫，是指动物疫病的预防、控制、净化、消灭，动物、动物产品的检疫和病死动物、病害动物产品的无害化处理。

第四条 根据动物疫病对养殖业生产和人体健康的危害程度，本法规定的动物疫病分为下列三类：

（一）一类疫病，是指口蹄疫、非洲猪瘟、高致病性禽流感等对人与动物危害严重，需要采取紧急、严厉的强制预防、控制等措施的；

（二）二类疫病，是指狂犬病、布鲁氏菌病、草鱼出血病等可能造成重大经济损失，需要采取严格控制等措施，防止扩散的；

（三）三类疫病，是指大肠杆菌病、禽结核病、鳖腮腺炎病等常见多发、可能造成重大经济损失，需要及时控制的。

前款一、二、三类动物疫病具体病种名录由国务院农业农村主管部门制定并公布。

国务院农业农村主管部门应当根据动物疫病发生、流行情况和危害程度，及时增加、减少或者调整一、二、三类动物疫病具体病种并予以公布。

第五条 动物防疫实行预防为主，预防与控制、净化、消灭相结合的方针。

第六条 鼓励社会力量参与动物疫病防治工作。各级人民政府采取措施，支持单位和个人参与动物疫病防治的宣传教育、疫情报告、志愿服务和捐赠等活动。

第七条 从事动物饲养、屠宰、经营、隔离、运输以及动物产品生产、经营、加工、贮藏等活动的单位和个人，依照本法和国务院农业农村主管部门的规定，做好免疫、消毒、检测、隔离、净化、消灭、无害化处理等动物防疫工作，履行动物防疫义务。

第八条 县级以上人民政府对动物防疫工作实行统一领导，加强基层动物防疫队伍建设，建立健全动物防疫体系，制定并组织实施动物疫病防治规划。

乡级人民政府、街道办事处组织群众做好本辖区内的动物疫病预防与控制工作，村民委员会、居民委员会予以协助。

第九条 国务院农业农村主管部门主管全国的动物防疫工作。

县级以上地方人民政府农业农村主管部门主管本行政区域内的动物防疫工作。

县级以上人民政府其他部门在各自的职责范围内做好动物防疫工作。

军队动物卫生监督职能部门负责军队现役动物及饲养自用动物的防疫工作。

第十条 县级以上地方人民政府的动物卫生监督机构依照本法规定，负责动物、动物产品的检疫工作。

第十一条 县级以上人民政府按照国务院的规定，根据统筹规划、合理布局、综合设置的原则建立动物疫病预防控制机构。

动物疫病预防控制机构承担动物疫病的监测、检测、诊断、流行病学调查、疫情报告以及其他预防、控制等技术工作；承担动物疫病净化、消灭的技术工作。

第十二条 国家支持和鼓励开展动物疫病的科学研究以及国际合作与交流，推广先进适用的科学研究成果，提高动物疫病防治的科学技术水平。

各级人民政府及有关部门、新闻媒体，应当加强对动物防疫法律、法规和动物防疫知识的宣传。

第十三条 对在动物防疫工作、科学研究、动物疫情扑灭中做出贡献的单位和个人，各级人民政府及有关部门按照国家有关规定给予表彰、奖励。

有关单位应当依法为动物防疫人员缴纳工伤保险费。对因参与动物防疫工作致病、致残、死亡的人员，按照国家有关规定给予补助或者抚恤。

第二章 动物疫病的预防

第十四条 国家建立动物疫病风险评估制度。

国务院农业农村主管部门根据国内外动物疫情和保护养殖业生产及人体健康的需要，及时会同国务院卫生健康等有关部门对动物疫病进行风险评估，并制定、公布动物疫病预防、控制、净化、消灭措施和技术规范。

省、自治区、直辖市人民政府农业农村主管部门会同卫生健康等有关部门开展本行政区域内的动物疫病风险评估，并落实动物疫病预防、控制、净化、消灭措施。

第十五条 国家对严重危害养殖业生产和人体健康的动物疫病实施强制免疫。

国务院农业农村主管部门确定强制免疫的动物疫病病种和区域。

省、自治区、直辖市人民政府农业农村主管部门制定本行政区域的强制免疫计划；根据本行政区域内动物疫病流行情况增加实施强制免疫的动物疫病病种和区域，报本级人民政府批准后执行，并报国务院农业农村主管部门备案。

第十六条 饲养动物的单位和个人应当履行动物疫病强制免疫义务，按照强制免疫计划和技术规范，对动物实施免疫接种，并按照国家有关规定建立免疫档案、加施畜禽标识，保证可追溯。

实施强制免疫接种的动物未达到免疫质量要求，实施补充免疫接种后仍不符合免疫质量要求的，有关单位和个人应当按照国家有关规定对动物进行处理。

用于预防接种的疫苗必须符合国家质量标准。

第十七条 县级以上地方人民政府农业农村主管部门负责组织实施动物疫病强制免疫计划，并对饲养动物的单位和个人履行强制免疫义务的情况进行监督检查。

乡级人民政府、街道办事处组织本辖区内饲养动物的单位和个人做好强制免疫，协助做好监督检查。

第十八条 国家实行动物疫病监测和疫情预警制度。

县级以上人民政府建立健全动物疫病监测网络，加强动物疫病监测。

国务院农业农村主管部门会同有关部门制定国家动物疫病监测计划。省、自治区、直辖市人民政府农业农村主管部门根据国家动物疫病监测计划，制定本行政区域的动物疫病监测计划。

动物疫病预防控制机构按照国务院农业农村主管部门的规定，对动物疫病的发生、流行等情况进行监测；从事动物饲养、屠宰、经营、隔离、运输以及动物产品生产、经营、加工、贮藏等活动的单位和个人不得拒绝或者阻碍。

国务院农业农村主管部门和省、自治区、直辖市人民政府农业农村主管部门根据对动物疫病发生、流行趋势的预测，及时发出动物疫情预警。地方各级人民政府接到动物疫情预警后，及时采取预防、控制措施。

第十九条 陆路边境省、自治区人民政府根据动物疫病防控需要，合理设置动物疫病监测站点，健全监测工作机制，防范境外动物疫病传入。

科技、海关等部门按照本法及有关法律法规的规定做好动物疫病监测预警工作，定期与农业农村主管部门互通情况，紧急情况及时通报。

县级以上人民政府野生动物保护主管部门、农业农村主管部门，应当按照职责分工对野生动物疫源疫病进行监测，组织开展预测、预报等工作，根据需要合理布局监测站点，完善监测体系和工作机制，定期互通情况，紧急情况及时通报。

第二十条 国家支持地方建立无规定动物疫病区，鼓励动物饲养场建设无规定动物疫病生物安全隔离区。无规定动物疫病区和无规定动物疫病生物安全隔离区符合国务院农业农村主管部门规定标准的，经国务院农业农村主管部门验收合格予以公布。

省、自治区、直辖市人民政府制定本行政区域无规定动物疫病区建设方案，并组织实施。国务院农业农村主管部门指导跨省、自治区、直辖市无规定动物疫病区建设。

国家根据行政区划、动物疫病防控、养殖屠宰产业布局等实施分区防控。

第二十一条 国务院农业农村主管部门制定动物疫病净化、

消灭规划并组织实施。

县级以上地方人民政府根据动物疫病净化、消灭规划，制定本行政区域动物疫病净化、消灭计划并组织实施。

动物疫病预防控制机构按照动物疫病净化、消灭规划、计划，开展动物疫病净化技术指导、培训，对动物疫病净化效果进行监测、评估。

国家鼓励并支持饲养动物的单位和个人开展动物疫病净化。饲养动物的单位和个人达到国务院农业农村主管部门规定的净化标准的，由省级以上人民政府农业农村主管部门予以公布。

第二十二条 种用、乳用动物应当符合国务院农业农村主管部门规定的健康标准。

饲养种用、乳用动物的单位和个人，应当按照国务院农业农村主管部门的要求，定期开展动物疫病检测；检测不合格的，应当按照国家有关规定予以处理。

第二十三条 动物饲养场和隔离场所、动物屠宰加工场所以及动物和动物产品无害化处理场所，应当符合下列动物防疫条件：

（一）场所的位置与居民生活区、生活饮用水源地、学校、医院等公共场所的距离符合国务院农业农村主管部门的规定；

（二）生产经营区域封闭隔离，工程设计和有关流程符合动物防疫要求；

（三）有与其规模相适应的污水、污物处理设施，病死动物、病害动物产品无害化处理设施设备或者冷藏冷冻设施设备，以及清洗消毒设施设备；

（四）有与其规模相适应的执业兽医或者动物防疫技术

人员；

（五）有完善的隔离消毒、购销台账、日常巡查等动物防疫制度；

（六）具备国务院农业农村主管部门规定的其他动物防疫条件。

动物和动物产品无害化处理场所除符合前款规定的条件外，应当具有病原检测设备、检测能力和符合动物防疫要求的专用运输车辆。

第二十四条 国家实行动物防疫条件审查制度。

兴办动物饲养场和隔离场所、动物屠宰加工场所以及动物和动物产品无害化处理场所，应当向县级以上地方人民政府农业农村主管部门提出申请，并附具相关材料。受理申请的农业农村主管部门应当依照本法和《中华人民共和国行政许可法》的规定进行审查。经审查合格的，发给动物防疫条件合格证；不合格的，通知申请人并说明理由。

动物防疫条件合格证应当载明申请人的名称（姓名）、场（厂）址等事项。

第二十五条 经营动物、动物产品的集贸市场应当具备国务院农业农村主管部门规定的动物防疫条件，并接受农业农村主管部门的监督检查。

县级以上地方人民政府根据本地情况决定在特定区域禁止家畜家禽活体交易。

第二十六条 动物、动物产品的运载工具、垫料、包装物、容器等应当符合国务院农业农村主管部门规定的动物防疫要求。

染疫动物及其排泄物、染疫动物产品，运载工具中的动物排泄物以及垫料、包装物、容器等污染物，应当按照国家有关规定处理，不得随意处置。

第二十七条 采集、保存、运输动物病料或者病原微生物以及从事病原微生物研究、教学、检测、诊断等活动，应当遵守国家有关病原微生物实验室管理的规定。

第二十八条 禁止屠宰、经营、运输下列动物和生产、经营、加工、贮藏、运输下列动物产品：

（一）封锁疫区内与所发生动物疫病有关的；

（二）疫区内易感染的；

（三）依法应当检疫而未经检疫或者检疫不合格的；

（四）染疫或者疑似染疫的；

（五）病死或者死因不明的；

（六）其他不符合国务院农业农村主管部门有关动物防疫规定的。

因实施集中无害化处理需要暂存、运输并按照规定采取防疫措施的动物和动物产品除外。

第二十九条 单位和个人饲养犬只，应当按照规定定期免疫接种狂犬病疫苗，凭农业农村部门的免疫证明向所在地养犬登记机关申请登记。

街道办事处、乡级人民政府组织协调居民委员会、村民委员会，做好本辖区内流浪犬、猫的控制和处置，防止疫病传播。

农村地区饲养犬只的防疫管理，由省、自治区、直辖市规定。

第三章 动物疫情的报告、通报和公布

第三十条 从事动物疫病监测、检测、检验检疫、研究与诊

疗以及动物饲养、屠宰、经营、隔离、运输等活动的单位和个人，发现动物染疫或者疑似染疫的，应当立即向所在地农业农村主管部门或者动物疫病预防控制机构报告，并迅速采取隔离等控制措施，防止动物疫情扩散。其他单位和个人发现动物染疫或者疑似染疫的，应当及时报告。

接到动物疫情报告的单位，应当及时采取临时隔离控制等必要措施，防止延误防控时机，并及时按照国家规定的程序上报。

第三十一条 动物疫情由县级以上人民政府农业农村主管部门认定；其中重大动物疫情由省、自治区、直辖市人民政府农业农村主管部门认定，必要时报国务院农业农村主管部门认定。

本法所称重大动物疫情，是指一、二、三类动物疫病突然发生，迅速传播，给养殖业生产安全造成严重威胁、危害，以及可能对公众身体健康与生命安全造成危害的情形。

在重大动物疫情报告期间，所在地县级以上地方人民政府认为必要时，可以作出封锁决定并采取扑杀、销毁等措施。

第三十二条 国家实行动物疫情通报制度。

国务院农业农村主管部门应当及时向国务院卫生健康等有关部门和军队有关部门以及省、自治区、直辖市人民政府农业农村主管部门通报重大动物疫情的发生和处置情况。

海关发现进出境动物和动物产品染疫或者疑似染疫的，应当及时处置并向农业农村主管部门通报。

野生动物保护主管部门发现野生动物染疫或者疑似染疫的，应当及时处置并向农业农村主管部门通报。

国务院农业农村主管部门应当依照我国缔结或者参加的条约、协定，及时向有关国际组织或者贸易方通报重大动物疫情的发生和处置情况。

第三十三条 县级以上人民政府卫生健康主管部门和农业农村、野生动物保护等主管部门应当建立人畜共患传染病防治合作机制。

发生人畜共患传染病疫情的，县级以上人民政府农业农村主管部门与同级卫生健康、野生动物保护主管部门应当及时相互通报。

发生人畜共患传染病时，卫生健康主管部门应当对疫区易感染的人群进行监测，并采取相应的预防、控制措施。

人畜共患传染病名录由国务院农业农村主管部门会同国务院卫生健康、野生动物保护等主管部门制定并公布。

第三十四条 患有人畜共患传染病的人员不得直接从事动物诊疗以及易感染动物的饲养、屠宰、经营、隔离、运输等活动。

第三十五条 国务院农业农村主管部门向社会及时公布全国动物疫情，也可以根据需要授权省、自治区、直辖市人民政府农业农村主管部门公布本行政区域内的动物疫情。其他单位和个人不得发布动物疫情。

第三十六条 任何单位和个人不得瞒报、谎报、迟报、漏报动物疫情，不得授意他人瞒报、谎报、迟报动物疫情，不得阻碍他人报告动物疫情。

第四章 动物疫病的控制

第三十七条 发生一类动物疫病时，应当采取下列控制措施：

（一）所在地县级以上地方人民政府农业农村主管部门应当立即派人到现场，划定疫点、疫区、受威胁区，调查疫源，及时报请本级人民政府对疫区实行封锁。疫区范围涉及两个以上行政区域的，由有关行政区域共同的上一级人民政府对疫区实行封锁，或者由各有关行政区域的上一级人民政府共同对疫区实行封锁。必要时，上级人民政府可以责成下级人民政府对疫区实行封锁；

（二）县级以上地方人民政府应当立即组织有关部门和单位采取封锁、隔离、扑杀、销毁、消毒、无害化处理、紧急免疫接种等强制性措施；

（三）在封锁期间，禁止染疫、疑似染疫和易感染的动物、动物产品流出疫区，禁止非疫区的易感染动物进入疫区，并根据需要对出入疫区的人员、运输工具及有关物品采取消毒和其他限制性措施。

第三十八条　发生二类动物疫病时，应当采取下列控制措施：

（一）所在地县级以上地方人民政府农业农村主管部门应当划定疫点、疫区、受威胁区；

（二）县级以上地方人民政府根据需要组织有关部门和单位采取隔离、扑杀、销毁、消毒、无害化处理、紧急免疫接种、限制易感染的动物和动物产品及有关物品出入等措施。

第三十九条　疫点、疫区、受威胁区的撤销和疫区封锁的解除，按照国务院农业农村主管部门规定的标准和程序评估后，由原决定机关决定并宣布。

第四十条　发生三类动物疫病时，所在地县级、乡级人民政府应当按照国务院农业农村主管部门的规定组织防治。

第四十一条 二、三类动物疫病呈暴发性流行时，按照一类动物疫病处理。

第四十二条 疫区内有关单位和个人，应当遵守县级以上人民政府及其农业农村主管部门依法作出的有关控制动物疫病的规定。

任何单位和个人不得藏匿、转移、盗掘已被依法隔离、封存、处理的动物和动物产品。

第四十三条 发生动物疫情时，航空、铁路、道路、水路运输企业应当优先组织运送防疫人员和物资。

第四十四条 国务院农业农村主管部门根据动物疫病的性质、特点和可能造成的社会危害，制定国家重大动物疫情应急预案报国务院批准，并按照不同动物疫病病种、流行特点及危害程度，分别制定实施方案。

县级以上地方人民政府根据上级重大动物疫情应急预案和本地区的实际情况，制定本行政区域的重大动物疫情应急预案，报上一级人民政府农业农村主管部门备案，并抄送上一级人民政府应急管理部门。县级以上地方人民政府农业农村主管部门按照不同动物疫病病种、流行特点及危害程度，分别制定实施方案。

重大动物疫情应急预案及实施方案根据疫情状况及时调整。

第四十五条 发生重大动物疫情时，国务院农业农村主管部门负责划定动物疫病风险区，禁止或者限制特定动物、动物产品由高风险区向低风险区调运。

第四十六条 发生重大动物疫情的，依照法律和国务院的规定以及应急预案采取应急处置措施。

第五章　动物和动物产品的检疫

第四十七条　动物卫生监督机构依照本法和国务院农业农村主管部门的规定对动物、动物产品实施检疫。

动物卫生监督机构的官方兽医具体实施动物、动物产品检疫。

第四十八条　屠宰、出售或者运输动物以及出售或者运输动物产品前，货主应当按照国务院农业农村主管部门的规定向所在地动物卫生监督机构申报检疫。

动物卫生监督机构接到检疫申报后，应当及时指派官方兽医对动物、动物产品实施检疫；检疫合格的，出具检疫证明、加施检疫标志。实施检疫的官方兽医应当在检疫证明、检疫标志上签字或者盖章，并对检疫结论负责。

动物饲养场、屠宰企业的执业兽医或者动物防疫技术人员，应当协助官方兽医实施检疫。

第四十九条　因科研、药用、展示等特殊情形需要非食用性利用的野生动物，应当按照国家有关规定报经动物卫生监督机构检疫，检疫合格的，方可利用。

人工捕获的野生动物，应当按照国家有关规定报经捕获地动物卫生监督机构检疫，检疫合格的，方可饲养、经营和运输。

第五十条　屠宰、经营、运输的动物，参加展览、演出和比赛的动物，以及其他非食用性利用的野生动物，应当附有检疫证明；经营和运输的动物产品，应当附有检疫证明、检疫标志。

第五十一条　经航空、铁路、道路、水路运输动物和动物产品的，托运人托运时应当提供检疫证明；没有检疫证明的，承运人不得承运。

对进出口动物和动物产品，承运人凭进口报关单证或者海关签发的检疫单证运递。

从事动物运输的单位和个人，应当妥善保存行程路线和托运人提供的动物名称、检疫证明编号、数量等信息。

运载工具在装载前和卸载后应当及时清洗、消毒。

第五十二条 省、自治区、直辖市人民政府确定并公布道路运输的动物进入本行政区域的指定通道，设置引导标志。跨省、自治区、直辖市通过道路运输动物的，应当经省、自治区、直辖市人民政府设立的指定通道入省境或者过省境。

从事动物运输的单位、个人以及车辆，应当向所在地县级人民政府农业农村主管部门备案，具体办法由国务院农业农村主管部门制定。

第五十三条 输入到无规定动物疫病区的动物、动物产品，货主应当按照国务院农业农村主管部门的规定向无规定动物疫病区所在地动物卫生监督机构申报检疫，经检疫合格的，方可进入；检疫所需费用纳入无规定动物疫病区所在地地方人民政府预算。

第五十四条 跨省、自治区、直辖市引进的乳用、种用动物到达输入地后，货主应当按照国务院农业农村主管部门的规定对引进的乳用、种用动物进行隔离观察。

第五十五条 经检疫不合格的动物、动物产品，货主应当在农业农村主管部门监督下按照国家有关规定处理，处理费用由货主承担。

第六章　病死动物和病害动物产品的无害化处理

第五十六条　从事动物饲养、屠宰、经营、隔离以及动物产品生产、经营、加工、贮藏等活动的单位和个人，应当按照国家有关规定做好病死动物、病害动物产品的无害化处理，或者委托动物和动物产品无害化处理场所进行处理。

从事动物、动物产品运输的单位和个人，应当配合做好病死动物和病害动物产品的无害化处理。

任何单位和个人不得买卖、加工、随意弃置病死动物和病害动物产品。

动物和动物产品无害化处理管理办法由国务院农业农村主管部门会同野生动物保护等有关部门制定。

第五十七条　在江河、湖泊、水库等水域发现的死亡畜禽，由所在地县级人民政府组织收集、处理并溯源。

在城市公共场所和乡村发现的死亡畜禽，由所在地街道办事处、乡级人民政府组织收集、处理并溯源。

在野外环境发现的死亡野生动物，由所在地野生动物保护主管部门收集、处理。

第五十八条　省、自治区、直辖市人民政府制定动物和动物产品集中无害化处理场所建设规划，建立政府主导、市场运作的无害化处理机制。

第五十九条　各级财政对病死动物和病害动物产品无害化处理提供补助，补助标准和补助办法由县级以上人民政府财政部门会同农业农村、野生动物保护等有关部门制定。

第七章　动物诊疗

第六十条　从事动物诊疗活动的机构，应当具备下列条件：

（一）有与动物诊疗活动相适应并符合动物防疫条件的场所；

（二）有与动物诊疗活动相适应的执业兽医；

（三）有与动物诊疗活动相适应的兽医器械和设备；

（四）有完善的管理制度。

动物诊疗机构包括动物医院、动物诊所，以及其他提供动物诊疗服务的经营性机构。

第六十一条　从事动物诊疗活动的机构，应当向县级以上地方人民政府农业农村主管部门申请动物诊疗许可证。受理申请的农业农村主管部门应当依照本法和《中华人民共和国行政许可法》的规定进行审查。经审查合格的，发给动物诊疗许可证；不合格的，应当通知申请人并说明理由。

第六十二条　动物诊疗许可证应当载明诊疗机构名称、诊疗活动范围、从业地点和法定代表人（负责人）等事项。

动物诊疗许可证载明事项变更的，应当申请变更或者换发动物诊疗许可证。

第六十三条　动物诊疗机构应当按照国务院农业农村主管部门的规定，做好诊疗活动中的卫生安全防护、消毒、隔离和诊疗废弃物处置等工作。

第六十四条　从事动物诊疗活动，应当遵守有关动物诊疗的操作技术规范，使用符合国家规定的兽药和兽医器械。

兽药和兽医器械的具体管理办法由国务院规定。

第八章　兽医管理

第六十五条　县级以上人民政府农业农村、海关等部门按照职责分工，负责官方兽医、执业兽医、乡村兽医的管理。

第六十六条　国家实行官方兽医任命制度。

官方兽医应当具备国务院农业农村主管部门规定的条件，由省、自治区、直辖市人民政府农业农村主管部门按照程序确认，由所在地县级以上人民政府农业农村主管部门任命，具体办法由国务院农业农村主管部门制定。

海关的官方兽医，应当具备规定的条件，由海关总署任命，具体办法由海关总署会同国务院农业农村主管部门制定。

第六十七条　官方兽医依法履行动物、动物产品检疫职责，任何单位和个人不得拒绝或者阻碍。

第六十八条　县级以上人民政府农业农村主管部门制定官方兽医培训计划，提供培训条件，定期对官方兽医进行培训和考核。

第六十九条　国家实行执业兽医资格考试制度。具有兽医相关专业大学专科以上学历，通过执业兽医资格考试的，由省、自治区、直辖市人民政府农业农村主管部门颁发执业兽医资格证书；从事动物诊疗等经营活动的，还应当向所在地县级人民政府农业农村主管部门备案。

执业兽医资格考试办法由国务院农业农村主管部门商国务院人力资源主管部门制定。

第七十条　执业兽医开具兽医处方应当亲自诊断，并对诊疗结果负责。

国家鼓励执业兽医接受继续教育。执业兽医所在机构应当支持执业兽医参加继续教育。

第七十一条　尚未取得执业兽医资格、符合国务院农业农村主管部门规定的条件的乡村兽医可以在乡村从事动物诊疗服务活动。

第七十二条　执业兽医、乡村兽医应当按照所在地人民政府或者农业农村主管部门的要求，或者通过参与承接政府购买服务等方式，参加动物疫病预防、控制和动物疫情扑灭等活动。

第七十三条　兽医行业协会提供兽医信息、技术、培训等服务，维护成员合法权益，按照章程建立健全行业规范和奖惩机制，加强行业自律，推动行业诚信建设，宣传动物防疫和兽医知识。

第九章　监督管理

第七十四条　县级以上地方人民政府农业农村主管部门依照本法规定，对动物饲养、屠宰、经营、隔离、运输以及动物产品生产、经营、加工、贮藏、运输等活动中的动物防疫实施监督管理。

第七十五条　县级人民政府农业农村主管部门应当派人在依法设立的检查站对跨省调运的动物和动物产品进行监督检查。

第七十六条　县级以上地方人民政府农业农村主管部门执行监督检查任务，可以采取下列措施，有关单位和个人不得拒绝或者阻碍：

（一）对动物、动物产品按照规定采样、留验、抽检；

（二）对染疫或者疑似染疫的动物、动物产品及相关物品进行隔离、查封、扣押和处理；

（三）对依法应当检疫而未经检疫的动物实施补检；

（四）对依法应当检疫而未经检疫的动物产品，具备补检条件的实施补检，不具备补检条件的予以没收销毁；

（五）查验检疫证明、检疫标志和畜禽标识；

（六）进入有关场所调查取证，查阅、复制与动物防疫有关的资料。

县级以上地方人民政府农业农村主管部门根据动物疫病预防、控制需要，经所在地县级以上地方人民政府批准，可以在车站、港口、机场等相关场所派驻官方兽医或者工作人员。

第七十七条 执法人员执行动物防疫监督检查任务，应当出示行政执法证件，佩带统一标志。

县级以上人民政府农业农村主管部门及其工作人员不得从事与动物防疫有关的经营性活动，进行监督检查不得收取任何费用。

第七十八条 禁止转让、伪造或者变造检疫证明、检疫标志或者畜禽标识。

禁止持有、使用伪造或者变造的检疫证明、检疫标志或者畜禽标识。

检疫证明、检疫标志的管理办法，由国务院农业农村主管部门制定。

第十章　保障措施

第七十九条　县级以上人民政府应当将动物防疫纳入本级国民经济和社会发展规划及年度计划。

第八十条　国家鼓励和支持动物防疫领域新技术、新设备、新产品等技术创新研究开发。

第八十一条　县级人民政府应当为动物卫生监督机构配备与动物、动物产品检疫工作相适应的官方兽医，保障检疫工作条件。

县级人民政府农业农村主管部门可以根据动物防疫工作需要，向乡、镇或者特定区域派驻兽医机构或者工作人员。

第八十二条　县级以上人民政府按照本级政府职责，将动物疫病的监测、预防、控制、净化、消灭，动物、动物产品的检疫和病死动物、病害动物产品的无害化处理，以及监督管理所需经费纳入本级政府预算。

第八十三条　县级以上人民政府应当储备动物疫情应急处置所需的防疫物资。

第八十四条　对在动物疫病预防、控制、净化、消灭过程中强制扑杀的动物、销毁的动物产品和相关物品，县级以上人民政府给予补偿。具体补偿标准和办法由国务院财政部门会同有关部门制定。

第八十五条　对从事动物疫病预防、检疫、监督检查、现场处理疫情以及在工作中接触动物疫病病原体的人员，有关单位按照国家规定，采取有效的卫生防护、医疗保健措施，给予畜牧兽医医疗卫生津贴等相关待遇。

第十一章　法律责任

第八十六条　地方各级人民政府及其工作人员未依照本法规定履行职责的，对直接负责的主管人员和其他直接责任人员依法给予处分。

第八十七条　县级以上人民政府农业农村主管部门及其工作人员违反本法规定，有下列行为之一的，由本级人民政府责令改正，通报批评；对直接负责的主管人员和其他直接责任人员依法给予处分：

（一）未及时采取预防、控制、扑灭等措施的；

（二）对不符合条件的颁发动物防疫条件合格证、动物诊疗许可证，或者对符合条件的拒不颁发动物防疫条件合格证、动物诊疗许可证的；

（三）从事与动物防疫有关的经营性活动的；

（四）其他未依照本法规定履行职责的行为。

第八十八条　动物卫生监督机构及其工作人员违反本法规定，有下列行为之一的，由本级人民政府或者农业农村主管部门责令改正，通报批评；对直接负责的主管人员和其他直接责任人员依法给予处分：

（一）对未经检疫或者检疫不合格的动物、动物产品出具检疫证明、加施检疫标志，或者对检疫合格的动物、动物产品拒不出具检疫证明、加施检疫标志的；

（二）对附有检疫证明、检疫标志的动物、动物产品重复检疫的；

（三）从事与动物防疫有关的经营性活动，或者违法收取费用的；

（四）其他未依照本法规定履行职责的行为。

第八十九条 动物疫病预防控制机构及其工作人员违反本法规定，有下列行为之一的，由本级人民政府或者农业农村主管部门责令改正，通报批评；对直接负责的主管人员和其他直接责任人员依法给予处分：

（一）未履行动物疫病监测、检测、评估职责或者伪造监测、检测、评估结果的；

（二）发生动物疫情时未及时进行诊断、调查的；

（三）接到染疫或者疑似染疫报告后，未及时按照国家规定采取措施、通报、上报的；

（四）其他未依照本法规定履行职责的行为。

第九十条 地方各级人民政府、有关部门及其工作人员瞒报、谎报、迟报、漏报或者授意他人瞒报、谎报、迟报动物疫情，或者阻碍他人报告动物疫情的，由上级人民政府或者有关部门责令改正，通报批评；对直接负责的主管人员和其他直接责任人员依法给予处分。

第九十一条 违反本法规定，有下列行为之一的，由县级以上地方人民政府农业农村主管部门责令改正，处一千元以下罚款；拒不改正的，由县级以上地方人民政府农业农村主管部门委托动物诊疗机构、无害化处理场所等代为处理，所需处理费用由违法行为人承担，处一千元以上五千元以下罚款：

（一）对饲养的动物不按照动物疫病强制免疫计划或者免疫

技术规范实施免疫接种的；

（二）种用、乳用动物经检测不合格而不按照规定处理的；

（三）动物、动物产品的运载工具在装载前和卸载后没有按规定及时清洗、消毒的；

（四）未按规定对饲养的犬只进行狂犬病免疫接种的。

第九十二条 违反本法规定，对经强制免疫的动物未按照国务院农业农村主管部门规定建立免疫档案、加施畜禽标识的，依照《中华人民共和国畜牧法》的有关规定处罚。

第九十三条 违反本法规定，动物、动物产品的运载工具、垫料、包装物、容器等不符合国务院农业农村主管部门规定的动物防疫要求的，可以由县级以上地方人民政府农业农村主管部门处五千元以下罚款；情节严重的，处五千元以上五万元以下罚款。

第九十四条 违反本法规定，不按照国务院农业农村主管部门规定处置被染疫动物、动物产品污染的运载工具、垫料、包装物、容器等的，由县级以上地方人民政府农业农村主管部门责令限期处理；逾期不处理的，由县级以上地方人民政府农业农村主管部门委托有关单位代为处理，所需处理费用由违法行为人承担，处五千元以上五万元以下罚款。

造成环境污染的，依照环境保护有关法律法规进行处罚。

第九十五条 违反本法规定，患有人畜共患传染病的人员，直接从事动物诊疗以及易感染动物的饲养、屠宰、经营、隔离、运输等活动的，由县级以上地方人民政府农业农村主管部门责令改正；拒不改正的，可以处五千元以下罚款；情节严重的，处五千元以上五万元以下罚款。

第九十六条 违反本法第二十八条规定，屠宰、经营、运输动物或者生产、经营、加工、贮藏、运输动物产品，由县级以上地方人民政府农业农村主管部门责令改正、采取补救措施，没收违法所得、动物和动物产品，并处同类检疫合格动物、动物产品货值金额十五倍以上三十倍以下罚款；同类检疫合格动物、动物产品货值金额不足一万元的，并处十万元以上十五万元以下罚款；其中依法应当检疫而未检疫的，处同类检疫合格动物、动物产品货值金额一倍以上五倍以下罚款。

前款规定的违法行为人及其法定代表人、直接负责的主管人员和其他直接责任人员，自处罚决定作出之日起五年内不得从事相关活动；构成犯罪的，终身不得从事屠宰、经营、运输动物或者生产、经营、加工、贮藏、运输动物产品等相关活动。

违反本法规定，非食用性利用野生动物未依法检疫或者检疫不合格的，由县级以上人民政府农业农村主管部门依照前两款规定处罚。

第九十七条 违反本法规定，有下列行为之一的，由县级以上地方人民政府农业农村主管部门责令改正，处三千元以上三万元以下罚款；情节严重的，处三万元以上十万元以下罚款：

（一）兴办动物饲养场和隔离场所、动物屠宰加工场所以及动物和动物产品无害化处理场所，未取得动物防疫条件合格证的；

（二）经营动物、动物产品的集贸市场不具备国务院农业农村主管部门规定的防疫条件的；

（三）跨省、自治区、直辖市引进乳用、种用动物到达输入地后未按规定进行隔离观察的；

（四）未经检疫合格，向无规定动物疫病区输入动物、动物产品的；

（五）未经备案从事动物运输的；

（六）未如实记录收购、销售动物的产地、饲养者、检疫证明编号、购销日期和数量等信息的；

（七）未按规定保存行程路线和托运人提供的动物名称、检疫证明编号、数量等相关信息的；

（八）未按规定处置或者随意弃置病死动物和病害动物产品的；

（九）饲养种用、乳用动物的单位和个人，未按照国务院农业农村主管部门的要求定期开展动物疫病检测的。

第九十八条 动物饲养场和隔离场所、动物屠宰加工场所以及动物和动物产品无害化处理场所，生产经营条件发生变化，不再符合本法第二十三条规定条件继续从事相关活动的，由县级以上地方人民政府农业农村主管部门给予警告，责令限期改正；逾期仍达不到规定条件的，吊销动物防疫条件合格证，并通报市场监督管理部门依法处理。

第九十九条 违反本法规定，屠宰、经营、运输的动物未附有检疫证明，经营和运输的动物产品未附有检疫证明、检疫标志的，由县级以上地方人民政府农业农村主管部门责令改正，处同类检疫合格动物、动物产品货值金额一倍以下罚款；对货主以外的承运人处运输费用三倍以上五倍以下罚款，情节严重的，处五倍以上十倍以下罚款。

违反本法规定，参加展览、演出和比赛的动物未附有检疫证明的，由县级以上地方人民政府农业农村主管部门责令改正，处三千元以上一万元以下罚款。

第一百条 违反本法规定，将禁止或者限制调运的动物、动物产品由动物疫病高风险区调入低风险区的，由县级以上地方人民政府农业农村主管部门没收运输费用、违法运输的动物和动物产品，并处运输费用一倍以上五倍以下罚款。

第一百零一条 违反本法规定，通过道路跨省、自治区、直辖市运输动物，未经省、自治区、直辖市人民政府设立的指定通道入省境或者过省境的，由县级以上地方人民政府农业农村主管部门对运输人处五千元以上一万元以下罚款；情节严重的，处一万元以上五万元以下罚款。

第一百零二条 违反本法规定，转让、伪造或者变造检疫证明、检疫标志或者畜禽标识的，由县级以上地方人民政府农业农村主管部门没收违法所得，收缴检疫证明、检疫标志或者畜禽标识，并处五千元以上五万元以下罚款。

明知是伪造或者变造的检疫证明、检疫标志或者畜禽标识而持有、使用的，由县级以上人民政府农业农村主管部门收缴检疫证明、检疫标志、畜禽标识和对应的动物、动物产品，情节严重的，并处三千元以上三万元以下罚款。

第一百零三条 违反本法规定，有下列行为之一的，由县级以上地方人民政府农业农村主管部门责令改正，处三千元以上三万元以下罚款：

（一）不遵守县级以上人民政府及其农业农村主管部门依法作出的有关控制动物疫病规定的；

（二）藏匿、转移、盗掘已被依法隔离、封存、处理的动物和动物产品的；

（三）发布动物疫情的。

第一百零四条 违反本法规定，未取得动物诊疗许可证从事动物诊疗活动的，由县级以上地方人民政府农业农村主管部门责令停止诊疗活动，没收违法所得；违法所得在三万元以上的，并处违法所得一倍以上三倍以下罚款；没有违法所得或者违法所得不足三万元的，并处三千元以上三万元以下罚款。

动物诊疗机构违反本法规定，未按照规定实施卫生安全防护、消毒、隔离和处置诊疗废弃物的，由县级以上地方人民政府农业农村主管部门责令改正，处一千元以上一万元以下罚款；造成动物疫病扩散的，处一万元以上五万元以下罚款；情节严重的，由发证机关吊销动物诊疗许可证。

第一百零五条 违反本法规定，未经执业兽医备案从事经营性动物诊疗活动的，由县级以上地方人民政府农业农村主管部门责令停止动物诊疗活动，没收违法所得，并处三千元以上三万元以下罚款；对其所在动物诊疗机构处一万元以上五万元以下罚款。

执业兽医有下列行为之一的，由县级以上地方人民政府农业农村主管部门给予警告，责令暂停六个月以上一年以下动物诊疗活动：

（一）违反有关动物诊疗的操作技术规范，造成或者可能造成动物疫病传播、流行的；

（二）使用不符合国家规定的兽药和兽医器械的；

（三）不按照当地人民政府或者农业农村主管部门要求参加动物疫病预防、控制和扑灭活动的。

第一百零六条 违反本法规定，生产经营兽医器械，产品质量不符合要求的，由县级以上地方人民政府农业农村主管部门责令限期整改；情节严重的，停止生产经营，并处二万元以上十万元以下罚款；给他人造成损失的，依法承担赔偿责任。

第一百零七条 违反本法规定，从事动物疫病研究与诊疗和动物饲养、屠宰、经营、隔离、运输，以及动物产品生产、经营、加工、贮藏等活动的单位和个人，有下列行为之一的，由县级以上地方人民政府农业农村主管部门责令改正，可以处一万元以下罚款；拒不改正的，处一万元以上五万元以下罚款：

（一）发现动物染疫、疑似染疫未报告，或者未采取隔离等控制措施的；

（二）不如实提供与动物防疫有关资料的；

（三）拒绝或者阻碍农业农村主管部门进行监督检查的；

（四）拒绝或者阻碍动物疫病预防控制机构进行动物疫病监测、检测、评估的；

（五）拒绝或者阻碍官方兽医依法履行职责的。

第一百零八条 违反本法规定，构成犯罪的，依法追究刑事责任。

违反本法规定，导致动物疫病传播、流行等，给他人人身、财产造成损害的，依法承担民事责任。

第十二章　附　则

第一百零九条 本法下列用语的含义：

无规定动物疫病区，是指具有天然屏障或者采取人工措施，在一定期限内没有发生规定的一种或者几种动物疫病，并经验收合格的区域。

无规定动物疫病生物安全隔离区，是指处于同一生物安全管理体系下，在一定期限内没有发生一种或者几种规定动物疫病的若干动物饲养场及其辅助生产场所构成的特定小型区域。

病死动物，是指染疫死亡、因病死亡、死因不明或者经检验检疫认为不可供食用的动物。

病害动物产品，是指来源于病死动物的产品，或者经检验检疫可能危害人体或者动物健康的动物产品。

第一百一十条　境外无规定动物疫病区和无规定动物疫病生物安全隔离区的无疫等效性评估，参照本法执行。

第一百一十一条　实验动物防疫有特殊要求的，按照实验动物管理的有关规定执行。

第一百一十二条　本法自　　年　月　日起施行。

全国人民代表大会宪法和法律委员会关于《中华人民共和国动物防疫法（修订草案）》审议结果的报告

全国人民代表大会常务委员会：

常委会第二十一次会议对动物防疫法修订草案进行了二次审议。会后，法制工作委员会在中国人大网全文公布修订草案征求社会公众意见。宪法和法律委员会、法制工作委员会到贵州、云南等地调研，听取意见，并就修订草案的有关问题同农业与农村委员会、农业农村部等部门交换意见，共同研究。宪法和法律委员会于2020年12月30日召开会议，根据常委会组成人员的审议意见和各方面意见，对修订草案进行了逐条审议。农业与农村委员会、司法部、农业农村部的有关负责同志列席了会议。2021年1月13日，宪法和法律委员会召开会议，再次进行了审议。宪法和法律委员会认为，为贯彻落实党中央决策部署，完善我国公共卫生法律制度，保障人民群众生命健康，对动物防疫法作出修改是必要的，修订草案经过两次审议修改，已经比较成熟。同时，提出以下主要修改意见：

一、有的常委会组成人员建议，在修订草案二次审议稿第四条第一款中，明确将动物疫病对人体健康的危害程度和造成的经济损失、社会影响的程度作为动物疫病分类的依据。宪法和法律委员会经研究，建议对这一款作出修改，分别将动物疫病对人和动物构成“特别严重危害”“严重危害”“危害”，以及造成“重大”“较大”“一定程度”的经济损失和社会影响，作为一、二、三类动物疫病的划分依据。

二、一些常委会组成人员和地方、部门提出，实践中，在有的地方，基层动物防疫机构和队伍存在弱化的情况，不利于动物防疫工作的有效开展，建议根据国务院有关文件精神，在本法中对稳定基层防疫机构队伍提出要求。宪法和法律委员会经研究，建议采纳上述意见，在修订草案二次审议稿第八条第一款中增加相应规定。

三、有的常委委员和地方、部门建议，进一步强化动物疫病强制免疫、分区防控及相关监督措施，保证动物防疫工作效果。

宪法和法律委员会经研究，建议对修订草案二次审议稿作以下修改：一是，要求村民委员会、居民委员会协助基层政府做好强制免疫相关工作。二是，增加农业农村主管部门定期对强制免疫计划实施情况和效果进行评估的规定。三是，增加对无规定动物疫病区和无规定动物疫病生物安全隔离区的维持情况进行监督检查的规定。四是，增加对动物疫病实施分区防控，可以采取禁止或者限制特定动物、动物产品跨区域调运等措施的规定。

四、有的常委委员和一些社会公众建议，进一步强化养犬管理，防止犬只伤人、传播疫病。宪法和法律委员会经研究，建议在修订草案二次审议稿第二十九条中增加携带犬只出户应当佩戴犬牌并采取系犬绳等措施、基层政府应当做好农村地区饲养犬只防疫管理工作的规定；同时，考虑到养犬管理的职责主要在地方，且各地情况不同，建议明确由省、自治区、直辖市制定饲养犬只防疫管理的具体办法。

五、有的常委委员提出，相关检疫规范的缺失，是当前野生动物疫源疫病防控工作的一个短板，建议由国务院农业农村主管部门会同野生动物保护主管部门制定野生动物检疫办法。宪法和法律委员会经研究，建议采纳上述意见，在修订草案二次审议稿第四十九条中增加相应规定。

六、有的常委会组成人员和社会公众建议，适当放宽参加执业兽医资格考试的人员范围，允许符合条件的乡村兽医参加执业兽医资格考试。宪法和法律委员会经研究，建议采纳上述意见，在修订草案二次审议稿第六十八条第一款中增加相应规定。

七、有的常委委员提出，动物防疫工作要注重发挥社会力量的作用，建议充实这方面的内容。宪法和法律委员会经研究，建议增加一条规定，鼓励和支持执业兽医、乡村兽医、动物诊疗机构、有关企业等开展动物防疫、提供防疫服务。

八、根据一些常委会组成人员的审议意见，宪法和法律委员会经研究，建议对部分违反本法规定的行为提高罚款数额，增加吊销相关资格证书、责令停业整顿等处罚。

此外，还对修订草案二次审议稿作了一些文字修改。

2021 年 1 月 8 日，法制工作委员会以现场和网络视频相结合的方式召开会议，邀请部分全国人大代表、专家学者、基层立法联系点、动物卫生监督机构、动物疫病预防控制机构和养殖企业等，就草案中主要制度规范的可行性、法律出台时机、法律实施的社会效果和可能出现的问题等进行评估。普遍认为，为了进一步加强动物防疫工作，有效预防和控制动物疫病，维护生物安全和公共卫生安全，对动物防疫法作出修改十分必要、及时。修订草案针对我国动物防疫中面临的突出问题，落实各方面的动物防疫责任，完善疫病预防、控制和应急处置等制度，强化动物防疫工作的支持和保障措施，针对性、可行性较强。修订草案经过广泛征求意见和常委会两次审议修改，已经比较成熟，建议尽快通过实施。与会人员还对修订草案提出了一些具体修改意见，有的意见已经采纳。

修订草案三次审议稿已按上述意见作了修改，宪法和法律委员会建议提请本次常委会会议审议通过。

修订草案三次审议稿和以上报告是否妥当，请审议。

全国人民代表大会宪法和法律委员会
2021 年 1 月 20 日

全国人民代表大会宪法和法律委员会关于《中华人民共和国动物防疫法（修订草案三次审议稿）》修改意见的报告

全国人民代表大会常务委员会：

本次常委会会议于 1 月 20 日下午对动物防疫法修订草案三次审议稿进行了分组审议。普遍认为，草案已经比较成熟，建议进一步修改后，提请本次常委会会议表决通过。同时，有些常委会组成人员和列席人员还提出了一些修改意见和建议。宪法和法律委员会于 1 月 21 日上午召开会议，逐条研究了常委会组成人员的审议意见，对草案进行了审议。农业与农村委员会、司法部、农业农村部的有关负责同志列席了会议。宪法和法律委员会认为，草案是可行的，同时，提出以下修改意见：

一、一些常委会组成人员建议，进一步充实人畜共患传染病防控的内容，切实保障人民群众生命健康安全。宪法和法律委员会经研究，建议对修订草案三次审议稿作以下修改：一是在第一条中突出“防控人畜共患传染病，保障公共卫生安全和人体健康”的立法宗旨；二是将第三十三条中关于建立人畜共患传染病防治协作机制、制定并公布人畜共患传染病名录的内容移至总则一章中规定；三是在第三十三条中明确由卫生健康主管部门依照传染病防治法的规定及时公布人畜共患传染病疫情；四是在法律责任一章中增加规定：违反本法规定，造成人畜共患传染病传播、流行的，依法从重给予处分、处罚。

二、有的常委委员提出，对境外动物疫病输入的防控，有关部门也应当建立相应的协作机制。宪法和法律委员会经研究，建议增加规定：国务院农业农村主管部门和海关总署等部门应当建立防止境外动物疫病输入的协作机制。

三、有的常委委员提出，对动物疫病的发生、流行等情况进行监测，应当按照动物疫病监测计划进行。宪法和法律委员会经研究，建议采纳上述意见，在修订草案三次审议稿第十八条第四款中增加相应规定。

四、关于养犬管理问题，审议中有两种意见：有的建议进一步细化管理措施；有的建议授权地方规定，本法可不作统一规定。宪法和法律委员会经同有关方面反复研究认为，我国不同地区、城市和农村情况差异较大，实践中各地管理措施也不相同，修订草案三次审议稿主要从疫病防控的角度，对接种狂犬病疫苗、办理登记等重点环节提出要求，同时明确由省、自治区、直辖市制定具体管理办法，是合适的。

还有两个问题需要汇报：一是，有些常委委员建议对动物产品的含义作出界定。宪法和法律委员会经与农业农村部研究认为，修订草案延续了现行动物防疫法的规定，对动物产品的范围作了较为全面的列举，是符合动物防疫、检疫工作实际的，可不作修改。二是，有的常委委员建议将修订草案三次审议稿第四条第一款规定的狂犬病由二类动物疫病调整为一类。宪法和法律委员会经与农业农村部研究认为，狂犬病已在传染病防治法中明确为乙类传染病，在动物防疫工作中也一直是作为二类动物疫病管理，建议在本次修改中不作调整，可由国务院农业农村主管部门进一步组织研究论证。

经与有关部门研究，建议将修订后的动物防疫法的施行时间确定为 2021 年 5 月 1 日。

此外，根据常委会组成人员的审议意见，还对修订草案三次审议稿作了一些文字修改。

修订草案建议表决稿已按上述意见作了修改，宪法和法律委员会建议本次常委会会议审议通过。

修订草案建议表决稿和以上报告是否妥当，请审议。

全国人民代表大会宪法和法律委员会
2021 年 1 月 22 日

附录三：相关参阅资料

十三届全国人大常委会第十七次会议审议动物防疫法修订草案的意见

2020年4月28日，十三届全国人大常委会第十七次会议对动物防疫法修订草案进行了初次审议，现将主要意见简报如下：

一、总的意见

大家普遍认为，修订草案落实总书记要求、贯彻党中央决策部署，着力解决动物防疫面临的突出问题，对全面提高动物卫生水平、保障人民群众生命健康和公共卫生安全意义重大，修订十分必要。一些常委委员建议要统筹推进动物防疫法与食品安全法、传染病防治法、野生动物保护法、畜牧法、生物安全法等法律的修改工作，做到有机衔接。

有的委员建议在第六章增加资源化利用的内容，并将章名修改为“病死动物和病害动物的无害化处理和资源利用”。有的委员提出，第八章“兽医管理”和整部法律的章节不协调，并且该章没有讲清楚兽医问题，建议删去。

二、关于总则

1. 有的委员建议在立法目的中增加“保障生物安全”的内容。

2. 草案第二条第一款规定：本法适用于在中华人民共和国

领域内的动物防疫及其监督管理活动。有的委员提出，草案要考虑域外管辖问题，为跨境管辖提供法律依据，建议删去“在中华人民共和国领域内的”的限定。

3. 草案第三条第一款规定：本法所称动物，是指家畜家禽和人工饲养、合法捕获的其他动物。一些常委委员提出，要研究非法捕获以及可能导致疫情的在野外环境生存的野生动物的防疫管理措施。有的委员建议增加许可养殖的野生动物。有的委员建议增加在人类活动区死亡的野生动物（含水生动物）。有的委员建议对驯养野生动物与家禽家畜进行区分，明确科学定义，制定特种养殖目录。有的委员建议将本款修改为：本法所称动物，是指家畜家禽和人工饲养、合法捕获的野生动物等其他动物。

有的委员提出，本条第二款列举的动物产品种类不能涵盖全部动物产品，建议修改为：本法所称动物产品，是指利用动物的器官、组织或者细胞制成的产品。

有的委员建议在本条第三款动物疫病的定义中增加“动物作为中间宿主传播的传染病”。有的委员建议在本条中增加“人畜共患病”的定义，并增加相应的监测预警和联防联控措施等内容。

4. 草案第四条规定，根据动物疫病对养殖业生产和人体健康的危害程度，本法规定管理的动物疫病分为三类。有的委员建议增加“公共卫生安全”作为划分依据。有的委员提出，草案对动物疫病是按照危害等级由高到低分为一类二类三类，与人体病原和生物安全实验室的分类方向相反，建议统一。有的委员提出，生物安全法草案规定了“重大新发突发传染病、动植物疫情”，建议将该疫情类别增加到一类疫病中。

第二款规定动物疫病病种名录的制定主体为农业农村主管部门。有的委员建议修改为“国务院农业农村主管部门会同国务院卫生健康、林业草原主管部门”。

5. 草案第五条规定建立政府监管、行业自律、社会共治、责任明确的工作机制。有的委员建议增加社会共治的细化和可操作的内容。有的委员建议强化动物防疫的企业责任。有的委员建议明确养殖、屠宰加工企业动物防疫的主体责任和地方政府的属地管理责任。

6. 草案第九条规定：县级以上人民政府的动物卫生监督机构依照本法规定，负责动物、动物产品的检疫工作。有的委员建议在“检疫”后增加“动物卫生检查”。

7. 草案第十一条第二款规定：鼓励社会力量参与免疫接种、疫病检测、无害化处理、人员培训、宣传教育、志愿服务及捐赠等活动。有的委员建议在“免疫接种、疫病检测、无害化处理”前加上“动物”，在“人员培训、宣传教育、志愿服务及捐赠”前加上“动物防疫”。有的委员建议在第三款中的“加强对动物防疫法律、法规的宣传”前增加“应当”二字。

8. 有的委员建议将草案第十二条中的“奖励”修改为“表彰奖励”。

三、关于动物疫病的预防、通报与控制

1. 草案第十三条第二款规定国务院农业农村主管部门及时会同国务院卫生健康等有关部门组织对动物疫病进行风险评估的内容。有的委员建议增加“科技、海关、林业草原和渔业”等部门为会同部门。有的委员提出，生物安全法草案表述为“定期组织开展生物安全风险调查评估”，建议统一。有的委员建议增加规定：国务院农业农村主管部门统筹国内外动物疫情监测工作。

2. 草案第十四条对强制免疫制度作了规定。有的委员建议明确强制免疫的费用由中央财政承担或者由省级财政承担，中央财政通过转移支付给予补助。

3. 草案第十六条对动物疫病监测和疫情预警作了规定。有的委员建议增加对水生野生动物疫源疫病的监测预警。有的委员建议增加提升陆生野生动物疫源疫病监测预警能力的内容。有的委员建议在第四款中规定：从事动物饲养、屠宰、经营、隔离、运输以及动物产品生产、经营、加工、贮藏等活动的单位和个人应当予以配合，对于拒绝或者阻碍的，依法给予处罚。

4. 有的委员建议将草案第十六条中的“科技、海关等部门”修改为“科技、海关等主管部门”。

5. 草案第二十条第四款规定饲养动物的单位和个人对净化、消灭重点动物疫病承担主体责任。有的委员提出，消灭重点动物疫病是各级人民政府的职责，建议对上述规定再作研究。

6. 有的委员提出，草案第二十二条第二款关于动物和动物产品无害化处理场所“应当具备病源检测设备、检测能力”的规定，难以实现，建议删去。

7. 草案第二十三条对动物防疫条件审查制度作了规定。有的委员建议对审查的基本程序、标准等作出更加具体的规定。有的委员建议在第三款中动物防疫条件合格证应当载明的事项中增加“畜种”；有的委员建议在“申请人的名称”后增加“或姓名”。

8. 有的委员建议在草案第二十七条禁止屠宰、经营、运输的动物和禁止生产、经营、加工、贮藏、运输的动物产品类别中增加“非科研展示用途的野生动物及其动物制品”；有的委员建议增加“属于法律禁止食用和交易的野生动物”。

9. 草案第二十八条对饲养犬只和流浪犬、猫的防疫作了规定。有的委员提出，本条规定的管理部门和责任不明确，缺乏强制手段。有的委员建议增加对饲养猫的登记和免疫措施。有的委员建议对宠物注射疫苗、宠物看护等作出具体规定。有的委员建议在第一款中的“农业农村（畜牧兽医）部门”前增加“县级以上人民政府”。有的委员建议将第二款中的“进入公共场所的犬只”改为“携犬出户的”。有的委员提出，第二款规定与防疫无关，建议删去。有的委员建议将第二款修改为：进入公共场所的犬只必须遵守当地养犬与公共卫生相关的规定。

10. 草案第三十一条对动物疫情通报制度作了规定。有的委员建议增加规定：发现人畜共患传染病的，应当在24小时内上报到指定的动物疫情防控机构，同时对疑似染疫的个人和动物、密切接触染疫动物的个人采取隔离措施。有的委员建议与生物安全法草案相衔接，增加相关部门要立即组织疫情会商研判，将会商研判结论向国务院通报的内容。

11. 有的委员建议在草案第三十二条中明确由国务院农业农村（畜牧兽医）主管部门公布全国动物疫情，由省、自治区、直辖市人民政府农业农村（畜牧兽医）主管部门公布本行政区域内的动物疫情。

12. 草案第三十四条对制定国家重大动物疫情应急预案和实施方案作了规定。有的委员提出，应急预案本身就是实施方案，建议删去制定实施方案的相关内容。

13. 有的委员建议将草案第四十条中的“发生人畜共患传染病时”修改为“发生人畜共患传染病或动物作为中间宿主传播传染病时”。

四、关于动物和动物产品的检疫与无害化处理

1. 草案第四十四条、第四十五条对动物卫生监督机构实施动物、动物产品检疫作了规定。有的委员建议，将目前动物屠宰环节涉及的屠宰检疫、肉品品质检疫和卫生检疫三项检疫检验合并，由屠宰企业负责实施，落实屠宰企业质量安全主体责任；畜牧兽医主管部门辅以开展飞行检查、风险监测、质量安全监督检查等措施。

2. 草案第四十六条规定：经营和运输的动物产品，应当附有检疫证明、检疫标志。有的委员建议增加“运输工具消毒证明”。

3. 草案第四十七条第二款规定：从事动物饲养的单位和个人，应当建立养殖档案。有的委员提出，要求所有从事动物饲养的个人均建立养殖档案是否必要、可行，建议再作研究。一些常委委员建议，研究增加对散养动物的防疫和管理措施。

4. 有的委员建议将草案第四十八条第一款中的“没有检疫证明的，承运人不得承运”改为“没有检疫证明、动物标识的，承运人不得承运”。

5. 草案第五十一条第二款规定：非食用性利用野生动物的审批、检疫检验及防疫条件审查的具体规定，由国务院或有关主管部门制定。有的委员建议修改为：出售、购买、利用、运输野生动物，应当报经野生动物所在地动物卫生监督机构检疫，经检疫合格的，方可依照批准的用途利用和运输，具体规定由国务院农业农村部会同国家林草局制定。有的委员建议增加规定：加强对非食用性利用野生动物的后续监管，防止因滥用、虐待等不当方式而导致野生动物疫源疫病次生灾害的产生。

6. 草案第五十四条对病死动物和病害动物产品的无害化处理作了规定。有的委员建议增加规定：查获走私冻品的无害化处理，由所在地进出境检疫主管部门利用当地动物和动物产品集中无害化处理设施及相关要求落实。有的委员建议增加规定：严禁将病死的动物和病害动物产品用于食用或其他妨害生物安全和公共卫生安全的用途。

7. 草案第五十六条规定，各级财政对病死动物和病害动物产品无害化处理及资源化利用、野外环境自然生长繁殖的陆生野生动物无害化处理提供补助。有的委员建议明确补助标准和补助办法的制定主体。有的委员建议增加对产品资源化利用的监管措施。

8. 有的委员提出，草案新设了养犬登记要有宠物免疫证明、运输单位运输车辆备案、运输单位和个人的备案等多项许可事项，根据行政许可法的规定，设立许可需要进行论证，建议再作研究。

9. 一些常委会组成人员建议增加对犬只之外的其他宠物、流浪动物的管理措施。有的委员建议强化对野生动物检疫的管理，增加加强野生动物检疫能力建设、完善相关标准等内容。

五、关于动物诊疗与兽医管理

1. 草案第五十九条规定，动物诊疗许可证应当向县级以上地方人民政府畜牧兽医主管部门申请。有的委员建议将“县级以上”修改为“县级”。

2. 草案第六十四条第二款规定，官方兽医由省级畜牧兽医主管部门确认，县级以上人民政府畜牧兽医主管部门任命。有的委员建议修改为：由地市级主管部门确认、县级主管部门任命。

3. 有的委员建议删去第六十七条中关于开具兽医处方应当向当地县级人民政府畜牧兽医主管部门备案的规定。

4. 有的委员建议完善官方兽医和执业兽医管理制度和从业规范。有的委员提出，我国的兽医师培养制度和国际公认的培养制度完全不对接，建议把培养兽医师的制度，作为国家政策予以明确。

六、关于监管与保障措施

1. 有的委员建议明确草案第七十四条规定的动物、动物产品省际监督检查站应由农业农村部设立并公布，跨省区动物、动物产品必须经省际监督检查站查验合格后才能跨省调运，未经查验合格的按检疫不合格处置。

2. 有的委员建议在草案第七十七条第一款中增加禁止“出租或者出借”检疫证明、检疫标识的内容。

3. 草案第八十条规定：鼓励县级以上人民政府采取保险费补贴等措施，支持发展畜禽养殖保险。有的委员建议删去本条，在畜牧法中予以规定。有的委员提出，本条的表述不符合逻辑，建议再研究。

4. 草案第八十五条对强制扑杀的动物等的补偿作了规定。有的委员建议建立国家财政转移支付补偿机制，强调全国性的消杀活动应有统一的补偿标准，或制定最低补偿标准。

5. 有的委员建议分别将草案第十六条第四款不得拒绝或者阻碍动物疫病监测、评估和第七十五条不得拒绝或者阻碍监督检查的内容，草案第七十八条“将动物防疫纳入本级国民经济和社会发展规划及年度计划”和第八十三条“所需经费纳入本级政府预算”的内容进行整合。

七、关于法律责任

1. 有的委员提出，草案只规定了未按规定进行狂犬病免疫接种的责任，对未按规定进行登记没有规定法律责任，建议在草案第九十二条中增加单位和个人饲养犬只，未按规定登记的处罚条款。

2. 草案第一百零三条第二款规定了持有、使用伪造或者变造的检疫证明、检疫标志或者畜禽标识的责任。有的委员提出，本款的处罚标准与畜牧法的规定不一致，且处罚较轻，建议修改。

3. 草案第一百零八条规定了有关单位和个人发现动物染疫、疑似染疫未报告，拒绝检查、阻碍官方兽医执法等违法行为的责任。有的委员提出，对拒绝检查、妨碍检查的行为，不能仅罚款，可以增加拘留等行政处罚种类。

4. 一些委员建议进一步细化违法行为的种类，加大处罚力度。

八、其他意见

1. 一些委员建议将本法中的“农业农村（畜牧兽医）主管部门”修改为“畜牧兽医主管部门”。有的委员提出，草案中出现了“扑灭”和“净化、消灭”两种不同表述，建议统一。

2. 一些常委委员提出，要加强县级主管部门、乡级人民政府、村委会、居委会及社区等基层动物防疫队伍建设，提高基层防控能力和待遇保障水平；加强相关部门的协作配合，建立联动执法机制、行政执法与刑事司法衔接机制，实现执法监管信息联网互通。

3. 有的委员建议增加养殖主体科学规范使用兽药的内容，并加强执法监管，加大对滥用兽药等行为的处罚力度。

4. 有的委员建议引入人民检察院公益诉讼的监督机制。

5. 有的委员提出，动物防疫法规定不宜过细，具体问题可由国务院制定实施细则。

十三届全国人大常委会第二十一次会议审议动物防疫法修订草案二次审议稿的意见

2020 年 8 月 10 日，十三届全国人大常委会第二十一次会议对动物防疫法修订草案二次审议稿（以下简称二次审议稿）进行了审议，现将主要意见简报如下：

一、总的意见

大家普遍认为，二次审议稿坚持问题导向，吸收各方面的意见，相关责任划分更为合理，结合新情况新要求增加了相关内容，很有针对性和必要性，更具可操作性，希望尽早通过实施。一些常委委员建议做好与传染病防治法、食品安全法、农产品质量安全法、畜牧法、生物安全法、野生动物保护法、国境卫生检疫法和进出境动植物检疫法等相关法律的衔接。

二、关于总则

1. 有的全国人大代表建议在二次审议稿第一条中增加“促

进濒危野生动物保护”；有的委员建议增加“防控人畜共患病传播”。

2. 有的委员建议将二次审议稿第二条第一款中的“中华人民共和国领域”修改为“中华人民共和国领域及管辖的其他海域”。

3. 二次审议稿第三条第一款规定，本法所称动物，是指家畜家禽和人工饲养、合法捕获的其他动物。有的委员建议增加非法捕获的野生动物、野外生存的野生动物；有的委员建议增加许可养殖的野生动物；有的委员建议增加人工繁育的野生动物；有的全国人大代表建议增加具有动物疫病感染与传播风险的野生与流浪动物。有的委员建议由国务院兽医主管部门定期公布本法管理的动物及其产品名录。

本条第二款规定了动物产品的范围。有的委员提出，列举容易造成遗漏。有的委员建议先将动物产品定义为“指以动物身体各部位以及器官组织加工制成的产品”后，再进行列举。

本条第三款规定，本法所称动物疫病，是指动物传染病、寄生虫病。有的委员提出，寄生虫病是传染病的一种，建议修改为：“本法所称动物疫病，是指各种动物传染性疾病”，或者“本法所称动物疫病，是指由病毒、细菌等微生物和寄生虫所致的动物传染性疾病。”有的委员建议增加人畜共患传染病、“动物无病人有病”两种情形。

本条第四款规定，本法所称动物防疫，是指动物疫病的预防、控制、净化、消灭，动物、动物产品的检疫和病死动物、病害动物产品的无害化处理。有的委员建议增加动物疫病的诊断、治疗。有的委员建议增加走私冻品的无害化处理；有的全国人大代表建议增加患病动物排泄物的无害化处理；有的委员建议将“动物、动物产品的检疫和病死动物、病害动物产品的无害化处理”修改为“动物、动物产品和其他检疫物的检疫以及病死动物、病害动物产品和其他检疫物的无害化处理”，同时增加一款规定，本法所称其他检疫物，是指动物疫苗、血清、诊断液、动物性废弃物以及相关运载工具、包装物、塑料、容器等。

4. 二次审议稿第四条第一款规定，根据动物疫病对养殖业生产和人体健康的危害程度，本法规定的动物疫病分为三类。有的委员建议在第二、三类疫病中增加“对人类健康造成危害”的表述。有的委员建议在一类疫病的定义中增加“可能造成重大经济损失”的表述。有的委员建议在一类疫病中增加重大突发、新发和未知的传染病。

本条第二款规定动物疫病具体病种名录的制定主体为国务院农业农村主管部门。一些委员建议由农业农村主管部门会同卫生健康主管部门制定。

5. 有的委员建议将二次审议稿第七条规定的动物生产经营主体“履行动物防疫义务”，恢复为一审稿“承担动物防疫主体责任”。

6. 有的委员提出，应当强化对承担基层动物防疫职责机构的条件保障和能力建设，建议将二次审议稿第八条第一款中的“加强基层动物防疫队伍建设”修改为“加强基层动物防疫机构和队伍建设”。有的委员建议在“县级以上人民政府对动物防疫工作实行统一领导”后增加规定，制定并组织实施动物疾病组织防治规划，建立健全动物防疫体系和防疫专项经费中央转移支付制度。一些委员和全国人大代表建议细化基层动物防疫体系建设的相关规定，明确各级政府和职能部门的权责，增加社区在动物疫情防控中的职责条款，明确动物防疫执法主体，加强防疫专业人员培养。

7. 二次审议稿第九条规定，国务院农业农村主管部门主管全国的动物防疫工作。有的委员提出，关于全面禁止非法野生动物交易、革除滥食野生动物陋习、切实保障人民群众生命健康安全的决定中，主管部门表述为“国务院畜牧兽医行政主管部门”，建议二次审议稿的表述与决定统一。

8. 有的委员建议在二次审议稿第十条中增加动物卫生监督机构动物卫生监督管理的职责。

9. 有的委员建议在总则中增加一条规定，国务院农业农村主管部门应当对有人畜共患病的动物疫病进行监控，其相关成果应及时与国家卫生健康委员会共享。

10. 有的委员建议增加信息公开和公众参与的条款，鼓励各方积极参与动物防疫工作。

三、关于动物疫病的预防

1. 二次审议稿第十四条对动物疫情风险评估机制作了规定。有的委员建议制定允许养殖动物白名单。有的委员建议增加规定，必要时对特定动物疫病实施分区防控，或者采取禁止、限制特定动物、动物产品跨区域调运等措施。

2. 二次审议稿第十五条第一款规定，国家对严重危害养殖业生产和人体健康的动物疫病实施强制免疫。有的委员建议增加责任追究制度。有的委员建议增加定期强制免疫效果监测和评估。有的全国人大代表建议增加规定，涉及野生动物与家养动物共患疫病感染及传染风险的区域，由省级农业农村主管部门会同省级野生动物保护主管部门根据野生动物和周边家养动物疫病流行以及受威胁情况，在野生动物保护区、主要栖息地周边区域设置免疫隔离区或免疫隔离小区，划定强制免疫范围，制定强制免疫计划。

3. 二次审议稿第十七条对动物疫病强制免疫计划的实施作了规定。有的委员建议增加“社区居民委员会、村民委员会协助做好强制免疫、监督检查”等内容。

4. 二次审议稿第十九条对动物疫病监测预警制度作了规定。有的委员建议将第三款修改为，县级以上人民政府野生动物保护主管部门、农业农村主管部门应当根据需要合理设置野生动物疫源疫病监测站点，按照职责分工做好野生动物疫源疫病监测、预测、预报等工作，完善工作体制和工作机制。

5. 二次审议稿第二十条对无规定动物疫病区制度作了规定。有的委员建议增加规定，建设无规定动物疫病生物安全隔离区，由相关县级农业农村主管部门制定无规定动物疫病生物安全隔离区建设规划，经省、自治区、直辖市农业农村主管部门批准后实施。有的委员建议，采取适当方式将无规定动物疫病区和无规定动物疫病生物安全隔离区的验收职权下放至省级，或者向农业农村部备案。

6. 二次审议稿第二十一条对动物疫病净化、消灭作了规定。有的委员建议，将规划内动物疫病净化作为强制性规定，饲养动物的单位和个人应当按照规划要求做好工作。有的委员建议将“国家鼓励并支持饲养动物的单位和个人开展动物疫病净化”，修改为“饲养动物的单位和个人应当承担动物疫病净化、消灭的主体责任”。有的委员建议对净化过程中的人力和物力成本进行补偿。有的委员建议细化净化和消灭的相关措施。

7. 二次审议稿第二十三条对有关场所的防疫条件作了规定。有的全国人大代表建议增加“野生动物饲养场所”。有的委员、全国人大代表建议在第二款中增加“动物屠宰加工场所”。

8. 有的委员建议，在二次审议稿第二十四条规定的动物防疫条件合格证载明事项中增加养殖品种、规模、有效期；有的委员建议增加畜种。有的委员建议增加规定，动物防疫条件具体审查办法由国务院农业农村主管部门发布。

9. 有的委员建议将二次审议稿第二十五条第二款修改为，县级以上地方人民政府“应当”根据本地情况，决定在城市特定区域禁止家畜家禽活体交易。

10. 二次审议稿第二十九条对饲养犬只的管理等作了规定。有的全国人大代表建议将第一款修改为：单位和个人饲养犬、猫，应当对危害较大的传染性疾病实行定期免疫，对危害较大的寄生虫病实行定期驱虫，对于犬只必须按规定定期接种狂犬病疫苗，凭农业农村部门的免疫证明向所在地养犬登记机关申请登记。有的委员提出，犬、猫管理属于地方事权，目前不宜写入本法；有的委员还建议增加规定：地方政府要结合实际，制定地方法规，从制度上解决好流浪犬、猫问题，对流浪犬、猫要采取有别于家畜家禽的非消灭性处置办法。有的委员建议增加规定，“进入公共区域或者出户的犬只佩戴犬牌并系犬绳”，并规定相应法律责任。有的委员建议增加宠物防疫、死亡宠物处理的相关规定。

四、关于动物疫情的报告、疫病控制和检疫

1. 二次审议稿第三十条规定，发现动物染疫或者疑似染疫应当立即向所在地农业农村主管部门或者动物疫病预防控制机构报告。有的委员提出，动物疫病预防控制机构技术手段和信息报告系统相对完备，同时为了明确责任、提高效率，建议改为只能向动物疫病预防控制机构报告。有的委员建议增加也可以向动物卫生监督机构报告。有的全国人大代表建议规定建立疫情直接报送系统。

2. 有的委员建议在二次审议稿第三十一条中增加规定，在认定动物疫情，以及重大动物疫情报告期间，所在地农业农村主管部门应向相邻的同级人民政府农业农村主管部门及时通报疫情情况。

3. 二次审议稿第三十四条规定，患有人畜共患传染病的人员不得直接从事动物诊疗以及易感染动物的饲养、屠宰、经营、隔离、运输等活动。有的委员建议修改为：不得直接从事动物疫病监测、检测、检验检疫、诊疗及易感染动物的饲养、屠宰、加工、经营、隔离、运输等活动。

4. 二次审议稿第三十八条第一项规定，发生二类动物疫病时，所在地县级以上地方人民政府农业农村主管部门应当划定疫点、疫区、受威胁区。有的委员建议增加“并及时报告所在地县级以上地方人民政府”。

5. 有的委员建议明确二次审议稿第四十一条“暴发性流行”的含义。

6. 有的委员建议，在二次审议稿动物疫病的控制一章中恢复一审稿关于建立动物、动物产品卫生防疫安全追溯协作机制和动物防疫信息追溯系统的相关规定。有的委员建议增加加施畜禽电子标识的相关规定，建立完善可追溯体系。

7. 二次审议稿第四十九条对非食用性利用的野生动物和人工捕获野生动物的检疫作了规定。有的委员建议增加规定，有关部门在依法履职过程中查获或者获得的非法猎捕的动物，应当按照规定进行检疫之后再放归自然，或者进行无害化处理。有的全国人大代表建议增加规定，动物卫生监督机构应当会同野生动物保护主管部门加快建立并完善野生动物检疫标准。有的委员建议删除“人工捕获”，恢复一审稿的规定。

8. 二次审议稿第五十三条对输入到无规定动物疫病区的动物、动物产品的检疫作了规定。有的委员建议删去“检疫所需费用纳入无规定动物疫病区所在地地方人民政府预算”。

五、关于动物诊疗和兽医管理

1. 二次审议稿第六十一条规定，县级以上地方人民政府农业农村主管部门为动物诊疗许可证的发放部门。有的委员建议将“县级以上地方人民政府”修改为“县级人民政府”。

2. 二次审议稿第六十九条对执业兽医资格考试制度作了规定。有的委员建议调整获取执业兽医资格的条件，规定：具有兽医相关专业大学专科以上学历的人员或民间执业兽医，通过执业兽医资格考试的颁发证书。

3. 有的委员建议在二次审议稿第七十一条中增加对乡村兽医的认定及其诊疗服务活动范围的规定。

六、关于监督管理和保障措施

1. 有的委员建议增加对动物防疫的财政支持力度。有的委员建议进一步明确中央财政的支出责任，由财政建立专项资金、专项转移支付用于强制性消杀的补助。有的全国人大代表建议规定：强制免疫费用由中央财政按地区实际情况，通过专项转移支付给予补助。

2. 二次审议稿第七十六条第一款对农业农村主管部门执行监督检查任务时可以采取的措施作了规定。有的委员建议删去第三项、第四项关于补检的内容。

3. 有的委员建议在二次审议稿第七十九条中增加规定，县级以上人民政府应当将动物防疫纳入公共安全应急管理体系及年度计划。

4. 二次审议稿第八十一条第一款规定，县级人民政府应当为动物卫生监督机构配备与动物、动物产品检疫工作相适应的官方兽医，保障检疫工作条件。有的委员建议增加规定，县、乡人民政府应当采取有效措施，加强基层防疫队伍建设；县级人民政府应当为动物疫病预防控制机构配备与工作相适应的专业技术人员，保障动物防疫工作条件。

本条第二款规定，县级人民政府农业农村主管部门可以根据动物防疫工作需要，向乡、镇或者特定区域派驻兽医机构或者工作人员。有的委员建议细化加强基层防疫员队伍建设的规定；有的委员建议将“可以”改为“应当”，同时增加一条规定，加强村级防疫员队伍的建设，合理确定村级防疫员的劳动报酬。

5. 有的委员建议在二次审议稿第八十四条中增加规定，国家对边境县区动物卫生监督、动物和卫生产品检疫处置工作的开展给予专项资金的支持。

七、关于法律责任

1. 一些常委会组成人员建议加大违法违规行为的处罚力度。有的委员建议明确涉及刑事犯罪的具体条款。

2. 有的委员建议增加从事动物无害化处理单位和个人违反

相关规定的法律责任。有的委员建议增加单位和个人买卖、加工、随意弃置病死动物和病害动物产品的法律责任。有的委员建议增加违法变更动物诊疗许可证载明事项、未申请变更或者换发动物诊疗许可证的法律责任。有的委员建议细化违反动物疫情公布制度的法律责任。

3. 有的委员建议将二次审议稿第九十四条第二款中的“造成环境污染”修改为“造成环境污染和生态破坏”。

4. 有的委员建议在二次审议稿第九十七条中增加一项：跨省、自治区、直辖市调运乳用、种用动物无输出地县级以上动物疫病预防控制机构出具的检测合格报告的。有的委员建议在第一百条中增加货主的法律责任，同时在第一百零二条第二款中增加一般情形的罚款，提高情节严重行为的罚款金额。有的委员建议明确第一百零四条第二款中的“情节严重”。

5. 二次审议稿第一百零八条第二款规定，违反本法规定，导致动物疫病传播、流行等，给他人人身、财产造成损害的，依法承担民事责任。有的委员建议删去“导致动物疫病传播、流行等”。

地方和中央有关部门对动物防疫法修订草案的意见

十三届全国人大常委会第十七次会议对动物防疫法修订草案（以下简称草案）进行了初次审议。会后，法制工作委员会将草案印发各省（自治区、直辖市）、部分较大的市人大常委会、基层立法联系点、中央有关部门以及议案领衔代表、部分研究机构和企业等征求意见。现将主要意见简报如下：

一、关于总则

1. 草案第三条第一款规定，本法所称动物，是指家畜家禽和人工饲养、合法捕获的其他动物。一些地方、部门和单位建议将“其他动物”修改为“野生动物”，并增加非法捕获的和野外环境自然生长繁殖的野生动物的防疫管理措施（江苏、浙江、云南、广东、宁夏、南宁、厦门，自然资源部、国家林草局，国务院发展研究中心）。山西、江苏、河南建议增加“水生动物”，安徽建议增加人工饲养的“犬、猫”，浙江建议增加“伴侣动物”，南宁建议增加“因科研、药用、展示、观赏等特殊情形需要非食用性利用野生动物”。

本条第二款对动物产品的范围作了列举性规定。云南和最高检察院建议将“动物产品”修改为“动物制品”。安徽建议增加“可能传播动物疫病的奶、蛋及其制品、动物水产品等”；社科院建议增加“及其它动物组织器官及其分秘物等”，北京建议修改为“动物的整体（含卵、蛋）和部分等”概括性表述，避免遗漏；江苏建议修改为“是指来源于动物未经加工或者虽经加工但仍有可能传播疫病的产品”。

上海和中国农业大学建议在本条第三款动物疫病中增加“人畜共患疾病”，并增加相应的防疫管理措施。

2. 草案第四条规定，根据动物疫病对养殖业生产和人体健康的危害程度，本法规定管理的动物疫病分为三类，具体病种名录由农业农村主管部门制定。内蒙古和中科院建议增加“公共卫生安全”，卫健委建议增加“传染性风险高低”作为动物疫病划分依据。国家林草局建议将具体病种名录的制定主体修改为“国务院农业农村主管部门会同国务院卫生健康、林业草原主管部门”。内蒙古建议增加规定，根据国内外动物疫情变化，不定期调整并公布本法规定管理的具体病种名录。

二、关于动物防疫管理体制

1. 草案第七条第一款规定，县级以上人民政府加强基层动物防疫机构和队伍建设。中央编办提出，按照有关规定不应通过修法的方式对具体机构编制事项作出规定，建议删去“机构”。

本条第二款规定，乡级人民政府、城市街道办事处等基层组织做好本辖区内的动物疫病预防与控制工作。国务院发展研究中心建议增加授权乡镇街道综合执法队伍开展行政处罚的规定。辽宁建议增加将动物防疫工作纳入乡村治理范围，实施网格化管理的规定。新疆建议细化乡级人民政府、城市街道办事处、村委会、居委会在动物防疫中的职责。

2. 草案第八条规定，国务院农业农村（畜牧兽医）主管部门主管全国的动物防疫工作。县级以上地方人民政府农业农村（畜牧兽医）主管部门主管本行政区域内的动物防疫、动物防疫监督管理和执法工作。县级以上人民政府其他部门在各自的职责范围内做好动物防疫工作。湖南、黑龙江提出，“农业农村（畜牧兽医）主管部门”的表述，不符合立法技术规范，建议修改；中央编办建议修改为“农业农村主管部门”；广东和农业农村部建议修改为“畜牧兽医主管部门”，或者恢复现行法规定的“兽医主管部门”；新疆建议修改为：“县级以上人民政府的农业农村综合执法部门负责动物防疫监督管理和执法”。有的地方、部门和单位建议进一步明确农业农村、林业草原、卫生健康、市场监管等相关部门在动物防疫中的职责（天津，自然资源部、市场监管总局，华东政法大学）。

3. 草案第九条规定，县级以上人民政府的动物卫生监督机构负责动物、动物产品的检疫工作。中央编办提出，动物卫生监督机构是隶属于各级农业农村主管部门的动物卫生监督所，根据深化农业综合行政执法改革要求，该机构不再承担卫生监督执法职能，不宜再沿用“动物卫生监督”的机构名称，建议将“县级以上人民政府的动物卫生监督机构”修改为“县级以上人民政府农业农村主管部门承担动物检疫的机构”。河北、景德镇建议将“动物卫生监督机构”修改为“动物卫生检疫机构”。广东、甘肃建议增加加强基层动物卫生监督机构和队伍建设的内容。广东、辽宁建议恢复现行法规定的动物防疫管理、监督执法和检疫的架构设置，强化动物卫生监督机构的防疫监督执法职责，不能将其纳入农业综合执法。广西建议在动物卫生监督机构后增加“及其派驻乡、镇或者特定区域的机构”。

4. 草案第十条第一款规定，县级以上人民政府按照国务院的规定建立动物疫病预防控制机构。中央编办建议将按照“国务院的规定”修改为按照“规定权限和程序”。

三、关于动物疫病的预防、通报与控制

1. 草案第十三条第二款规定，国务院农业农村主管部门会同国务院卫生健康等有关部门组织对动物疫病进行风险评估。国家林草局建议增加会同“科技、海关、林业草原”等部门。

2. 草案第十四条对强制免疫制度作了规定。国家卫健委建议明确强制免疫的费用由谁承担；安徽建议明确为由中央财政和省级财政共同承担。

3. 草案第十六条对动物疫病监测和疫情预警作了规定。陕西和国家卫健委、中科院建议在第六款和第七款农业农村、科技、海关、林草部门定期互通情况的部门中增加“卫生健康主管部门”；广西建议增加向市场监督管理部门通报。深圳和中国农业大学建议明确科技部门在动物疫病监测中的职责。新疆建议在第七款林草部门负责“野外环境自然生长繁殖”后增加“人工饲养、合法捕获”的陆生野生动物疫源疫病监测预警；广东建议将“陆生野生动物”修改为“陆生脊椎野生动物”；国家林草局建议增加“不断提升陆生野生动物疫源疫病监测预警能力”；青海建议增加“建立监测标准”的内容。

4. 草案第十八条第一款规定，国家实行动物疫病区域化、生物安全隔离区划管理和督导制度；第三款规定，国家根据行政区划、动物疫病防控、养殖屠宰产业布局等实施分区督导。中央编办提出，根据中央统筹规范督查检查考核工作的要求，开展全国性的督导事项应按程序报中央审批后确定，不宜通过修法方式作出规定，建议删去第一款中的“督导”。中央编办和广东建议将第三款中的“督导”修改为“防控”。

5. 草案第二十二条第一款规定，动物饲养场、隔离场所、屠宰加工场所、专业交易市场和无害化处理场所应当符合六项动物防疫条件。深圳建议将“动物专业交易市场”修改为“家畜家禽交易市场”，云南建议删去“专业”二字；青岛建议增加“农贸市场中的动物交易专区”；北京建议明确是否包括宠物商店；江苏建议删去第一项有关场所的位置与公共场所的距离应符合主管部门规定的内容；新疆建议明确有关场所的位置与公共场所之间的具体距离；住建部建议明确第二项生产经营区域封闭隔离的具体要求；生态环境部建议在第三项关于有与其规模相适应的污水、污物处理设施中增加“并达到相关污染物排放标准要求”；江苏建议增加违反第三项规定的法律责任。

云南、河北和河南双汇公司提出，本条第二款无害化处理场所应当具有病原检测设备、检测能力和专用运输车辆的规定，要求太高，很难做到，建议删去。广东建议在“病原检测设备”后增加“视频监控设备”。

6. 有些地方建议在草案第二十三条第三款动物防疫条件合格证载明的事项中增加“畜种”“规模”“经营范围”“有效期”。(山西、广东、江西、湖北)

7. 草案第二十四条第一款规定，动物、动物产品的运载工具、垫料、包装物、容器等应当符合国务院农业农村主管部门规定的动物防疫要求。民航局提出，民航业对活体动物运输有相应的规范和技术标准，建议在应当符合“国务院农业农村主管部门”后增加“会同行业主管部门”。

8. 草案第二十七条规定了禁止屠宰、经营、运输的动物和生产、经营、加工、贮藏、运输的动物产品的六种情形。农业农村部建议增加一项，“未如实申报检疫取得检疫证明或者未按照动物防疫证明所载事项使用动物检疫证明的”。湖南建议增加，染疫或疑似染疫、病死或死因不明的动物、动物产品的认定标准。

9. 草案第二十八条对饲养犬只和流浪犬、猫的防疫管理作了规定。黑龙江、青岛和国家卫健委建议删去这一条，由行政法规规定。有些地方和单位建议在第一款增加“猫”必须接种狂犬病疫苗的规定（云南、广西、深圳，中国农业大学）；南宁和全国人大代表张莉建议明确犬只的登记机关；云南、黑龙江、福州建议将“凭农业农村部门的免疫证明”，修改为“凭动物诊疗机构”出具的免疫证明申请登记；河南建议规定凭“免疫标识”申请登记。

广东建议删去第二款进入公共场所的犬只必须佩戴犬牌并系犬绳的规定；北京建议将“犬牌”修改为“狂犬病免疫标识牌”；江苏建议明确公共场所的具体范围；华南农业大学建议在这一款中增加“畜主对其公共安全负责”。

江苏建议细化第三款“县级以上地方人民政府市场监管部门会同农业农村部门对犬只经营流通单位进行登记和监督管理”的规定；杭州建议在“经营流通”后增加“美容、寄养”；四川、河南建议修改为，市场监管部门对犬只经营流通单位进行登记，农业农村部门对犬只经营流通单位进行监管；有的地方和部门建议删去这一款（广西、深圳、景德镇，市场监管总局）。

湖北、福州建议细化第四款流浪犬、猫控制和处置的规定；北京建议将流浪犬、猫修改为“流浪动物”；青岛、南宁和民政部建议将城市街道办事处、乡级人民政府“做好本辖区内流浪犬、猫控制和处置”，修改为“协助有关部门做好控制和处置”；全国律协建议将“控制和处置”修改为“救助”；有的地方和单位建议明确流浪犬、猫控制和处置的主管部门为公安机关或城市管理部门（广东、广西、南宁，中国农业大学）。

云南、青岛建议删去第五款关于农村地区犬只的防疫管理由省级人民政府规定。湖南、新疆建议增加规定，城市地区饲养犬只的防疫管理，由省级人民政府规定。

甘肃建议增加规定，国家支持流浪动物收容机构做好流浪动物防疫工作。青海建议增加饲养犬只排泄物处理及病死犬只无害化处理的内容。江苏建议增加规定，“不得携犬乘坐除小型出租汽车以外的公共交通工具。携犬乘坐小型出租汽车时，应当征得驾驶员同意”。广东建议增加规定，“禁止在城市家庭饲养危险犬和大型犬，危险犬和大型犬目录由国务院农业农村部门会同有关部门制定”。北京和中科院、中国科协建议增加其他宠物的防疫监管措施。

10. 草案第三十四条对重大动物疫情应急预案和实施方案作了规定。应急管理部建议在第二款有关重大动物疫情应急预案需抄送上一级人民政府应急管理部门后增加“消防救援机构”。国家卫健委建议在第三款有关重大动物疫情应急预案及实施方案及时调整的根据中增加“风险研判结果以及防控手段研发进展”。新疆建议增加，省级政府牵头建立由农业农村、林草、海关等多部门参与的重大动物疫情联防联控机制。

11. 国家卫健委建议将草案第四十条有关人畜共患传染病的监测、防控的规定修改为：“农业农村主管部门和卫生健康主管部门应当建立联防联控机制。发生人畜共患传染病时，卫生健康主管部门应当会同农业农村、林业草原等主管部门组织对疫区和相关地区的高危人群进行监测，并采取相应的预防、控制措施。”

四、关于动物和动物产品的检疫和无害化处理

1. 草案第四十六条规定，经营、运输的动物、动物产品应当附有检疫证明。国家邮政局提出，为与野生动物保护法的规定一致，建议在“运输”后增加“寄递”。

2. 草案第四十七条规定了动物、动物产品卫生防疫安全追溯协作机制和动物防疫信息追溯系统。公安部提出，本条规定属于动物疫病的预防，建议移入第二章，并增加无害化处理信息追溯的规定。黑龙江建议明确卫生防疫安全追溯协作机制的含义。江苏和市场监管总局建议删去第一款规定的农业农村部门会同市场监管等部门建立卫生防疫协作机制和追溯系统中的“市场监管部门”；交通运输部建议增加建立“全国统一的”动物防疫信息追溯系统。

公安部建议在第二款有关建立养殖档案的规定中增加“如实记录有关信息，并通过动物防疫信息追溯系统向所在地农业农村主管部门申报饲养、防疫、动物疫病和无害化处理等资料”；云南、青岛建议明确养殖档案与第十五条规定的免疫档案的关系；江苏建议增加未依法建立养殖档案的法律责任。

民航局建议明确第五款中需要备案的“从事动物运输的单位和个人”的具体范围；国家铁路局建议明确为从事动物“道路”运输的单位和个人及运输车辆才需备案。

3. 草案第四十八条第二款规定，承运人应当在装载前和卸载后按规定对运载工具清洗、消毒。交通运输部建议明确为“与动物及动物产品直接接触的运载工具或者装载容器”应当进行清洗、消毒；国家铁路局建议将“承运人”恢复为现行法规定的“运载工具”。辽宁建议增加规定，承运人应当核对检疫证明、承运动物及产品证物相符，并增加相应的法律责任。新疆建议增加不得中途转运、销售和更换所运输的动物及动物产品，并在到达目的地后24小时内向当地动物卫生监督机构报告的规定。

浙江、江苏和海关总署建议在本条第四款中的“检疫单证”后增加“进口报关单证”。河南、深圳建议将“进出口”修改为

“进出境”。

4. 草案第五十一条规定，因科研、药用、展示等特殊情形需要非食用性利用野生动物的，应当按照国家有关规定严格审批和检疫检验，具体规定由国务院或有关主管部门制定。有的地方和部门提出，为与全面禁食野生动物的决定保持好衔接，建议细化非食用性利用野生动物的审批条件、检疫检验要求等制度（云南，司法部、自然资源部、市场监管总局）；自然资源部、国家林草局提出，非食用性利用野生动物的审批，属于野生动物保护法规定的内容，建议删去“审批”。国家林草局建议修改为：非食用性利用野生动物的，应当“由野生动物所在地动物卫生监督机构按照国家有关规定检疫检验”，具体规定由“国务院农业农村主管部门会同国务院林业草原主管部门制定”。最高法院提出，本条规定与野生动物保护法第二十五条有关科研机构因物种保护目的人工繁育国家重点保护野生动物不实行许可的规定不一致，建议做好衔接。

5. 草案第五十二条规定，经检疫不合格的动物、动物产品，货主应当在农业农村（畜牧兽医）主管部门监督下处理。农业农村部建议删去“在农业农村（畜牧兽医）主管部门监督下”。天津、深圳建议恢复现行法规定的在“动物卫生监督机构”监督下处理。

6. 草案第五十三条规定，依法进行检疫需要收取费用的，其项目和标准由国务院财政部门、物价主管部门规定。财政部、国家发展改革委提出，草案第八十三条已明确将动物、动物产品的检疫所需经费纳入政府预算，有关部门已经取消了动物及动物产品的检疫费，建议删去这一条。

7. 草案第五十四条对病死动物和病害动物产品的无害化处理作了规定。国家卫健委建议增加实验动物的无害化处理；全国律协建议增加个人饲养宠物因病死亡、自然死亡后的处置流程。北京建议增加规定，“走私入境来自疫区的动物或其产品，由海关、边防等部门移交地方政府进行无害化处理，任何单位、个人不得利用”。

8. 草案第五十六条规定，各级财政对病死动物和病害动物产品的无害化处理及资源化利用等提供补助，补助办法由县级以上人民政府有关部门制定。财政部提出，对病死动物和病害动物产品的无害化处理及资源化利用应发挥市场的作用，目前国家也没有相关补贴的资金渠道，建议删去。江苏建议将“各级财政”修改为“县级以上人民政府”。有些地方和单位建议将“县级以上人民政府有关部门”修改为“省级人民政府”或者“省级人民政府有关部门”（河北、新疆、南宁，江苏北斗星环保公司、浙江百奥迈斯生物公司）。

9. 公安部建议在第六章中增加规定，县级以上人民政府农业农村主管部门应当会同有关部门，定期发布病死动物和病害动物产品的有关信息。依照本法规定扣押、收缴、没收的病死动物和病害动物产品，由主管部门按照规定进行无害化处理。

五、关于动物诊疗与兽医管理

1. 草案第五十九条和第六十七条分别规定了动物诊疗许可证和执业兽医制度。国资委提出，实验动物在饲养、使用中，也需要开展动物诊疗活动，建议限定为从事动物诊疗“经营”活动的，才要求取得动物诊疗许可证和执业兽医资格。四川建议增加市场监管部门加强对动物诊疗机构监管的内容。

2. 广东、河南和海关总署建议删去草案第六十四条第三款“海关出具检疫证书的官方兽医”中的“出具检疫证书”。

3. 草案第六十八条规定，具有兽医相关专业大学专科以上学历的，可以申请执业兽医资格考试，资格考试办法由国务院农业农村主管部门商国务院人事行政主管部门制定。中国工程院建议将“专科”修改为“本科”。安徽和中央编办建议将“人事行政主管部门”改为“人力资源主管部门”。

4. 草案第六十九条第二款规定，鼓励执业兽医接受继续教育。农业农村部、人社部建议修改为“执业兽医应当按照规定”接受继续教育；农业农村部建议增加执业兽医未按规定接受继续教育的法律责任。

5. 草案第七十条规定，乡村兽医可以在乡村从事动物诊疗活动。农业农村部提出，根据“放管服”改革要求，已将乡村兽医登记许可调整为备案管理，建议修改为“经备案为乡村兽医的人员”可以从事动物诊疗活动，并增加相应的法律责任。

六、关于监管与保障措施

1. 草案第七十五条第三项规定，应当检疫而未检疫的动物和动物产品予以收缴。北京建议对收缴后的动物、动物产品如何处理作出规定。杭州建议将“收缴”修改为“扣押”。

2. 草案第七十六条对执法人员执行监督检查任务应当出示执法证件、统一着装作了规定。财政部建议删去“统一着装”。

3. 财政部建议，删去草案第八十三条关于县级以上人民政府将动物疫病的“净化、消灭”，“病害动物产品的无害化处理”所需经费纳入本级政府预算的规定。

4. 草案第八十五条第一款规定，县级以上人民政府对强制扑杀的动物、销毁的动物产品和相关物品等给予补偿。财政部提出，目前县级以上人民政府只对动物疫病预防、控制过程中强制扑杀的动物给予补助。建议将强制扑杀动物的“补偿”修改为“补助”，并删去“销毁的动物产品和相关物品”。湖北建议对强制扑杀动物补偿的原则、主体、范围等作出具体规定；中央政策研究室建议明确为由“中央和省级财政承担补偿费用”。

江苏和财政部建议删去本条第二款关于各级财政对开展重点动物疫病净化的费用给予补助的规定；重庆建议将“各级财政”修改为“县级以上人民政府”；广西建议国家出台统一的补助办法和补助标准。甘肃建议恢复现行法第六十六条第二款有关依法实施强制免疫造成动物应激死亡给予补偿的规定。

七、关于法律责任

1. 一些地方、部门和单位建议进一步加大处罚力度，提高罚款金额，增加责令停产停业、吊销执业资格、查封、行政拘留等处罚（河北、贵州、甘肃、天津、深圳，农业农村部，上海社科院法学所）。

2. 河北提出，草案第九十八条第四项规定的“未经备案从事动物经营、运输”的处罚与第一百零一条规定的“使用未备案车辆承运动物”的处罚，属于同一违法行为重复处罚，建议修改。

3. 广东提出，草案第一百条对屠宰、经营、运输等的动物未附有检疫证明、检疫标志的规定了行政处罚，但未对动物本身如何处理作出规定，建议修改。

4. 草案第一百零二条规定，通过道路跨省运输未经省级人民政府设立的指定通道入境或过境的，对货主、承运人和接收人给予处罚。河北建议删去“接收人”；北京建议删去“货主”。

5. 司法部、自然资源部和中国科协建议在草案第一百零九条中明确，因科研等特殊情形非食用性利用野生动物，不符合防疫条件审查的有关规定的，依法从重处罚的依据及标准。

6. 最高检察院建议增加动物防疫领域公益诉讼的规定；最高法院建议增加生态环境损害赔偿诉讼的规定。

八、其他意见

1. 国资委建议在草案第十五条、第二十八条、第四十六条中增加有关实验动物的例外规定；科技部建议在附则中增加规定：实验动物防疫有特殊要求的，按照实验动物管理有关规定执行。

2. 中科院建议将草案中的“人畜共患传染病”统一修改为“人兽共患传染病”。

3. 公安部建议在草案第一百一十一条病死动物的含义中增加“毒死”的动物，与食品安全法的表述一致。国务院发展研究中心建议增加“净化”的定义。

4. 广东和海关总署提出，草案第一百一十二条规定的境外无规定动物疫病区和无规定动物疫病生物安全隔离区的无疫等效性评估，主要适用于进出境动物和动物产品检疫，不属于本法的调整范围，建议删去。湖南建议增加规定，具体要求由海关总署会同国务院农业农村主管部门制定。

5. 甘肃、内蒙古建议增加动物交易市场定期休市、市场区域轮休消毒的规定。

6. 天津建议增加电子商务、网络销售等环节的动物防疫监管规定，明确电商平台、动物产品提供者的防疫责任。

社会公众对动物防疫法修订草案二次审议稿的意见

2020年8月16日至2020年9月30日，动物防疫法修订草案二次审议稿（以下简称二审稿）在中国人大网公布，向社会公开征求意见。其间，共收到1436位社会公众提出的6165条意见，还收到来信26封。现将主要意见简报如下：

一、关于总则

1. 有的建议将二审稿第二条第一款中的中华人民共和国领域内”修改为“中华人民共和国领域及管辖的其他海域内”。

2. 二审稿第三条第一款规定，本法所称动物，是指家畜家禽和人工饲养、合法捕获的其他动物。有的建议扩大为“本法所称动物，是指家畜家禽和其他所有动物”或者删去“合法”二字。

有些建议在二审稿第三条中增加“动物防疫监督管理”的定义。

3. 二审稿第四条根据动物疫病对养殖业生产和人体健康的危害程度，将动物疫病分为三类。有些建议不列明具体疫病名称，以便于今后根据实际情况调整。

4. 二审稿第六条规定，鼓励社会力量参与动物疫病防治工作。有些建议增加规定，县级以上地方人民政府鼓励兽医社会化服务发展，支持社会力量参与免疫接种、疫病检测、无害化处理等动物防疫工作，加强基层动物防疫能力建设。

5. 二审稿第七条规定，从事动物饲养、屠宰、经营、隔离、运输以及动物产品生产、经营、加工、贮藏等活动的单位和个人，履行动物防疫义务。有些建议将“履行动物防疫义务”修改为“承担动物防疫主体责任”或者“对动物防疫结果负责”。

6. 二审稿第八条规定，县级以上人民政府对动物防疫工作实行统一领导，加强基层动物防疫队伍建设。有些建议规定，加强基层动物防疫机构和队伍建设；将基层动物防疫员纳入编制，解决动物防疫员养老保障。有些意见建议增加规定，落实畜牧兽医有毒有害津贴、鼓励乡村兽医队伍的发展、足额落实动物防疫基层一线人员特岗津贴。

7. 二审稿第十条规定，县级以上地方人民政府的动物卫生监督机构依照本法规定，负责动物、动物产品的检疫工作。有些建议保留动物卫生监督机构承担的监督管理职能。有些建议增加规定，动物卫生监督机构具体负责建立动物防疫信息追溯系统，对动物饲养、诊疗、屠宰、交易、无害化处理等场所实施特定动物疫病风险评估，负责动物及动物产品调运管理，设置动物卫生监督检查站，并派驻官方兽医。

8. 二审稿第十四条第二款规定，国务院农业农村主管部门根据国内外动物疫情和保护养殖业生产及人体健康的需要，及时会同国务院卫生健康等有关部门对动物疫病进行风险评估，并制定、公布动物疫病预防、控制、净化、消灭措施和技术规范。有些建议在本款后增加规定，必要时对特定动物疫病实施分区防控，或者采取禁止、限制特定动物、动物产品跨区域调运等紧急处置措施。

二、关于动物疫病的预防

1. 二审稿第十六条第一款规定，饲养动物的单位和个人应当履行动物疫病强制免疫义务，按照强制免疫计划和技术规范，对动物实施免疫接种，并按照国家有关规定建立免疫档案、加施畜禽标识，保证可追溯。有些建议恢复一审稿第四十七条第一款的规定：国务院农业农村部门会同国务院市场监督管理等部门建立动物、动物产品卫生防疫安全追溯协作机制和动物防疫信息追溯系统。从事动物饲养、屠宰、经营、运输的单位和个人应当按照规定如实填报信息。

2. 有些建议删去二审稿第十七条第一款农业农村主管部门组织实施强制免疫计划的表述。

3. 二审稿第二十二条第二款规定，饲养种用、乳用动物的单位和个人，应当按照国务院农业农村主管部门的要求，定期开展动物疫病检测；检测不合格的，应当按照国家有关规定予以处理。有些建议将“定期开展动物疫病检测”修改为“在动物卫生监督机构的监督下定期开展动物疫病检测”。

4. 二审稿第二十三条对动物饲养场和隔离场所、动物屠宰加工场所以及动物和动物产品无害化处理场所的动物防疫条件作了规定。有的建议增加“动物孵化场所”；有的提出，我国各地养殖场所大小种类不一，建议进行分级管理。有的建议增加向发证机关和执法监管机关书面报告动物防疫条件执行情况的规定。

5. 二审稿第二十五条规定经营动物、动物产品的集贸市场应当具备国务院农业农村主管部门规定的动物防疫条件。有些建议将“集贸市场”修改为“畜禽集中交易市场、或者专业性交易市场”。

6. 有些建议在二审稿第二十八条中增加规定，禁止屠宰、经营、运输和生产、经营、加工、贮藏、运输“猫狗等伴侣动物及其肉品及其它制品”。

7. 二审稿第二十九条第二款规定，街道办事处、乡级人民政府组织协调居民委员会、村民委员会，做好本辖区内流浪犬、猫的控制和处置，防止疫病传播。有些意见反对将居民委员会、村民委员会作为责任单位。有些建议将流浪动物的管控单列条款并细化相关规定，增加农业农村主管部门和公安、城管的职责，如取缔无照商业繁殖、控制无序繁殖与买卖。

三、关于动物疫情的报告、疫病的控制和检疫

1. 二审稿第三十条规定，发现动物染疫或者疑似染疫的，应当立即向所在地农业农村主管部门或者动物疫病预防控制机构报告。有些提出，动物疫病预防控制机构的技术能力相对较强，动物疫情报告的受理、上报工作机制和信息报告系统健全完善，建议仅将动物疫病预防控制机构列为报告受理机构。

2. 有的建议增加规定，电商平台的商家出售动物及其制品的，应当在电商平台上公示检疫证明，同时规定电商平台的监管责任。

3. 二审稿第四十八条第三款规定，动物饲养场、屠宰企业的执业兽医或者动物防疫技术人员，应当协助官方兽医实施检疫。有些建议增加规定，配备有相关动物防疫人员的企业进行产地初步屠宰检疫检验，官方兽医复核；改进动物检疫防疫方式，支持引入市场兽医检测和县级兽医实验室检测。有些提出，为解决边远山区养殖场检疫申报和检疫问题，建议增加县级人民政府农业农村主管部门根据动物防疫工作需要，向乡、镇或者特定区域派驻兽医机构或者官方兽医的规定。

4. 二审稿第四十九条对野生动物检疫作了规定。有些建议删除有关野生动物检疫的表述，在野生动物保护法中予以规定；有些建议明确由林草部门负责陆生野生动物检疫工作。

5. 二审稿第五十条规定，屠宰、经营、运输的动物，参加展览、演出和比赛的动物，以及其他非食用性利用的野生动物，应当附有检疫证明。有些建议删去“以及其他非食用性利用的野生动物”，避免重复。

四、关于动物诊疗和兽医管理

1. 二审稿第六十三条规定，动物诊疗机构应当按照国务院农业农村主管部门的规定，做好诊疗活动中的卫生安全防护、消毒、隔离和诊疗废弃物处置等工作。有的提出，生态环境部等部门也参与这些工作，建议在“按照国务院农业农村主管部门”后增加“和其他主管部门”。

2. 二审稿第六十四条规定，从事动物诊疗活动，应当遵守有关动物诊疗的操作技术规范，使用符合国家规定的兽药和兽医器械。有的建议增加规定，在没有国家规定的可供使用的兽药的情况下，兽医师可以按实际需求酌情使用其他药品、中药制剂等。

3. 二审稿第六十五条规定，县级以上人民政府农业农村、海关等部门按照职责分工，负责官方兽医、执业兽医、乡村兽医的管理。有些意见提出，海关的官方兽医由海关任命和管理，但“海关等”其他部门不是执业兽医、乡村兽医和承担境内动物、动物产品检疫工作官方兽医的管理部门，建议删去“海关等”。

4. 二审稿第六十九条对执业兽医资格考试制度作了规定。

有的建议放宽执业兽医师资格考试的学科范围；有的建议增加规定：国家鼓励支持中兽医传承与创新，支持开展中西兽医结合诊疗；民间具有师承的中兽医工作人员的资格认定和管理办法，由国务院农业农村（畜牧兽医）主管部门另行制定。

五、关于监督管理和保障措施

1. 有些建议将从事动物研究的科研单位和个人明确列为监管对象。

2. 二审稿第七十六条第一款第三项规定，县级以上地方人民政府农业农村主管部门执行监督检查任务时可以对依法应当检疫而未经检疫的动物实施补检。有些建议取消补检的相关规定。

3. 二审稿第七十七条第一款规定，执法人员执行动物防疫监督检查任务，应当出示行政执法证件，佩带统一标志。有些建议增加"统一着装"的规定。有些建议赋予执法人员更大权限，如扣押违法物品、处理鲜活物品等。

4. 二审稿第八十三条规定，县级以上人民政府应当储备动物疫情应急处理所需的防疫物资。有的提出，县级及县级以下相关部门也应当储备动物疫情应急处理所需防疫物资。

六、关于法律责任

1. 二审稿第八十八条规定，动物卫生监督机构及其工作人员违反本法规定，由本级人民政府或者农业农村主管部门作出处罚。有的建议删去农业农村主管部门。

2. 二审稿第九十六条对违反本法规定，屠宰、经营、运输动物或者生产、经营、加工、贮藏、运输动物产品的行为的法律责任作了规定。有的提出，本条规定对"依法应当检疫而未检疫"的行为处罚过重；有的建议细化违法行为表现方式，增强可操作性；有的建议将第三款中作出处罚的主管部门由农业农村主管部门修改为林草部门。

3. 二审稿第九十九条对违反本法规定，屠宰、经营、运输的动物未附有检疫证明，经营和运输的动物产品未附有检疫证明、检疫标志的行为的法律责任作了规定。有的建议增加市场监督管理部门的职责；有的建议对承运人的法律责任单独作出规定。

4. 二审稿第一百零六条对违反本法规定，生产经营兽医器械的法律责任作了规定。有的提出，本法未对兽医器械的生产经营作出具体规定，建议删去本条。

5. 有些建议加大处罚力度，提升处罚金额的上限。

宪法法律委、农委、法工委座谈会对动物防疫法修订草案的意见

2020 年 7 月 10 日，宪法法律委、农委、法工委联合召开座谈会，听取中央有关部门、企业、基层工作人员及专家学者对动物防疫法修订草案的意见。现将主要意见简报如下：

一、关于总则

1. 国家卫健委建议在草案第一条立法目的中增加“减少或者避免人畜共患病的发生”。有的教授建议增加“提升动物卫生水平，保障人类、动物和生态系统健康”。

2. 草案第三条第一款规定，本法所称动物，是指家畜家禽

和人工饲养、合法捕获的其他动物。自然资源部、国家林草局建议将“其他动物”修改为“野生动物”。中国动物卫生与流行病学中心建议将“其他动物”限定为“合法捕获并人工饲养，用于食用或者再生产目的的其他动物”。

3. 草案第四条规定，根据动物疫病对养殖业生产和人体健康的危害程度，本法规定管理的动物疫病分为三类，具体病种名录由农业农村主管部门制定。国家卫健委建议增加“传染性风险高低”作为动物疫病划分依据。国家林草局建议具体病种名录的制定主体增加“会同国务院卫生健康、林业草原主管部门”。

4. 草案第七条第一款规定，县级以上人民政府加强基层动物防疫机构和队伍建设。中央编办提出，按照有关规定不应通过修法的方式对具体机构编制事项作出规定，建议删去“机构”。

5. 自然资源部建议细化草案第八条相关部门在动物防疫工作中的职责。

6. 草案第九条规定，县级以上人民政府的动物卫生监督机构负责动物、动物产品的检疫工作。中央编办提出，根据深化农业综合行政执法改革要求，动物卫生监督机构不再承担卫生监督执法职能，建议将“县级以上人民政府的动物卫生监督机构”修改为“县级以上人民政府农业农村主管部门承担动物检疫的机构”。

7. 草案第十条第一款规定，县级以上人民政府按照国务院的规定，根据统筹规划、合理布局、综合设置的原则建立动物疫病预防控制机构。中央编办建议将按照“国务院的规定”修改为按照“规定权限和程序”。北京市动物疫病预防控制中心提出，“合理布局”的原则不能保证重点区域都有动物预防控制机构。

8. 有的教授建议在草案第十一条中增加动物疫病早发现、早通报的激励机制。

9. 中国动物卫生与流行病学中心、北京市顺义区动物卫生防疫监督所、北京三元集团畜牧兽医总站建议加强基层动物防疫机构和队伍建设，充分发挥基层兽医、村级防疫员作用。

二、关于动物疫病的预防、通报与控制

1. 草案第十三条规定了国务院和省级人民政府农业农村主管部门的动物疫病风险评估职责。国家卫健委建议增加市县级主管部门开展动物疫病风险评估的内容。

2. 草案第十四条对强制免疫制度作了规定。国家卫健委建议明确强制免疫的费用由谁承担。有的教授建议增加强制免疫的动态调整和监督机制。

3. 草案第十六条对动物疫病监测制度作了规定。国家林草局建议国家疫病监测计划的制定主体增加“会同国家林草局”。国家卫健委建议增加规定：农业农村主管部门与卫生健康主管部门定期互相通报人畜共患传染病监测结果和预警信息，联合做好疫情监测和防控工作。

4. 草案第十七条对动物疫情预警制度作了规定。国家卫健委建议增加“涉及人畜共患病的，及时向卫生健康主管部门通报”的规定。应急管理部提出，草案规定的动物疫情预警主体为农业农村主管部门，而突发事件应对法规定的预警主体为县级以上地方人民政府，两者不一致。

5. 草案第十八条第一款规定，国家实行动物疫病区域化、生物安全隔离区划管理和督导制度；第三款规定，国家根据行政区划、动物疫病防控、养殖屠宰产业布局等实施分区督导。中央编办提出，根据中央统筹规范督查检查考核工作的要求，开展全国性的督导事项应按程序报中央审批后确定，不宜通过修法方式作出规定，建议删去第一款中的“督导”，将第三款中的“督导”修改为“防控”。

6. 草案第二十四条第一款规定，动物、动物产品的运载工具、垫料、包装物、容器等应当符合国务院农业农村主管部门规定的动物防疫要求。民航局提出，民航业对活体动物运输有相应的规范和技术标准，建议在应当符合“国务院农业农村主管部门”后增加“会同行业主管部门”。

7. 国家卫健委建议在草案第二十六条人畜共患传染病名录的制定并公布之后增加“调整”。

8. 市场监管总局提出，草案第二十七条规定的生产、经营未经检疫或者检疫不合格的动物和动物产品的监管部门为农业农村部门，而食品安全法规定的监管部门为食品安全监督管理部门，两者不一致。北京市顺义区动物卫生防疫监督所建议删去第五项“病死或死因不明的”中的“或死因不明”。

9. 草案第二十八条对饲养犬只和流浪犬、猫的防疫管理作了规定。国家卫健委建议增加规定：犬只管理的具体办法，由国务院制定；并将“农村地区”修改为“农牧地区”。市场监督管理总局建议删去“县级以上地方人民政府市场监管部门会同农业农村部门对犬只经营流通单位进行登记和监督管理”的规定。中国动物疫病预防控制中心建议删去与动物防疫不相关的内容。

10. 草案第三十一条规定了动物疫情通报制度。自然资源部建议将以动物为宿主的人类传染病纳入通报范围。海关总署建议将海关发现进出境动物和动物产品“染疫或者疑似染疫的”修改为“存在重大动物疫情的”。

11. 国家卫健委建议在草案第三十二条中将常态化疫情发布的主体下放至市县级人民政府。

12. 草案第三十四条对重大动物疫情应急预案和实施方案作了规定。应急管理部建议在第二款有关重大动物疫情应急预案需抄送上一级人民政府应急管理部门后增加“消防救援机构”。国家卫健委建议在第三款有关重大动物疫情应急预案及实施方案及时调整的根据中增加“风险研判结果以及防控手段、研发进展”。

13. 国家卫健委建议将草案第四十条有关人畜共患传染病的监测、防控的规定修改为：“农业农村主管部门和卫生健康主管部门应当建立联防联控机制。发生人畜共患传染病时，卫生健康主管部门应当会同农业农村、林业草原等主管部门组织对疫区和相关地区的高危人群进行监测，并采取相应的预防、控制措施”。

14. 市场监管总局建议明确规定：禁止猎捕、饲养和利用可能导致病毒从动物传染人类或引起人畜共患病的动物。

三、关于动物和动物产品的检疫和无害化处理

1. 中国动物卫生与流行病学中心建议将草案第四十五条的动物“检疫证明”修改为动物“健康证书”。

2. 草案第四十六条规定，经营、运输的动物、动物产品应当附有检疫证明。国家邮政局提出，为与野生动物保护法的规定一致，建议在“运输”后增加“寄递”。

3. 草案第四十七条规定了动物、动物产品卫生防疫安全追溯协作机制、动物防疫信息追溯系统和饲养单位、个人的相关义务。市场监管总局建议删去第一款“会同市场监管部门”的规定。交通运输部建议明确第四款饲养单位和个人保存行程路线和相关信息的时限。国家铁路局建议将第五款“从事动物经营、运输的单位和个人，以及动物运输车辆”中的“运输”修改为“道路运输”。中国民航局建议明确从事动物运输的单位和个人的范围。公安部建议增加无害化处理信息追溯的规定。

4. 草案第四十八条第二款规定，承运人应当在装载前和卸载后按规定对运载工具清洗、消毒。国家铁路局建议将“承运人”恢复为现行法规定的“运载工具”。海关总署建议在第四款“检疫单证”后增加“进口报关单证”。

5. 草案第五十一条规定，因科研、药用、展示等特殊情形需要非食用性利用野生动物的，应当按照国家有关规定严格审批和检疫检验，具体规定由国务院或有关主管部门制定。自然资源部提出，非食用性利用野生动物的审批，属于野生动物保护法规定的内容，建议删去“审批”。司法部提出，具体规定不宜由国务院制定。国家林草局建议将“按照国家有关规定严格审批和检疫检验”修改为“由野生动物所在地动物卫生监督机构按照国家有关规定检验检疫”。

6. 草案第五十三条规定，依法进行检疫需要收取费用的，其项目和标准由国务院财政部门、物价主管部门规定。财政部、国家发展改革委提出，草案第八十三条已明确将动物、动物产品的检疫所需经费纳入政府预算，有关部门已经取消动物及动物产品的检疫费，建议删去。

7. 草案第五十四条对病死动物和病害动物产品的无害化处理作了规定。国家卫健委建议增加实验动物无害化处理的规定。

生态环境部建议增加污水、废水的处理规定。

8. 草案第五十六条规定，各级财政对病死动物和病害动物产品的无害化处理及资源化利用等提供补助，补助办法由县级以上人民政府有关部门制定。财政部提出，对病害动物产品的无害化处理及资源化利用应发挥市场的作用，目前国家也没有相关补贴的资金渠道，建议删去。

9. 公安部建议在第六章中增加规定：县级以上人民政府农业农村主管部门应当会同有关部门，定期发布病死动物和病害动物产品的有关信息。依照本法规定扣押、收缴、没收的病死动物和病害动物产品，由主管部门按照规定进行无害化处理。

四、关于兽医制度与监督管理、保障措施

1. 海关总署建议删去草案第六十四条第三款“海关出具检疫证书的官方兽医”中的“出具检疫证书”。

2. 有的教授建议在草案第六十八条增加规定民间执行兽医不需满足学历条件也可以申请参加兽医资格考试。

3. 财政部建议删去草案第七十一条“通过参与承接政府购买服务项目等方式”中的“项目”。

4. 北京市动物疫病预防控制中心建议由国家林草部门按照官方兽医制度设置官方兽医，从事野生动物的检疫。

5. 草案第七十六条对执法人员执行监督检查任务应当出示执法证件、统一着装作了规定。财政部建议删去“统一着装”。

6. 财政部建议删去草案第八十三条关于县级以上人民政府将动物疫病的“净化、消灭”，“病害动物产品的无害化处理”所需经费纳入本级政府预算的规定。北京市动物疫病预防控制中心、北京三元集团畜牧兽医总站建议加大对动物疫病净化、消灭的财政支持力度。

7. 草案第八十五条第一款规定，县级以上人民政府对强制扑杀的动物、销毁的动物产品和相关物品等给予补偿。财政部建议将强制扑杀动物的“补偿”修改为“补助”，并删去“销毁的动物产品和相关物品”。有的教授建议明确补偿的条件和标准。

五、关于法律责任

1. 国家卫健委建议在草案第九十二条第一款第四项中增加“未按规定对饲养犬只进行登记，佩戴犬牌并系犬绳的”。

2. 司法部建议在草案第一百零九条中明确，因科研等特殊情形非食用性利用野生动物，不符合防疫条件审查的有关规定的，依法从重处罚的依据及标准。

3. 最高法院建议在草案第一百一十条中增加生态环境损害赔偿责任。最高检察院建议增加动物防疫领域公益诉讼的规定。

4. 最高检察院建议增加官方兽医和乡村兽医违反相关规定的法律责任。

六、其他意见

1. 公安部建议在草案第一百一十一条病死动物的含义中增加“毒死”的动物，与食品安全法的表述一致。

2. 海关总署提出，草案第一百一十二条规定的境外无规定动物疫病区和无规定动物疫病生物安全隔离区的无疫等效性评估，不属于本法的调整范围，建议删去。

3. 科技部建议在附则中增加规定：实验动物防疫有特殊要求的，按照实验动物管理有关规定执行；并删去草案第十六条的“科技”部门。

4. 北京华都峪口禽业有限责任公司、北京三元集团畜牧兽医总站建议增加专业化社会化服务体系的相关规定。

5. 国家卫健委建议明确重大动物疫情、动物疫病风险区等名词的概念。

动物防疫法修订草案通过前评估情况

2021 年 1 月 8 日上午，法工委经济法室召开动物防疫法修订草案通过前评估会，邀请部分全国人大代表、专家学者、养殖企业、基层监管机构、防控机构以及立法联系点等方面的代表，就草案中主要制度规范的可行性、法律出台时机、法律实施的社会效果和可能出现的问题等进行评估。评估会以现场和网络视频相结合的方式进行。现将评估情况简报如下：

一、主要制度规范的可行性

与会同志提出，为加强动物防疫工作，应对新时期动物疫病防控的复杂形势，适应综合执法队伍改革要求，对动物防疫法进行修改非常必要。草案体现了习近平总书记关于公共卫生安全的重要指示精神，深入贯彻党中央有关改革部署，回应社会关切，突出预防预警在先，制度设计科学有效，防疫责任明确合理，具体举措切实可行。

有的全国人大代表提出，草案体现了习近平总书记对保障人民群众健康和公共卫生安全的总要求，吸收采纳了代表议案中提出的一些好的建议，就管理体制、责任体系、野生动物检疫等问题对现行法作了大幅修改，有利于提升动物疫病防控工作的整体水平。

有的全国人大代表提出，草案在修改过程中充分听取代表的建议，在野生动物疫病防控等方面作了很好的修改，与现行法相比有明显进步。

有的教授提出，草案与现行法相比，有较多亮点和进步：一是适用范围更加符合新时期疫病防控要求；二是动物防疫职责分工更加具体明确；三是主要制度设计更加科学；四是兼顾了放管服改革精神与公共卫生安全管理要求；五是与野生动物保护法、畜牧法、进出境动植物检疫法等作了比较妥当的衔接。

有的单位提出，草案对社会普遍关注的问题作了回应，提出了一些新的制度要求，相关规定非常接地气，具有比较强的操作性。

二、关于出台时机

与会同志提出，草案经过两次审议修改，内容基本成熟，修改的内容是新时期动物疫病防控和行业健康发展所亟需的，也是基层管理部门和生产经营企业所期待的，越早出台越有利于各项工作的开展，建议尽快通过实施。

有的全国人大代表、基层单位提出，基于动物防疫面临的严峻形势和相关机构改革的推进，社会各方面都十分关注也十分期待这部法的出台，越早通过实施越好，并希望尽快完善配套规定。

有的教授、基层单位提出，这部法律总结了非洲猪瘟等疫情的防控经验，切实可行，应当尽快通过，这是各方面依法履职的迫切需求。

有的单位提出，草案对生产经营企业提出了详细具体的要求，对一些亟需解决的实际问题作了明确，希望尽快通过实施。

三、实施的社会效果

与会同志认为，草案立足新时期动物防疫需求和改革实践，明确了主管部门、生产经营企业、社会力量等在动物防疫中的职责，强化了动物疫病监测、预警、检疫、无害化处理等制度，对做好动物防疫工作，保障人民群众身体健康和公共卫生安全将发挥重要作用。

有的全国人大代表提出，草案体现防疫优先理念，建立健全动物防疫体系，加强基层兽医队伍建设，将更有利于保障畜牧业的健康持续发展和畜产品的质量安全与有效供给。

有的全国人大代表提出，草案首次明确了对野生动物的检疫要求，在强化野生动物检疫、加强宠物和流浪动物管理、细化人畜共患病防控等方面作了很多有益的修改，将对疫病防控起到非常好的作用。

有的基层单位提出，草案确定的动物疫病防控新方针和对防疫责任体系的完善、对保障措施和法律责任的强化等，有利于提高全社会对动物防疫工作的认识，有利于压实防疫责任，提升防控能力。

有的基层单位提出，草案对城市特定区域禁止畜禽活体交易等事项作出新的规定，明确了相关主体责任，让基层执法工作有法可依，对基层执法工作有很大帮助。

有的单位提出，草案对无特定动物疫病区、运输车辆、无害化处理、禁限运措施等作了详细规定，内容与时俱进、要求具体明确，对规范与指导企业健康发展意义重大。

四、可能出现的问题

与会同志认为，草案经广泛征求各方面意见，建立健全动物防疫责任体系和管理制度，吸收了非洲猪瘟等动物疫病防控经验，比较充分地考虑了实际情况，妥当处理了与相关立法的衔接，是符合我国动物防疫工作实际的，在法律执行中不会出现大的问题。

一些意见建议尽快出台本法的实施细则和相关标准规范，指导地方做好动物卫生监督机构职能调整和农业综合执法改革后续相关工作，确保各项制度有效落地、防控和执法责任落实到位。

五、具体修改意见

1. 有的教授建议删去草案第四条列举的具体动物疫病名称。

2. 有的教授建议明确草案第十六条的“免疫档案”与畜牧法的“养殖档案”的关系。

3. 有的教授和基层单位建议明确草案第二十条第三款“可以采取禁止或者限制特定动物、动物产品跨区域调运等措施”的主体。

4. 有的全国人大代表建议在草案第二十四条中进一步明确对野生动物养殖场、动物园等实行动物防疫条件审查。

5. 草案第五十七条规定了对公共场所、水域等发现的死亡畜禽和野外环境发现的死亡野生动物的收集、处理。有的教授建议明确由兽医主管部门负责收集，并对收集的动物采取无害化处理措施。

6. 有的单位建议将草案第七十五条“不具备补检条件的予以没收销毁中的“没收”修改为“收缴”。

动物防疫法修改贵州、云南调研简报

2020年11月3日至11月9日，宪法法律委委员带队赴贵州、云南调研，了解动物防疫工作情况，听取地方对动物防疫法修订草案二次审议稿（以下简称二审稿）的意见。期间，召开座谈会，听取有关部门、人大代表、企业、专家意见，并深入一些基层动物卫生监督所、动物疫病预防控制中心、动物检疫申报点和动物养殖场实地调研。简报如下：

一、基本情况

近年来，云南、贵州两省十分重视动物防疫工作，强化组织领导和责任考核，加强动物疫病强制免疫、监测预警、动物及动物产品检疫和应急管理工作，严密防控非洲猪瘟等重大动物疫情，切实保护畜牧养殖生产安全、畜产品质量安全、公共卫生安全。总体看，两省畜牧养殖产业健康发展，动物疫情态势平稳。

同时，在调研中，两省集中反映了动物防疫体制机制和队伍建设方面存在的问题：

（一）动物防疫体制机制尚未理顺

机构改革前，贵州、云南省畜牧兽医局主管本行政区域的动物防疫工作，动物卫生监督所负责动物、动物产品的检疫和监督管理执法工作，动物疫病预防控制中心负责动物防控技术工作，乡镇畜牧兽医站和村级防疫人员承担相关具体工作。新一轮机构改革后，云南省州市级动物卫生监督机构由原来的16个缩减为14个，县级动物卫生监督机构由原来的129个缩减为109个，90%的乡镇畜牧兽医站并入农业综合服务中心；贵州省目前只有3个市（州）、19个县保留了动物卫生监督所。两省保留的动物卫生监督所剥离了动物卫生监督执法职能，只负责动物检疫。一些地方改革后的农业综合执法机构工作面广，工作重点在作出行政处罚决定，无暇顾及日常的监督检查。多数地方的日常防疫巡查，受理投诉举报，动物运输、经营和屠宰环节的监督查验等管理工作仍由动物卫生监督机构或者其原有工作人员承担。

此外，动物卫生监督所、动物疫病预防控制中心、农业综合执法队伍之间缺乏协调，执法主体与技术主体分离，动物防疫与动物卫生监督执法脱节，造成监测排查不到位、疫情发现不及时、执法效率降低。

（二）基层动物防疫力量薄弱

一是动物防疫投入不足。云南省农业农村厅提出，重大动物疫病防控属中央事权。2017年以来，国家退出了猪瘟、高致病性猪蓝耳病重大动物疫病强制免疫，省级财政也相应减少投入，动物防疫经费缺口较大。贵州省农业农村厅提出，部分市、县级动物防疫经费投入不足，兽医实验室运行和能力提升难以保障。

二是动物防疫人员缺乏。动物防疫工作量大、面广、任务重。截至三季度末，云南省今年共实施畜禽动物产地检疫15756万头（只），屠宰检疫3115万头（只）；全省146个兽医实验室累计开展各类疫病监测57.89万份。但云南省16个州（市）、129个县（区市）现仅有兽医行政管理人员232人，动物疫病预防专业技术人员2006人，动物卫生监督管理人员1737人，乡镇畜牧兽医人员 5738 人。且基层动物防疫人员年龄普遍偏大，青黄不接，难以满足动物检疫工作的需要。

三是工资待遇偏低。云南省人大农委提出，因地方财政困难，全省 129 个县中只有 71 个县落实了畜牧兽医医疗卫生津贴，其中还有 3 个县没有落实到乡镇一级。云南省通海县动物卫生监督所提出，村级动物防疫员和协检员的工资补贴人均每人每月只有 300 元。加之近年来动物防疫检疫种类多、新发疫情多，工作量大，基层防疫队伍不稳定。

（三）检疫设备和技术条件落后

贵州省农业农村厅和云南省通海县动物疫病预防控制中心、玉溪市农业农村局等单位提出，县一级兽医实验室设备设施普遍老化，检测设备和技术落后，检测种类单一，目前只能运用血清学检测技术开展部分检测诊断，无法开展细菌学、寄生学和分子生物学检测，无法进行动物疫病病原体检测。动物检疫主要靠查验养殖档案，凭借"一支体温计、一把检疫刀"，进行"肉眼检测"，检疫效果差。

另外，云南、贵州两省普遍存在兽医实验室与动物疫病预防控制中心办公室同楼办公，甚至办公地点位于居民区内，未采取隔离措施，隔离或封闭性差，且欠缺通风和污水处理系统等生物安全设施，人员防护和实验室生物安全方面存在风险隐患。

（四）野生动物防疫工作存在漏洞

云南省林草局提出，云南省野生动物疫源疫病监测经费不足，监测力量较弱。国家尚未系统开展野生动物疫源疫病普查，许多疫源疫病尚无定论；尚无适用于野生动物检疫的检测方法、检测试剂、判定参数；野生动物检疫规程、标准长期空白，野生动物及其制品大多无法实施检疫。据统计，云南省全省今年累计仅开展野生动物产地检疫 2 批次共 34 只，开展犬等宠物产地检疫 3100 只。

（五）边境动物防疫形势严峻

云南省人大农委、昆明海关提出，云南省国境线长、边境通道多且无天然屏障，毗邻国家管控措施不严，重大动物疫情呈点状散发态势，境外违规调运和走私违法犯罪易发多发，边境地区动物疫病防堵、监测任务繁重。但边境州市动物防疫经费紧张，乡镇畜牧兽医基础设施建设滞后，动物防疫人员不足、设施设备简陋，边境动物疫病防堵监管工作困难较多，疫情防控形势复杂严峻。

二、对二审稿的意见建议

（一）关于加强动物防疫机构队伍建设

1. 贵州省农业农村厅建议将二审稿第八条第一款“加强基层动物防疫队伍建设”改为“加强基层动物防疫机构队伍建设”。

2. 贵州农业农村厅、云南省建水县建议，在二审稿第十条中增加动物卫生监督机构“负责其他有关动物防疫的监督管理”的职能。

3. 贵州省修文县、云南省建水县建议在二审稿第七十七条第一款中增加“统一着装”。

4. 云南省通海县动物卫生监督所建议在二审稿第八十一条“官方兽医”后增加“及检疫辅助人员”，并明确动物检疫协检员的职责。云南省玉溪市建议强化官方兽医对生猪定点屠宰场的监管职责。

5. 云南省建水县建议增加有关鼓励兽医社会化服务发展，支持社会力量参与免疫接种、疫病检测、无害化处理等动物防疫工作的内容。云南省玉溪市、宜良县建议加强村级动物防疫员和村级动物协检员的培训指导，并适当提高工资补贴和待遇。

6. 云南省动物卫生监督所建议保留县级农业农村部门设在乡镇的畜牧兽医站，实行“人员、业务、经费”三权归县，由县级农业农村部门统一管理。

7. 贵州省修文县建议将动物防疫监督管理主体由“农业农村主管部门”改为“动物卫生监督管理机构”；将“法律责任”一章中动物卫生执法主体由“农业农村主管部门”改为“农业综合行政执法部门”。

（二）关于动物疫病的预防

1. 二审稿第十五条第二款规定，国务院农业农村主管部门确定强制免疫的动物疫病病种和区域。云南省人大法制委建议增加“根据动物疫病的预防实际，及时调整强制免疫的动物疫病病种，建立强制免疫病种进入退出机制”。

2. 二审稿第十六条第一款规定了饲养动物的单位和个人的动物疫病强制免疫义务，保证可追溯。云南省蒙自市建议将本条移至“动物疫病的控制”一章，并改为：国务院农业农村主管部门会同国务院市场监督管理等部门建立动物、动物产品卫生防疫安全追溯协作机制和动物防疫信息追溯系统。从事动物饲养、屠宰、经营、运输的单位和个人应当按照规定如实填报信息。

3. 云南省人大法制委建议将二审稿第十八条第五款中动物疫情预警的发布主体级别适当下调，与突发事件应对法相衔接。

4. 二审稿第十九条第一款规定，陆路边境省、自治区人民政府根据动物疫病防控需要，合理设置动物疫病监测站点，健全监测工作机制，防范境外动物疫病传入。云南省文山州建议加大对边境地区动物疫病防控、监测等设施设备和经费的投入力度；建设边境地区乡镇兽医站巡检站和边境村委会兽医室疫情监测点，加强预警监测防堵，建立免疫保护屏障。昆明海关建议加强各部门联合开展对外交流的力度，推进国际执法合作，提升跨境动物疫病防控水平；整合海关、公安、市场监管等监管资源，形成动物疫病防控合力。

二审稿第十九条第三款对野生动物疫源疫病监测、信息通报等作了规定。云南省林草局建议明确农业农村、林草、海关、食药监局等部门在动物及动物产品检疫方面的职责，将野生动物人工繁育场所的卫生防疫和野生动物及其产品流通检疫纳入动物卫生监督管理体系，明确责任主体；制定出台野生动物疫源疫病监测、检验相关技术规范和标准；在全国生物多样性重点区域、边境区域建设专业化的动物疫源疫病检测防控体系，成立疫源疫病监测专业队伍，并提供资金保障。

5. 二审稿第二十九条第一款规定，凭农业农村部门的免疫证明向所在地养犬登记机关申请登记。云南省建水县、蒙自市建议将“农业农村部门的免疫证明”改为“农业农村部门指定的动物诊疗机构出具的免疫证明”；贵州省修文县建议改为“免疫证明”。云南省文山州建议将“犬只”改为“宠物”。云南省宜良县建议将犬只纳入国家狂犬病疫苗强制免疫范围。

6. 贵州省农业农村厅建议增加鼓励和推动建立动物疫病净化与种畜禽场生产经营许可证办理挂钩机制，对种用、乳用动物饲养场分类实施疫病净化的内容。

（三）关于动物疫情的报告、通报和公布

1. 二审稿第三十条第一款规定，发现动物染疫或者疑似染疫的，应当立即向所在地农业农村主管部门或者动物疫病预防控制机构报告。云南省蒙自市、建水县建议删去向所在地农业农村主管部门报告的内容。

2. 云南省昆明人大常委会建议，在二审稿第三十三条第一款“建立人畜共患传染病防治合作机制”后增加“具体办法由国务院制定并公布”。云南省动物疫病预防控制中心、宜良县建议，建立预防、控制人畜共患传染病等方面的部门联动机制，实现风险信息通报、技术合作共享，做好人畜共患传染病的联防联控工作。

（四）关于动物和动物产品的检疫

1. 贵州省农业农村厅建议改革屠宰检疫方式，明确屠宰企业负责进场动物和出场产品安全管理，承担屠宰检疫和肉品品质检验，推进“两检合一、两证合一”，农业农村主管部门负责监督抽检；增加鼓励各地探索禁止跨省调运屠宰用动物制度，对需要调运的屠宰用动物实行就近屠宰、冷链运输、冷鲜上市。

2. 贵州省农业农村厅，云南省建水县、玉溪市建议将二审稿第四十九条野生动物的检疫部门明确为野生动物保护主管部门，或者删除本条，统一在野生动物保护法中作出规定。

3. 一些地方建议删除二审稿第七十六条第三、四项，取消补检制度，明确对依法应当检疫而未经检疫的动物和动物产品予以收缴（贵州省农业农村厅、修文县，云南省建水县、玉溪市）。

4. 贵州省农业农村厅建议在二审稿第七十八条中增加对冒

用检疫标识、检疫证明行为的禁止性规定，并明确相应的法律责任。

养犬管理法规、规章的有关情况

在动物防疫法修订草案征求意见中，社会各方面对养犬管理问题十分关注。我们对有关养犬管理的法规、规章进行了梳理，现将有关情况简报如下：

一、养犬管理法规、规章的基本情况

早在1991年国务院颁布的传染病防治法实施办法就对狂犬病的防治和养犬管理工作分工作出了明确规定。之后，许多地方依据国务院的规定和本地实际制定了养犬管理的地方性法规、政府规章、自治条例、单行条例。经统计，目前全国有11个省（区、市）、105个市（含101个设区的市、3个经济特区及1个不设区的地级市）制定了养犬管理的地方性法规和政府规章共137部。其中，北京、天津、上海、辽宁、四川5个省、直辖市制定了地方性法规，北京、天津、重庆、山东、安徽、广东、广西、贵州8个省（区、市）制定了政府规章12部；有50个设区的市和3个经济特区制定了地方性法规及自治条例、单行条例，有65个设区的市以及中山市、珠海经济特区制定了政府规章67部（详见附表）。

贵州、贵阳、哈尔滨、海口、青岛、洛阳等省、市养犬管理规定适用范围限于本行政区域内的市、县人民政府所在地城镇区域内或者城市建成区；北京、天津、上海、重庆、山东、辽宁等省、直辖市养犬管理规定适用范围为本行政区域内的城市和农村。北京、天津等地为实施地方性法规，还就养犬登记和年检管理制定了政府规章，进一步细化地方性法规的规定。

二、养犬管理职责分工

传染病防治法实施办法规定，公安部门负责县以上城市养犬的审批与违章养犬的处理，捕杀狂犬、野犬；畜牧兽医部门负责兽用狂犬病疫苗的研制、生产和供应，对城乡经批准的养犬进行预防接种、登记和发放“家犬免疫证”，对犬类狂犬病的疫情进行监测和负责进出口犬类的检疫、免疫及管理；乡（镇）政府负责辖区内养犬的管理，捕杀狂犬、野犬；卫生部门负责人用狂犬病疫苗的供应、接种和病人的诊治。

地方性法规或政府规章根据传染病防治法实施办法，对养犬管理的职责分工作出了明确规定。如北京规定，本市各级人民政府负责本规定的组织实施；市和区、县、乡镇人民政府以及街道办事处，应当建立由公安、工商行政管理、畜牧兽医、卫生等行政部门和城市管理综合执法组织组成的养犬管理协调工作机制；公安机关是养犬管理工作的主管机关，全面负责养犬管理工作，并具体负责养犬登记和年检，查处无证养犬、违法携犬外出等行为。

三、养犬管理主要内容

地方性法规和政府规章都对饲养犬只的类型、犬只的登记、免疫接种、禁养区、养犬行为规范及违法行为的处罚等作出了具体规定。

（一）饲养犬只的类型

一些地方如北京、天津等，对饲养犬只的数量和类型作出了规定，要求在重点管理区内，每户只准养一只犬，不得养烈性犬、大型犬。禁养犬的具体品种和体高、体长标准，由公安或畜牧兽医行政部门确定，并向社会公布。

（二）犬只的登记和免疫接种

地方性法规或政府规章都对犬只的登记机关和免疫接种作出了明确规定，即公安机关负责养犬登记，发放养犬登记证。未经登记，任何单位和个人不得养犬。养犬人取得养犬登记证后，携犬到畜牧兽医行政部门批准的动物诊疗机构对犬进行健康检查，注射预防狂犬病疫苗，领取动物防疫监督机构出具的动物健康免疫证。

（三）禁入区域

关于禁养和禁入区域，一些地方规定得较为原则，如天津规定，市人民政府可以在重大节假日或者举办重大活动期间划定范围，禁止携犬进入。区、县人民政府可以在本行政区域内划定范围，禁止携犬进入。有的地方则详细规定了哪些区域禁止养犬，哪些区域禁止犬只进入，如北京规定，本市行政区域内的医院和学校的教学区、学生宿舍区禁止养犬。天安门广场以及东、西长安街和其他主要道路禁止遛犬。主要道路名录由市人民政府确定，向社会公布。市人民政府可以在重大节假日或者举办重大活动期间划定范围禁止遛犬。区、县人民政府可以对本行政区域内的特定地区划定范围禁止养犬、禁止遛犬。居民会议、村民会议、业主会议经讨论决定，可以在本居住地区内划定禁止遛犬的区域。

（四）对养犬行为的规范

对养犬人的行为进行规范是地方养犬管理规定的重要内容。

有的地方作出详细例举性规定，如北京对养犬人的行为例举了十项规定，包括养犬人不得携犬进入市场、公园等公共场所；不得携犬乘坐除小型出租汽车以外的公共交通工具；携犬乘坐小型出租汽车时，应为犬戴嘴套，或者将犬装入犬袋、犬笼；携犬出户时，应当对犬束犬链，由成年人牵领，携犬人应当携带养犬登记证，并应当避让老年人、残疾人、孕妇和儿童；对烈性犬、大型犬实行拴养或者圈养，不得出户遛犬；因登记、年检、免疫、诊疗等出户的，应当将犬装入犬笼或者为犬戴嘴套、束犬链，由成年人牵领；携犬出户时，对犬在户外排泄的粪便，携犬人应当立即清除；养犬不得干扰他人正常生活；犬吠影响他人休息时，养犬人应当采取有效措施予以制止；不得虐待、遗弃所养犬；严格履行养犬义务保证书规定的其他义务。

（五）违法行为的处罚

对养犬人不遵守养犬管理规定给予的处罚，各地方都规定没收犬只或给予一定数额的罚款，罚款数额不等。北京规定的处罚较重，如在禁养区内养犬的或者在重点管理区内饲养烈性犬、大型犬的以及冒用、涂改和伪造养犬登记证养犬的，由公安机关没收其犬，并可对单位处1万元罚款，对个人处5000元罚款。

（六）流浪犬的收容、处理

各地方都对流浪犬及没收的犬只如何处理作出了具体规定。如北京规定，公安机关设立犬类留检所，负责收容处理养犬人放弃饲养的犬、被没收的犬以及无主犬。公安机关设立的犬类留检所收容的犬，自收容之日起7日内可以被认领、领养；对无人认领、领养的，由公安机关负责处理；对病死犬，进行无公害处理。

一、二、三类动物疫病病种名录

一、一类动物疫病

口蹄疫、猪水泡病、猪瘟、非洲猪瘟、非洲马瘟、牛瘟、牛传染性胸膜肺炎、牛海绵状脑病、痒病、蓝舌病、小反刍兽疫、绵羊痘和山羊痘、禽流行性感冒（高致病性禽流感）、鸡新城疫。

二、二类动物疫病

多种动物共患病：伪狂犬病、狂犬病、炭疽、魏氏梭菌病、副结核病、布鲁氏菌病、弓形虫病、棘球蚴病、钩端螺旋体病。

牛病：牛传染性鼻气管炎、牛恶性卡他热、牛白血病、牛出血性败血病、牛结核病、牛焦虫病、牛锥虫病、血吸虫病。

绵羊和山羊病：山羊关节炎脑炎、梅地－维氏纳病。

猪病：猪乙型脑炎、猪细小病毒病、猪繁殖与呼吸综合征、猪丹毒、猪肺疫、猪链球菌病、猪传染性萎缩性鼻炎、猪支原体肺炎、旋毛虫病、猪囊尾蚴病。

马病：马传染性贫血、马流行性淋巴管炎、马鼻疽、巴贝斯焦虫病、伊氏锥虫病。

禽病：鸡传染性喉气管炎、鸡传染性支气管炎、鸡传染性法氏囊病、鸡马立克氏病、鸡产蛋下降综合征、禽白血病、禽痘、鸭瘟、鸭病毒性肝炎、小鹅瘟、禽霍乱、鸡白痢、鸡败血支原体感染、鸡球虫病。

兔病：兔病毒性出血病、兔粘液瘤病、野兔热、兔球虫病。

水生动物病：病毒性出血性败血病、鲤春病毒血症、对虾杆状病毒病。

蜜蜂病：美洲幼虫腐臭病、欧洲幼虫腐臭病、蜜蜂孢子虫病、蜜蜂螨病、大蜂螨病、白垩病。

三、三类动物疫病

多种动物共患病：黑腿病、李氏杆菌病、类鼻疽、放线菌病、肝片吸虫病、丝虫病。

牛病：牛流行热、牛病毒性腹泻/粘膜病、牛生殖器弯曲杆菌病、毛滴虫病、牛皮蝇蛆病。

绵羊和山羊病：肺腺瘤病、绵羊地方性流产、传染性脓疱皮炎、腐蹄病、传染性眼炎、肠毒血症、干酪性淋巴结炎、绵羊疥癣。

马病：马流行性感冒、马腺疫、马鼻腔肺炎、溃疡性淋巴管炎、马媾疫。

猪病：猪传染性胃肠炎、猪副伤寒、猪密螺旋体痢疾。

禽病：鸡病毒性关节炎、禽传染性脑脊髓炎、传染性鼻炎、禽结核病、禽伤寒。

鱼病：鱼传染性造血器官坏死、鱼鳃霉病。

其它动物病：水貂阿留申病、水貂病毒性肠炎、鹿茸真菌病、蚕型多角体病、蚕白僵病、犬瘟热、利什曼病。

人畜共患传染病名录

牛海绵状脑病、高致病性禽流感、狂犬病、炭疽、布鲁氏菌病、弓形虫病、棘球蚴病、钩端螺旋体病、沙门氏菌病、牛结核病、日本血吸虫病、猪乙型脑炎、猪Ⅱ型链球菌病、旋毛虫病、猪囊尾蚴病、马鼻疽、野兔热、大肠杆菌病（O157：H7）、李氏杆菌病、类鼻疽、放线菌病、肝片吸虫病、丝虫病、Q 热、禽结核病、利什曼病。

国家畜禽遗传资源目录

传统畜禽 17 种，分别为猪、普通牛、瘤牛、水牛、牦牛、大额牛、绵羊、山羊、马、驴、骆驼、兔、鸡、鸭、鹅、鸽、鹌鹑；

特种畜禽 16 种，分别为梅花鹿、马鹿、驯鹿、羊驼、火鸡、珍珠鸡、雉鸡、鹧鸪、番鸭、绿头鸭、鸵鸟、鸸鹋、水貂（非食用）、银狐（非食用）、北极狐（非食用）、貉（非食用）。

图书在版编目（CIP）数据

中华人民共和国动物防疫法解读 / 施春风主编. —北京：中国法制出版社，2021.5

ISBN 978 - 7 - 5216 - 1865 - 5

Ⅰ.①中… Ⅱ.①施… Ⅲ.①动物防疫法 - 法律解释 - 中国 Ⅳ.①D922.45

中国版本图书馆 CIP 数据核字（2021）第 086692 号

策划编辑：谢雯

责任编辑：谢雯　孙静　　　封面设计：蒋怡

中华人民共和国动物防疫法解读

ZHONGHUA RENMIN GONGHEGUO DONGWU FANGYIFA JIEDU

主编/施春风

经销/新华书店

印刷/三河市紫恒印装有限公司

开本/880 毫米 × 1230 毫米　32 开　　　印张 / 18　字数 / 314 千

版次/2021 年 5 月第 1 版　　　2021 年 5 月第 1 次印刷

中国法制出版社出版

书号 ISBN 978 - 7 - 5216 - 1865 - 5　　　定价：68.00 元

北京西单横二条 2 号

邮政编码 100031　　　传真：010 - 66031119

网址：http：//www.zgfzs.com　　　**编辑部电话：010 - 63141792**

市场营销部电话：010 - 66033393　　　**邮购部电话：010 - 66033288**

（如有印装质量问题，请与本社印务部联系调换。电话：010 - 66032926）